PR, 전략을 넘어 철학으로

PR, 전략을 넘어 철학으로

박기철

대한민국, 서울, 커뮤니케이션북스, 2011

PR, 전략을 넘어 철학으로

지은이 박기철
펴낸이 박영률

초판 1쇄 펴낸날 2011년 11월 10일

커뮤니케이션북스(주)
출판등록 2007년 8월 17일 제313-2007-000166호
121-869 서울시 마포구 연남동 571-17 청원빌딩 3층
전화 (02) 7474 001, 팩스 (02) 736 5047
commbooks@commbooks.com
www.commbooks.com

CommunicationBooks, Inc.
3F Cheongwon Bldg., 571-17 Yeonnam-dong
Mapo-gu, Seoul 121-869, Korea
phone 82 2 7474 001, fax 82 2 736 5047

이 책은 2011학년도 경성대학교 학술지원비에 의하여 연구되었습니다.

ISBN 978-89-6406-190-9

책값은 뒤표지에 있습니다.

머리말

PR에 철학이 필요할까?

1984년 대학의 광고홍보학과를 졸업하고 2004년 교수가 되기까지 저는 광고 회사에서 광고 기획자인 AEAccount Executive로 20년 가까이 일했습니다. 그래서 저의 이력을 조금 아는 사람들은 제가 당연히 광고를 가르친다고 생각합니다. 저를 잘 모르는 사람들도 광고홍보학과 교수인 제 명함을 보고 제가 광고나 홍보를 가르칠 것이라고 짐작합니다. 하지만 저는 광고나 홍보를 전략적으로 잘하기 위한 실무 기술이 아니라 광고와 홍보가 순리적으로 잘되기 위한 기본 철학을 가르치려고 합니다. 널리(廣) 알리는(告) 광고와 널리(弘) 알리는(報) 홍보는 억지로 인위적으로 해서 될 게 아니라 기본에 충실하면 당연히 자연적으로 널리 알려져서 광고와 홍보가 되는 법이기 때문입니다. 이제 누군가가 무엇을 가르치고 있느냐고 물으면 저는 이렇게 대답하게 됩니다. PR 철학을 가르치고 있다고…. 그러면 상대방은 이렇게 의아하게 생각하는가 봅니다. "PR이 홍보인 것은 알겠는데, 철학은 또 뭐지?"

이 책은 그러한 궁금증에 대한 종합적 답변이자 제 나름대로의 내면적 고백입니다. 그래서 '어느 광고홍보학과 교수의 고백'인 것처럼 글을 썼습니다. PR의 원론적 이론에 대한 고백이나 PR의 방법적 기술에 대한 고백이 아니라 PR의 근원적 철학에 대한 고백입니다. 즉 이론이나 기술을 넘는 철학에 관한 고백입니다. 그렇게 고백을 하기 위해 그동안 써 왔던 글들을 하나로 모았습니다. 이 논문들과 글에서 우선 PR은 홍보가 아닙니다. 그냥 비슷하게 아닌 것이 아니라 아닌 것이 분명 확실합니다. 홍보(弘報)가 널리 알리는 것이라면 PRPublic Relations은 관계를 맺는 것입니다. 지금 빨리 당장 일시적으로 맺는 것도 아니고 앞으로도 지속적으로 맺어 가는 것이라고 해야 더 맞지요. 홍보와 PR은 비슷한 말도 아니라 완전히 다른 개념입니다. 홍보가 나로부터 멀리까지 널리 알리는 것이고 PR은 나와 가까운 관계부터 맺는 것이라고 한다면 홍보와 PR은 반대되는 뜻을 가지고 있기도 합니다.

공중 관계인 PR은 일본에서 유래된 홍보라는 말이 아니라 중국에서 말하는 공관과 잘 맞습니다. 공관(公關), 즉 공중 관계가 PR이니까요. 한자의 의미로 해석할 때 공(公)이란 둥근 원(厶)으로 울타리 쳐진 내 영역을 남과 서로 나누는(八) 것이지요. 이 公과 잘 헷갈리는 한자가 共인데, 公과 共은 서로 다른 뜻을 가지고 있습니다. 공(公)은 농사지어진 벼(禾)를 내 울타리(厶) 안에 넣어 내 소유라고 규정짓는 사(私)의 반대 개념이지요. 즉 공(公)이 관련된 여러 사람들끼리 서로 나누는 public의 뜻이라면, 공(共)은 혼자가 아니라 모두 함께 힘을 합친다는 together의 뜻입니다. 그래서 여러 사람이 힘을 합쳐 생산하는 경제체제인 공산주의는 공(共)이란 한자를 사용하지만, 이 책이 다루는 공중 관계인 PR은 여러 사람들끼리의 공적 영역이란 뜻에서 공(公)이란 한자를 사용합니다. 이러한 공(公)적인 여러 사람들(衆)과 관계를 맺어 가는 것이 바로 PR입니다. 홍보란 널리 알리는 것이므로 홍보를 잘하려면 광고를 잘하고 언론 홍보를 잘하면 쉽게 할 수 있습니다. 돈이 많으면 많을수록 용이하게 더 잘할 수 있습니다. 하지만 다양한 공중들과 관계를 맺어 가는 PR을 잘하려면 단순히 널리 알리는 홍보를 잘해서는 잘될 수 없습니다. 홍보보다 훨씬 더 복합적이고 총체적이며 전반적인 것을 이성적으로 고려하고 감성적으로 배려해야 잘되는 것이 PR입니다. 돈만 많아서 잘될 수 없는 것이 PR입니다. 풍성한 돈보다는 온전한 생각이 있어야 잘될 수 있는 것이 PR입니다. 홍보는 남보다 더 널리 알리기 위하여 전략적으로 할 수 있지만 PR은 관련된 공중과 관계를 맺는, 아니 지속적으로 맺어 가는 일이므로 전략이 아니라 철학이 필요합니다. 이러한 뜻에서 책의 기본 콘셉트는 홍보 전략을 넘는 PR 철학이며, 최종 제목을 『PR, 전략을 넘어 철학으로』라고 정하게 되었습니다.

이러한 PR 철학에 대해 가만히 생각하니 그 기본은 멀리 있지 않았습니다. 바로 우리 가까이 동양사상에 있었습니다. 그런데 그냥 동양사상이 아니라 변질되기 이전에 순수하게 있었던 원래의 오리지널한 원시 동양사상에 있었습니다. 약 2500여 년 전의 원시 유가, 불가, 도가, 묵가, 병가, 법가 사상에서 PR 철학의 근본 바탕을 찾을 수 있습니다. 이 책의 1부는 바로 이러한 내용을 담고 있습니다. 이렇게 원시 동양사상에서 도출되어진 PR 철학은 우리가 습관적으로 홍보라고 가볍게 말하는 PR에 묵직한 의미를 주게 됩니다. PR의 의미를 이루는 키워드인 가치, 지속가능성, 입소문은 무엇인지, 왜 PR은 군인들처럼 전략적으로 싸우듯 하면 안 되는지, PR 철학의 관점에서 우리 사회는 단지 멋진 영상을 만드는 UCCUser Created Contents가 아니라 과연 어떠한 UCC(?)를 필요로 하는지 이런 질문들에 대한 객관적 정답이 아닌 주관적 해답이 이 책의 2부를 이루는 내용입니다. 영리 조직이든 비영리 조직이든 PR은 다양한 공중들과의 관계 활동입니다. 내부 직원이라는 가장 가까운 공중에서부터 협력 업체, 투자자, 고객, 지역사회, 정부, 네티즌, 언론 등의 공중들과의 관계 활동이며, 또한 다른 문화를 가진 사람들과의 관계 활동이기도 합니다. 또한 이를 통한 쟁점 관리, 위기 관리, 평판 관리 활동이기도 합니다. 나 자신의 PR도 PR 철학의 관점에서 성찰하며 실천할 수 있습니다. 이런 내용을 담은 것이 바로 이 책의 3부입니다.

저는 고백하는 사람professor인 교수로서 이러한 PR 철학을 바탕으로 연구도 하고 교육도 합니다. 저는 예전에 브랜드 경영에 대해 썼던 논문들을 모아 『NBiNatural Branding interactions, 생태주의 브랜드 경영』이라는 책을 출간한 바 있습니다. 이 책의 기반을 이루는 것도 바로 PR 철학입니다. PR 기획, 프레젠테이션, 이벤트 기획, 마케팅 커뮤니케이션, 지역광고홍보론 등 제가 학부에서 교육하는 내용의 기반을 이루는 것도 PR 철학입니다. 자연인으로 살아가는 제 삶에서도 PR 철학을 바탕으로 하려고 하는데, 아직도 현실적으로 부족한 인간이라서 저를 널리 알리는 홍보보다 훨씬 더 어렵습니다. 그것이 어려운 이유는 PR 철학을 실천하는 것이 이상적인 것이라서가 아니라 오히려 너무도 현실적이라서 그렇습니다. 결국 PR 철학이란 뜬구름 잡는 터무니없는 이상이 아니라 우리 모든 삶에 파고드는 지극히 현실적인 문제입니다. 다만 현실과 이상이 거꾸로 도치된 이 사회에 살고 있는 이 시대에 이상적이라고 여겨질 뿐입니다. 현실적으로 가만히 생각하면 그렇습니다. 철학이 없는 PR은 가벼운 홍보 활동에 불과할 뿐이지만 철학이 있는 PR은 묵직한 관계 활동으로 전략적 경쟁력보다 순리적 생명력을 길게 이루어 갑니다.

2011년 10월

素樂 박기철

차례

1부

PR의 기본이 되는 원시 동양사상

PR 철학에 대해 가만히 생각하면 그 기본은 멀리 있지 않습니다.
바로 우리 가까이 동양사상에 있었습니다.
그런데 그냥 동양사상이 아니라 변질되기 이전에 순수하게 있었던 원래의 오리지널한 원시 동양사상에 있습니다.
약 2500여 년 전의 원시 유가, 불가, 도가, 묵가, 병가, 법가 사상에서 PR 철학의 근본 바탕을 찾을 수 있습니다.

01

유교가 PR과 무슨 상관이 있을까?*

왜 이 글을 쓰게 되었나? (起)

일반인에게 유교가 무엇이냐고 하면, 대개 관습, 인습, 의례, 형식, 수구, 보수, 체면, 고리타분, 전통, 제사, 딱딱함, 양반, 예의규범, 이상, 비현실, 강요, 권위, 근엄, 엄숙 등과 같은 단어를 중심으로 말한다. 생생한 예로 공자의 정치사상을 중심으로 유교를 연구하는 부산교육대학교 전세영 교수는 어떤 제사 장소에서 조상님께 제사 지내는 올바른 의례에 대해 한 말씀 조언을 부탁 받았다고 한다. 유교를 전통적 제사 의례 형식 등으로만 보는 것이다. 또 기독교 신앙의 관점에서 볼 때, 유교는 조상님을 믿는 불온한 미신으로 평가받는다. 그래서 요즘 시대에 공자 왈, 맹자 왈의 유교적 사고방식은 고리타분한 관습이라고 생각할 수 있다. '공자님 말씀'이라는 표현은 그런 비하적 의미를 담고 있다. 공자님 말씀에 대한 올바른 이해 없이, 원시 유교 사상은 현대사회와 전혀 관련 없는 헛된 이상으로만 여겨지고 있는 것이다. 그래서 김경일(1999)은 『공자가 죽어야 나라가 산다』는 도발적 제목의 책을 내 큰 주목을 끌기도 하였다. 공자의 도덕은 사람을 위한 도덕이 아닌 정치의 도덕이었고 기득

* 이 글은 청운대학교가 간행하는 ≪인문사회과학연구≫ 제4호에 게재된 "원시 유교 사상과 현대 PR 철학" 논문을 보완한 것이다.

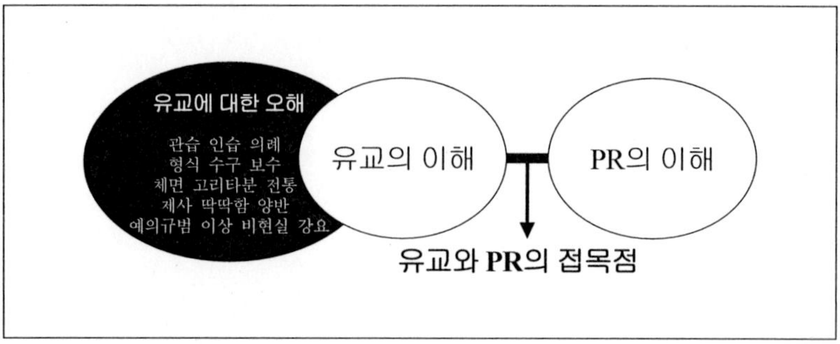

그림 1-1 이 글의 문제 제기와 연구 목적

권자를 위한 도덕임을 비판하며, 또한 유교는 상층계급이 하층계급을 지배하기 위한 통치 이념에 불과한 것이라는 주장이다. 그래서 현대는 고리타분한 유교 사상보다 유목민nomad이었던 오랑캐 정신을 이어받는 편이 좋다는 주장이다(김경일, 2001). 그렇게 공자의 원시 유교 사상은 극단적으로 비난받고 폄훼되기도 하며, 조선 중기 이후 망국적 사색당파를 일으켰다는 소리도 듣는다. 특히 사소한 상복 문제 가지고 예송 논쟁과 같은 쓸데없는 정치 싸움의 원인이 되었다고도 한다.

하지만 원시 유교 사상을 제대로 살펴보면 우리는 유교에 대해 너무나도 잘못된 오해, 편견, 통념, 착각을 가지고 있음을 깨닫게 된다. 따지고 보면 유교는 의례적 형식보다 인간적 도리를 중시하는, 또 이상적이 아니라 오히려 지극히 현실적인 사상이었다. 그리고 그 현실적 사상은 현대 PR 철학과 커다란 관련이 있다. 그래서 이 글은 『논어』에 나타난 원시 유교 사상과 함께 그 역사적 흐름을 살피고, 아울러 현대 PR의 역사적 흐름을 살피고 난 후, 원시 유교 사상이 현대 PR 철학과 어떠한 관련이 있는지 탐색하여 보고자 한다. 이 글은 실증을 위한 객관적 분석의 엄밀성이 아니라 제안을 위한 주관적 해석의 의미성에 중점을 둔다. 그렇게 하여 이 시대에 PR의 본질적 의미가 무엇인지 기승전결의 이야기 흐름으로 전개되는 사고의 장을 가지려고 한다. 그림 1-1처럼 유교에 대한 오해에서 벗어나 원시 유교 사상을 올바로 이해하며, 그러한 이해를 바탕으로 현대 PR 철학과의 관련성 모색을 시도하고자 한다. 물론 공자님 말씀을 기록한 『논어』가 공자의 사후에 제자들의 기억에 의해 지어졌기에 공자의 인간적 면모에 대해 미화될 수 있는 가능성도 충분히 있다. 그러므로 원시 유교 사상은 공자라는 한 명의 분명한 인간이라기보다 공자님 말씀이라는 생생한 문헌이라고 이해하는 편이 적합할 것이다.

원시 유교 사상은 무엇인가? (承)

이미 고전 상식이 되어 버린 '제3의 물결'이 있다(Toffler, 1980). 첫 번째 물결은 몇천 년 전에 그냥 나무에 달린 열매나 들판의 짐승을 잡아먹는 수렵과 채집에서 탈피하여, 가축을 기르고 씨 뿌린 곡식을 먹게 된 유목과 농업의 물결이다. 두 번째 물결은 몇백 년 전에 손으로 물건을 만드는 가내수공업 형태에서 탈피하여 동력과 기계를 사용하여 대량생산 체제를 일궈 낸 산업의 물결이다. 세 번째 물결은 몇십 년 전에 아날로그 형태로 이루어진 정보 사용에서 탈피하여 컴퓨터와 인터넷으로 디지털 정보를 사용하게 된 정보의 물결이다. 정말로 우리 인류에게 이러한 3개의 물결이 가장 크고 힘 있는 물결이었을까? 이것보다 훨씬 더 근본적인 3개의 물결이 있었다. 첫 번째 물결은 수만 년 전에 있었던 불의 물결이다. 이 불의 물결이라는 근본적 물결로 말미암아 나중에 산업혁명이라는 파생적 물결을 가져오게 되었다. 두 번째 물결은 약 6000여 년 전에 있었던 문자의 물결이다. 이 문자의 물결로 말미암아 나중에 인쇄기와 컴퓨터 · 인터넷의 정보혁명이라는 파생적 물결을 가져오게 되었다. 세 번째 물결은 2500여 년 전에 새로운 각성이 일어났었던 철학의 물결이다.

여기서 철학이란 '밝을 哲'이라는 한자 뜻 그대로 우리 인류의 생각이 밝아졌다는 뜻이다. 이때 사상의 백화제방(百花齊放)이 여기저기서 시작되었다. 이 철학의 물결로 말미암아 우리 인류는 정신적 측면에서 깨달음의 시각으로 세상을 바라보게 되었다.

그런데 이 세 번째 물결이 지금으로부터 2500여 년 전 동서양에 걸쳐 비슷한 시기에 일어났다고 하는 사실은 신기하면서도 신비할 정도다. 우선 서양에서는 2500여 년 전 그리스에서 소크라테스가 고정관념을 깨는 생각으로 젊은이들을 교화하며 다녔다. 그런 소크라테스의 활동은 기존 권위에 대한 도전으로 받아들여져 결국 그는 독배를 마시고 죽는다. 하지만 그가 가진 생각은 플라톤의 이상주의 철학과 아리스토텔레스의 현실주의 과학으로 발전된다. 동양과 서양 사이의 중양(中洋)인 인도에서는 2600여 년 전 석가모니가 궁전에서 가출하여 보리수 나무 밑에서 세상 만물은 모두 연기(緣起)되어 있다는 큰 깨달음을 얻어 부처가 된다. 그 후 부처의 가르침이 제자들에게 기록되어 불교라는 종교 사상을 형성하고, 소승불교와 대승불교로 전파된다. 동양에서는 바로 2500여 년 전 중국에 공자가 있었다. 그는 인간이 살면서 무엇이 중요하며 어떻게 살아나가야 하는지 제자들에게 새로운 깨달음을 주었다. 그가 말한 것들은 후계자에게 전달되어 동양 문화의 핵심이 되는 원시 유교 사상을 형성한다. 또한 공자와 비슷한 시기에 살았던 노자의 생각은 장자 등의 후계자들에게 전수되어 유교와 달리 민중 철학인 도교 사상을 형성한다.

원시 동양철학의 2개 축인 유교와 도교에서 이상적 허학이었던 것은 공자와 맹자의 유교 사상이 아니라 노자와 장자의 도교 사상 쪽이다. 무위자연(無爲自然)을 말하는 노자 · 장자가 공자 · 맹자에 대해 그냥 자연스레 있는 그대로 두면let it be 될 것을 인(仁)이니 의(義)이니 하면서 쓸데없이 세상을 다스려 보겠다고 폼 잡는 하찮은 쪼다라고 비난한다면, 인의정치(仁義政治)를 말하는 공자는 노자와 장자에 대해 이 아픈 현실을 내버려 두고 무위니 자연이니 하면서 헛소리나 하며 떠도는 은둔주의자라고 비난한다. 그만큼 공맹사상인 원시 유교와 노장 철학인 원시 도교는 하늘과 땅만큼의 차이가 있다. 유교가 지극히 현실적이라면, 도교는 지극히 초월적이다. 이 두 가지의 전혀 다른 사상 모두 현대 사회에 있어서 서로 다른 관점에서 매우 의미 있는 시사점을 주며 음미할 가치가 있다. 현대의 포스트모더니즘 철학이 도교와 가깝다면, 현대의 휴머니즘 사상은 유교와 가깝기 때문이다.

이 글은 이러한 근본적인 제3의 물결인 철학의 물결 중에서 동양에서 불었던 원시 유교 사상에 대해 이해하고자 한다. 과연 원시 유교 사상의 중심인 공자님 말씀이 무엇인지 이해하고 나서, 그러한 공자님 말씀이 어떻게 전수되며, 우리에게 수용되었는지 살피고자 한다.

원시 유교 사상의 이해

공자는 춘추시대의 어지러운 사회를 바로잡으려고 천하를 주유하면서 인과 예를 설하였으나 뜻대로 되지 않아 고향에 돌아와 육경(詩 · 書 · 禮 · 樂 · 易 · 春秋)을 제자에게 가르쳤다. 공자님 말씀을 담고 있는 『논어』의 해설 문헌들을 보면, 공자는 사람의 길을 연 최초의 성인이다(배병삼, 2005). 사람의 도리를 말함으로써 현대인에게 삶의 지침이 된다고 한다(湯仁榮, 2006). 또한 21세기에 그 가치를 새롭게 인정받아야 한다고 강하게 주장한다(공석하, 2007). 『공자가 죽어야 나라가 산다』는 책에서의 도발적 주장에 대해 거꾸로 공자가 살아야 나라가 산다고 말한다(최병철, 1999). 또 인간관계론의 보고라고도 한다(신영복, 2004). 뭐가 그리 대단하기에 이 시대에 하찮게 보기 쉬운 공자님 말씀을 그리 높이 평가하는가? 이 질문의 궁극적 해답은 제자들이 공자님 말씀을 기록한 『논어』에서 찾을 수 있다. 『논어』를 읽으면, 왜 우리가 공자님 말씀을 '공자님 말씀'이라고 철없이 비하하며 말했는지 반성하게 된다. 그렇다면 원시 유교 사상의 핵심인 공자님 말씀이란 무엇인가? 위에서 언급한 『논어』 해설 관련 참고문헌에 나타난 내용을 바탕으로 직접적인 인용보다 필자의 주관적 해석을 가미하여 다음과 같이 세 가지로 간추려 정리할 수 있다.

순리적 사상

유교를 뜻하는 영어는 'Confucian'이다. 이 영어 단어는 혼란을 뜻하는 'confusing'과 같은 어원을 쓴다. 이는 결국 유교가 혼란스럽다는 뜻이라고도 해석할 수 있지 않을까? 과연 유교 사상이 혼란스러운가? 유교 사상이 혼란스럽다고 하는 것은 그것이 하나의 고정된 기존의 절대적이고 지배적인 통념에서 벗어나게 하는 면이 있어서라고 해석된다. 가령 한자 사전에 의하면, 유교에서의 유(儒)란 사람 인(人)을 부수로 하여 '은덕을 베풀다'는 뜻의 需로 이루어져, '은덕을 베푸는 사람'이다. 그렇다면 그들은 매우 무골호인풍의 너그러운 사람들이라고 생각할 수 있다. 하지만 우리의 생각에 혼란스럽게도 공자가 가장 싫어하는 사람은 바로 그러한 부류의 사람들이었다. 공자는 그러한 사람들을 향원(鄕原, 鄕愿)이라고 부르며 증오하였다. 子曰 鄕原德之賊也! 즉 향원이란 어느 마을에서 모두들 사람이 좋다고 칭찬받지만, 그는 오히려 덕을 도적질하는 사람이라는 뜻이다. 겉으로는 성실하고 청렴결백하며 옳고 바른 사람이라고 여겨지지만, 속으로는 자기 욕심에 가득 찬 사이비 선비가 바로 향원이라는 뜻이다. 공자는 향원이 아니라 하늘(乾)의 뜻과 통하려는(達) 진정한 건달(乾達)이었다.

이처럼 『논어』에는 우리의 통념을 깨워 주는 혼란한 말씀들이 가득하다. 또 다른 예로, 어떤 아버지가 양을 훔친 일에 대해 아들이 사실대로 증언하였다면 그것은 정직한 것이다. 하지만 공자의 생각은 우리의 생각에 혼란스럽게도 이와 달랐다. 자식은 아비를 위하여 사실을 숨

길 수 있으며, 그 가운데 진정한 정직함이 있다고 하였다. 자식이 아버지의 도적질한 잘못을 숨겨 주는 데서 정직함이 살아 있다는 것은, 부자유친(父子有親)이라는 정신을 말한 것으로 숨겨서 바르게 일깨워 주는 것이 진정한 정직이며, 그것이 바로 진정한 효라는 것이다. 그것이 바로 공자가 생각하는 진정한 예(禮)의 정신이었다.

공자는 하나의 개념을 제자들에게 가르치면서 하나의 절대적 모범답안을 말하는 식이 아니라 한 명 한 명 제자 개인에 맞도록 유연하게 순리적으로 이야기하였다. 공자에게는 하나의 정답이 없었다. 공자의 중심사상인 인(仁)에 대해 이야기하는 데도 상황에 따라 그의 답변은 달랐다. 그렇게 하여 공자는 많은 제자들의 특성을 억누르지 않고 오히려 개성을 살려 주며 알맞게 교육하였던 것이다. 결국 공자가 말한 인이란 고착되고, 객관화된 것, 움직이지 않는 진리가 아니라 넓혀지는 것, 변하는 것, 창조되는 것이다. 즉 생각하는 이의 창조성에 따라 얼마든지 바뀔 수 있는 것이다. 그러한 이유로 공자에 대해 한결같이 비난하였던 장자도 마지막에 와서는 공자가 나이 60이 되기까지 60번이나 생각을 바꾸어 자기와 대립되는 것을 없애고 천하를 평정했다며, 장자 자신은 공자에 미칠 수 없다며 탄식하였다. 공자가 나이 60세에 이르렀다는 이순(耳順)이란 어떤 이야기를 들어도 귀에 모두 다 순리적으로 들린다는 경지다. 그만큼 공자는 형식을 고집하는 고리타분한 꽉 막힌 사람이 아니라 순리적으로 유연한 사고를 지녔음이 『논어』 곳곳에 생생하게 살아 숨 쉬며 넘친다.

인간적 사상

공자가 살던 때는 진시황에 의해 진나라로 통일이 이루어지기 전의 춘추시대로 창칼에 의한 무력적 힘이 지배하는 혼란하고 살벌한 세상이었다. 그래서 원시 유교 사상을 진시황 진나라의 이전 선진(先秦) 사상이라고 한다. 공자는 힘에 의한 패권적 지배에서 인에 의한 왕도적 정치를 설파하며 여러 나라를 돌아다녔다(列國周遊). 하지만 그 당시 무력에 의한 힘의 지배가 절대적 도그마인 상황에서 공자가 설파한 인에 의한 왕도주의는 패권주의에 묻혀 한마디로 이상적인 공자님 말씀에 그치고 말았다.

그렇다면 공자님 말씀은 현실과 동떨어진 이상이란 말인가? 길게 보면 그 당시 열국의 왕들이 가진 무력적 생각이 오히려 헛된 이상이라고 할 수 있다. 그러한 폭력에 의한 지배는 언제 어디서건 잠시 존재할 뿐이지 결코 지속적으로 오래가는 법이 없기 때문이다. 공자의 위대한 점은 무력이 정치의 전모로 이해되던 당시 정치가들에게 좋은 정치란 무력이 아니라 언어로 형성되는 신뢰의 힘에 기초한다는 사실을 일깨우려 했다는 점이다(전세영, 1992). 그것이 공자 정치사상의 핵심이다. 즉 공자는 정치사상 발전사에 있어서 무력의 힘에 의해 주도되었던 정치 세계를 말과 약속이 실천되는 인간 세계로 전환시킨 최초의 사상가였다. 즉 칼부림에 의한 지배가 아니라 말 나눔에 의한 정치를 꿈꾸었던 것이다. 그러한 공자의 이상은 그 당시에는 실현되지 못했지만 지금 21세기의 현대에 와서 현실적으로 더욱 인정받고 있다.

이러한 공자의 인에 의한 왕도 정치사상은 서(恕) 개념을 통해 이해할 수 있다. 제자인 자공이 공자에게 물었다. "일생 동안 꼭 지켜야 할 글자가 있습니까?" 공자가 대답했다. 그것은 바로 '서'라고 하면서 이렇게 정의했다. "자신이 하기 싫은 일을 남에게 강요하지 말라!" 즉 자신의 처지를 미루어 다른 사람의 입장을 헤아리는 것이 바로 '서'다. 서는 사람과 사람 사이의 관계를 처리하는 중요한 원칙으로 상대방을 배려하는 마음이다. 공자의 핵심 사상인 인으로 가는 행동 강령이 바로 서인 셈이다. 상대방의 입장에서 생각하고 행동하면 곧 나와 남 사이에 소통이 이루어지고 그렇지 못할 경우에 원망이 생긴다는 것이다. 공자가 꿈꾼 세계는 말의 소통이 살아 있는 곳이었다. 그러한 소통을 이루려면 상대방의 관점에서 생각하는 배려가 있어야 한다는 뜻이다. 그것이 없다면 관계가 망가지며, 관계가 뒤죽박죽 엉클어진 야만이 된다는 뜻이다. 이러한 생각은 커뮤니케이션 철학의 핵심이기도 하다.

더 나아가 공자는 인이 무엇인지 생뚱하게 묻는 애제자 안회에게 이렇게 말했다. 克己復禮爲仁(극기복례위인)! 여기서 己(기)란 아집, 독선, 에고, 자기중심, 이기심이다. 그것을 극복하고 예를 회복하면 바로 인이 된다는 것이다. 여기서 예란 다양성, 관계성, 혹은 사이로 난 길이라고 해석된다. 즉 자신이 실체라는 생각을 넘어 관계라는 각성에 이르면 인이 된다는 뜻이다. 단 하루라도 자신이 독자적 실체가 아니라 관계적 존재라는 진리를 깨닫기만 하면 온 세상이 본래부터 사랑이 충만한 것임을 환히 알게 된다는 것이다. 결국 인은 세상이 관계로 이루어졌다는 깨달음에서 나오는 것이다. 인이라는 진리는 개체로, 덩어리로, 상자 속의 무언가로 존재하는 것이 아니라 너와 나 사이, 그 관계 속에 존재한다는 뜻이다. 이처럼 공자의 인간적 관계 사상은 매우 분명하였다. 『논어』 속의 공자는 이러한 관계 사상에 따라 살아갔던 해학과 활기가 넘치는 유머 있는 인간이었으며, 가식적 체면을 중시하는 근엄한 선비가 아니라 노래를 부르며 음악을 즐기고 인생을 즐겼던 재미있는 인간이었다.

충실의 사상

유교를 헛된 이상이라고 말하지만 『논어』에 나타난 공자님 말씀에는 헛된 것이 전혀 없다. 사람이란 겉을 번드르르하게 꾸미기보다 속을 알차게 가꿔야 한다는 것이다. 외면적 허상을 배격하는 공자의 충실적 사고는 『논어』 곳곳에 생생하게 배어 있다. 사치하면 공손하지 못하고, 검소하면 고루해지지만, 거만한 것보다는 차라리 고루한 편이 낫다고 하면서, 공자는 외적인 화려함이 아니라 내적인 소박함의 미덕을 강조했다.

이처럼 내적인 충실함의 대표 제자가 바로 안회였기에 공자는 안회를 끔찍이도 사랑하였다. 안회는 소박하면서도 학문적 실체가 충실했기 때문이다. 공자의 안회에 대한 사랑은 다음과 같은 생생한 표현에서 알 수 있다. '어질도다, 안회여. 한 소쿠리의 밥과 한 표주박의 물로 누추한 곳에 거처하며 산다면, 다른 사람은 그 근심을 견디어 내지 못하거늘 안회는 즐거움을 잃지 않는구나. 어질도다, 안회여(賢哉回也 一簞食一瓢飮在陋巷 人不堪其憂 回也不改其樂 賢哉回也)' 이처럼 공자의 사상에는 안빈낙도의 의식이 녹아 있다. 그가 가치를 둔 것은 소인(小人)과 같은 부자의 화려한 삶이 아니라 가난하더라도 마음이 부유한 군자(君子)로서의 충실한 삶이었다.

공자는 허례허식을 고지식하게 좇는 사람이 아니었다. 공자가 뜻하는 예는 형식적인 예가 아니라 인간이 할 도리를 제대로 하는 예였다. 가령 장례에서의 예란 제사의 형식이 아니라 인간적으로 진정 슬퍼함이 중요하다는 뜻이다. 내용적인 도리는 형식적인 예절보다 중요하다는 뜻이다. 공자는 헛된 이상이 아니라 현실에 기초한 충실한 삶의 태도를 제자들에게 이야기했다. 물론 공자는 말년에 주역(周易)을 공부하기도 하였지만, 제자들에게 알쏭달쏭한 주역의 어려운 내용을 억지로 말하지 않았다. 단지 삶의 충실한 자세에 대해 말할 뿐이었다. 정직한 삶을 살라! 전진만 알고 후퇴를 모르는 사마귀가 되지 말라! 스스로 반성의 시간을 가져라! 부득이한 경우가 아니면 남의 일에 관여하지 말라! 신용을 잃으면 모든 것을 잃는다! 남의 성공에 기뻐할 줄 아는 사람이 되라! 다른 사람의 호의를 잊지 말라! 지나간 일에 얽매이지 말라! 함부로 자신을 과시하지 말라! 지난날의 원한은 깡그리 잊어라! 나태함에 빠지지 말라! 너그럽고 여유 있는 마음을 품어라! 즐거움을 멀리서만 찾지 말라! 겸손의 미덕을 가져라! 포기할 줄도 알아라! 꾸준히 노력해라! 만족할 줄 아는 사람은 늘 즐겁다! 성공보다 효를 실천하는 사람이 돼라! 재앙은 입에서부터 온다! 등등의 공자님 말씀은 전혀 형이상학적인 사변이 아니라 인간이 이승에서 어떻게 살아야 할지에 대한 지극히 현실적인 메시지였다. 허상을 좇기보다 현실에 충실히 살라는 생생한 삶의 이야기였다. 한마디로 공자는 그 시대의 충실한 리얼리스트였던 것이다.

원시 유교 사상의 흐름

지금까지 유연의 사상, 관계의 사상, 충실의 사상인 공자님 말씀은 제자들을 통해 직접 전달되었으며, 시간이라는 세대를 뛰어넘어, 공간이라는 지역을 뛰어넘어 오래도록 폭넓게 전파되었다. 그러한 전달과 전파의 경유를 이야기하고자 한다.

직접 연결되어지는 전달

공자가 가장 총애했던 제자는 안회였지만, 그는 공자보다 먼저 죽게 되어 공자의 마음을 찢어지도록 아프게 하였다. 공자가 73세에 세상을 떠난 후, 제자들은 대부분 다른 나라로 가서 도를 전하기도 하고, 벼슬을 하였다. 『손자병법』으로 알려진 손자도 잠시 공자의 제자였지만 전혀 다른 길을 간다. 하지만 증자라는 제자는 그대로 남아 공자의 학문을 연구하며 교육하였다. 이렇게 하여 증자가 처음 원문을 썼다고 추정되는 책이 『대학(大學)』이다. 원래 『대학』은 육경 중의 하나인 『예기(禮記)』의 42편으로 31편인 『중용』과 함께 단순한 사회제도나 예의범절을 다룬 것에 비해 특별한 내용과 깊이를 담고 있어 다른 편에 비해 주목을 받았다. 『대학』은 자기 수양을 완성하고 사회 질서를 성취하는 과정으로 격물치지(格物致知)·수신제가치국평천하(修身齊家治國平天下)와 같은 유교의 이론적 윤곽을 제시하였다.

공자의 손자였던 자사는 증자의 제자로 『중용』을 처음 쓴 것으로 알려졌다. 中(중)이란 어느 한쪽으로 치우치지 않는다는 것, 庸(용)이란 평상을 뜻한다. 즉 치우치거나 기대지 않고 지나침이나 모자람도 없는 평상의 이치가 중용이다. 『중용』의 모든 논의의 출발점은 하늘과 사람의 관계다. 『대학』과 『중용』은 불가분의 관계에 있다. 『중용』이 하늘의 도에 근거하여 이를 본받고 인간의 도를 설파한 본체론이라면, 『대학』은 이를 개인과 사회를 통해 실현하는 구체적인 수양 과정과 방법을 밝힌 방법론이기 때문이다(홍승직, 2005).

자사의 제자였던 맹자는 공자보다 100여 년 이후의 인물로 공자로부터 직접 사사받은 제자는 아니었지만, 다소 이론적 · 사변적 · 철학적이었던 공자의 직계 제자인 증자나 공자의 손자인 자사에 비해 현실적이었던 공자님 말씀의 충실한 수제자였다. 그래서 성현인 공자 이외에 안회, 증자, 자사, 맹자를 4哲(철)이라 부르지만 유독 맹자에 대해서는 공자와 버금간다고 하여 아성(亞聖)이라 부른다. 그래서 원시 유교 사상을 공자와 맹자의 공맹(孔孟) 사상이라고 한다. 맹자는 공자의 인(仁) 사상을 의(義) 사상으로 더욱 발전시켰다. 그러한 맹자의 사상을 알 수 있는 것이 그의 제자들이 맹자와 더불어 같이 쓴 『맹자』라는 문헌이다. 맹자는 공자가 살았던 춘추시대보다 더 야만적 약육강식이 펼쳐진 전국시대(戰國時代)의 인물이다. 『맹자』의 해설 문헌들을 보면 그 시대 고뇌하였던 맹자의 면모가 생생하게 전해진다. 맹자는 인본적이고 평화적인 문명사회를 만들기 위하여 무력주의와 군사주의에 저항하여 조화적 공존, 공존적 관계만이 근본적 대안임을 설파하였다(안외순, 2002). 맹자의 사상은 의리 사상, 성선설, 왕도주의로 대표되며, 지금 이 시대에 와서도 우리 인간이 어떻게 살아야 할지 깊은 통찰을 주며 그 가치를 인정받고 있다(羅烈文, 2005).

맹자의 후배였던 순자는 맹자와는 다른 관점에서 원시 유교 흐름의 당당한 한편에 있다. 맹자의 성선설과 대비되어 순자의 성악설로 간편하게 암기되고 있는 순자의 사상은 다소 이상적이었던 맹자에 비해 전국시대의 암울한 상황에 현실적으로 맞는 것이었다. 즉 순리적인 덕치(德治)보다 인위적인 예치(禮治)를 추구하는 것이 순자의 사상이다.

즉 순자의 사상은 유가(儒家)의 실천 도덕을 바탕으로 하지만, 강력한 예치주의(禮治主義)를 취한다. 그러한 차원에서 순자의 사상은 인간을 공동체 안에서의 존재로 규정하고, 인간 궁극의 실천 목적을 윤리적 질서에 둔다. 그 질서는 법가(法家)적이다. 이리하여 객관적 질서 규범에 의한 실천적 합리론이 형성되었던 것이다.

시대를 뛰어넘은 전달

공자와 맹자가 활동하던 춘추전국시대가 진시황에 의해 진나라로 통일되자 진시황은 자신의 정치에 대해 불만을 표시했던 유학자들을 생매장하고 각종 서적을 불태워 버린다. 이것이 분서갱유 사건인데, 이때 당시 존재해 오던 각종 유교의 서적들이 사라져 버림으로써 유교의 맥이 위기를 맞는다. 진나라를 뒤이어 등장한 한나라 시기가 오면, 그 유학을 복원하고자 많은 유학자들이 자신이 기억하는 경전과 각종 서적의 내용을 바탕으로 다시 유학 경전들을 만들어 내는데, 저마다의 기억이 달라서 과연 그 책이나, 그 내용들이 원래의 모습과 같냐 다르냐를 놓고, 서로 연구와 논쟁을 펼치게 된다. 이것이 바로 훈고학(訓詁學)이다.

이후 한나라가 무너지고, 삼국지에 등장하는 각종 혼란한 시기를 겪게 되고, 다시 수나라, 당나라로 통합되면서 유교보다는 점차 불교와 도교에 빠져들게 된다. 이러한 경향은 유교를 공부하는 유학자들을 갈등하게 만들었다. 유학자들은 그동안 배우고 익히던 자신들의 학문에 커다란 의구심을 품게 되었다. 현실적인 유교는 불교나 도교처럼 사람은 어떻게 태어나고 죽은 뒤에 어떻게 되는지, 또한 세상의 만물이 어떻게 생성되는지 등등 철학과 관련된 부분들은 설명할 길이 없다는 것이다. 그래서 유교는 철학에 대한 열등감과 강박관념을 생기게 했다. 이에 송나라에 와서 주희라고 하는 걸출한 사상가가 나타난다. 공자 · 맹자와 같은 반열에서 주자라는 극존칭으로 불리는 주희는 우주가 형이상학적인 이(理)와 형이하학적인 기(氣)로 구성되어 있다고 보았다. 주자는 『논어』, 『대학』, 『중용』, 『맹자』 등 사서에 대한 뜻과 그 이치를 해설한 『사서집주』와 함께, 관혼상제에 대한 『주자가례』를 편찬하였다. 이처럼 주자는 기존의 원시 유교 사상에 철학적 체계를 가미하여 새로운 유교를 정립하였다. 이를 신유학이라 하는데, 바로 그의 이름을 딴 주자학이다. 이 주자학은 우리나라로 들어와서 성리학으로 변모하였다.

송나라의 주자에 의해 원시 유교 사상에서 벗어나 노불(老佛) 사상처럼 철학적이고 형이상학적인 이론 체계를 가지게 된 유교는 명나라의 왕양명에 의해 새로운 전환을 맞이한다. 즉 기존의 주자학이 너무 철학적이며 사변적이므로 보다 현실에 가깝게 하자는 것이다. 그러한 유교의 흐름을 양명학이라 하는데, 주자학보다 현실적인 실천의 지행합일을 강조하는 유교다. 그러한 차이는 『대학』에 나오는 격물치지를 이해하는 것에서 분명히 알 수 있다. 주자는 격(格)을 이른다(至)는 뜻으로 해석하여 모든 사물의 이치(理致)를 끝까지 파고 들어가면 앎에 이른다(致知)고 하였지만, 왕양명은 사람의 참다운 앎을 얻기 위해서는 사람의 마음을 어둡게 하는 물욕(物欲)을 물리쳐야 한다고 주장하여, 격을 물리친다는 뜻으로 풀이하였다. 즉 주자의 격물치지가 지식 위주인 것에 반해, 왕양명은 도덕적 실천을 중시하고 있다. 하지만 양명학은 주자학의 위세에 가려 크게 성장하지 못하였다. 그러다가 만주족이 지배한 청나라로 와서 정통 유교 이념이 아닌 유교와 관련된 문자와 문장만을 실용적으로 따지게 되는데 이것이 고증학(考證學)이다. 가령 그저 옛 문장과, 그간 전해져 내려오는 각종 서적이 분서갱유 이후 다시 쓰인 것인데, 이것이 어떻게 했을 때 실생활에 유익한지 실증적으로 따지는 학문이 고증학이다. 이를테면 청나라판의 실증적인 유교라고 할 수 있다.

지역을 뛰어넘은 전달

공자와 맹자의 원시 유교 사상은 처음부터 우리나라에 전하여지지 못하였다. 유교보다 먼저 삼국시대 때부터 유입된 사상은 불교로서 고려 때 가장 큰 번성을 이룬다. 하지만 고려 말에 송나라 주자학의 영향을 받아 주자학을 연구하던 학자들이 있었는데 그 대표적 인물이 정몽주와 정도전 등이다. 정도전은 이성계의 조선 건국과 동시에 조선을 유교 사회로 만드는 체제와 기틀을 다지게 된다. 하지만 이성계의 조선 건국을 반대하여 죽임을 당했던 정몽주의 학풍을 이은 선비들은 향촌에서 주자학을 연구하여 길재 · 김숙자 · 김종직 · 김굉필 등으로 이어졌다. 드디어 중종 때에 조광조는 중앙의 정치 무대에 오르게 되며, 이후 여러 차례 사화(士禍)를 겪었으나 사림의 주자학 정신은 모질게 계승되었다. 결국 주자학인 성리학이 전성기를 맞이한 것은 16세기에 들어서였으며, 송대의 성리학이 이 땅에 전래된 지 300년 가까이 되어서였다. 즉, 이때 한국 유학의 쌍벽인 퇴계 이황과 율곡 이이가 등장하게 된다. 그렇게 하여 주희의 주자학을 더욱 깊게 세련화시켜 명실상부한 독자적인 성리학으로 발전시킨다. 퇴계는 이와 기를 엄격히 구별하여 그 혼동을 용납하지 않았다(理氣二元論). 그는 태극, 또는 이로 표현되는 것을 다름 아닌 인간의 선한 본성의 궁극적 근원으로 보아 '사단칠정론(四端七情論)'을 제안했다. 퇴계의 이 같은 성리학은, 일본으로 전해져 일본 유학에 큰 영향을 끼쳤다. 퇴계보다 35년 후에 태어난 이율곡도 퇴계와 마찬가지로 정통 성리학파의 입장을 견지하였다. 그러나 그는 단순히 성리학만을 고수한 것이 아니라 불교와 노장 철학을 위시한 여러 학설과 양명학 등 여러 학파의 사상도 연구하였다. 특히 율곡은 퇴계의 이기이원론과 달리 이기일원론(理氣一元論)을 주장하였다. 즉 이상(理)과 현실(氣)은 별도가 아니라 한 가지라는 것이다. 이러한 논리에 의해 율곡의 사상이 퇴계의 사변적인 사단칠정론과 달리 실질적인 부국강병론을 주장하여 조선 후기 실학에 영향을 미친 것은 사실이나 이(理)와 기(氣)의 문제에 대한 사상적 갈등에서 크게 벗어나지는 못하였다. 현대에 와서 퇴계와 율곡은 명예롭게도 대한민국 원화 화폐의 인물로 함께 등장하게 되었다. 화폐의 인물로 퇴계와 율곡 중 한 명만을 선정할 수 없는 것은 아직도 우리가 그 둘의 사상적 갈등에서 자유롭지 못함을 뜻할 수도 있다.

퇴계와 율곡 이후 조선 후기에 와서 조선의 신료들은 사색당파를 이룬다. 퇴계의 후예들은 동인으로, 율곡의 후예들은 서인으로 갈라서게 된다(박영규, 1996). 이러한 갈라짐은 이념적이기보다 정치적이었다. 동인은 남인과 북인, 서인은 노론과 소론으로 갈라져 치열한 정치 싸움을 벌이게 되었다. 임진왜란 때의 선조로부터 정조의 죽음 때까지 뺏고 빼앗기는, 죽고 죽이는 혼탁한 당쟁의 결과는 왕당파 남인이었던 정약용을 귀양 보내게 하며, 세도정치로 이어진 강력한 신권파 노론의 압승이었다. 이러한 싸움의 정점에 있었던 인물은 노론의 송시열이었다(이덕일, 2000). 이런 정치 싸움의 하나로 1차 예송 논쟁이 있는데, 효종이 죽자 효종의 계모인 자의대비는 1년 상복을 입어야 하는지, 3년 상복을 입어야 하는지에 대해 논쟁을 하는데, 그들이 하늘처럼 떠받들다시피 한 텍스트는 주자학의 태두였던 주희, 즉 주자였다. 결국 그들은 공자님 말씀인 원시 유교 사상이 아니라 주자학에서 따지는 예학을 자신들의 경전으로 삼아 이를 바탕으로 죽고 죽이는 치열한 정치 싸움을 했던 것이다. 조선 후기 왕권 강화와 개혁 정치를 하려던 왕으로 평가받는 정조 역시 『주자전서』의 편찬에 힘썼다. 아울러 1785년에 대로사(大老祠)라는 송시열의 사당을 짓게 하고, 노론에 대한 정치적 화해의 제스처로 1689년에 태어나 1689년에 죽은 송시열의 세 번째 회갑에 해당하는 1787년에 비문을 직접 지어 대로사비를 지을 정도로 사림의 후예들인 노론파 신권의 힘은 막강하였다.

결국 이 시대에 우리가 주로 알고 있는 유교는 2500년 전 유연한 사고로 관계성과 충실함을 추구했던 공자와 맹자의 원시 유교 사상이라기 보다는 1000여 년 전 중국 송나라 때 주희가 정립한 주자학과 이에 기반을 둔 조선 중기에 율곡 이이와 퇴계 이황 등이 우주의 근본이 이(理)니 기(氣)니 하면서 형이상학적으로 발전시킨 형이상학적 성리학과 조선 후기에 당파 싸움의 소재로 삼아 의례적 형식 절차를 교조적으로 지키려고 따졌던 예학이나 예교에 가깝다. 오히려 원시 유교 사상과 더 가까운 것은 조선 후기 예학으로 치달았던 형이상학적 유교가 아니라 현실에 바탕을 둔 실학사상이었을 수 있다. 즉 17세기 후반부터는 알맹이 없이 서로 헐뜯는 학설로 전락한 이기심성론과 예론의 사변적 대립을 지양하고 원시 유교의 근본정신에 입각, 경세치용 · 이용후생 · 실사구시 등을 부르짖는 실학사상이 대두하여 박제가, 정약용 등이 영 · 정조 시대를 전후로 활동하였다. 정조 때에 실학의 대표 주자였던 정약용은 원시 고대 유교 사상만이 아니라 주자학, 천주교 등을 다양하게 수용한 인물이었다(백민정, 2007). 그러나 정조가 갑자기 죽고 19세기에 접어들면서 당파 싸움은 끝나고 세도정치가 시작되어 실학파의 활동이 부진해지자 다시 예론 · 예학으로서의 성리학이 세력을 만회하였다. 우리가 익히 알고 있는 유교는 다름 아닌 이러한 조선 후기 때의 형식적 · 교조적 예교인 것이다.

동양에서 주자 이후로 이루어진 극단적으로 치닫게 된 유교의 형이상학화와 비교하여 볼 때, 서양에서는 공자의 원시 유교 사상을 순리적으로 수용하였다. 1669년 프랑스 선교사에 의하여 『논어』가 본격적으로 번역 소개된 이후, 프랑스에서는 '공자학회'가 결성되기까지 하였다. 『논어』에 나오는 생생한 원시 유교 사상은 프랑스에서 인간의 정신을 고양시키는 데 기여하였으며, 자유 · 평등 · 박애라고 하는 프랑스 혁명 정신에 영향을 끼쳤다는 평가가 있으며, 또한 미국 3대 대통령 이전에 주 프랑스 공사 시절에 공자학회 회원이었던 제퍼슨Thomas Jefferson, 그리고 프

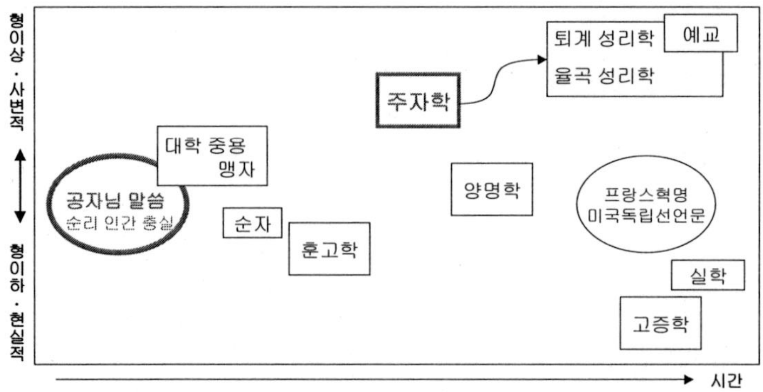

그림 1-2 원시 유교 사상의 전달과 전파

랭클린Frankrin Benjamin은 미국의 독립선언문을 작성하였는데, 이것도 공자의 원시 유교 사상을 바탕으로 한 것이라 추정된다(공석하, 2007).

지금까지 설명한 원시 유교 사상이 어떻게 전달되고 전파되었는지에 대한 이야기는 그림 1-2와 같이 요약하여 정리할 수 있다. 그림 1-2를 한마디로 요약하면 우리의 유교는 공자의 원시 유교가 아니라 주자의 유교를 받아들였던 것이다.

현대 PR 철학은 무엇인가? (轉)

이 글은 기승전결의 이야기 흐름을 가지며 전개되고 있다. PR에 대한 논문을 쓰면서 원시 유교 사상을 다루게 된 이유를 기점으로(起), 원시 유교 사상이 어떻게 전개되었는지를 이야기하였다면(承), 이제부터는 논의를 전환시켜(轉) 유교에 대한 이야기는 마치고, 현대 PR 철학에 대한 이야기를 하고자 한다. 그렇게 하여 원시 유교 사상과 현대 PR 철학의 접목점을 발견하며 이야기를 맺고자 한다(結).

PR의 역사적 흐름

PR의 기원은 무엇일까? 역사적으로 이러한 PR의 역사를 따지는 것은 흥미롭지만 아직 마땅한 기록이 있지 못하다. 하지만 분명한 사실은 PR이 신석기 시대에 인간이 부싯돌과 사냥한 고기의 뒷다리를 맞바꿀 때부터 시작되었다고 보는 생각이다. 즉 PR 활동은 인류의 역사와 함께한다는 것이다. 하지만 김덕만(2007)에 의하면, PR이라는 용어는 1882년 미국의 변호사 도만 이튼이 예일대학교 졸업식 축사에서 처음 사용하면서 전파되었다고 한다. 그리고 1900년대 초 활발한 PR 활동이 일어난다. 하지만 그 시작은 그리 PR답지 못했다. 지금도 그러한 일이 있을 수 있지만 기업에 고용된 언론계 출신 인사들은 상대방에 대한 추문 들춰내기 등 대체로 기만과 선전에 의한 언론 홍보에 치열하였다.

이때 마치 공자가 살았던 춘추시대 살벌한 시기의 공자와 같은 인물이 나타나는데, 그가 리Ivy Lee다. 리의 생각은 그 시대에 맞지 않게 건전하였다. 1921년 PR의 선구자로 불리는 리는 컬럼비아대학교의 저널리즘 스쿨에서 열린 모임에서 '진실을 말하라! 공중은 알아야 한다! 모든 일은 공개적으로 행한다!' 등 당대에서는 상식을 초월하는 놀라운 발언을 하였다. 그리고 언론과 공중에게 알려야 할 필요가 있다고 생각되는 정보를 즉각적이고 정확하게 제공하려고 노력했다. 그 목적을 위해 PR은 정보 전달을 위한 활동 수행에 주의를 기울이게 되었다. 결국 고객들에게 신뢰를 주는 것이 PR에 있어서 중요한 역할을 차지하는 것을 깨달은 리는 이러한 신뢰를 바탕으로 하는 PR 활동을 통해 종래의 은폐적인 관행과는 달리 취재 기자들에게 현장을 공개하고 사실을 진실되게 알리는 것이 중요하다고 보았다. 당시 이러한 생각은 무척이나 파격이었으나, 곧 리의 생각은 PR의 기본 정식이 되었다. 물론 그에 대한 비판적 시각도 있지만, 리는 오늘날 PR의 기술이나 원칙을 정립한 PR의 아버지로 평가받고 있다.

리와 함께 PR의 아버지라고 일컬어지는 인물은 버네이즈Edward Bernays다. 버네이즈는 정치적인 담론을 형성하고, 다양한 사회 이슈의 방향과 트렌드를 이끄는 활동으로 PR을 정의하고 있다. 하지만 타이(Tye, 2004)는 버네이즈에 대해 쓴 인물전 제목을 *Father of Spin*이라고 하면서 버네이즈를 PR의 아버지가 아니라 선동적 정보 조작의 아버지라고 비판하면서도 PR에 대한 그의 열정을 인정하였다. 프로이트의 조카이며 유태인인 버네이즈는 PR 카운슬러라는 자신의 직업명을 최초로 사용하였으며, 추문 들춰내기 식의 선전에서 벗어나 커다란 사고big think에 의한 기발한 아이디어를 이용하였다. 그의 인물전을 쓴 타이에 의하면 1995년에 105살의 나이로 타계한 버네이즈는 매력적인 모순 덩어리 인간이었다.

이처럼 본격적인 PR 활동은 1900년대 초기부터 일어났는데 그 과정을 단계별로 구분하면 다음과 같다(Cutlip and Center, 1964). 1990~1917년은 추문 들춰내기 식의 언론 홍보 시대다. 1917~1919년은 1차 대전 때로 열광적인 애국심을 불러일으키고 전쟁 공채를 팔고 후생 사업을 위한 모금을 하는 데 조직적인 선전 활동을 하던 시대다. 1919~1933년은 전시에 배운 원칙과 실제가 제품을 파는 데 활용되는 시기다. 1933~1945년은 대공황과 2차 대전이 PR의 기술을 향상시킨 시기다. 그리고 1945년과 1960년대는 PR이 차지하는 개념이 원숙해지고 PR의 영향력이 확대되는 시기다.

이러한 흐름에서 1970년대 이후부터 PR 활동의 중요성이 더욱 절실히 인식되었으며, 많은 PR 전문 회사들이 생기게 되었다. 그리고 1980년대에 들어서 PR은 학문적으로 자리를 잡게 된다. 이때 등장하는 학자가 그루닉James Grunig이다. 2차 대전 당시 정부의 참전 캠페인의 설득력 제고 방안을 연구하던 호브랜드Carl I. Hovland가 전쟁 이후에 예일대학교에서 태도 변화를 위한 설득 커뮤니케이션 연구를 지속적으로 하여 호

브랜드 학파를 이루었듯이, 그루닉 학파Grunig School를 형성한 그루닉은 PR 연구에 있어서 아직도 가장 많이 인용되는 PR 학자다. 그루닉이 제안한 PR 4모형(Grunig and Hunt, 1984)은 현대 PR의 전이론ground theory이 되었으며, 이를 기반으로 우수이론(Grunig etc., 1992), 상황이론 등 다양한 현대 PR 이론들이 나오게 되었다. 이러한 PR 이론에 있어서 가장 중요한 핵심은 어떻게 하면 조직과 공중이 균형을 이룰까 하는 문제다. PR 4모형에서처럼 가장 이상적인 쌍방향 균형과 달리, 상황이론에서는 조직과 공중 간에 처한 어떠한 우연한 상황에 따라 때로는 조직의 이익을 더 중요하게 취할 수도 있고 때로는 공중의 이익을 더 중요하게 취할 수도 있는 것처럼 조직과 공중 간의 균형점은 달라질 수 있다고 보는 것이다.

하지만 이러한 기능적 관점의 PR 이론에 이어, 1990년대 말부터는 히스R. L. Heath나 토스E. R. Toth와 같은 PR 학자에 의하여 수사학적 관점, 그리고 비판적 관점의 PR 이론들이 나오게 되었다. 이렇듯 문화이론, 포스트모더니즘, 페미니즘의 관점에서 현대 PR 이론은 다양화되어 가고 있다(김영욱, 2003). 또한 보다 실리적인 목적을 달성하기 위한 마케팅 PR(MPR) 개념이 1991년부터 제기되기 시작했으며, 현재 비즈니스 업계나 PR 학계에서 MPR이라는 용어는 일상적으로 많이 사용되고 있다. 특히 미국마케팅협회가 2004년에 PR에서 쓰이는 이해관계자stakeholder라는 단어를 사용하여 마케팅을 정의하며, 최근에는 마케팅의 구루인 코틀러가 그의 말년에 현대 PR에서 가장 중요하게 부각되고 있는 기업의 사회적 책임(CSR)에 대한 책(Kotler, 2006)을 내는 것으로 보아 마케팅과 PR의 정통적 구분이 해체되는 기미까지 보이고 있다. 이러한 경향에 대해 정통 PR 학자들은 상업적인 마케팅이 순수한 PR의 영역에 슬며시 침입해 들어온다marketing encroachment고 하여, 곱지 않은 부정적 시선을 보일 수도 있다.

PR에 대한 두 가지 정의

원론적 정의

대개 습관적으로 홍보라고 불리는 PR은 널리 알리는(널리 弘 알릴 報) 일이 아니라 PRPuiblic Relations이라는 영어 단어 그대로 공중 관계다. 그 정의가 500개나 수집될 정도로 지금까지 여러 사람들에 의해 다양한 의미로 해석되고 있다. 이에 필자가 PR에 대해 원론적 정의를 하자면 다음과 같다.

PR은 조직이 공중과 호의적 관계를 맺으려는 전반적인 커뮤니케이션 활동이다. 이 정의에서 키워드는 공중, 관계, 그리고 전반이다. 첫 번째, PR은 불특정 다수인 대중mass이 아니라 군중crowd처럼 물리적으로 한 장소에 모여 있지는 않지만 비슷한 관심과 이해관계를 가진 사람들의 모임인 공중public을 대상으로 한다. 두 번째, PR은 단지 인식상에 있어서 호의적 태도goodwill을 형성하려는 게 아니라 현실상에 있어서 호의적 관계를 형성하려는 활동이다. 세 번째, PR은 커뮤니케이션의 한 부분이 아니라 전반적인 커뮤니케이션 활동이다. 즉 PR이란 광고학개론이나 마케팅원론에서 설명되듯이, 마케팅 4P 믹스 요인 중의 하나인 프로모션 안에 광고나 SP와 같이 있는 일개 부분적 언론 홍보 수단인 퍼블리시티용 PRPress Release이 아니라 공중 관계 활동인 PRPublic Relations을 위해 조직이 전반적으로 하는 커뮤니케이션 활동 그 자체다. PR은 촉진 수단의 하나에 불과한 부분적인 수단이 아니라 4P를 믹스하는 마케팅 활동보다 훨씬 커다란 전반적 경영 활동이다. 경영을 네 가지 M(man, money, manufacture, market)의 믹스라고 할 때, Man을 관리하는 인적자원 관리란 PR의 관점에서 볼 때 내부 직원이라는 공중과의 관계 활동이며, Money를 관리하는 재무 관리란 PR의 관점에서 볼 때 투자자 사회라는 공중과의 관계 활동이며, Manufacture를 관리하는 생산 관리란 PR의 관점에서 볼 때 협력 업체라는 공중과의 관계 활동이며, Market을 관리하는 마케팅이란 PR의 관점에서 볼 때 소비자라는 공중과의 관계 활동인 셈이다.

확대된 정의

PR이 홍보와 다른 개념임을 명확하게 구분한 이종화(2001)에 의하면, PR은 퍼블리시티인 홍보로부터 출발했지만 대중매체를 통해 널리 알리는 홍보와는 근본적으로 다르다. 홍보가 설득과 선전 기법을 바탕으로 파이프에 담아 보내는 수돗물과 같이 정보의 일방적 흐름을 강조하는 일방적으로 계획된 커뮤니케이션이라면, PR은 정보의 쌍방 흐름에 초점을 맞추는 의사소통 시스템이며, 다양한 공중과 지속적 관계를 맺기 위한 전반적 경영 활동이다. PR의 핵심 개념은 관계relations다. 그래서 그루닉 스쿨이 PR의 목적으로 말했던 균형이라는 개념보다 관계라는 개념은 가장 근본적인 PR의 목적이 된다. 최윤희(2001)가 밝힌 것처럼 PR에서 관계성 관리가 중요함은 마땅하다. 결국 PR에서 관계란 새로운 패러다임이 아니라 본질적 패러다임이라고 할 수 있다.

이러한 관점에서 PR은 호의적 태도를 형성하려는 뜻의 'love me'라기보다 호의적 관계를 형성하려는 뜻의 'marry me'라고 해야 더 적합하다(박기철, 2005). 조직이 공중과 호의적 관계를 맺으려면 조직은 공중으로부터 이익을 얻으려고만 하기보다 먼저 실질적 가치를 주어야 하며(박기철 2006a), 단지 공중과의 관계만이 아니라 생태와의 관계를 고려해야 지속 가능성 차원의 PR을 할 수 있으며(박기철 2006b), 그렇게 했을 때 좋은 입소문을 인위적으로 내려고 해서 나는 것이 아니라 좋은 입소문이 결과적으로 나게 되는 것이다(박기철 2006c). 이렇듯 가치, 지속 가능성, 입소문이라는 개념을 엮어서 PR에 대한 확대적 정의를 새롭게 내린다면 다음과 같다. **PR이란 충실한 가치를 주어 공중과 호의적 관계**

를 맺고 더 거시적으로 생태와 지속 가능한 관계를 맺어 순리적으로 좋은 입소문이 나는 전반적 경영 활동이다. 이러한 PR을 하려면 언론 관계, 투자자 관계, 내부 직원 관계, 지역사회 관계, 정부 관계, 네티즌 관계, 고객 관계, 협력 업체 관계 등의 공중별 PR과 쟁점 관리, 위기 관리, 공공문제 관리, 평판 관리, 입소문 관리 등의 상황별 PR을 통합적으로 충실히 해야 한다.

현대 PR 철학의 이해

지금까지 이야기한 PR의 역사적 흐름, 그리고 PR에 대한 원론적 정의와 확대된 정의를 바탕으로 현대 PR 철학의 핵심이 무엇인지 밝히려고 한다.

유연의 철학

PR은 홍보와 같은 뜻에서 우리를 널리 알리는 활동이라고 할 수 있다. 또 피할 것은 피하고 알릴 것은 알리는 활동이라고 위트 있게 대답할 수 있다. 현재까지의 PR이란 바로 그렇게 조직의 이익을 위한 활동이었다. 조직과 공중 간의 균형을 실현하는 것이 PR이라고 현학적으로 대답하더라도 PR이 궁극적으로 조직의 이익을 위한 활동임을 부정할 수 없다. 그렇게 PR을 조직의 기능적 효과 차원에서 파악하는 것이 다반사였다. 이때 논의될 수 있는 것은 PR 활동을 어떻게 잘할 수 있는가다. 그렇게 해서 어떻게 우리의 이미지를 좋게 만들고 우리에게 유리한 좋은 여론을 형성하는가가 정통 PR의 주목적이었다.

하지만 현대 PR은 조직의 이익을 위해서만 존재하지 않는다. 무조건 조직의 이익을 추구하는 것이 아니라 조직의 이익이 무엇인지에 대해 되물어 보는 것이 현대 PR이다. 이는 선을 어떻게 추구할 것인지에 대한 방법론적 윤리에서 탈피하여 도대체 선이란 무엇인지 되묻는 존재론적 윤리의 입장을 취했던 니체Friedrich W. Nietzsche적 사유와 같은 맥락이다. 그렇게 하여 니체는 선과 악에 대한 기존의 도그마를 해체하였다. 그렇게 하여 니체는 19세기 말엽에 포스트모더니즘의 대문을 과감히 열어젖혔다.

이러한 관점에서 현대 PR은 다양성이라는 함의를 유연하게 가진다. 현대 PR이 추구하는 것은 조직의 이익만이 아니라 미학의 관점, 윤리의 관점, 책임의 관점, 분배의 관점, 약자의 관점, 민주주의의 관점, 나눔의 관점, 생태적 관점 등 다양한 비판적 관점을 유연하게 고려한다. 김영욱과 박정윤(2006)은 이러한 포스트모더니즘적 다양성의 관점에서 조직 중심의 기능주의 PR을 극복하고자 푸코와 하버마스의 논의를 바탕으로 PR이 취할 수 있는 다양한 관점을 모색하였다. 이처럼 조직의 이익만이 아니라 해체적 관점에서 다양성을 추구할 수 있는 것은 정통적 사고에서 벗어나 유연한 사고를 가질 때다. 현대 PR을 하려면 조직과 공중 간의 쌍방향적 균형이라는 이상점을 위한 기능적 관점의 PR에서 벗어나 비판적 관점의 PR 철학까지 유연하게 모색하여야 한다.

관계의 철학

아무리 PR이 기존의 기능주의적 관점에서 벗어난다고 하여도 PR의 기본에서는 벗어날 수 없다. 오히려 기능주의적 관점에서 벗어나려면 PR의 기본으로 돌아가야 한다. 그렇다면 PR의 기본이란 무엇인가? 그것은 바로 PR이라는 단어 자체에 있는 관계다. 관계란 미국마케팅협회가 2004년에 정의한 현대 마케팅의 핵심 키워드이기도 하다. 관계란 무엇인가? 관계는 좁게 보면 둘 사이에 존재하는 것일 수도 있으며, 넓게 보아 전체적인 그물망 속에 존재하는 것일 수도 있다. PR에서 주로 말하는 관계란 좁은 의미에서 조직과 공중 간의 관계다. 또 넓은 의미에서 본다면 PR에서 말하는 관계란 이윤 추구를 위한 남성적 공격적 활동에서 벗어나 생태적 여심ecofeminism의 관점을 찾는 것이다. 생태적 상상력ecomagination을 통해 그물망과 같은 전반적인 생태 속에서 이루어지는 조직과 생태 간의 관계ecorelationship다.

조직과 공중 간의 관계는 일시적인 커뮤니케이션이 아니라 지속적인 커뮤니케이션을 통해 만들어 갈 수 있다. 즉 관계는 소통을 통해 만들어져 간다. 관계라는 말 안에는 지속성을 내포하고 있다. 그러므로 관계란 당장 만들 수 있는 것이 아니라 지속적으로 만들어 가는 것이라고 보는 것이 마땅하다. 조직과 생태와의 관계는 우리 조직의 이익 욕구를 자제하는 데서 맺을 수 있다. 무조건 이익과 성장에만 매달린 채 조직과 공중의 관계만 생각한다면 생태와의 관계는 금방 무너지고 만다. 좁은 의미에서 조직과 공중 간의 관계이건, 또 넓은 의미에서 조직과 생태와의 관계이건, 관계란 책임성을 바탕으로 하여 만들어질 수 있다. 만일 이러한 것이 없이 관계를 맺고자 한다면 그것은 생색내기 PR에 그치고 만다. 최근 부각되고 있는 기업의 사회적 책임 활동도 윤리적 책임성 없이 나눔 경영 및 섬김 경영을 표방하는 활동을 하는 것이라면, 기존에 공익 연계 마케팅인 CRMCause Related Marketing이 그랬던 것처럼 고도의 기만적 PR 활동이 될 것이다. 지속 가능 경영을 위한 PR도 생태적 책임성 없이 환경 경영을 표방하는 것이라면 안 하느니만 못한 더욱 뻔뻔한 포장형 생색내기 PR 활동이 될 것이다.

이렇듯 관계라고 하는 것은 지속성과 책임성을 바탕으로 하여 만들어져 가는 것이라고 볼 때, 이러한 지속적 · 책임적 관계 활동을 통해 허상적인 이미지가 좋아지기보다 실질적인 평판이 결과적으로 좋게 되는 것이다. 현대 PR은 단지 이미지를 좋게 하고 인지도를 높이려는 게 아니라 입소문과 평판도를 중요하게 생각한다.

가치의 철학

이러한 관계 활동을 하려고 할 때 조직은 무엇을 가지고 있어야 하는가? 그것은 바로 가치다. 그렇다면 가치란 무엇인가? 기존의 이익, 이미지,

가격과 비교하여 그 의미를 말할 수 있다. 우선 가치란 기존의 이익을 대체하는 말이다. 기존의 정통 PR이 조직의 이익을 위하는 것이었다면, 현대 PR은 조직이 만든 귀한 가치를 공중에게 주는 것이다. 한마디로 이익은 얻으려는 것이고, 가치는 주려는 것이다. 가치 혁신이란 기업의 가치를 혁신하겠다며 직원 단합 대회에서 큰 소리로 외치는 구호가 아니라 공중이 생각지도 못할 혁신적 가치를 주자는 것이다. 그렇게 했을 때 블루오션이 될 수 있다는 뜻이다. 또 가치란 이미지를 대체하는 말이다. 이미지가 실체적 가치 없이도 만들어질 수 있는 허상이라면, 가치란 바로 실체적 가치 그 자체다. 그래서 현대 PR이란 이미지 메이킹이 아니라 밸류 빌딩을 하려는 것이다. 이미지는 허상이므로 일시적인 한순간에 만들어질 수 있지만, 가치란 충실히 쌓아 가고 키워 가고 만들어지는 실체다. 가치란 또 가격을 대체하는 말이다. 만일 어떤 브랜드를 PR할 경우에 가치 있는 브랜드란 더 많은 이익을 얻기 위하여 비싸게 가격을 매긴price added 명품이 아니라 싸더라도 가치 있는value added 제품을 포괄하는 것이다.

이러한 가치를 바탕으로 하는 PR은 실리적 이익을 얻으려는 마케팅 PRMPR과 비교하여 브랜딩 PRBPR이라고 할 수 있다. 이러한 BPR은 조직이 이익이 얻기보다 공중에게 가치를 주고, 허상적 이미지를 만들기보다 실체적 가치를 만들어 가는 활동이라고 볼 수 있다.

미국마케팅협회의 2004년 마케팅의 정의에 있어서 이전에 이야기한 이해관계자stakeholder, 관계relationship와 함께 새롭게 등장한 키워드는 바로 가치value다. 마케팅의 정의로서 PR을 설명하는 것은 그만큼 마케팅과 PR의 구분이 모호하며, 그 의미가 해체되었다는 뜻이다. 현대 마케팅이건 현대 PR이건 가치를 지속적으로 만들어 가며, 가치를 생활자로서의 관련 고객에게 또는 관련 공중에게 주는 활동이 중요하다.

지금까지 현대 PR 철학이 어떻게 흘러왔으며 그 철학의 핵심이 무

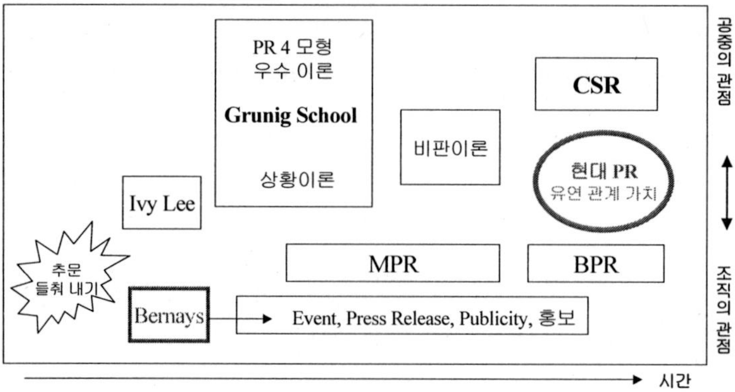

그림 1-3 현대 PR 철학의 흐름과 핵심

엇인지에 대한 이야기는 그림 1-3과 같이 요약하여 정리할 수 있다.

그림 1-3에서 가장 중요한 내용은 현대 PR은 유연, 관계, 가치 등을 키워드로 하고 있다는 점이다.

유교와 PR의 접목점이 있는가? (結)

현대 물리학은 고대 동양사상과 커다란 공통점을 보인다(Capra, 1975). 카프라는 양자역학을 바탕으로 하는 현대물리학이 2500여 년 전 노장사상인 도교와 부처의 깨달음인 불교와 너무나도 유사한 면이 많다고 지적하였다. 마찬가지 맥락으로 이 글은 현대 PR이 2500여 년 전 원시 유교 사상인 공자님 말씀과 흡사한 면이 많다고 보았다. 『논어』 속의 공자님 말씀을 살펴보면 원시 유교 사상은 순리적이며, 인간적이고, 현실에 충실한 사상이었다. 현대인인 우리가 유교에 대해 생각하는 형식적인 관습이나 의례적인 체면, 고리타분한 전통 등과는 너무나 거리가 먼

모습이었다. 이러한 까닭은 원시 유교 사상이 세월을 흘러 이어져 오면서 철학적 · 사변적 · 형이상학적으로 흘러왔다는 점에서 찾을 수 있다. 물론 원시 유교 사상에 그러한 점이 전혀 없다고는 할 수 없다. 하지만 그러한 철학적 · 사변적 · 이상적 · 형이상학적인 것은 종(從)이며, 주(主)는 실천적 · 정치적 · 현실적 · 형이하학적인 것이었다. 하지만 송나라 주자 때에 와서 주와 종이 바뀌게 되며, 특히 우리나라로 주자학이 유입되면서 극도로 철학적 · 사변적 · 이상적 · 형이상학적인 유교로 치닫게 되었던 것이다. 마르크스주의가 우리나라로 유입되면서 극단적인 김일성주의로 치달았던 것처럼…. 결국 그러한 치달음의 끝은 조선 후기에 의례적 형식 절차를 따지는 교조주의적 예교 · 예학 · 예론이었다. 그래서 우리는 공자님 말씀의 원시 유교 사상은 완전히 잊고, 그러한 예론적 유교, 즉 예교의 모습만 떠올리게 되었던 것이다. 이러한 이유를 밝히느라 이 글의 앞부분에서 유교의 흐름을 다소 길게 이야기하게 된 것이다. 이제 현대에 와서 원시 유교 사상이 새롭게 인정받아야 마땅하다. 특히 원시 유교 사상의 종주국인 중국은 1980년대 시장경제체제 도입 이후 급격한 경제 성장과 동시에 급격한 신뢰 하락을 보이는 상황이어서 원시 유교의 부활이 더욱 절실한 실정이다.

PR도 원시 유교의 맥락적 전개로 볼 때 마찬가지의 흐름을 보인다. 원래 PR이라는 말의 뜻은 공중 관계다. 일찍이 PR이라는 말을 고안한 사람은 PR이 가지는 건강한 모습을 생각하였을 것이다. 이미 PR이라는 말 속에 원천적으로 가지고 있는 관계라는 말은 PR의 의미를 규정짓는다. 즉 조직과 공중 간의 관계이기에 조직의 이익만을 생각하는 것은 아니며 공중과의 관계 속에서 조화적 균형을 추구하는 것이 PR의 원래 의미인 것이다. 한마디로 PR이란 조직과 공중 간의 건강한 관계를 만드는 활동이 주다. 보도 기사화 활동인 홍보는 종이었다. 하지만 PR이 가지고 있는 건강한 모습보다 조직의 이익을 위하여 널리 알리는 홍보로 PR

은 20세기 초기부터 변질되어 갔다. 왜 PR이 홍보로 되었는지 알고 보면 무척 단순하다. 20세기 초에 일본 제국주의 시대에 사용되었던 말이 선전, 광고, 그리고 홍보다. 홍보라는 낱말을 고찰한 신인섭 · 이명천 · 김찬석(2007)에 의하면, 우리나라에서는 PR이라는 말이 학문적인 연구나 검토 없이 사용되기 시작하다가 1990년대에 PR이라는 말 대신에 홍보가 자리 잡았다. 결국 1997년 2월 한국 최초로 설립된 PR 전문학회인 한국홍보학회는 PR이라는 영어 낱말을 '홍보'로 결정하게 되었다.

필자의 주관적 의견으로는 널리 알리는 홍보는 공중 관계인 PR과 같지 않다고 해석한다. 널리 알리는 홍보 패러다임과 공중과 관계를 맺는 PR 패러다임은 그 근본 철학부터 다를 수밖에 없다. 하지만 현재 PR보다는 홍보의 흐름이 더욱 거세다. 특히 선동과 비슷한 정보 조작의 아버지라고 일컬어지는 버네이즈적인 홍보 활동이 아직도 지배적이며 강하다. 오로지 조직의 이익을 위하여 독특하며 기발한 이벤트를 만들고, 그것을 보도 기사화하는 홍보가 PR의 주류가 되었던 것이다. 우리나라 최초의 PR 회사 창업자가 쓴 책도 버네이즈의 '빅 싱크' 홍보 철학을 그대로 이어 받았다(김경해, 2004). 주로 조직의 이익을 위해 버네이즈와 같이 큰 생각을 하는 PR인 것이다. 이는 PR의 주와 종이 바뀌게 된 것이다. 조직의 마케팅적 이익을 목적으로 하는 MPR은 그러한 치달음의 끝이었다. 아직까지 MPR은 건재하다. 미국에서의 PR 활동도 마찬가지다. 정인태(2006)의 연구에 의하면 미국의 대표적인 PR상이라 하는 PRSA 실버 앤빌상 수상작들(www.prsa.org)은 거의 비슷한 매체 전략을 사용한 것으로 나타났다. 즉 모든 수상작들이 그들의 PR 캠페인 목표에 관계없이 모두 행사 및 이벤트를 하고, 그리고 보도 자료 등을 신문사나 방송국에 보내어 조직의 메시지나 행사 등을 공중에게 알리고, 또 자체 웹사이트를 이용하여 능동적으로 찾아오는 공중들과 쌍방 커뮤니케이션의 기회를 만들고 있었다. 잔머리를 크게 굴리는 버네이즈의 '빅 싱크'적

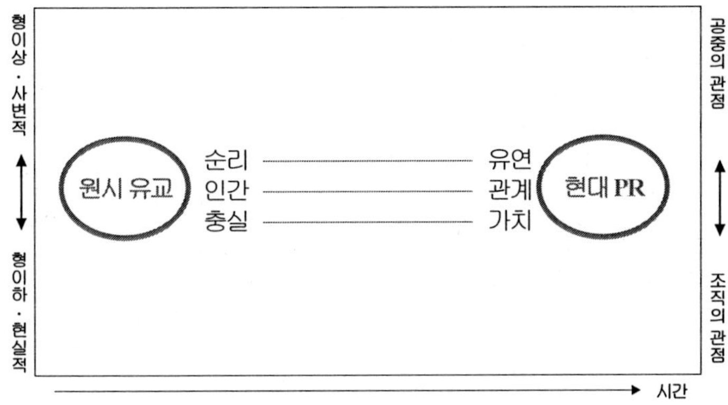

그림 1-4 원시 유교 사상과 현대 PR철학의 접목

PR 공식과 PR 방법이 그대로 이어져 오고 있는 것이다.

하지만 이제 가치 중심의 BPRBranding PR로 전환할 필요가 있다. 이러한 맥락에서 1980년대에 들어서 조직과 공중 간의 균형을 생각하게 되고, 1990년대 들어 다양한 관점을 수용하는 PR의 건강한 면모가 다시 드러나게 된다. 버네이즈보다 아이비 리의 건강한 PR 정신이 되살아난 것이다. 그러한 맥락에 따라 비판 이론적 관점의 PR, 그리고 기업의 사회적 책임CSR 및 지속 가능 경영을 추구하는 나눔 경영 및 섬김 경영의 PR이 대두하게 되었다. 또한 조직과 공중과의 관계를 넘어, 조직과 생태와의 관계 차원에서 공동체 내의 조직과 공중이라는 공동체 PR의 철학이 나타나게 되었다. 공동체 PR은 조직과 공중 모두 같이 살자live together는 커다란 생각이다.

이렇게 볼 때 유교와 PR은 그 흐름도 비슷하며, 그 모습도 비슷하다. 그래서 원시 유교 사상과 현대 PR 철학은 그림 1-4와 같은 접목점을 가진다.

지금까지 이야기한 내용의 핵심을 압축하여 요약 정리하면, 원시 유교는 순리 · 인간 · 충실의 사상이었다. 또 현대 PR은 유연 · 관계 · 가치의 철학을 가지려고 한다. 이제 현대 PR은 공자님 말씀이었던 순리적이고 인간적이며 충실한 모습을 제대로 받아들여야 할 때다. 그래서 순리적 유연성, 인간적 관계성, 충실한 가치에 따른 현대 PR로 거듭나야 할 것이다. 공자가 만일 지하에서 PR에 대해 말한다면 이렇게 말할 것이라고 추정해 본다. 孔子曰 公關 順理柔軟 人間關係 充實價値! 즉 PR은 공중 관계(公關)로서 순리적이고 유연한(順理柔軟) 사상이며, 인간 사회에서의 관계(人間關係)를 중요하게 여기며, 충실한 가치(充實價値)를 기르는 활동이다. 결국 현대 PR의 기본 텍스트는 원시 유교 사상을 온전하게 담고 있는『논어』일 것이다. 이러한 관점에서『논어』에 나오는 여러 가지 각론적 내용들을 바탕으로 하여, 현대 PR의 각론적 내용을 하나하나 밝히려는 연구는 이 시대에 가치 있는 PR 기본 교재text가 될 것이다.

참고문헌

공석하 (2007). 『21세기의 공자』. 뿌리.

김경일 (1999). 『공자가 죽어야 나라가 산다』. 바다출판사.

김경일 (2001). 『나는 오랑캐가 그립다』. 바다출판사.

김경해 (2004). 『큰 생각 큰 PR』. 커뮤니케이션즈 코리아.

김영욱 (2003). 『PR 커뮤니케이션』. 이화여대출판부.

김영욱 · 박정윤 (2006). PR 커뮤니케이션 비판 이론의 방향성에 대한 논의(푸코와 하버마스를 중심으로 한 전개). ≪홍보학연구≫, 10(2).

김덕만 (2007). 『21세기 언론홍보기법』. 매스컴출판사.

박기철 (2005). 『박교수의 마케팅 특강』. 을유문화사.

______ (2006a). 가치 패러다임의 BPR 제안. 『한국홍보학회 봄철 학술대회 발표집』.

______ (2006b). 지속 가능한 PR. 『한국홍보학회 가을철 학술대회 발표집』.

______ (2006c). PR 관점의 입소문 마케팅. 『한국광고학회 가을철 학술대회 발표집』.

박영규 (1996). 『한권으로 읽는 조선왕조실록』. 들녘.

배병삼 (2005). 『논어, 사람의 길을 가다』. 사계절.

백민정 (2007). 『정약용의 철학』. 이학사.

이덕일 (2000). 『송시열과 그들의 나라들』. 김영사.

신영복 (2004). 『강의』. 돌베개.

신인섭 · 이명천 · 김찬석 (2007). 홍보라는 낱말에 대한 고찰. 『한국홍보학회 봄철 학술대회 발제집』.

안외순 (2002). 『맹자』. 책세상.

전세영 (1992). 『공자의 정치사상』. 인간사랑.

정인태 (2006). PR 캠페인의 목표, 커뮤니케이션 전략 및 전술 연구: PRSA 실버앤빌 수상작 중심으로. 『부산광고홍보학회 가을철 학술발표대회 발표집』.

최병철 (1999). 『공자가 살아야 나라가 산다』. 시아출판.

최윤희 (2001). 『PR의 새로운 패러다임－관계성의 관리』. 커뮤니케이션북스.

홍승직 (2005). 『대학 · 중용』. 고려원북스.

湯仁榮 (2005). 孔子說爲人. 北京讀書堂國際文化發展有限公司, 이은미 역 (2006). 『공자, 사람을 말하다』. 에버리치홀딩스.

羅烈文 (2005). 孟子說處世. 北京讀書堂國際文化發展有限公司, 고예지 역 (2006). 『맹자, 처세를 말하다』. 에버리치홀딩스.

Capra, Fritjof (1983). *The Tao of Physics* (2nd). 이성범 · 김용정 역 (2004). 『현대 물리학과 동양사상』. 범양사 출판부.

Cutlip, Scott M. & Center, Allen H. (1964). *Effective Public Relations*(3rd). Prentice Hill; 홍사중 역 (1979). 『PR원론』. 탐구당.

Grunig, James & Todd Hunt (1984). *Managing Public Relations.* 박기순 · 박정순 · 최윤희 역 (2004). 『현대 PR의 이론과 실제』. 커뮤니케이션북스.

Grunig, James., Dozier, David M., Ehling, William P., Grunig, Larissa A., Repper, Fred C., & White, Jon. (1992). *Excellence in Public Relations and Communication Management.* Lawrence Erlbaum Associates.

Kotler, Philip (2006). *Corporate Social Responsibllity.* 남문희 역 (2006). 『착한 기업이 성공한다』. 리더스북.

Harris, Thomas (1991). *The Marketer's Guide to Public Relations.* John Wiley & Sons, Inc.

Toffler, Alvin (1980). *The Third Waves.* 김진욱 역 (1992). 『제3의 물결』. 범우사.

Tye, Larry (2004). *The Father of Spin*, Kneerim and Williams; 송기인 · 김현희 · 이종혁 역 (2004). 『여론을 만든 사람, 에드워드 버네이즈』. 커뮤니케이션북스.

hanja.naver.com/hanja.naver?where=brow_hanja&id=8782 (2007. 4. 27)

www.prsa.org (2007. 5. 11)

02

불교가 PR과 무슨 상관이 있을까?*

불교에 대해 우리는 무엇을 오해하고 있는가? (起)

일반 사람들에게 불교가 무엇이냐고 물으면, 대개 대웅전에서 보는 커다란 부처님상이나 마당에 있는 석탑, 절 입구에 무섭게 생긴 사천왕상, '나무관세음보살 나무아미타불'과 같은 염불, 스님을 비하해서 부르는 중, 스님들이 때리는 목탁, '색즉시공 공즉시색'과 같은 난해한 철학, 만(卍)과 같은 신비로운 글자, 알 듯 모를 듯한 선(禪) 사상, 백팔 기도, 백팔번뇌, 소원 성취와 기복, 윤회 사상, 염라대왕, 극락과 같은 것들을 떠올린다. 특히 유일신을 기반으로 하는 기독교의 관점에서 보면 불교란 아주 저급한 수준의 미신이다. 미신(迷信)이란 분별력이나 또렷함을 잃고 흐릿하게 하는 믿음이라는 뜻이다. 이는 오로지 기독교만을 아는 사람들의 배타적 시각에서 나오는 생각이다. 사실상 불교는 온갖 다양한 잡신을 믿는 힌두교나, 산신령 등을 믿는 무교(巫敎)와 같은 미신과 다르다. 이 세상을 보는 큰 철학이자 사상이다. 아함경, 화엄경, 반야경, 법구경, 금강경, 열반경과 같은 불교 경전들을 보면 엄청난 양에 압도당한다. 그 불경은 오묘한 깨달음을 준다. 하지만 불교에 대해 색안경을 끼고 보면 이상한 사

* 이 글은 서강엔터프라이즈가 간행하는 ≪코리아피알리뷰≫ 제45호(2008)에 게재된 "원시 불교 사상과 현대 PR 철학" 논문을 보완한 것이다.

이비(似而非) 종교처럼 보인다. 신실한 크리스천의 관점에서 보았을 때 불교는 아주 못된 악령 사상이며, 불교를 공부하는 스님들은 무속 신앙에서의 무당에 불과하다. 그래서 불교가 과연 무엇인지 알아보는 공부가 필요하다. 알지도 못하고 무조건 부정하며 비난하는 짓은 더 무식하며 비난받을 짓이다. 만일 기독교인들이 불교를 말한다면 비난하기보다 비판해야 한다. 비난(非難)은 부정하며(非) 꺼리는(難) 것이지만, 비판(批判)은 견주어서(批) 판단하는(判) 것이기 때문이다.

불교의 진정한 가르침에서는 부처님을 믿으면 복 받는다고 하지 않는다. 하지만 우리는 불교를 그렇게 본다. 즉 불교라는 종교가 세속적으로 신앙화되었다. 절(寺)이 복을 비는 장소로 바뀐 것이다. 절에 가면 불신자들의 소원 성취와 관계된 것들이 많다. 절을 신축할 때 쓰일 기왓장을 사며 거기에 소원 성취의 내용을 적기도 한다. 하지만 절에 부처님 불상이 있는 이유는 부처님처럼 깨달음을 얻고자 함이지 부처님을 믿어 세속적인 복을 바라고자 함이 아닐 것이다. 부처님은 깨달음의 상대적 표상이지, 믿음의 절대적 대상이 아니다. 부처님은 기독교에서의 하나님처럼 구원자가 아니라 다만 인간으로서의 선각자일 뿐이다. 불교는 무신론을 기반으로 하는 인간 중심의 방대하며 오묘한 정신세계다. 그래서 불교는 우리 인간이 이룩한 가장 고등하며 무한한 정신 철학이라고도 한다. 그것은 하나님 뜻으로 이루어진 것이 아니라 인간이 이룩한 것이다. 그래서 신앙적 냄새를 풍기는 불교(佛敎)라는 어휘보다 사상적 의미를 지니는 불학(佛學)이 사실상 더 마땅한 표현이다. 석가모니 부처는 믿을 만한 성인이라기보다는 본받을 만한 학자에 가깝다. 그래서 불교는 믿을 게 아니라 깨닫기 위해 공부하며 제대로 알아야 할 것이다.

이러한 관점에서 원시 불교 사상을 제대로 살펴보면 우리는 불교에 대해 잘못된 오해, 편견, 통념, 착각을 가지고 있음을 깨닫게 된다. 이 글에서 살피고자 하는 불교는 부처님의 원래 생각이다. 그래서 원시 불교 사상이다. 부처님 이후 불교가 대승불교의 형태로 동아시아로 전파되면서 형이상학적으로 사변화되고 철학화되기 이전의 원래 있는 그대로의 불교 사상을 살피고자 한다. 그런 원시 불교, 즉 초기 불교 근본 불교의 사상에서 보았을 때, 불교는 이상적 철학보다 아주 현실적인 사상이었다. 부처님 살아 계실 적의 부처님 말씀은 눈에 보이는 그대로 지극히 현실적이었다. 그리고 그 현실적 사상은 현대 PR 철학과 커다란 맥락적 관련이 있다. 그래서 이 글은 원시 불교 사상을 살피며 그것이 어떻게 전파되었는지 역사적 흐름을 살피고, 원시 불교 사상이 현대 PR 철학과 어떠한 관련이 있는지 탐색하여 PR의 새로운 의미를 전환적으로 제안하려는 것이다. 이 글은 실증을 위한 객관적 분석의 엄밀성이 아니라 제안을 위한 주관적 해석의 의미성에 중점을 둔다. 그리하여 원시 불교 철학을 바탕으로 하여 PR의 의미에 대한 전환적 제안을 하려는 것이다. 즉 이 시대에 있어서 PR의 전환적 의미가 무엇이여야 하는지 제안하기 위하여 기승전결의 이야기 흐름으로 전개되는 사고의 장을 가지려고 한다. 즉 그림 1-5와 같이 불교에 대한 오해에서 벗어나 원시 불교 사상을 올바로 이해하며, 그러한 이해를 바탕으로 현대 PR 철학과의 관련성 모색을 시도하고자 한다.

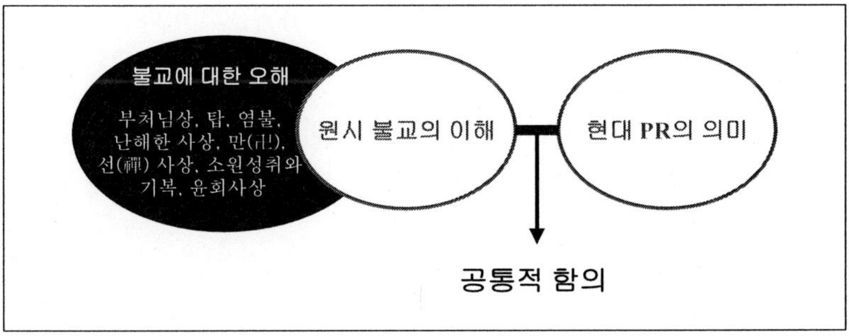

그림 1-5 이 글의 문제 제기와 연구 목적

불교에 대한 오해에서 벗어나 원시 불교를 이해하며, 그리고 현대 PR의 의미를 생각하여 원시 불교 사상과 현대 PR 철학의 공통적 함의를 찾고자 하는 것이 이 글의 목적이다.

원시 불교 사상은 무엇인가? (承)

이제 불교에 대한 오해의 문제 제기로 시작된 이 글의 논의를 더욱 이어가고자 한다. 2500여 년 전 동양에 공자와 노자가 살았고, 서양에 소크라테스가 살았던 엇비슷한 시기에 동양과 서양 사이의 중양(中洋)인 인도에서는 석가모니가 살았다. 본명이 고타마 싯다르타인 석가모니(釋迦牟尼)는 석가족 출신의 성자라는 뜻이다. 음력 4월 8일을 석가탄신일이라고 하는데 엄밀히 말하면 올바른 표현이라 할 수 없다. 부처탄신일이라는 말이 더욱 적합하다. 석가모니 부처는 북인도에 위치한 조그마한 도시의 왕족 계급으로 태어났다. 하지만 그는 편안한 삶이 보장된 집에서 가출하여 고행을 하다 마침내 보리수 밑에서 큰 깨달음을 얻어 부처(佛陀, buddha)가 된다. 부처란 '깨달은 자'라는 뜻이다. "성불(成佛)하세요"라는 말에 담긴 의미처럼 누구나 깨달음을 얻으면 부처(佛)가 될(成) 수 있다. 그러므로 우리가 아는 부처란 석가모니 부처인 셈이다. 그렇다면 석가모니 부처도 우리와 같은 인간이었을 것이다. 이러한 이유로 석가모니 부처라는 인간을 이해한 후에 원시 불교 사상을 이해하며, 그러한 원시 불교 사상이 부처 사후에 어떻게 전파되며, 우리에게 수용되었는지 살피고자 한다.

석가모니 부처라는 인간의 이해

석가모니 부처라고 하면 어떤 이미지가 떠오르는가? 대개 절에서 보는 부처님상을 떠올리게 된다. 하지만 그것은 진정한 석가모니 부처의 모습이 아닐 수 있다. 그것은 박제화된 이미지의 허상일 수 있다. 박제화된 새의 모습에서 새의 참 생명을 느끼기 어렵듯이, 우리는 박제화된 부처님의 모습에서 석가모니 부처의 참 생명을 느끼기 힘들다. 단지 백팔기도의 대상으로서, 또 나의 소원 성취를 이루어 주실 신앙화된 부처님이 저 멀리 높은 곳에 자비로우며 근엄하게 계실 뿐이다. 하지만 석가모니 부처는 예수님처럼 믿음의 대상이 아니라 깨달음의 표상이었다. 단지 평범한 인간들보다 먼저 깨우친 선각자일 뿐이다. 이 글에서는 이러한 이유로 석가모니 부처를 생생한 인간의 모습으로 보고 듣고자 한다. 석가모니라는 말에서, 또 부처라는 말에서 풍기는 그러한 박제된 이미지에서 벗어나 생생한 가치를 이해하기 위하여 한 명의 사람으로 그를 느끼고자 한다. 그래서 석가모니 부처라는 후세의 이름보다는 고타마 싯다르타라고 하는 그의 본명을 쓰고자 한다. 또한 가장 큰 덕이라는 大德, 세상에서 가장 존귀하다 世尊 등의 극존칭에서 벗어나고자 한다.

싯다르타는 기원전 5세기경 인도의 북부 히말라야 기슭에 위치한 카피라파투라는 조그만 도시의 룸비니 동산에서 석가족의 크샤트리아라는 왕족 계급으로 태어났다. 전설에 의하면, 아버지 숫도나나 왕과 어머니 마야 왕비의 사이에서 왕자로 태어났다. 마야 왕비의 태몽은 하얀 코끼리가 그녀의 옆구리로 들어오는 것이었다. 그런데 신비로운 일은 어머니의 옆구리에서 태어난 아기가 아장아장 동서남북으로 일곱 걸음을 걸어 다니며 크게 외쳤다는 것이다(성암사, 2007). "天上天下 唯我獨尊!" 하늘 위 하늘 아래 오직 나 홀로 존엄하도다! 정말로 그런 일이 일어났었을까? 이 글은 그러한 부처 탄생의 신화를 털어 버리고 벗어나고자 한다. 그것은 실제 이야기라기보다 석가모니 부처를 불교의 신성한 교조나 시조처럼 만들려고 후세의 사람들이 인위적으로 지어낸 이야기일 수 있다. 우리에게도 단군의 탄생 신화가 있듯이, 모든 나라에는 그 나라의 시조에 대한 재미있는 탄생 신화가 있듯이, 부처님의 탄생 신화도 그렇게 재미있게 만들어졌을 수 있다.

하지만 부처는 그러한 신화 속의 특별한 인물이 아니라 피와 땀이 흐르는 평범한 인간이었다. 싯다르타는 태어나자마자 그런 장엄한 선언을 한 초인이 아니라 당연히 평범한 아가의 모습 그대로였을 것이다. 그러나 싯다르타는 평범한 인간이지만 생각은 평범하지 않게 자랐다. 사색적 인간이었을 싯다르타는 사람들이 고통스럽게 살아가는 모습을 예사롭지 않게 보았다. 그렇게 예사롭게 보지 않았다는 것이 싯다르타가 평범한 인간과 전혀 다른 점이었으며, 싯다르타가 부처가 될 수 있었던 진정한 이유였다. 그렇게 세상을 달리 볼 수 있었던 싯다르타는 16세가 되어 결혼을 하고 라훌라라는 아들을 얻었음에도 불구하고, 29세의 나이에 가출을 한다. 대개 싯다르타의 이 사건을 출가(出家)라고 하지만 이 글은 그러한 무거운 표현보다 가출(家出)이라는 표현을 쓰는 것이 적합하다고 본다. 출가는 성인들에게 어울리는 말이겠지만, 가출은 인간에게 어울리는 말이며, 싯다르타 역시 인간이었기 때문이다.

풍족한 가정생활을 포기하고 집에서 나온 싯다르타는 갠지스강을 건너 수도자가 된다. 그 무렵 갠지스강 건너의 마가다국에는 수도자들이 많았다고 한다. 수도자들이란 가출을 하여 사회적 구속을 벗어나 탁발로 얻어먹으며 금욕과 극심한 고행을 통하여 진리를 얻으려는 사람들로 이들을 사문(沙門)이라고 한다. 싯다르타 역시 그러한 수많은 사문들 중의 한 명이었다. 하지만 그러한 고행은 아무런 깨달음을 얻지 못하고 몸만 상할 뿐이었다. 고행으로 몸이 상하여 다 죽게 된 싯다르타는 한 소녀가 건네준 우유죽을 받아먹으며 살아났다. 몸을 추스른 싯다르타는 어떤 나무 아래에서 명상에 들어가 드디어 결정적인 깨달음을 얻었다.

이를 정각(正覺)이라고 한다. 그 나무는 후에 깨달음의 나무인 보리수(菩提樹)로 일컬어진다. 이때 싯다르타의 나이는 35세인 것으로 추정된다. 이제부터 싯다르타는 부처가 된 것이다. 그렇다고 그가 100% 초인이나 100% 성인이 된 것은 아니고 인간이었다. 깨달음은 싯다르타만이 아니라 누구라도 얻을 수 있다면 누구라도 부처가 되는 것이기 때문이다. 부처가 되어도 인간은 인간이다. 인간으로서의 부처는 자신이 깨달은 바를 전하고자 하였다. 그래서 사문 시절에 만났던 5명의 친구들을 만나 처음으로 설법(說法)을 하였다. 싯다르타의 설법에 대해 그 친구들은 처음에는 도통 이해할 수 없었다. 당시 사문들의 사고와는 완전히 다른 패러다임의 사고였기 때문이었다. 하지만 다섯 친구들 중 콘단냐라는 사람이 처음으로 드디어 깨달음을 얻었다. 이때 부처님께서 기쁘게 흥분하며 이렇게 외쳤다고 전해진다. "안냐타 콘단냐! 안냐타 콘단냐!" 이는 "콘단냐는 깨달았다! 콘단냐는 깨달았다"는 뜻이다. 아르키메데스가 부력의 법칙을 발견하고 목욕탕에서 뛰쳐나와 '유레카'를 외치던 모습과 비슷한 생생한 인간의 모습이었다. 다만 아르키메데스가 '내가 알았다'고 한 것이라면(유레카), 싯다르타는 '남이 깨달았다'고(안냐타) 한 것의 차이가 있다.

이렇게 하여 35세에 첫 제자를 두게 된 싯다르타는 이후 45년간에 걸쳐 설법을 하였다. '야단법석'이란 혼란한 상태를 뜻하는 부정적 의미로 쓰이지만, 사실은 부처님 설법 장소 중 하나다. '야단'이란 야외(野)에 세운 단(壇)이란 뜻이고, '법석'은 불법(法)을 펴는 자리(席)로 그 '야단법석'에서 싯다르타가 말할 때 수많은 사람들이 모여들었다. 그렇게 하여 많은 사람들을 깨닫게 하여 제자로 삼았다. 80세가 된 노년의 싯다르타는 드디어 생을 마감하였다. 싯다르타가 마지막으로 남긴 말은 그의 말 중에서 가장 의미가 있다. 제자인 아난다가 스승에게 여쭈었다. "이제 스승께서 떠나시면 저희들은 어찌 살아야 합니까?" 이러한 물음에 대하여 싯다르타는 어떻게 대답하였을까? 내가 죽더라도 나를 믿으며 살라고 하였을까? 싯다르타는 절대 그런 식으로 자기를 믿음의 대상으로 신앙화해 말하지 않았다. 어느 누구도 의지하지 말며 죽은 나 역시 의지하지 말며, 다만 나의 가르침을 의지하며 오직 너 스스로를 의지하며 살라고 하였다.

석가모니 부처, 아니 인간 싯다르타의 관점에서 본 그는 우리가 막연히 아는 것보다 훨씬 실용적이며 현실적인 사람이었다. 그는 힘든 고행이 아무 쓸모없다는 것을 깨달은 실용주의자이기도 하다. 그렇다고 그가 실리적인 셈에 밝은 사람이었다는 뜻은 아니다. 다만 이 세상의 현실에 밀착되어 살아갔던 친근한 인간이었던 것이다. 그리고 이 세상을 진정으로 잘살려면 어떻게 해야 할 것인지에 대해 패러다임 전환의 사상을 제안한 실용주의 철학자이기도 하다. 이는 절에서 보는 부처님의 근엄한 모습과는 영판 다른 모습이다. 그는 기적과 신비의 체험을 통해 제자들을 모으지 않았다. 다만 친근한 모습으로 사람들에게 다가갔던 것이다. 설법을 하다가 피곤하면 "등이 아프다, 좀 쉬어야겠다"고 말씀하신 아픈 인간이었으며, 어떤 제자가 병이 나서 스승의 얼굴 뵙기를 간절히 원할 때, 친히 그곳에 가서 "이 늙은이 얼굴 보아서 무엇하겠느냐?"며 자기에 대한 절대적 믿음을 버리라고 한 사람이었다. 성인으로서의 부처님 모습과 싯다르타의 인간 된 모습을 정리하면 그림 1-6과 같다.

두 얼굴은 패러다임이 전혀 다르다. 우리가 지금까지 알고 있는 부처님 모습은 정상적 인체 비례에 맞지 않는 큰 귀를 가진 신앙적 대상으로서의 이미지다. 실제적으로 석가모니 부처는 오른쪽 그림에서 보는 바와 같이 노년의 평범한 노인 얼굴을 하고 있으며, 싯다르타라는 이름을 가진 한 명의 인간이었을 것이다. 그런데 우리는 그의 왼쪽 얼굴을 너무 자주 보고, 소원 성취의 복을 빌며 그를 믿고 있는 것은 아닐까?

그림 1-6 석가모니 부처의 두 가지 모습

석가모니 부처가 가진 사상의 이해

싯다르타는 성인이라기보다는 철학자이자 사상가였다. 이상적인 사상가가 아니라 현실적인 사상가였다. 어느 사상가보다도 훌륭한 철학을 제시한 지존의 철학자였다. 그렇다면 그는 무슨 사상을 가졌던 것일까? 이는 그가 35세의 나이에 깨달았던 것을 기반으로 한다. 그렇다면 부처가 깨달은 것이란 과연 무엇인가? 이러한 물음에 답해 주는 불교 경전은 바로 아함경이다. 아함경은 원시 · 초기 · 근본의 불교 경전으로서 싯다르타가 제자들에게 직접 설법한 생생한 내용이 암송으로 기억되다가 기원전 1세기경 후세에 기록되어진 것이다. 다양한 불교의 경전은 여시아문(如是我聞)이라는 한자로 시작되는데, 이는 "나는 이렇게 들었다!"는 뜻이다. 정말로 제자들이 스승인 싯다르타로부터 직접 들은 말을 기록한 경전이 아함경이다. 아함경에 의하면, 싯다르타가 깨달았던 것은 한마디로 연기 사상이었다. 그것은 매우 단순하면서도 복잡하며, 복잡하면서도 단순하다. 또한 이 연기 사상은 복잡하게 보면 복잡하게 보이고 단순하게 보면 단순하게 보인다. 세상 만물은 모두 서로서로 말미암아

(緣) 일어난다는(起) 것이다. 즉 연기(緣起) 사상이다. 이 연기 사상이란 이것이 있음으로 말미암아 저것이 있고, 이것이 생김으로 말미암아 저것이 생기며, 또한 이것이 없음으로 말미암아 저것이 없고 이것이 없어지므로 말미암아 저것이 없어진다는 것이다. 이러한 연기 사상을 가지고 싯다르타는 사성제(四聖諦)라는 최초의 설법을 한다. 고집멸도(苦集滅道)를 뜻하는 사성제란 '우리 인간의 괴로움(苦)이 우리 마음에 쌓인(集) 욕심으로 말미암아 일어난다'는 것이다. 이러한 괴로움을 없애려면(滅) 괴로움을 없애는 바른 길(道)을 가야 한다고 하였다. 그러한 바른 길로 바른 견해, 바른 생각, 바른 말, 바른 행위, 바른 생활, 바른 노력, 바른 마음가짐, 바른 정진 등 여덟 가지를 제시한 것이 팔정도(八正道)다.

연기 사상에 입각한 사성제라는 설법에 의하면 세상 만물은 고정되어진 불변의 실체가 없이 무상(無常)하다. 즉 싯다르타는 생성하며 유전하는 세상 만물 존재의 모습을 관찰한 결과, 존재하는 것은 모두 그럴 만한 조건이 있어서 생겨난 것이며, 조건이 없어지면 그 존재도 있을 수 없다고 생각한 것이다. 예를 들어 바람이라는 현상은 실체가 없다. 다만 바람이 불 만한 조건이 있어서 생겨나는 것이다. 나무라는 사물도 실체가 없기는 마찬가지다. 다만 나무가 생길 만한 조건이 있어서 생기는 것이다. 이러한 무상의 철학은 비슷한 시기에 그리스에서 살았던 헤라클레이토스가 말한 "모든 것은 흘러가므로 똑같은 강물에 두 번 들어갈 수 없다"는 명제와 비슷한 맥락이다. 세상 만물은 늘 변한다. 그래서 늘 같은 것(常)이 없다(無). 나(我)라는 인간 역시 변함없이 고정되어진 실체가 없다(無). 그렇듯 세상 만물은 늘 같음이 없이 무상하기에 나라는 존재 역시 무아(無我)다. 여기서 무아라고 하는 것은 '무아의 경지'라는 표현처럼 뿅 맞은 듯 황홀한 정신 상태를 뜻하거나 나의 객관적 존재에 대한 비관이라기보다는 나의 영원한 소유가 없고 나의 절대적 영혼마저도 없다는 뜻이다. 그러한 나가 없기에 나는 괴로움과 불안에서 벗어날 수 있다는 뜻이다. 이러한 무상과 무아의 사상을 가질 때 밝음이 없는 무명(無明)의 상태에서 벗어나 열반(涅槃)에 도달할 수 있다고 생각한 것이다. 여기서 열반이란 죽음이 아니라 탐욕, 불안, 어리석음 등 괴로움을 일으키는 모든 불들이 꺼져 있는 가장 평화로운 상태다.

이렇듯 싯다르타가 깨달았던 원시 불교 사상은 저 하늘의 이상이 아닌 이 땅의 현실에 바탕을 둔 철학이었으며 하나의 보편적 절대성을 부정하는 상대적 철학이었다. 이처럼 현실주의와 상대주의에 바탕을 둔 연기 사상은 X → Y와 같은 단순한 인과관계가 아니라 거대한 그물망 안에서의 복잡한 생태 관계를 뜻한다. 즉 세상을 단순계가 아니라 복잡계로 보는 것이다. 싯다르타가 깨달은 것은 그물망으로 이루어진 이 세상만사 삼라만상이 복잡하게 얽히고설킨 연기(緣起)의 결과라는 것이다. 그런 점에서 불교의 철학은 복잡계 과학과 같은 맥락이다. 그 복잡한 세상에서 우리 인간은 법대로 살아야 함을 제안한 것이 싯다르타다. 그가 깨달은 연기 사상이란 한마디로 법(法)이라고 표현된다. 싯다르타가 말하는 법이란 영어에서의 법과 차원이 다르다. 영어의 법(law)이 성문법이든 불문법이든 인간 사회에서 잘잘못을 따지며 시시비비를 가리기 위한 엄격한 규정이라면, 싯다르타가 말한 법이란 서로서로 말미암아 일어나는 복잡한 세상에서 인간이 인간답게 제대로 잘살려면 어떻게 해야 하는지 가르치는 포괄적 사상이며 철학이다. 그 법철학이란 위에서 아래로 흐르듯 물(水)이 가는(去) 법(法)의 모양과 같다. 그러한 법이란 다름 아닌 순리(順理)다. 순리란 물이 위에서부터 아래로 흐른다는 뜻으로 이는 바로 물이 가는 법과 똑같기 때문이다. 싯다르타는 죽기 전에 제자들에게 마지막 유언으로 그 어떤 요상한 것들에 휘둘리지 않도록 "스스로 등불로 의지하여 자신을 밝히며, 법을 등불로 의지하여 자신을 밝히라"고 하였다(自燈明, 法燈明). 한마디로 법대로 살라고 당부하였던 것이다. 물론 여기서 '법대로'란 깐깐한 법조문이 아닌 순리적인 법철학이었던 것이다.

지금까지 싯다르타의 사상을 세 가지로 요약할 수 있다. 첫째, 수단주의가 아닌 목적주의다. 싯다르타는 당시 사문들이 했었던 고행을 과감히 포기하는 사람이었다. 아무리 고행이라는 수행을 열심히 한들 깨달음이라는 목적이 없었을 때 그것을 던져 버리는 사람이었다. 그것은 그 무렵 고행이 보편적 패러다임이었을 당시 사문으로부터 배척을 받을 정도로 상당한 파격이었다. 하지만 그는 깨달음 없는 수단을 완전히 깨 버리고 명상이라는 수단을 통해 진정한 깨달음을 얻게 되었다. 두 번째, 절대주의가 아닌 상대주의다. 싯다르타가 살 무렵 그곳 고대의 인도에서는 브라만교라고 하는 신앙이 보편적이었다. 이는 자연현상의 배후에서 강한 지배력을 행사한다고 여겨지는 절대적 주체인 브라만(梵)을 믿는 것으로 이는 아직도 인도 사회에 가장 강력한 영향을 미치는 힌두교의 바탕이 되었다. 하지만 싯다르타는 그러한 절대적 주체를 부정하였다. 박허식(2007)에 의하면, 싯다르타는 신비, 기적, 생명 창조, 사후 세계 등 비논리적 종교성을 철저하게 부정하였다. 그러한 사상에 따라 나온 것이 무상의 철학이다. 절대적으로 늘 똑같은 주체 없이 다만 상대적으로 무상한 현상이라고 본 것이다. 셋째는 이상주의가 아닌 현실주의다. 싯다르타는 냉혹할 정도로 현실에 충실했다. 다만 싯다르타 사후 몇 백 년이 지나 후세대의 불교 학자들이 그를 하나님처럼 이상적으로 해석하였을 뿐이다. 하지만 기존의 시각에서 탈피하여 불교의 참모습을 보고 있는 후미오(增谷文雄, 1965a)에 의하면, 싯다르타는 정연한 조리를 가진 학자의 모습으로 이 세상 현실의 명명백백한 당연한 이치를 명쾌하게 설파한 현실주의자(realist)였던 것이다.

이러한 싯다르타의 원시 불교 사상은 기독교와 비교할 때 더욱 분명히 이해할 수 있다. 불교의 자비나 기독교의 사랑이라는 것이 결국 다 똑같은 것이라고 하지만, 불교와 기독교는 모든 면에서 정반대 양상을 띤다. ① 불교가 동쪽으로 퍼졌다면, 기독교는 서쪽으로 퍼졌다. ② 불교가 자신의 수행으로 부처가 되는 것이 목적이라면, 기독교는 하나님을 믿어 구원을 얻는 것이 목적이다. ③ 불교가 바람 속 먼지와 같은 인간의 왜소함을 자각하게 만든다면, 기독교는 하나님을 믿음으로써 인간의 위대함을 능력껏 발휘하게 만든다. ④ 불교가 윤회적 시간관을 가졌다면, 기독교는 예수의 재림을 향해 미래로 가는 직선적 시간관을 가졌다. ⑤ 불교가 욕심을 버리며 제대로 살게 한다면, 기독교는 의욕을 가지며 열심히 살게 한다. ⑥ 불교가 생명을 중심으로 한다면, 기독교는 인간을 중심으로 한다. ⑦ 불교가 인간의 물적 소유를 의미 없는 집착이라고 본다면, 기독교는 인간의 물적 소유를 하나님의 축복이라고 본다. ⑧ 불교가 생명 존중 사상이라면, 기독교는 인간 위주 사상이다. ⑨ 불교가 깨달음의 사상이라면, 기독교는 믿음의 신앙이다. ⑩ 불교가 내성적 사상이라면 기독교는 외향적 신앙이다. ⑪ 불교가 총체적 연결계로 이루어진 복잡계 세상에서 순응하는 삶을 추구한다면, 기독교는 선과 악의 이분법 세상에서 능력으로 악으로부터 승리하는 삶을 추구한다. 지금까지 싯다르타가 깨달은 원시 불교 사상의 핵심인 연기 사상을 표현하면 그림 1-7과 같다.

싯다르타가 깨달은 연기 사상을 그림으로 표현하면 관계망이라고 할 수 있는 그물망과 같다. 이는 왼쪽 그림에서처럼 중심으로서의 주체가 있으며 인간과 같은 주체가 외부 변인에 영향을 미칠 수 있다는 생각과 패러다임이 전혀 다르다. 오른쪽 그림에서처럼 커다란 그물망 위에 어떤 하나의 점이 있다고 하자. 그 점이란 세상만사 삼라만상 중의 하나를 뜻한다. 만일 그것이 나라는 인간이라면 그것은 복잡 방대한 그물망 속의 한 점에 불과하다. 그것이 어떠한 방향으로 어떠한 힘으로 움직일런지는 그물망을 이루는 전체적인 그물들의 복잡한 움직임에 의해 나타날 것이다. 즉 전체적인 그물들 하나하나의 움직임으로 말미암아(緣)

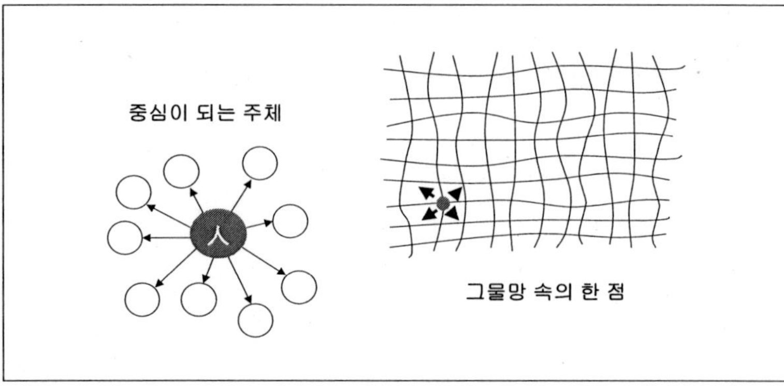

그림 1-7 중심이 되는 주체 사상과 그물망 속의 연기 사상

그 점의 움직임은 늘 달리 무상하게 일어날(起) 것이다. 이러한 연기의 사상으로 보면 그 점의 움직임이란 고정된 실체가 없이 무상한 것이다. 현실이 이러할진대 그 점이 인위적으로 억지로 자기 혼자 어찌 움직이고자 한다면 그것은 순리라는 법에 어긋나는 어리석은 짓이다.

석가모니 부처가 가진 사상의 전파

필자와 같이 불교에 대한 비전문가가 고작 불교 해설서 몇 권을 읽고 나서 불교의 흐름을 제대로 파악하는 것은 무리다. 하지만 불교의 흐름과 직접적으로 관련된 소운 스님(2004)의 저서를 바탕으로 하여 그 내용을 압축하고, 또 여러 불교 관련 문헌을 읽고 난 후 가지게 된 필자의 생각을 추가하여 개괄적으로 그려 보면 다음과 같다.

이 글에서 말하는 원시 불교란 근본 불교, 초기 불교로서 아함경(阿含經)을 바탕으로 하는 불교다. 아함경이란 전해져 '오는 것'을 뜻하는 고대 인도 언어인 산스크리트어의 '아가마'라는 음을 따서 중국의 번역자들이 아함경이라고 이름 지었다. 이 아함경에 담긴 내용의 핵심은 지금까지 이야기한 바와 같이 연기 사상을 바탕으로 하는 사성제다. 연기 사상에 바탕을 둔 싯다르타의 설법은 글자를 통한 기록이 아니라 대가섭, 아난다, 수보리 등의 제자들이 중심이 되어 싯다르타 말씀의 공동체를 이루며 모두 함께 암송하는 합송(合誦)의 형태로 전해져 내려왔다. 승가라 불리는 이들 부처님 말씀의 공동체는 불교 교단을 이루며, 싯다르타가 죽은 바로 다음 500여 명의 제자들이 모여 7개월간 스승께서 언제 어느 곳에서 어떤 사람들을 대상으로 하여 어떤 설법을 하였는지 통일된 경전 형태로 합송하였다. 이를 1차 결집이라고 하며, 100년 후에 2차 결집이 이루어진다. 하지만 이때 보수(上座部)와 진보(大衆部)의 대립으로 불교 교단이 분열하게 된다. 2차 결집 후 200여 년이 지난 후 불교의 자비 정신을 바탕으로 통일왕국을 세운 아소카 대왕 때 3차 결집이 이루어지며 이때부터 암송으로 전해져 내려오던 것이 문자로 기록되기 시작하였다. 또한 이때 부처님 말씀을 있는 그대로 받아들이는 보수적인 불교는 미얀마, 태국, 캄보디아, 라오스 등 동남아로 보급되었다.

진보적인 불교는 이러한 기존의 보수적 불교를 소승(小乘)이라 하며, 스스로를 대승(大乘)이라 칭하였다. 대승이란 큰(大) 수레(乘)라는 뜻으로 나 자신의 깨달음만이 아니라 중생의 구제를 지향하는 불교다. 즉 나 혼자만 타는 작은 수레가 아니라 모든 중생들이 탈 수 있는 큰 수레로서의 불교를 뜻한다. 이러한 대승불교에서 나오는 개념이 보살(菩薩)이다. 보살이란 깨달음을 얻은 부처 이전에 깨달음을 구하면서 중생들을 구제하는 사람이다. 이러한 보살 개념의 대두와 함께 싯다르타는 점차 초인화되고 신격화되어 성스러운 부처님이 되기 시작한다. 또한 반야경, 법화경, 화엄경 및 정토 계통의 경전 등 대승불교의 경전들이 쓰이기 시작한다. 그러면서 기원후 1세기부터 석가모니 부처의 사리(佛舍利)를 묻고 세운 불탑만이 아니라 석가모니 부처의 모습을 형상화한 불상이 예배의 대상으로 세워지기 시작한다. 특히 고대 그리스 문화와 오리엔탈 문화의 융합인 헬레니즘의 영향으로 간다라 지역에서는 서양풍의 불상이 나타나기도 하였으며, 이를 간다라 미술이라 한다.

이러한 대승불교의 흐름을 정립한 사람은 나가르쥬나(龍樹, 150~250)다. 그는 반야경에 나오는 공(空) 개념을 철학적으로 체계화하였다. 그렇게 제2의 붓다로 일컬어지는 나가르쥬나에 의하여 불교는 난해한 사상으로 거듭 태어나면서 불교는 원시 불교의 소박한 모습과 다르게 형이상학적 사변적 철학으로 탈바꿈하기 시작한다. 이러한 공 사상은 인간의 본성을 탐구하는 데 초점을 두면서 모든 것은 사람 마음에서 만들어지는 것이라는 일체유심조(一切唯心造)의 유식 사상으로 발전하였다. 하지만 인도는 7세기경 이슬람교도의 지배를 받고부터 원시 불교의 근본적 모습도 잃어버리고, 또한 대승불교의 철학적 모습도 잃어버리며 주술적 성격으로 밀교화되면서 온전한 불교의 색채를 잃어버리게 되었다. 그리고 인도의 불교는 힌두교에서 믿는 수많은 다양한 잡신 중의 하나로 쇠퇴하며 전락하게 되었다. 즉 불교가 힌두교로 완전히 흡수된 상황이다. 인도의 전체 인구 중에서 불교라는 종교를 가진 사람은 1%도 채 안 된다. 어떻게 보면 인도는 수많은 다양성을 포용하는 곳이기에 불교라는 하나의 사상만으로는 감당이 안 되어 그런 결과가 되지 않았나 생각된다.

원시 불교가 생기고, 대승불교가 생긴 곳은 인도이지만, 대승불교의 꽃이 핀 곳은 인도의 동쪽인 중국이었다. 중국인들은 인도의 불교를 받아들여 중국적인 개념의 불교를 새롭게 창조하였다. 기원전 1세기경 실크로드를 통해 중국에 전해지기 시작한 불교는 중국의 노장 사상과 만나게 된다. 이는 불교의 공(空) 사상이 노장의 무(無) 사상과 유사하다고 여겨졌기 때문이다. 이렇게 하여 노장 사상인 도교적 불교의 형태로 4세기경에 중국에 수용되었다. 하지만 인도에서 온 서역승들이 대승불교의 경전이 화엄경, 반야경, 열반경 등을 한역하면서 이러한 불교의 중국적 해석에 무리가 있다는 비판이 일며, 중국의 불교는 노장 사상에서 벗어나 불교 나름대로의 독자적 정립과 성숙을 하게 된다. 또한 이때부터 사람이 죽고 난 후 서방정토의 극락세계에 태어나길 바라는 아미타불(阿彌陀佛) 신앙이 생기게 되었다. 이 아미타불 신앙은 이후 정토교(淨土敎)로서 더욱 확고한 자리매김을 하게 되는데 이는 사바세계인 예토(穢土)가 아니라 서방 극락세계인 아미타불의 정토에 왕생하기 위한 신앙이다. 아미타불은 서방정토의 극락세계에 머물면서 법을 설하는 부처로서 '나무아미타불'과 같이 아미타불을 부르며 기도하면 극락세계에 태어난다는 것이다. 이러한 정토교는 수행을 기반으로 하는 불교 사상이 염불을 기반으로 하는 불교 신앙으로 바뀌게 되는 결정적 분기점이 된다.

이제 남북조 시대와 수나라 시대를 거쳐 중국에 정착된 불교는 유교와 도교 등 기존 중국의 토착 종교와의 대립과 갈등을 거치면서도 수많은 한역 경전들이 생기며, 천태종, 화엄종, 법상종, 삼론종 등 다양한 학파를 형성하며 위세를 키우게 된다. 그러면서 당나라 시대에는 인도 불교의 아류에서 완전히 벗어나 중국 불교 원류의 위치를 공고히 하게 된다. 하지만 중국 불교의 근본적 문제점을 간파한 인물은 달마대사로 불리는 달마(菩提達磨)다. 450년경 남인도 향지국의 셋째 왕자로 태어난 달마는 중국에 가서 보니 당시의 중국 불교가 외형에 치중한 형식 불교임을 알고 소림사에서 9년간 벽만 바라보는 면벽 수행을 하였다. 그래서 경전을 통한 수행보다 마음을 통한 수행을 주장하며 선의 황금시대를 열었다. 난해한 경전 해석에 매몰된 상태에서 벗어나 세상을 바로 보는 직관으로서의 선(禪)이 불교의 새로운 테제가 된 것이다. 이렇게 다양한 불교 학파, 정토교, 선 사상 등으로 중국에 토착화된 불교는 중국 민중의 삶 속으로 뿌리 깊게 침투된다.

우리나라에 불교가 처음 들어온 것은 우리의 국사 시간에 외운 바와 같이 372년 고구려 소수림왕 때이며, 백제는 384년 침류왕 때, 그리고 신라는 572년 법흥왕 때에 이차돈의 순교에 의해서다. 당연히 인도의 원시 불교가 들어온 것이 아니라 중국의 대승불교가 들어왔다. 삼국시대의 불교는 중앙집권적 왕권 강화의 통치 이념을 제공하며 호국 불교가 되기도 한다. 하지만 우리의 독자적인 불교 철학을 가지기 시작한 것은 통일신라의 원효 때부터다. 원효는 원융 불교를 제창하였다. 이는 불교의 다양한 종파를 둥글게(圓) 아울러 하나로 녹이는(融) 불교다. 그렇게 원융(圓融)하다면 무애(無碍)하여 서로 거리낌이 없는 것이다. 이러한 원융무애를 위해 원효는 화엄경을 바탕으로 하여 화쟁 사상을 제안하였다. 화쟁(和諍)이란 서로 조화를 이루지만 서로 같지 않으며(和而不同), 서로 말다툼이 있지만 서로 다르지 않다(諍而不異)는 명제를 기반으로 하며, 통일 불교의 철학적 모습을 나타낸다. 우리나라에 들어온 불교는 원효의 사상처럼 더욱 성숙하게 철학화되기도 하지만 이 사바세계를 구원할 미륵불을 믿는 것처럼 신앙화되며, 고려 시대에는 국가의 통치 이념이 될 정도로 흡착되었다. 하지만 조선 시대에 유교가 통치 이념이 되면서 불교는 침체기를 맞지만 민중의 삶 속에 끈질기게 살아남아 지금까지 이어지고 있는 상황이다. 그래서 21세기를 맞은 지금 기독교가 그 뒤를 쫓고 있지만 우리나라에서 불교는 가장 대중적인 종교의 첫 번째에 당당히 자리 잡고 있다. 현재 조계종, 태고종, 천태종, 진각종을 비롯한 한국 불교의 수많은 종단들은 모두 대승불교의 이념을 가지고 있다. 그 이념적 차이를 뜻하는 말이 '이판사판(理判事判)'이다. 이판(理判)이란 불법의 이치(理)에 대한 수행을 위주로 공부하는 승려들로 나뉜(判) 쪽이고, 사판(事判)이란 그런 공부나 수행보다는 실제적으로 생활에 도움이 되는 일(事)을 하는 승려들로 나뉜(判) 쪽이다. 광복 이후 이승만 정권 시절에 정치적 목적에 따른 분열과 갈등 조장으로 이판의 비구승와 사판의 대처승 간 대립이 혼란할 때 "이판사판이다!"라는 말이 쓰여 아주 혼란한 지경을 뜻하는 말로 잘못 쓰이고 있다. 전에 언급하였던 야단법석과 같이 원래의 의미와 달리 억울하게 잘못 쓰이고 있는 불교 용어들이 많다. 화상이란 말도 그러하다. 화상(和尙)이란 덕이 매우 높은 스님을 뜻하는데, 우리는 재수 없는 사람이나 보기 싫은 사람을 화상이라고 한다. 이판사판도 마찬가지다. 원래 이판사판이란 사실은 억불숭유 정책으로 불교가 탄압받았던 조선 시대 승려들이 그 어렵던 시기를 치열하게 살아갔던 두 가지 이념 차이이자 생활 방식의 차이를 뜻하는 말이다. 하지만 이판의 불교와 사판의 불교 모두 중국으로부터 들어온 대승불교의 맥락임에는 틀림이 없다. 이러한 대승불교의 맥락과 흐름과는 별도로 한민족의 토속적인 불교가 생겼는데 그것이 바로 원불교(圓佛敎)다. 원불교는 부처의 불법을 기반으로 하면서 독자적인 사상 철학과 체계를 가진 종교로 부처님을 믿는 것이 아니라 동그라미(圓, ○)로 형상화된 진리의 가르침에 따라 수행하는 종교다.

우리와 마찬가지로 일본에 전해진 불교도 역시 대승불교다. 일본 사람은 직접적 언급은 꺼리지만 일본의 불교는 6세기경에 백제로부터 승려와 불상을 받고부터 전해지기 시작했다. 하지만 일본에서는 우리의 무속 신앙처럼 자연계의 모든 사물에 정령(神)이 있다는 애니미즘적 신앙이 토착화되어 있었으므로 우리나라에서처럼 완전히 토착화되지는 못하였다. 그러한 일본인의 종교를 신교(神敎)라 하는데, 현대 일본인에게 있어 주된 종교는 신교다. 그들은 신사참배의 신앙 의식(儀式)을 가지고 있다. 그들에게 신사(神社)란 지역마다 다른 자기네 신을 모셔 놓은 곳으로 절과 차원이 다르다. 그들에게 절(寺)이란 주로 장례와 같은 의례를 치르는 곳에 불과하다. 일본 사람은 외래 문물에 대한 대단한 융통력을 발휘하여 성년식은 자기네의 전통적인 신교식으로 하지만 결혼식은 기독교식으로, 장례식은 불교식으로 치르는 경우가 많다. 그들에게 불교란 단지 장례식의 비즈니스 수단인 경우가 많다. 그만큼 불교는 일본에서 토착화되지 못했다는 것이다. 다만 다양한 불교 경전들 중에서 법화경(妙法蓮華經)을 절대적인 구원의 경전으로 여기며 이 경전에 귀의한다는 뜻의 나무묘법연화경(南無妙法蓮華經)을 '나무아미타불 관세음보살'처럼 염불하듯 되뇌면 구원받는다는 일본의 토속 불교가 생기기도 하였다. 이처럼 신앙화된 일본 불교를 남묘호렌게쿄(南無妙法蓮華經)라고 하며, 이러한 불교가 우리나라에도 들어와 적극적인 포교 활동을 벌이고 있다.

지금까지 불교가 전파된 흐름을 보면 미얀마, 태국, 라오스 등 남방으로 흘러간 소승불교, 그리고 중국, 한국, 일본으로 흘러간 대승불교가 있다. 하지만 이와는 별도로 티베트로 흘러간 불교가 있다. 티베트 불교는 소승불교도 대승불교도 아닌, 티베트의 지리적 폐쇄성으로 인하여 생긴 라마교라는 독특한 형태의 불교다. '라마'란 주술을 부릴 수 있는 신비한 영적 능력의 소유자다. 이러한 라마에 의한 주술적 · 마법적 · 신비적 불교가 티베트 불교이며(David-Neel, 1929), 현재 제14대 달라이 라마까지 이어온 티베트 불교는 선 불교와 함께 서양인의 커다란 관심을 끌고 있다. 서양인들이 관심을 보이는 불교는 주로 소승불교와 선 불교에 가까운 명상 참선 수행의 불교이거나 동양의 신비 사상처럼 보이는 티베트 불교라서 우리가 생각하는 신앙적 불교와 완전히 다르다고 할 수 있다.

이러한 불교를 제대로 완전히 이해하기 위해서는 엄청난 공부를 필요로 한다. 스님들이 공부하는 것은 석가모니 부처의 말씀을 직접적으로 기록한 아함경 이외에도 금강경, 법구경, 법화경, 열반경, 반야경 말고도 아미타경, 지장경, 천수경, 정토삼부경, 능가경, 유마경, 무량수경, 관음경, 인왕경, 승만경 등 이루 헤아리기 힘들 만큼 수많은 경전들이 있다(김정빈, 2001). 이러한 경전 이외에도 경전에 대한 철학적 해석과 이해를 위한 논장들이 수없이 많으며, 또한 역대 고승들의 어록도 수없이 많다. 스님들이란 염불을 외우는 사람이 아니라 결국 그러한 방대

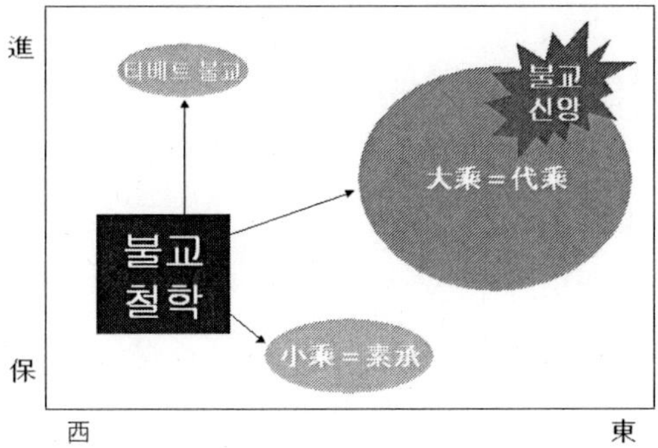

그림 1-8 불교의 전반적 전파 흐름

한 독서를 통한 공부를 하면서 수행을 하는 사람들이다. 이 글은 그러한 방대한 경전들에 대한 구체적인 언급보다 불교가 어떻게 흘러왔는지 커다란 의미의 맥을 짚으며 조감하였던 것이다. 지금까지 그렇게 조감한 흐름을 정리하면 그림 1-8과 같다.

이 그림에서 세로축을 이루는 보(保)와 진(進)은 보수와 진보를 뜻한다. 보수란 석가모니 부처님 말씀 그대로 지키는 것에 충실한 것이며, 진보란 그 말씀 그대로보다 상황에 맞게 알아서 앞서 해석하는 것이다. 서양과 동양 사이의 땅, 인도에서 시작된 원시 불교는 석가모니 부처의 말씀을 기반으로 하는 사상이다. 그 말씀 그대로의 보수적인 소승불교가 미얀마, 태국, 라오스 등 동남아 쪽으로 흘러가고, 석가모니 부처의 말씀을 진보적으로 해석한 대승불교가 중국, 한국, 일본의 동북아 쪽으로 흘러가며 화엄종, 천태종, 선종 등 다양한 종파를 형성했다. 하지만 이러한 대승불교와 소승불교라는 표현은 대승불교의 관점에서 나온 말이다. 소승불교의 관점에서 보았을 때는 자기네의 불교가 대승보다 작고 못한 소승일 이유가 하나도 없는 것이다. 그래서 대승불교와 소승불교라는 말보다는 오히려 동북파 불교와 동남파 불교로 구분하는 것이 합당하다. 필자의 주관적 해석으로는 소승불교는 석가모니 부처의 말씀을 소박하게(素) 이어받은(承) 소승(素承)불교이며, 대승불교는 석가모니 부처 사후에 이론적으로 매우 뛰어난 불교학자들이 나름대로 해석한 자신의 화려한 불교 철학을 석가모니 부처의 말씀에 대신하여(代) 태웠으므로(乘) 대승(代乘)불교라고 본다. 이와는 별도로 주술적 · 신비적 · 마법적 성격의 티베트 불교가 생기게 되었다. 그런데 동북아 쪽으로 흘러간 대승불교는 사상에서 신앙으로 더욱 진보적으로 해석되고 변화하면서 이 시대의 우리의 불교는 연기 사상을 바탕으로 하는 원시 불교의 모습과 다르게 개인의 소원 성취를 위하여 복(福)을 비는(祈) 기복 신앙이 되고 말았다. 역설적으로 대승불교에서 시작된 불교신앙은 오히려 소승불교보다 못한 자기만의 복을 위한 작은 굴레에 갇히고 만 것이다. 오히려 대승 측에서 소승이라고 비하하면서 이름 불렀던 소승불교가 원시 불교의 원래 모습을 대승불교보다 더 제대로 지키는 것일 수 있다. 물론 지금 소승불교로 일컬어지는 동남아의 불교도 역시 원시 불교와 같은 불교 철학이기보다는 불교 신앙에 가까운 모습이기 쉽다.

그렇다면 원시 불교란 무엇인가? 그것은 바로 아함경에 기록된 싯다르타의 말씀 그대로다. 아함경은 원시 불교의 유일한 경전이라고 할 수 있다. 하지만 우리는 아함경보다는 대승불교의 경전들을 불교의 참모습으로 이해하고 있다. 그러나 오강남(2006)에 의하면, 싯다르타가 죽고 나서 몇 백 년이 지나서 생긴 화엄경이 부처님의 직접적인 가르침일 수 없으며, 마찬가지로 기원전 2세기경에 생긴 반야경이 부처님의 직접적인 가르침일 수 없다고 한다. 부처님의 직접적인 말씀이 소박하게 담긴 아함경은 방대하며 화려한 대승경전에 밀려 그 빛을 제대로 발휘하지 못하고 있는 것이다. 후미오(增谷文雄, 1965b)에 의하면, 중국불교사에 있어서 아함경은 한 번도 중요한 구실을 한 적이 없다고 한다. 우리 스님들의 불경 공부에 있어서도 아함경은 순위에서 한참 밀리든지 아니면 아예 독서 목록의 순위에 없는 것일 수 있다. 김용옥(2001)은 방대한 불교 경전 중에서 금강경이 대승불교의 출발점이며, 반야 · 공 · 보살 사상의 출발점이라고 하면서 세계적으로 축적되어 온 모든 불교학의 성과를 집대성하는 가장 중요한 경전이라고 내세웠다. 하지만 금강경에 앞서 아함경이야말로 불교의 근본정신을 그대로 담은 가장 기본적인 경전인 것이다.

필자의 경험으로 매우 유식하실 법한 스님에게 아함경의 뜻이 무엇인지 질문한 적이 있다. 그 스님께서는 '아트만'을 가지고 아함경을 설명하셨다. 발음이 비슷해서였을까? 아마 아함경을 공부하지 못한 소치였을 것이다. 아트만과 아함경은 거리가 멀어도 한참 멀다. 아니 거리가 멀기보다 패러다임이 전혀 다르다. 아트만이란 브라만교에서 나오는 개인의 자아다. 이 아트만이 브라만과 만나 하나가 되어야(梵我一如) 최고의 진리를 얻는다는 것이 브라만교다. 하지만 싯다르타는 그러한 브라만과 아트만을 부정하며 전혀 다른 패러다임을 제시하였다. 그것이 바로 원시 불교이며, 원시 불교란 바로 아함경이며, 아함경에 담긴 연기 사상은 원시 불교 사상의 핵심이다. 그 안에는 한 점의 신비도, 한 마디 염불도 없고, 한 톨의 신앙도 없다. 다만 싯다르타가 깨달았던 생생한 가르침만 소박하게 있을 뿐이다.

이제 PR은 무엇이라 할 수 있나? (轉)

지금까지 원시 불교가 무엇인지 알아보았다. 그렇다면 이제 이야기의 주제를 바꿔서(轉), PR이란 과연 무엇인지 살펴보기로 한다. 다만 이 글의 주제에 맞도록 원시 불교의 핵심인 연기 사상을 가지고 PR의 의미를 철학적으로 탐색하고자 한다.

PR의 사전적 정의에 대한 비판적 고찰

PR이란 단어에 대한 사전적 정의는 무엇일까? 이럴 때 인터넷 검색을 하여 보면 답이 나올 수 있다. 네이버 국어사전에서는 이렇게 나와 있다(krdic.naver.com).

> **피아르(PR)**: 널리 알리는 일. 좁게는 관청, 기업체, 단체 따위가 일반 대중의 관심을 끌기 위하여 사업의 취지를 널리 알리는 선전을 이른다.

우선 PR을 피아르로 표기한 게 생소하다. 내용을 보니, PR은 홍보다. PR은 널리 알리는 홍보의 뜻으로 분명히 정의되어 있다. 그러나 PR이 과연 홍보인가? 그렇지 않다. 또 PR을 선전이라고 하였는데 이것은 속을 편치 못하게 하는 말이다. 선전(宣傳)이란 한자 뜻 그대로 널리(廣) 알리는(告) 광고나 널리(弘) 알리는(報) 홍보와 마찬가지로 널리 펴서(宣) 전하는(傳) 것이다. 알리는 것이나 전하는 것이나 마찬가지다. 다만 선전이라고 하면 상업적인 목적과 달리 사상이나 이념 등을 널리 퍼트리려는 것에 가깝다. 그런데 대개 선전이라고 하면 흑색선전, 대남 선전과 같은 말에서 느낄 수 있듯이 그 어감이 좋지 못하다. 그래서 광고홍보학을 전공하는 학생들은 선전이라는 말에 예민하게 반응한다. 가령 친한 친구가 "TV에 선전이 너무 많다"고 하면 굳이 광고와 선전의 차이를 설명해 주어야 직성이 풀린다고 한다. 그렇게 자연스럽게 되었을 때 광고홍보학을 전공하는 학생이라는 생각이 든다고 한다. 그런데 우리나라에서 가장 유명한 사전인 네이버 사전에서 PR을 선전이라고 했으니, 광고홍보학을 전공하는 학생들은 집단으로 네이버에 수정을 요청하고 싶을 것이다. 다행히 네이버 국어사전이 아니라 네이버 백과사전을 다시 검색해 보았더니 이렇게 나와 있다(100.naver.com)

피아르(PR): 공중(公衆)과의 관계를 좋게 하기 위한 행위 또는 기능. PR 광고나 퍼블리시티 등은 PR 활동의 일부다. PR의 주체는 개인 또는 조직체이며, 이 조직체에는 정부 · 공공 사업체 · 자선 사업체 · 영리 사업체, 기타 모든 기업이 포함된다. 객체(대상)는 공중(퍼블릭)이지만, 그것은 일반 대중인 경우도 있고, PR의 주체와 깊은 관계가 있는 특정 집단(소비자 · 종업원 · 판매업자 · 주주 · 보도기관 등)인 경우도 있다. 제3대 대통령 T. 제퍼슨이 의회에 제출할 교서(敎書)의 초고(草稿)를 쓰고 있다가, 'public sentiment(공중의 감정)'라는 말 대신에 'public relations'로 고쳐 쓴 것이, PR이 쓰이기 시작한 최초라고 한다. 근대 PR의 창시자는 I. 리로 그는 1904년에 파커-리사(社)를 설립하고, 공사(公私) 기업의 문제에 관해 공중의 이해를 얻을 수 있는 유익한 뉴스를 보도 기관에 제공하였는데, 그 덕택으로 많은 기업들이 위기를 극복할 수 있었다. 이처럼 PR는 오늘날 기업의 중요한 경영 문제이지만, 경영 이론적으로는 새로운 경영 철학이라고도 할 수 있다. 한국에는 제2차 세계대전 후 미국을 통해 도입되었으며 현재는 단순한 광고 · 선전이라는 뜻으로 쓰이고 있다.

백과사전은 좀 낫다. PR을 홍보가 아니라 공중 관계라고 요약하여 분명히 정의하고 있다. 본문 내용을 살펴보면 PR 광고나 퍼블리시티 등은 PR 활동의 일부라고 하였다. 맞는 말이다. PR은 광고나 퍼블리시티를 위한 보도 기사화인 PRPress Release보다 훨씬 더 광범위하고 포괄적인 것이기 때문이다. 그런데 이 정의에서 새로운 설을 만났다. 김덕만(2007)에 의하면, PR이라는 용어는 1882년 미국의 변호사 도만 이튼이 예일대학교 졸업식 축사에서 처음 사용하면서 전파되었다고 했는데, 이 백과사전을 보니까 제퍼슨Thomas Jefferson 대통령이라고 한다. 어느 설이 진실일까? 이튼설인가? 제퍼슨설인가? 하지만 필자는 훈고학자가 아니기에 옛날 자료와 문헌을 뒤져서 그 진실을 파헤칠 실력과 의욕은 없다. 다만 PR이라는 말의 진정한 의미가 무엇인지에 관심이 있다. 그러한 관점에서 근대 PR의 창시자로 리Ivy Lee를 지적한 것은 백과사전다운 충실함이 있다고 생각한다. PR의 아버지로 버네이즈Edward Bernays를 지적하는 설도 있기 때문이다. 하지만 그의 인물전인 *Father of Spin*에서 생생하게 알 수 있듯이(Tye, 2004), 그는 PR의 아버지라기보다는 잔머리 굴리기spin의 아버지father였다. 다만 '빅 싱크'라는 그의 특기대로 잔머리를 크게 굴리는 재주가 탁월한 여론 조작의 달인이며 대가이고 명수였다. 이러한 버네이즈와 달리, 리에게는 PR에 대한 진정한 철학이 있었다. 물론 이 정의에서 "공중의 이해를 얻을 수 있는 유익한 뉴스를 보도 기관에 제공하였는데"라는 말에 있듯이, 그가 보도 기사화Press Release를 통한 퍼블리시티 위주의 PR을 하였던 것만은 사실이었을 것이다. 하지만 20세기 초에 살벌한 정글과 같은 미국 비즈니스 사회에서 상대 기업에 대한 추문 들춰내기와 같은 행위에서 벗어나, 또 기발하고 요상한 이벤트를 벌이는 것에서 벗어나 기업이 선한 일을 행하고 그것을 보도 기사화하였다는 것은 당시로서는 획기적인 패러다임 전환이었음이 틀림없다. 어찌 보면 그는 최근 PR의 꽃이라고 하는 CSRCorporate Social Responsibility의 창시자라고 해도 무리 없을 것이다. 그리고 이 정의에서 PR을 경영 철학이라고 한 것은 매우 탁월한 해석이라고 생각한다. PR은 마케팅 목적을 위하여, 제품 판매를 위하여 전략적으로 널리 알리는 활동이 아니라 다양한 공중들과 좋은 관계를 맺으려는 순리적인 경영 철학이기 때문이다. 마지막으로 이 정의에서 필자의 머리를 돌게 하는 것은 "현재는 단순한 광고 · 선전이라는 뜻으로 쓰이고 있다"는 마지막 문구다. 이 말은 PR이 단순한 광고 · 선전이라는 설명이 아닐 것이다. 필자는 이 말을 PR이 단순한 광고 · 선전으로 전락하게 되었다는 뜻으로 해석한다. PR은 판매술의 종이 된 꼴이다. 그러한 판매술을 무조건 마케팅이라 보며 순수 PR학자들은 PR 영역에 마케팅이라는 음흉한 놈이 들어오는 것에 대해 신경질적인 반응을 보이기도 한다. 하지만 21세기 현대 마케팅이란 이제 이윤을 위한 교환이 아니라 가치를 통한 관계 활동이다. 그렇듯 PR이나 마케팅이나 모두 관계를 위한 것이므로 PR과 마케팅의 전통적인 경계 영역은 희미해졌다. 마케팅의 권위자라고 할 수 있는 코틀러(Kotler, 2006)가 그 의도가 어떻든 최근 PR 영역인 CSR 책을 쓸 정도다. 기업 경영도 가치를 기반으로 하는 것이어야 한다. 이러한 가치 기반의 경영을 주장하는 캔터(Rosabeth Moss Kanter, 2008)는 가치 자본주의 value based capitalism라는 개념을 제안하면서 자본주의를 추구하는 기업도 가치를 기반으로 하여야 한다고 주장한다. 하지만 그러한 가치 철학을 떠나 이 시대에 PR은 제품의 판매 촉진을 위한, 물건을 많이 팔아먹기 위한 근사한 포장학이다. 그래서 자기 PR을 잘한다는 사람이란 그 인간의 내실은 부실해도 얄밉게도 포장을 근사하게 하는 사람이라는 부정적 뉘앙스가 강하다. 그렇다면 자기 PR을 잘하는 사람이란 어떤 사람일까? 미국의 온라인 사전에 있는 PR의 정의를 보면(en.wikipedia. org), 자기 PR에 대한 해석을 어떻게 해야 할 것인가?

> Public relations (PR) is the managing of internal and external communication of an organization to create and maintain a positive image. Public relations may involve popularizing successes, downplaying failures, announcing changes, and many other activities; but ethical P.R. practitioners can also convince companies to work more closely with its various publics and form win-win relationships. Different from Publicist.
> Definition: The term public relations was used by the US president Thomas Jefferson during his address to Congress in 1807 (in this use, however, the intended meaning seems to be closer to "policy" than the implication of communications central to the contemporary definition). One of the earliest definitions of PR was created by Edward Bernays.

> According to him, “Public Relations is a management function which tabulates public attitudes, defines the policies, procedures and interest of an organization followed by executing a program of action to earn public understanding and acceptance.”(see history of public relations). Today “Public Relations is a set of management, supervisory, and technical functions that foster an organization’s ability to strategically listen to, appreciate, and respond to those persons whose mutually beneficial relationships with the organization are necessary if it is to achieve its missions and values.” (Robert L. Heath, Encyclopedia of Public Relations). Essentially it is a management function that focuses on two-way communication and fostering of mutually beneficial *relationships* between an organization and its publics.
> There is a school of public relations that holds that it is about relationship management. Phillips, explored this concept in his paper “Towards relationship management: Public relations at the core of organisational development” paper in 2006 which lists a range of academics and practitioners who support this view.

위키피디아는 좀 더 PR의 진정한 의미에 접근하였을까? 우선 토머스 제퍼슨의 이름이 나온 것을 보면, PR 용어의 유래에 대해 이튼설보다 제퍼슨설이 더 유력한 것처럼 보인다. 또한 아이비 리 대신에 에드워드 버네이즈의 PR 정의를 인용한 것은 PR에 대한 이해가 우리 네이버보다 떨어지는 것 같다. 버네이즈는 PR을 그렇게 공중의 이해와 수용을 위한 것이라며 근사하게 제대로 정의했을지는 몰라도 실제로 그는 그러한 PR을 하기보다 여론 조작을 위한 잔머리 굴리기를 탁월하게 잘했다. 이 정의에서 가장 마음에 안 드는 것은 앞부분에 있는 “to create and maintain a positive image. Public relations may involve popularizing successes, downplaying failures”이다. PR이란 이 정의에서 보듯이 허상이기 쉬운 긍정적 이미지를 만들려는 것이 아니라 실체를 바탕으로 긍정적 관계를 맺어 가는 것이다. 또 PR이란 성공은 널리 알리고, 실패는 축소시킨다는 뜻으로 되어 있는데, 이는 우리말로 'PR(피알)은 피할 건 피하고 알릴 건 알리는 거'와 똑같은 뜻의 정의다. 이러한 PR에 대한 정의 때문에 PR은 그 진정성을 오해받기 딱 좋다. 그것은 얍삽한 기회주의자의 피알이다. 또 이 정의에 'strategically'라는 단어가 있는데 우리말로는 '전략적으로'다. 전략이라는 말은 PR과 어울리지 않는다(박기철, 2007a). 전략이란 싸움(戰)에서 이기기 위한 꾀(略)이지만, PR이란 공중과 관계를 맺기 위한 순리의 철학이기 때문이다. PR에서는 전략 패러다임보다 순리의 패러다임이 어울린다. 그러나 이 정의에서 중요한 것은 우리처럼 PR을 홍보로 인식하는 것은 아님이 분명하다는 사실이다. 또 PR을 광고 선전으로 보는 것도 아님이 분명하다는 사실이다. 대신 PR은 쌍방향 커뮤니케이션이며, 관계 관리라고 해석되어 있다. 제대로 된 용어를 쓴 올바른 정의임에 틀림없다.

그렇다면 이 글에서 제안하고자 하는 PR의 의미는 무엇인가? 우선 이러한 질문에 답하는 시도를 위해 우선 PR은 홍보가 아니라는 점을 먼저 밝히고자 한다. 신인섭 · 이명천 · 김찬석(2007)에 의하면 홍보라는 말은 일제시대 때부터 사용된 말이다. 그것이 어느 때부터인가 자연스럽게 PR과 동의어로 쓰이게 되었다. 1997년 2월 한국 최초로 설립된 PR 전문학회인 한국홍보학회마저 PR이라는 영어 낱말을 홍보로 결정하게 되었던 것이다. 하지만 이제 한국홍보학회도 '홍보=PR'의 1차원적 사고에서 벗어나 홍보와 다른 PR의 정체성을 분명하게 밝힐 필요가 있다. PR과 홍보가 같은 낱말로 쓰이게 된 과정은 자연스럽다고 할 수 있지만, 그 내용은 억지스럽다. 공중 관계Public Relations인 PR과 널리(弘) 알리는(報) 홍보는 완전히 다른 말이기 때문이다. 어떤 사람들에게 널리 알리는 것과 어떤 사람과 관계를 맺는 것은 전혀 다른 차원이다. 널리 알리기 위해서는 대중 매체를 동원해야 하지만 관계를 맺기 위해서는 인간적

만남이 있어야 한다. 널리 알리는 홍보가 널리 알리는 광고와 같은 것이라면, PR은 바로 관계학이라고 할 수 있다. 다만 홍보는 PR이고, PR은 홍보라고 그냥 관습적으로 말하고 있을 뿐이다. 그냥 습관적으로 홍보와 PR은 같은 것이라고 할 뿐이지, 홍보와 PR은 엄연히 다른 것이라고 생각하려고 하지만 '홍보=PR'이라는 언어 관습은 사고의 관습을 형성하게 된다. PR은 공중 관계라 지속적으로 좋은 관계를 만들어 가려는 것이라고 생각하지만, '홍보=PR'이라는 언어 관습 때문에 PR은 그냥 널리 알리는 활동이 되고 만다. 그래서 이 글은 홍보라는 말을 아예 날려 버리며 지워 버리고자 한다. 필자가 만약 네이버로부터 PR의 정의에 대해 부탁을 받는다면 이렇게 정의하고자 한다.

> **피알(PR)**: PR이란 단순히 널리 알리는 홍보가 아니며 겉으로 좋은 이미지를 만들려는(image making) 것이 아니라 실체적 가치를 속으로 충실히 가꾸어(value building), 다양한 공중들과 호의적 관계를 맺어 가려는 순리적인 경영 활동이다. PR과 홍보는 엄연히 패러다임이 다르다. 홍보(弘報)가 널리 알리는 것이라면, PR(Public Relations)은 공중과 관계를 맺는 것이기 때문이다. 그러므로 PR이란 '자기 PR'이라는 흔한 일상용어에서 느껴지는 것처럼 자기를 알리기 위한 겉포장적인 이미지 메이킹도 아니다. 자기를 알리기보다 자신이 가꾸어 온 충실한 가치를 상대방에게 줌으로써 상대방과 제대로 관계하는 것이 자기 PR인 것이다. 이러한 PR에 대한 오해는 많다. 대개의 광고학 개론이나 마케팅 원론 교재에서 나타난 바와 같이, PR은 마케팅 4P 중의 하나인 프로모션 안에 있는 하나의 부분적 수단이 아니다. 만일 PR이 'Press Release'라면 몰라도 'Public Relations'은 보도 기사화를 통한 언론 홍보와는 상대가 될 수 없는 아주 큰 포괄적 개념이다. 다양한 공중들과 호의적 관계를 맺으려는 활동이 PR이라고 한다면, 보도 기사화 활동인 홍보(Press Release)는 PR에서 하나의 아주 작

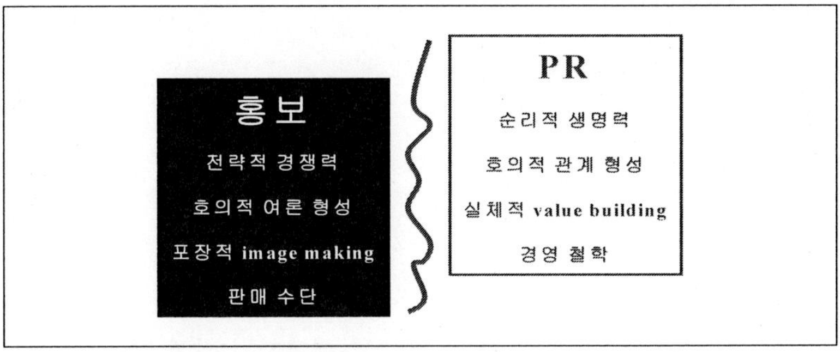

그림 1-9 홍보와 PR의 근본적 차이

은 점과 같은 수단에 지나지 않는다. 경영의 4M 활동도 공중과의 관계라는 측면에서 보면 결국 PR과 같은 맥락이다. 사람을 관리하는 인적자원 관리(Man)는 내부 공중과의 관계이며, 재무 관리(money)는 투자자 사회 공중과의 관계이며, 생산 관리(manufacture)는 협력업체 공중과의 관계이며, 마케팅(market)은 고객 공중과의 관계인 셈이다. 이러한 네 가지 공중 이외에 지역사회 주민, 네티즌, 정부 공무원, 매체사 기자 등 다양한 공중과 호의적 관계를 맺으려는 활동이 PR이다. 그러므로 결국 경영은 PR이며, PR은 경영이다(PR=경영). 결국 이러한 PR은 전반적인 경영 커뮤니케이션이라고 할 수 있다.

지금까지 PR에 대한 사전적 정의를 비판한 필자의 생각을 바탕으로 홍보와 PR의 차이를 정리하면 그림 1-9와 같다.

PR에 대한 사전적 정의로 본다면 PR은 홍보다. 이는 전략적 경쟁력으로 호의적 여론 형성을 하기 위한 포장적 이미지 메이킹이자 판매 수단으로 속이 시커먼 것이기 쉽다. 하지만 PR은 공중 관계다. 홍보와 PR은 펀더멘털과 필라소피가 다르며, 메커니즘과 다이내믹스도 전혀 다르다. PR은 순리적 생명력으로 호의적 관계 형성을 맺기 위한 실체적 밸류 빌딩이자 경영 철학으로 속이 하얀 것이어야 한다. 즉 PR은 근본적으로 진정성, 즉 진심(眞心)이 담겨야 하는 것이다.

PR의 새로운 정의를 위한 패러다임 전환

지금까지 홍보와 다른 PR의 의미를 이야기하였다. 하지만 이 글에서 PR이란 무엇이라고 제안할 것인가? 바로 아까 PR이 무엇인지에 대해 장황하게 이야기하였는데 PR에 대해 더 다른 이야기가 남아 있단 말인가? 그렇다. 있기 때문에 이 글을 쓰게 된 것이다. 불교 사상을 바탕으로 하여 PR에 대한 전환적 의미를 제안하려고 한다. 이를 위해서 우리는 패러다임 전환을 하여야 한다. 그것은 우선 환경적 패러다임을 넘는 생태적 패러다임이다. 우선 환경 패러다임을 보고자 한다. 구약 성경의 창세기에 보면 '문화명령'이라는 말씀이 있다.

> "하나님이 가라사대 땅은 생물을 그 종류대로 내되 육축과 기는 것과 땅의 짐승을 종류대로 내라 하시고 그대로 되니라. 하나님이 땅의 짐승을 그 종류대로 육축을 그 종류대로 땅에 기는 모든 것을 그 종류대로 만드시니 하나님의 보시기에 좋았더라. 하나님이 가라사대 우리의 형상을 따라 우리의 모양대로 우리가 사람을 만들고 그로 <u>바다의 고기와 공중의 새와 육축과 온 땅과 땅에 기는 모든 것을 다스리게 하자</u> 하시고, 하나님이 자기 형상 곧 하나님의 형상대로 사람을 창조하시되 남자와 여자를 창조하시고, 하나님이 그들에게 복을 주시며 그들에게 이르시되 생육하고 번성하여 땅에 충만하라, 땅을 <u>정복하라</u>. 바다의 고기와 공중의 새와 땅에 움직이는 <u>모든 생물을 다스리라</u> 하시니라. 하나님이 가라사대 내가 온 지면의 씨 맺는 채소와 씨 가진 열매 맺는 모든 나무를 <u>너희에게 주노니</u> 너희 식물이 되리라. 또 땅의 모든 짐승과 공중의 모든 새와 땅에 기는 모든 것에게는 내가 모든 푸른 풀을 식물로 주노라 하시니 그대로 되니라! (창세기 1 : 24~30)

이러한 문화명령에 따르면 인간은 모든 식물이건 동물이건 생명체의 중심에 있다. 그 생명체는 모두 인간의 소유물이다. 중심에 있는 인간이 정복하고 다스려야 할 환경이다. 하지만 인간이 과연 그러한 생명체들을 다스릴 자격과 능력이 있는 것인가? 있다고 볼 수 있다. 성경 말씀대로라면 그러한 자격을 하나님으로부터 받았으니 있다고 할 수 있다. 하지만 능력은 있는 것일까? 이것도 인간은 대단한 능력이 있으므로 있다고 할 수 있다. 하지만 인간에게는 그러한 자격과 능력을 온전하게 담을 수 있는 욕심이 너무 크다. 하나님의 문화명령을 온전하게 수행할 수 있는 자격과 능력은 되겠지만, 욕심이 너무 많아 제대로 다스릴 수 없다는 것이다. 인간은 욕심을 주체하기 힘들다. 더 많이 정복하려는 욕망, 더 많이 소유하려는 무한한 욕망 때문에 문화명령 수행의 자격과 능력을 잃기 쉽다. 창세기의 인간들도 그렇게 하나님으로부터 문화명령을 받았으나 탐욕이 생겨서 바벨탑을 짓는다. 그러나 하나님은 그러한 인간 탐욕의 상징인 바벨탑을 허물어 버리고 만다.

19세기 산업혁명 이전에 우리 인간은 지금보다 지구라는 생태계와 친화적인 삶을 살아왔다. 그러나 20세기 들어 산업화 · 공업화가 급속히 진전된 이후로 우리 인간은 좀 더 편하게 살 수 있게 되었을는지 모르지만 지구 환경에 엄청난 피해를 주는 암적 존재가 되고 말았다. 자동차의 석유 에너지 사용에 따른 대기오염, 공장의 화학물질 사용에 따른 수질오염, 자연의 법칙에 어긋나는 생태계 손상, 삼림을 찍어 버리고 들어서는 아파트, 핵 사용에 따른 자연 파괴, 경제 효율에만 따르는 천민 자본주의적 도시화…. 이루 헤아릴 수 없이 많은 암적 존재들이 이 세상을 병들게 하고 있다. 무엇이 이 지구상에서 가장 위험한 암적 존재일까? 바로 문화명령의 수행자로 위임받은 인간이다. 인간을 제외한 다른 동식물들은 이 지구 생태계에 별 해를 끼치지 않는다. 하지만 인간은 엄청난 피해를 준다. 지구의 입장에서 보았을 때 인간은 가장 위험한 암적 존재다. 인간의 땅 개발이 계속 넓게 퍼져 지구를 파괴하는 것은 암세포가 자라고 퍼져 몸을 파괴하는 메커니즘과 똑같다. "땅을 정복하라"는 하나님 말씀은 땅을 인간 마음대로 사용하여 개발하라는 뜻이 아닐 것이다. 원컨대 땅을 잘 사용하라는 뜻일 것이다. 문화명령을 수행하려면 우선 탐욕을 없애야 한다. 하지만 생태논리가 아닌 경제논리에 눈이 멀어 땅값을 올리려고 혈안이 된 인간의 끝없는 욕심은 땅을 그리 정복해 버리고 만다. 경제적 동물인 인간의 개발 욕구는 그칠 줄 모른다. 하지만 그런 인간의 욕심을 지속적으로 채워 줄 만큼 지구의 생태적 환경은 넉넉하게 지속 가능하지 않다. 필자는 지금 개발도 하지 말고 이제 아프리카 토인들이나 아메리카 인디언들처럼 살아야 한다는 주장을 하는 것이 아니다. 다만 경제 논리와 개발 논리가 절대적 · 지배적인 지금 생태 논리와 보존 논리도 똑같이 중요하게 생각하자는 제안을 하고 있다. 경제적 동물인 인간의 욕심에서 이익 가능한profitable이 아니라 생태적 존재인 인간의 관점에서 지속 가능한sustainable이라는 어젠다를 멈춰 서서 생각해 보아야 한다는 뜻이다. 먹고사는 게 문제지 그깟 생태가 뭐 중요하냐고 항변할 수도 있지만, 정말로 지속적으로 먹고 살기 위해 생태는 중요하지 않을 수 없다.

이러한 이유로 인간은 환경적 패러다임과 다른 생태적 패러다임을 가져야 한다. 그러한 패러다임을 가질 때 문화명령은 온전하게 수행될 수 있을 것이다. 생태적 패러다임이란 인간의 권리만큼 생태의 권리도 생각하는 것이다. 이는 산권(山權), 목권(木權), 강권(江權), 수권(水圈), 바다권, 개펄권, 하늘권 등을 생각하는 포괄적이며 거시적인 생태권이다. 인권 변호사보다 중요할 수 있는 것이 생태권 변호사다. 인간에게 맞는 인간공학보다 더 중요한 것은 자연과 조화되는 생태공학이다. 비교하자면 인위적 문화(文化)보다 자연적 생화(生化)가 중요하다. 문화가 인위적으로 만드는 것이라면, 생화란 자연스럽게 내버려 두는(let it be) 것이다. 그래서 생화라는 말보다 생태라고 한다. 무엇을 화(化)하는 게 아니라 그냥 있는 그대로의 모습(態)이어야 하기 때문이다. 생태에서 생(生)이라는 한자는 소(牛)가 땅(__) 위에 가는 힘든 모습을 형상화한 것이라기보다 한 알의 씨가 발아하여 땅(__) 위에 어린 새싹 모양(牛)이 갓 자라나는 모습을 나타내는 상형 문자다. 그리고 태(態)라는 한자는 곰(能)과 마음(心)이라는 두 개의 글자가 합쳐져서 강인한 곰이 가지는 당당한 마음을 나타내는 회의 문자다. 생(生)이 식물이라는 생명을 대표한다면, 태(態)는 동물이라는 생명을 대표한다. 그러한 생명체의 있는 그대로 자연스러운 모습이 바로 생태다. 이러한 자연적인 생태는 인위적인 문화와 다르다.

생태는 문화에 앞선다. 문화유산보다 생태유산이, 인간 마케팅보다 생태 마케팅이, 인간 경영보다 생태 경영이, 인본주의보다 생태주의가 중요하다. '인간 < 사회'가 아니라 '인간 < 생태'라는 더욱 거시적인 등식을 이해해야 한다. 최고의 선이라면 인간이 인간답게 살기 위해 생태와의 지속 가능한 관계를 잘 맺고 살아가는 것이다. 그렇다면 무엇이 생태와의 관계를 잘 맺고 사는 것일까? 인간관계를 잘 맺기 위해선 나 자신 중심이 아니라 상대방 입장에서의 배려가 필요하듯, 생태관계를 잘 맺기 위해서도 인간 중심이 아니라 생태적 관점의 배려가 필요하다. 생태적 관점의 배려란 결국 생태에 미치는 자신의 영향도를 최소화시킨다는 뜻이다. 쓰레기를 덜 버려, 생태 발자국ecological footprint을 줄이려는 자발적 노력이 바로 생태적 배려다. 이렇듯 박기철(2007b)에 의하면, 환경과 생태는 패러다임이 다르다. 환경(環境, environment)이란 우리 인간의 주변을 둘러싼 상황situation이다. 꼭 자연 환경만이 환경이 아니라 정치 환경, 경제 환경, 사회 환경처럼 환경은 인간을 둘러싸고 있다는 의미이므로 인간 중심의 표현이다. 하지만 생태(生態)란 동물-인간-식물-숲-바다-하늘-강 등이 서로 따로가 아니라 생명적인 관점에서 그물망과 같은

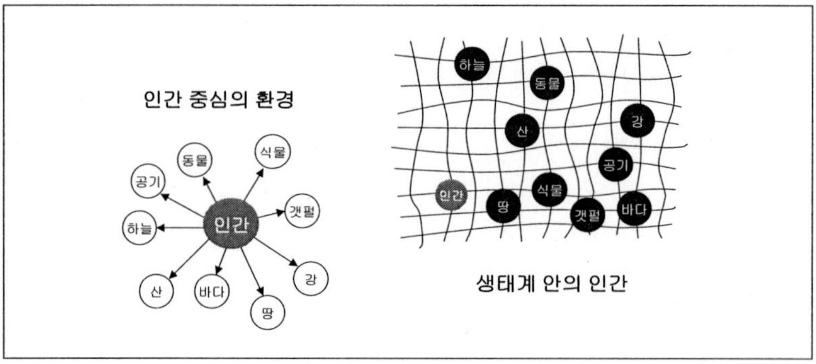

그림 1-10 환경 패러다임과 생태 패러다임의 차이

커다란 연결 고리를 이룬다는 유기적 생명 시스템이다. 즉 생태계를 이룬다는 의미다. 예를 들어 갯벌은 단지 조개나 캐는 죽은 땅이 아니다. 바다의 허파와 같은 것이다. 또 바다 생물종의 70%가 갯벌에서 알을 낳고 어린 시절을 보낸다. 어린 고기를 잡아먹기 위해 더 큰 고기가 몰려오고 이를 잡아먹기 위해 더 큰 고기가 몰려와 먹이사슬을 이루며 자연스레 어장이라는 생태계가 형성되는 것이다. 지구earth는 그런 생태계를 가진 생명체적 존재인 가이아gaia다. 결국 우리가 통상적으로 말하는 자연이란 주변 상황을 뜻하는 환경이 아니라, 생명의 고리를 뜻하는 생태다. 생태의 관점에서 보면 우리 인간은 생태계와 연결되어 있으므로 생태는 관계 대상이다. 관계 대상이란 정복 대상이나 공략 대상이 아니다. 생태의 관점에서 보면 오로지 인간의 관점에서 당연스레 저질러 왔던 무자비한 짓들에 대해 반성하면서 거시적인 생명 존중 사상을 가지게 한다. 인간 중심의 관점으로 보면 자연이나 환경은 경제적인 돈벌이 대상, 정복 대상이며, 이용 대상이지만, 생태의 관점에서 보면 존중 · 순응 · 감사해야 할 최선의 가치다. 지금까지 인간 중심의 환경 패러다임과 그물망과 같은 생태 패러다임의 차이를 정리하면 그림 1-10과 같다.

환경이란 중심으로서의 주체가 있다는 것이다. 그 주체는 바로 인간이다. 하지만 생태란 석가모니 부처가 깨달았던 연기 사상과 같은 맥락이다. 생태계 안에서 주체는 없다. 인간도 그물망처럼 얽히고설킨 복잡하고 방대한 관계망 속의 하나일 뿐이다.

패러다임 전환에 의한 PR의 새로운 의미

지금까지 알아본 환경 패러다임과 다른 생태 패러다임은 PR에 어떠한 함의를 주는가? 홍보와 PR은 다르다. 그리고 더 나아가서 공중 관계인 PR은 이 글에서 제안하는 새로운 PR과 다르다. 새로운 PR의 의미를 제안하기에 앞서 우리가 지금까지 배워 오며 알아 온 PR이란 무엇인가? 필자가 졸저(박기철, 2006)에서 다음과 같이 말한 바를 보면 알 수 있다.

> PR을 공부하고 이해하는 데 통찰력을 주는 'PR 4 모델'이 있습니다. 이것은 본격적 PR 이론의 출발점이 되는데, 그루닉(James E. Grunig)이 제안하였습니다. 첫 번째는 언론 대행 홍보 모델(Press agentry and publicity model)로서 이는 PR이 진실 여부와 상관없이 보도 기사화 활동만 하는 것입니다. 두 번째는 공공 정보 모델(Public information model)로서 PR 활동이 진실된 정보를 공중에게 주어야 한다는 것입니다. 세 번째는 쌍방적 불균형 모델(Two asymmetric model)로서 조직체가 원하는 일방적 방향으로 공중을 설득해야 한다는 것입니다. 네 번째는 쌍방적 균형 모델(Two symmetric model)로서 조직체와 공중 간의 상호작용을 통해 서로 간에 균형적인 반응을 한다는 것입니다. 이 모델은 PR 이론의 본격적 토대가 되는 고전 이론입니다. 이 모델이 가지는 본질적 의미를 이해한다면 PR을 제대로 이해하고 있는 것이지요. 꼭 한번 그 의미를 곱씹어 보며 제대로 공부해 보세요. 가장 원시적인 첫 번째의 PR 모델은 PR을 단지 보도 기사화 활동으로 보는 것입니다. 이때 PR은 홍보, 즉 퍼블리시티입니다. 하지만

가장 발전된 PR 모델인 네 번째의 쌍방적 균형 모델은 조직체와 공중 간에 상호작용을 하는 것입니다. 이 상호작용이 있느냐 없느냐의 차이가 세 번째 모델과 네 번째 모델의 근본적 차이입니다. 이 상호작용(interaction)이란 양방향 커뮤니케이션이 일시적이 아니라 지속적으로 일어나는 것을 말합니다. 이 시대 마케팅의 핵심 키워드가 관계라고 할 때 이 관계를 만들어 가는 핵심은 상호작용입니다. 즉 상호작용은 관계 형성을 위한 필수적 활동입니다. 이를 통해 공중도 변화되며 또한 조직체도 변화합니다. 그렇게 상호작용을 하면서 조직체와 공중 간에 호의적 관계가 만들어져 갑니다. 결국 호의적 관계는 상호작용을 통해 만들어지는 것이지요. 바로 이것이 PR의 본질적이며 궁극적 목적이 아니던가요? 앞의 글에서 설명한 바와 같이 PR이란 공중과의 관계 형성 활동이므로 네 가지 PR 모델 중에서 네 번째 모델이 진정한 PR이라고 할 수 있습니다.

PR학 개론에 있을 법한 구구절절 옳은 말이다. PR의 권위자guru라고 할 수 있는 그루닉의 네 가지 모형을 가지고 PR의 의미를 설명하였다. 그루닉이 주장했듯이 진정한 PR이란 쌍방향 균형 모델임을 분명히 밝혔다. 이 PR 4모형은 PR 이론의 토대가 되는 고전 이론으로서 PR의 본질을 이해하는 데 도움을 주는 대이론grand theory이자 전이론presuppositions이다. 이러한 PR의 4모형(Grunig and Hunt, 1984)은 후에 무엇이 우수한 PR인지 실증적으로 밝히는 우수이론(Grunig and Dozier and Ehling and Grunig and Repper and White, 1992)으로 정교하며 세련되게 다듬어진다. 또한 그루닉은(1993) PR이 허상적 이미지만 추구하는 것이 아니라는 입장에서, 이미지를 통한 상징적 관계와 실체를 통한 행위적 관계가 있어야만 제대로 된 PR을 할 수 있다는 의미 있는 논문을 발표하기도 하였다. 지금도 그루닉은 PR 학술 논문에 있어서 가장 많이 인용되는 가장 권위 있는 학자다.

하지만 이 글은 이러한 그루닉에 정면으로 대들기보다 비스듬하게 또 삐딱하게 그루닉을 넘고자 한다. 그렇다고 그루닉의 쌍방향 균형 모델이 비현실적이라며 현실이 처한 우연한 상황에 따라 어떨 때는 조직의 입장에 유리하게, 또 어떤 때는 공중의 입장에 유리하도록 조직과 공중 간의 조화적 균형을 추구해야 한다고 하는 우연성 이론처럼 조직과 공중 간의 새로운 PR 이론을 제시하려는 것도 아니다. 패러다임을 완전히 달리하여, 그루닉이 아니라 그 어느 PR 학자가 보지 못했던 것을 찾아 석가모니 부처의 연기 사상을 바탕으로 하여 보다 거시적 시각으로 새로운 PR의 의미를 제안하고자 한다.

지금까지의 PR은 웬만한 PR학 교재에서 보듯이 공중별로 언론사 기자라는 공중과의 관계media relations, 투자자라는 공중과의 관계investor relations, 정부 공무원과의 관계government relations, 비정부 조직이라는 공중과의 관계NGO relations, 종업원이라는 공중과의 관계employee relations, 소비자라는 공중과의 관계comsumer relations, 인터넷에서 모인 공중과의 관계netizen relations, 지역사회 주민이라는 공중과의 관계community relations, 협력업체 사람들이라는 공중과의 관계partner relations 등 다양한 공중들과의 관계를 다루어 왔다.

또한 상황별로 쟁점을 관리하는 PRissue management, 급한 위기를 관리하는 PRcrisis management, 명성을 관리하는 PRreputation management, 공공문제를 관리하는 PRpublic affairs management, 평판을 좋게 만드는 PRreputation management, 브랜드 이미지를 관리하는 PRbrand identity management, 기업 이미지를 관리하는 PRcorporate identity management, 인물을 관리하는 PRperson identity management, 이(異)문화 상황에서의 PRinternational PR 등 다양한 상황들 속에서의 PR을 다루어 왔다.

이렇게 다양한 상황들 속에서 PR을 하려면 다양한 공중들과의 관계를 하나하나 따로따로가 아니라 여기저기 모두모두 연결되도록 하는 활동이 필요하다. 그래서 PR은 매우 고차원적인 복합 사고를 필요로 하는 일이다. 그러나 이 글에서 제안하는 새로운 의미의 PR을 실천하려면 지금보다 더욱 복합적이며 거시적인 사고를 해야 한다. 왜냐하면 지금까지 PR은 공중 관계만 생각하였지만 앞으로의 PR은 생태 관계를 생각해야 하기 때문이다. 생태와의 관계를 생각하는 PR이란 공중 관계, 이해관계자 관계만이 아니라 더 거시적으로 나아가 생태와의 관계까지 배려하는 것이다. 우리 인간은 인간의 관점에서 환경에 둘러싸여 있다기보다 전반적 관점에서 생태와 관계를 맺고 살아가는 존재다. 그러므로 생태와의 관계를 일시적으로 무시해서도 안 되며, 생태 관계를 지속적으로 맺어야 한다.

생태와의 관계를 지속적으로 잘 맺지 못한다면 우리 인류는 지속 가능할 수 없으며, 기업도 지속 가능할 수 없다. 과학기술 발전에 따른 기업들의 생산물들이 결국은 엔트로피로 되기 때문이다. 생태적 관점에서 엔트로피 개념을 생각한다면 이 세상은 절대로 지속 가능하지 않다. 그러므로 지속 가능한 PR이란 생태와의 관계를 좋게 하려는 친생태화 경영 활동과 맥을 같이한다. 그것은 겉치레 행사로 해서도 안 된다. 적극적으로 앞에 나서며 진실되게 해야 한다. GE는 환경 피해를 최소화하면서 자사 매출 이익을 극대화하기 위한 대소비자 커뮤니케이션을 위하여 생태적 상상력ecomagination을 제안한 바 있다. 하지만 이 용어 역시 글로벌 대기업이 가지는 매출 극대화라는 무분별한 성장 욕구에서 자유롭지 못하다. 진정한 에코매지내이션이란 매출 극대화가 아니라 생태와의 관계를 고려하여 매출 적정화를 이루려는 에코싱킹ecothinking이어야 마땅하다. 즉 지속 가능한 PR이란 기업이 성장하지 말아야 한다는 무조건적 환경운동의 논리도 아니다. 적극적 성장이 아닌 적당한 성장을 하려는 것이다. 아무리 지속 가능성에 대한 논의가 활발하고, 지속 가능 경영에 대한 기업들의 관심이 높아지고 있지만, 생태 관계성에 따른 생

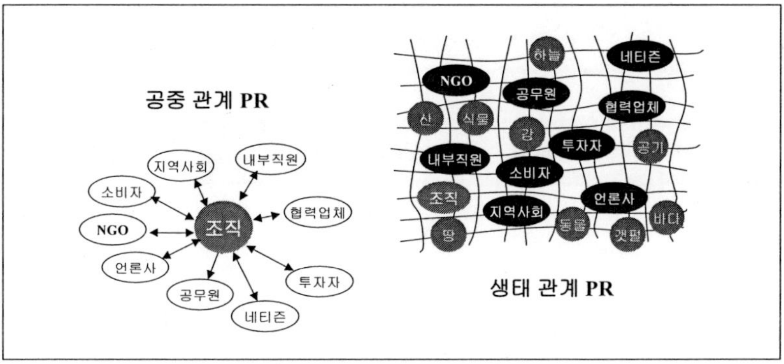

그림 1-11 정통적 공중관계 PR과 새로운 생태관계 PR

태와의 관계 활동에 소홀하다면 그것은 지속 가능한 PR이 아니다. 결국 지속 가능한 PR이란 'Public Relations'와 함께하는 'Eco Relations' 활동이다. 즉 세우는 관점이 아니라 감싸는 여성적 생태성ecofeminism의 관점에서 생태 관계성ecorelationship을 심각하게 사유하며 중요하게 배려하는 실천이다(박기철, 2006). 지금까지 정통적 의미의 PR과 새로운 의미의 PR을 정리하면 그림 1-11과 같다.

공중 관계 PR과 생태 관계 PR은 패러다임이 전혀 다르다. 공중 관계 PR은 우리에게 익숙한 PR로 조직이 중심에서 환경을 이루는 다양한 공중들과 관계를 맺는다. 그리고 이 공중관계 PR에 있어서 가장 이상적인 것은 쌍방향 커뮤니케이션이다. 조직과 공중 간의 쌍방향 커뮤니케이션만 잘되면 그만이다. 하지만 생태 관계 PR에서 조직은 중심에 있지 않고 생태계 안의 인간이 그렇듯 그물망 속의 한 점에 불과하다. 여기서 필요한 것은 쌍방향 커뮤니케이션이 아니라 그물망 커뮤니케이션이다. 그물망이란 하나의 전반적 연결 고리를 가지고 있는 생태적 공동체다. 그 생태적 공동체의 그물망 안에 다양한 공중들이 있고 또한 다양한 자연이 있다. 그물망에 있는 하나의 존재로 말미암아 다른 존재들의 움직

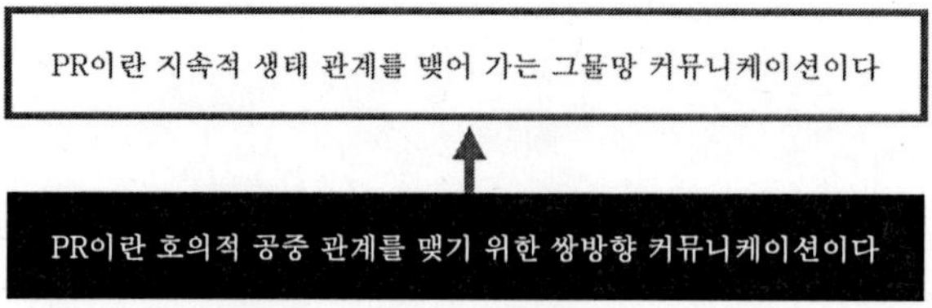

그림 1-12 PR의 전환적 도약에 따른 정의

임이 일어난다. 즉 석가모니 부처의 연기 사상대로 연기되어 일어나는 것이다. 이 공동체 그물망 안에서 잘 움직이려면 조직 하나만의 이득을 위하여 널리 알리는 홍보를 열심히 해서 되는 것도 아니며, 또한 다양한 공중들과 쌍방향 커뮤니케이션을 열심히 한다고 되는 것이 아니다. 다양한 공중들과 다양한 자연들을 배려하는 그물망 커뮤니케이션을 제대로 해야 한다. 그물망이란 다름 아닌 관계망이다. 그물망 커뮤니케이션, 즉 관계망 커뮤니케이션을 제대로 하려면 더욱 거시적 시각을 가져야 한다. 여기서 거시적 시각이란 작은 것을 무시하는 통 큰 시각이 아니라 작은 것도 큰 관점에서 세심하게 살필 수 있는 시각이다. 가령 어느 조직이 거시적 시각을 가진다고 하는 것은 그 조직이 하는 하찮은 일들도 거시적인 관점에서 볼 수 있는 사고다. 자신의 이런저런 작은 행동이 생태적 공동체에 어떤 영향을 미치게 되는지 배려하는 것이 바로 거시적 시각이다. 이러한 그물망 커뮤니케이션을 생각한다면, 조직이 공중에게 어떤 강력한 영향을 미칠 수 있다는 생각보다 조직이 생태적 공동체 안에서 큰 욕심을 버려야 한다는 겸허한 생각을 자연스럽게 가지게 된다. 이는 호의적 공중관계를 통한 지금 당장의 이득보다 지속적 생태관계를 통한 지속 가능한 조화를 추구하는 생각이다. 이런 생각을 가지고 커뮤니케이션을 한다면 그것이 바로 그물망 커뮤니케이션이다. 이 그물망은 y=f(x), f=ma, x → y와 같은 단순계가 도무지 먹히지 않는 복잡계이기에 자기 혼자 어찌 잘해 볼 수 없는 한계를 스스로 인정하게 된다. 이러한 해석으로 석가모니 부처의 연기 사상을 바탕으로 하는 원시 불교 사상과 생태 사상을 바탕으로 하는 현대 PR 철학이 만나는 전환점에서 PR의 의미를 전환적으로 새롭게 정의하면 그림 1-12와 같다.

새로운 정의는 네 가지 측면에서 기존의 정의와 차원이 다르다. 첫째, '호의적'이 아니라 '지속적'이다. 둘째, '공중 관계'가 아니라 '생태 관계'다. 셋째, '맺기 위한'이 아니라 '맺어 가는'이다. 넷째, '쌍방향 커뮤니케이션'이 아니라 '그물망 커뮤니케이션'이다.

이러한 PR의 전환적 의미 정의는 생태 PR이라는 PR의 한 종류를 부분적으로 제안하거나 PR의 새로운 영역을 새롭게 제안하는 것이 아니다. PR의 기초 개념을 뿌리에서부터 원천적으로 흔들어 패러다임 전환의 PR을 도발적으로 제안하는 것이다. 여기서 도발(挑發)이라고 함은 기존의 PR과 싸우는 도전(挑戰)과 달리 기존의 PR을 뛰어(挑) 넘어 PR의 참의미를 훤하게 밝힌다는(發) 뜻이다. 또한 이러한 정의는 미시적 PR과 거시적 PR로 이분되는 것도 아니다. 경제학이 미시 경제학과 거시 경제학으로 나뉘지만, 둘 모두 경제만 생각하는 패러다임이며, 그 둘을 뛰어넘는 더욱 포괄적이며 전반적인 생태 경제학이 있다. 마찬가지로 이 연구는 기능과 효과를 따지는 미시 PR과 인간과 사회를 생각하는 거시 PR보다 더욱 포괄적이며 전반적인 생태 PR의 철학을 제안하는 것이다.

새로운 PR은 무슨 의미를 주나? (結)

지금까지 원시 불교의 연기 사상과 생태 개념을 접목하여 제시된 "PR은 지속적 생태 관계를 맺어 가는 그물망 커뮤니케이션이다!"라는 정의는 전통적 또는 정통적 PR에 대한 패러다임 전환이다. 그것은 PR을 보는 거시적 관점으로의 전환이기도 하며, 이 세상을 보는 순리적 관점으로의 전환이다. 그래서 이제 PR이란 단순히 널리 알리는 것도 아니며, 근사하게 포장하는 것도 아니다. 또한 공중과의 호의적 관계 형성만이 아니라, 조직과 공중이 그물망과 같은 하나의 커다란 생태적 공동체 안에서 영위되어지고 있음을 뜻하는 말이기도 하다. 그러한 관점에서 CSRCorporate Social Responsibility은 이제 범위를 넓혀 사회적 책임성만이 아니라 생태적 책임성까지 배려하는 CERCorporate Ecological Responsibility로 확대 전환될 필요성이 크다. 그것은 PR이 이제 대중에게 알림이 아니며, 공중과 관계 맺음만이 아니라 공동체 돌봄의 철학으로 전환되는 것이다. 이제 PR학만이 아니라 경제학도 스미스Adam Smith의 '보이지 않는 손'에 의한 자유주의 경제학이 아니라, '보이지 않는 가슴'에 의한 여성주의 경제학으로 전환될 필요성이 있다. 여성주의 경제학이란 얻음earning의 경제학이 아닌 돌봄caring의 경제학이다(Folbre, 2006). 이는 또한 생태주의 경제학이며, 더 나아가서는 복잡계 경제학이기도 하다. 마찬가지로 PR학도 페미니즘 PR, 생태 PR, 돌봄 PR, 복잡계 PR로의 전환이 필요하다.

세상 만물과 현상은 얽히고설켜 있는 복잡계complexity system다. 단순히 조직이 공중과 쌍방향 커뮤니케이션을 잘하여 호의적 관계를 잘 맺는다고 해서 잘되는 단순계simplicity system가 아니다. 엑젤(Aczel, 2001)에 의하면, 세상은 더 이상 나누어질 수 없다는 뜻의 'atom'이라는 입자가 독립적으로 뭉쳐서 존재하는 것이 아니라 우주 멀리 떨어진 두 입자끼리 서로 얽혀 있는entangled 상황이라고 한다. 가장 최근의 현대 물리학 이론에 의하면 그 입자들은 진동하는 초끈super string으로 이어져 있다고 한다. 또 카프라(Capra, 2002)에 의하면, 세상은 보이지 않는 질서로 되어 있는 것이 아니라 보이지 않는 관계hidden connections로 이루어져 있다고 한다. 현대 물리학이 그러한 얽힘과 초끈과 관계를 과학적으로 보았다면, 2500여 년 전 석가모니 부처는 사상적으로 깨달았다. 전문적인 불교학자인 박성배(Park, 2002)에 의하면 깨달음과 깨침은 전혀 다르다며, 서서히 깨달았다기보다는 갑자기 기존의 생각이 깨지며 깨쳤다고 한다. 카프라(Capra, 1983)에 의하면, 양자역학이라는 현대물리학은 2500여 년 전 동양사상과 너무도 같다고 한다. 그러한 동양 사상의 핵심에 석가모니 부처라는 철학자의, 즉 고타마 싯다르타라는 인간의 연기 사상이 있다. 그가 깨달았던 연기 사상을 가만히 음미하며, 아울러 그가 어떠한 모습의 인간이었는지를 상상해 보면, 절에서 느껴지는 신성한 느낌보다 인간미가 있는 철학적 느낌이 난다. 그래서인지 박민영(2005)에 의하면, 2500여 년 전 같은 시대를 살았을 부처와 공자는 모두 같은 따뜻하며 유머가 넘치는 인간미가 느껴진다고 했다. 그래서 부처의 사상으로 PR을 보았듯이, 공자의 사상으로도 PR을 볼 수도 있다(박기철, 2007 c). 크게 보면 부처 사상의 PR과 공자 사상의 PR은 비슷한 맥락이다. 또 더욱 크게 보면 이러한 노자의 사상과 그것의 현대판인 포스트모더니즘과 같은 맥락임을 알 수 있다(박기철, 2008).

우리는 뭔가 일이 잘 안 될 때는 '홍보 부족'이라고 한다. 사람들에게 제대로 잘 알려지지 못했다는 뜻이다. 얍삽한 상품이나 정책을 널리 잘 알렸다면 홍보는 성공한 것이겠지만, PR은 실패한 것이다. 그렇다면 이제 'PR 부족'이라는 말은 무엇을 의미할까? 홍보=PR이라는 1차원적 사고라면 PR 부족은 홍보 부족, 또는 광고 부족과 다름없다. 그러나 PR 부족이란 공중과의 관계를 잘 만들어 오지 못했다는 뜻이다. 더 나아가 원시 불교의 연기 사상과 생태 개념을 PR에 접목시키면 PR 부족이란 말은 거시적 시각의 부족, 전체적 돌봄의 부족, 지속 가능성의 부족, 그물망 인식의 부족 등을 뜻하는 말이 될 수 있다. 이제 PR은 일방적으로 널리 알리는 홍보로부터 거듭나야 하며, 조직과 공중 간의 쌍방향 커뮤니케이션에서 조직과 공중 모두 생태적 공동체 안에서의 그물망 커뮤니케이션으로 거듭나야 한다. 그림 1-13에서처럼 PR의 외연이 확대되는 것이다.

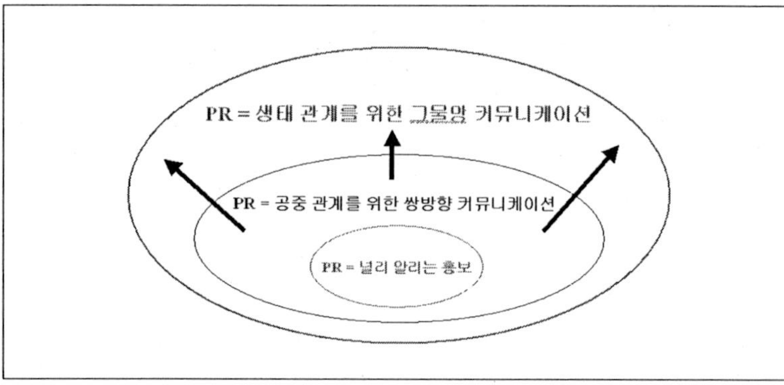

그림 1-13 PR 외연의 확대

이렇게 PR의 외연이 생태 관계를 위한 그물망 커뮤니케이션으로까지 확대된다면 PR은 여론 호도PR Spin, PR 과장PR hype, PR 수사PR rhetoric, PR 선전PR flack 등 부정적으로 인식되는 경향(Coombs and Holladay, 2007)에서 벗어날 수 있을 것이다. 또한 그림 1-14와 같은 PR 패러다임의 전환이 자연스럽게 이루어질 수 있다.

PR이란 조직과 공중의 호의적 관계라는 단순계 상황이 아니라 조직과 공중이 속한 생태적 공동체라는 복잡계 상황에서 벌어지는 일이다. 또한 PR은 단지 조직이 공중으로부터 호의적 태도를 얻으려는 것이 아니라 조직과 공중의 호의적 관계를 만들어 가려는 것이므로 'love me'가 아니라 'marry me'라고 비유하는 것이 적합하다. 하지만 패러다임을 달리하여 PR이란 우리가 속한 생태적 공동체 모두 'let us live'하자는 생각이다. 그러한 PR은 단지 조직이 공중으로부터 이윤을 가속 가능하게 얻기 위한 이윤 경영의 수단이 아니라 조직이 공동체에게 가치를 지속 가능하게 주기 위한 가치 경영의 철학이다. 이는 조직이 자기를 내세우는 마초이즘의 봉우리(峰) PR이 아니라 조직이 주변을 감싸 안는 페미니즘의 골짜기(谷) PR이다. 이러한 관점에서 공중 관계인 PR은 생태 관

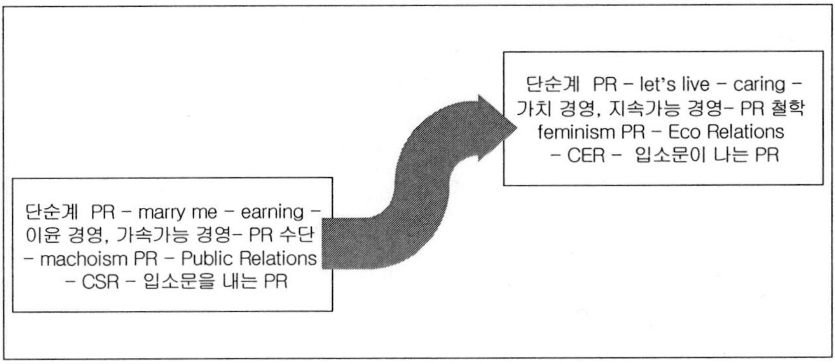

그림 1-14 PR 패러다임의 전환

계인 ER로 거듭나야 하며, 기업의 사회적 책임(CSR)은 기업의 생태적 책임(CER)으로 관심 폭을 넓혀야 한다. 그렇게 되면 입소문을 억지로 내려고 입소란 마케팅을 요란하게 벌이지 않아도 입소문이 자연스럽게 나게 될 수도 있다. 이처럼 패러다임 전환된 PR이란 나눔 경영, 베풂 경영, 섬김 경영을 한다며 자선 사업이나 사회 공헌 프로그램을 피상적이며 적극적으로 벌이는 것과 차원이 다르다. PR을 하는 주체에 스며들어 있는 생태 철학이 없다면, 뻔한 공익 연계 마케팅(CRM; Cause Related Marketing)이나 진정성 없는 CSR 활동처럼 한낱 생색내기 쇼에 지나지 않을 것이다. 아울러 이러한 PR이란 홍보 대행사에 맡겨서만 될 일이 아니며, 조직 내에 홍보팀을 갖춘다고 해서 될 일도 아니다. PR 주체인 조직이 진정성을 가지며 주체적으로 해야 하는 업이 PR이므로 조직 자체가 그대로 PR 조직이며, 기업의 최고 경영자는 곧 PR 경영자인 법이다. 이때 최고경영자CEO인 PR 경영자(CPRO; Chief PR Officer)는 그물망 커뮤니케이션, 즉 관계망 커뮤니케이션이라는 순리적 생태 철학을 가져야 마땅할 것이다.

이 글은 PR에 대한 인식 조사와 같이 실증을 위한 객관적인 분석 방법을 통하여 PR의 의미를 객관적으로 정리한 것이 아니라 연구자의 주관적인 해석을 통하여 진정한 PR의 의미를 거시적으로 제안한 것이다. 그러한 점에 있어서 일반적으로 사회과학이 지향하는 객관적 분석방법이나 논리적 엄밀성은 부족한 논문이다. 특히 실제로 이러한 생태 관계를 위한 그물망 커뮤니케이션의 PR을 어떻게 구현해야 할지에 대한 구체적인 접근 방법의 제시가 부족하다. 구체적인 방법보다는 전반적인 방향으로서 PR의 사상적 철학적 의미를 제안하려는 논문이기 때문이다. 하지만 이 연구는 양적 연구냐, 질적 연구냐의 논란을 넘어 비판적 사고 연구think study의 차원에서 객관적 분석의 엄밀성보다는 주관적 해석의 의미성을 가지려고 힘쓴 논문이다. 따라서 연구자의 주관적 해석에 따른 과잉 비약이라고 비판받을 수 있다. 또한 이 시대 치열한 PR의 현실을 도외시한 낭만적이며 이상적인 제안이라고 할 수도 있다. 하지만 좀 더 가만히 생각해 보면 우리가 기존에 생각해 오던 이익 추구의 전략적 PR이 오히려 이상적이라는 생각이 들 수 있다. 하지만 지속 가능성의 관점에서 생각하면 이 글에서 제안하는 PR이 오히려 더 현실적이다. 우리는 지금 이상과 현실이 도치된 시대에 살고 있다. 현실적인 것이 이상적으로 보이며, 이상적인 것이 현실적으로 보인다. 이상과 현실이 제자리를 찾는다면, 이 글은 현실적 관점에서 PR의 외연을 넓히는 데 기여하며, 아울러 PR을 제대로 하는 데 의미 있는 시사점을 줄 수 있다. 이를 위해 이 글에서 제안하는 PR의 의미가 기업의 PR 활동에 실제적으로 어떻게 적용될 수 있는지 사례 연구 등을 통해 실천적 방법을 제안하는 후속 연구가 있으면 큰 의미가 있을 것이다.

참고문헌

김덕만 (2007). 『21세기 언론홍보기법』. 매스컴출판사.

김용옥 (2001). 『금강경 강해(2판)』. 통나무.

김정빈 (2001). 『장엄한 불교경전의 세계』. 책이 있는 마을.

박기철 (2005). 『박교수의 마케팅 특강』. 을유문화사.

______ (2006). 지속 가능한 PR, 『한국홍보학회 가을철 학술대회 발표집』.

______ (2007a). PR 용어의 순화에 대한 제안. 『한국언론학회 가을철 정기학술대회』.

______ (2007b). 『패러다임 사고학』. 연세대학교출판부.

______ (2007c). 원시 유교 사상과 현대 PR 철학. 『한국홍보학회 봄 정기학술대회』.

______ (2008). 현대 프랑스 철학과 PR 철학의 공통적 함의, 프랑스문화연구 제16집.

박민영 (2005). 『공자 속의 붓다, 붓다 속의 공자』. 들녘.

박허식 (2008). 『동양의 고대 커뮤니케이션 사상』. 커뮤니케이션북스.

성암사 (2007). 부처님의 생애, 참좋은 인연 제37호.

소운스님 (2004). 『하룻밤에 읽는 불교』. 랜덤하우스중앙.

오강남 (2006). 『불교, 이웃 종교로 읽다』. 현암사.

신인섭 · 이명천 · 김찬석 (2007). 홍보라는 낱말에 대한 고찰, 『한국홍보학회 2007 봄철 학술대회』

增谷文雄 (1965a). 阿含經. 이원섭 역 (2001). 『아함경』(개정2판). 현암사.

增谷文雄 (1965b). 佛敎槪論. 이원섭 역 (2001). 『불교개론』(개정2판). 현암사.

塩澤由展 (1997). 複雜系經濟學入門. Japan Productivity Center for Socio-Economic Development; 임채성 외 기술과 진화의 경제학연구회 역 (1999). 『지식의 패러다임 대전환, 왜 복잡계 경제학인가』. 푸른길.

Aczel, Amir (2001). *Entanglement: The greatest mystery inphysics*, 김형도 역 (2007). 지식의 풍경.

Capra, Fritjof (1983). *The Tao of Physics(2nd)*. 이성범 · 김용정 역 (2004). 『현대

물리학과 동양사상』, 범양사 출판부.

Capra, Fritjof (2002). *The Hidden Connections*, Brockman Inc; 강주헌 역 (2003). 『숨겨진 관계』, 휘슬러.

Coombs, T. and Holladay, H. (2007). *It's not just PR*, Blackwell Publishing.

David-Neel, Alexandra (1929). *Mystiques et Magiciens du Thibet*, 김은주 역 (2004). 『티베트 마법의 서』. 르네상스.

Grunig, James and Todd Hunt (1984). *Managing Public Relations*, 박기순 · 박정순 · 최윤희 역 (2004). 『현대 PR의 이론과 실제』. 커뮤니케이션북스.

Grunig, James and Dozier, David M and Ehling, William P. and Grunig, Larissa A. Repper, Fred C. and White, Jon (1992). *Excellence in Public Relations and Communication Management*. Lawrence Erlbaum Associates.

Grunig, James (1993). *Image and substance: From symbolic to behavioral relationship, Public Relations Review*, 19(2).

Kanter, Rosabeth Moss (2008). *transforming giant*, Harvard Business Review 2008. 1.

Kotler, Philip (2006). *Corporate Social Responsibllity*. 남문희 역 (2006). 『착한 기업이 성공한다』. 리더스북.

Folbre, Nancy (2006). *The invisible heart*. 윤자영 역 (2007). 『보이지 않는 가슴: 돌봄 경제학』. 또 하나의 문화.

Park, Sungbae (2002). *Buddhist faith and sudden lightment*. 윤원철 역 (2002). 『깨침과 깨달음』. 예문서원

Tye, Larry(2004). *The Father of Spin*, Kneerim and Williams. 송기인 · 김현희 · 이종혁 역 (2004). 『여론을 만든 사람, 에드워드 버네이즈』. 커뮤니케이션북스.

krdic.naver.com/detail.nhn?docid=41141400 (2008. 5. 5)

100.naver.com/100.nhn?docid=184293 (2008. 5. 5)

en.wikipedia.org/wiki/Public_relations (2008. 5. 5)

03

도교가 PR과 무슨 상관이 있을까?*

PR의 의미에 대한 문제 제기

2500여 년 전 그리스의 소크라테스를 전후로부터 시작된 서양철학은 로마와 중세, 근대를 거쳐, 20세기 이후의 현대 철학으로 흘러왔다. 이러한 서양철학의 흐름으로 볼 때, 20세기 후반 1960년대 이후부터 나타나기 시작한 현대 프랑스 철학은 서양철학사에서 커다란 반향의 물결이자 결정적이며 종합적인 대척점을 이룬다. 현대 PR 철학 역시 그동안의 널리 알리는 일방적 홍보의 패러다임에서 벗어나고 있다. 이 연구는 그러한 현대 프랑스 철학의 모습이 현대 PR 철학과 공통적 함의를 가지는 것으로 해석하려고 한다. 그렇게 하여 현대 프랑스 철학이 현대 PR 철학에 어떠한 의미를 주는 것인지 제안하려고 한다. 이러한 연구는 널리 알리는 홍보 패러다임의 PR 관점에서 벗어나 진정한 PR의 의미를 찾는 데 그 의미가 있다.

PR이란 무엇인가? 이 물음에 답하는 것은 그리 간단하지 않다. PR은 홍보가 아니기 때문이다. 단지 일제시대 때부터 홍보라는 말을 써 왔기 때문에 관습적으로 'PR=홍보'라고 하는 것이다. 신인섭 · 이명천 ·

---

* 이 글은 프랑스문화학회가 발행하는 ≪프랑스문화연구≫ 제16호(2008년)에 게재된 "현대 프랑스 철학과 PR 철학의 공통적 함의" 논문을 보완한 것이다.

김찬석(2007)에 의하면, 일제시대에 사용되던 홍보라는 말이 해방 후 별다른 연구 검토 없이 사용되다가 PR로 뜻이 굳어졌던 것이다. PR과 홍보는 엄연히 패러다임이 다르다. 홍보(弘報)가 널리 알리는 것이라면, PRPublic Relations은 공중과 관계를 맺는 것이기 때문이다. 그러므로 PR이란 '자기 PR'이라는 흔한 일상용어에서 느껴지는 것처럼 자기를 알리기 위한 겉포장적인 이미지 메이킹도 아니다. 자기를 알리기보다 자신이 가꾸어 온 충실한 가치를 상대방에게 줌으로써 상대방과 제대로 관계하는 것이 자기 PR인 것이다.

이러한 PR에 대한 오해는 많다. 대개의 광고학 개론이나 마케팅 원론 교재에서 나타난 바와 같이, PR은 마케팅 4P 중의 하나인 프로모션 안에 있는 하나의 부분적 수단이 아니다. 만일 PR이 'Press Release'라면 몰라도 'Public Relations'는 보도 기사화를 통한 언론 홍보와는 상대가 될 수 없는 아주 큰 포괄적 개념이다. 다양한 공중들과 호의적 관계를 맺으려는 활동이 PR이라고 한다면, 보도 기사화 활동인 홍보Press Release는 PR에서 하나의 아주 작은 점과 같은 수단에 지나지 않는다. 경영의 4M 활동도 공중과의 관계라는 측면에서 보면 결국 PR과 같은 맥락이다. 사람을 관리하는 인적자원 관리Man는 내부 공중과의 관계이며, 재무 관리money는 투자자 사회 공중과의 관계이며, 생산 관리manufacture는 협력업체 공중과의 관계이며, 마케팅market은 고객 공중과의 관계인 셈이다. 이러한 네 가지 공중 이외에 지역사회 주민, 네티즌, 정부 공무원, 매체사 기자 등 다양한 공중과 호의적 관계를 맺으려는 활동이 PR이다. 그러므로 결국 경영은 PR이며, PR은 경영이다(PR=경영). 결국 이러한 PR은 전반적인 경영 커뮤니케이션이라고 할 수 있다(박기철, 2007a).

이처럼 홍보와 다른 PR, 포장적 이미지 메이킹이 아닌 PR, 부분적 Press Release가 아닌 PR은 그 의미가 새롭게 해석될 필요가 있다. PR이란 단순히 널리 알리는 홍보가 아니라 실체적 가치를 속으로 충실히 가

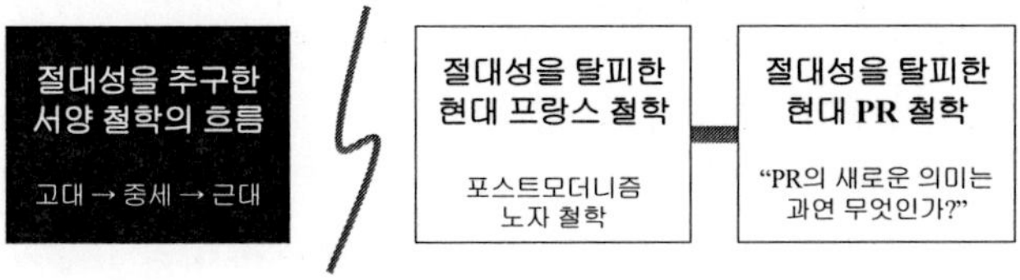

그림 1-15 이 글의 이야기 흐름

꾸어value building, 다양한 공중들과 호의적 관계를 맺어 가려는 전반적인 커뮤니케이션 활동이다. 이는 정통적 PR의 의미라고 볼 수 있다.

그렇다면 현대 프랑스 철학의 관점에서 PR이란 무엇인가? 이 연구는 이러한 질문에 답하기 위하여 가설 실증을 위한 객관적 분석이 아니라 의미 제안을 위한 주관적 해석을 하였다. 즉 엄격한 논리에 의한 'thesis'라기보다 자유로운 사고에 의한 'essay'다. 그래서 이 글은 문헌이나 자료의 직접적인 참고보다는 여러 독서와 체험을 통하여 자연스럽게 생긴 저자의 주관적인 머릿속 생각을 통하여 쓰였으므로 기존 논문의 전통적 방법 및 형식과 많이 다를 수 있다. 지금부터 이야기하려고 하는 이 글의 흐름은 그림 1-15와 같다.

이 연구는 PR의 의미에 대한 저자의 주관적인 해석에 의한 대답으로, 현대 프랑스 철학의 관점에서 현대 PR 철학을 살펴보는 것이다. 이를 위해 우선 현대 프랑스 철학이 생기게 되기까지 절대성을 추구하였던 서양철학 역사의 흐름을 개괄적으로 정리하고자 한다. 그러고 난 후 근대적 절대성에서 탈피한postmodern 현대 프랑스 철학의 전반적 모습을 이해하고자 한다. 그러한 절대성의 탈피는 2500여 년 전 노자의 철학과 많이 닮아 있다고 할 수 있다. 이렇게 절대성을 탈피한 현대 프랑스 철학 관점에서 현대 PR의 의미를 전환적으로 새롭게 제안하고자 한다.

현대 프랑스 철학까지 서양철학의 역사적 흐름

카를 야스퍼스(Jaspers, 1957)에 의하면, 2500여 년 전 동서양에 걸쳐 우리 인류는 위대한 사상을 만나게 된다. 동양부터 살펴보면 바로 2500여 년 전 중국에서 공자는 인간이 살면서 무엇이 중요하며 어떻게 살아나가야 하는지 제자들에게 새로운 각성을 주었다. 그가 말한 원시 유교 사상은 맹자 등의 후계자에게 전달되어 동양 문화의 핵심이 되는 유교 사상을 형성한다. 또한 공자와 비슷한 시기에 살았던 노자의 생각은 장자 등의 후계자들에게 전수되어 통치자 철학인 유교와 달리 민중들 철학인 원시 도교 사상을 형성한다. 동양과 서양 사이의 중앙인 인도에서 2500여 년 전 석가모니는 궁전에서 가출하여 보리수나무 밑에서 세상에 대한 큰 깨달음을 얻는다. 그 후 석가모니의 가르침이 제자들에게 기록되어 불교라는 사상을 형성하여, 소승불교와 대승불교로 나뉘어 전파된다. 그렇다면 비슷한 시기에 서양에서는 어떤 철학이 생기게 되었나?

절대적 이성을 추구한 고대 철학자들의 생각

이러한 물음에 대한 답은 대개의 철학 교재 첫 장에 나와 있는 그리스 철학에서 만날 수 있다(박해용, 2002). 그리스 철학자들의 생각이 이전의 사람들과 다른 점은 세상 만물을 신화적 상상력으로 해석하거나, 또는 있는 그대로 관념적이거나 피상적으로 보지 않고 만물의 근본을 자유롭게 사유하면서 과학적으로 질문하기 시작했다는 것이다. 그래서 사물의 원인에 대한 탐구를 최초로 했다고 알려진(Lioyd, 1969) 최초의 서양 철학자, 탈레스는 만물의 근본은 물이라 했고, 또 피타고라스는 숫자라고 했고, 데모크리토스는 더 이상 나누어질 수 없다는 뜻에서 원자atom라고 했다. 그것의 진위 여부를 떠나 그렇게 과학적으로 질문하기 시작했다는 것이 중요하다. 왜냐하면 그런 질문이 서양철학과 과학의 본격

시발점이 되었기 때문이다. 그것은 그리스보다 앞선 이집트 문명에서 실무적으로 늘상 해 왔던 단순 측량치 계산의 노하우know how 수준을 벗어나, 노와이know why 수준에서 본질적으로 근원을 탐색했다는 점에서 달랐다.

이러한 만물의 근원을 따지는 생각에서 벗어나 사물이 변하는지 변하지 않는지를 따지기도 하였다. 예를 들어 제논은 "날아가는 화살은 실제로는 날지 않고 정지해 있다"고 하면서 사물의 불변을 주장하였고, 헤라클레이토스는 "아무도 같은 강물에 두 번 들어갈 수 없다"고 하면서 사물의 변화를 주장하였다. 이처럼 만물의 근원이나 사물의 변화 여부를 객관적으로 따지는 것에서 벗어나, 자신의 주관적 해석을 중요하게 여기는 사람들이 소피스트sophist다. 소피스트란 지혜를 가르치는 사람이란 뜻이지만, 대개 말꼬리를 붙잡고 늘어지는 궤변가로 알려져 있다. 이들은 객관적으로 누구나 인정하고 수용하는 진리를 부정하며 자기중심적인 생각인 주관적 의지를 가장 중요하게 여겼다. 한마디로 '제 눈에 안경'식의 상대적인 관점에서 세상 만물을 본 것이다. 이러한 소피스트 철학에 의하면 진리나 미의 기준도 객관적으로 명확할 수 없으며, 또한 인간의 지식도 절대적일 수 없다.

이러한 소피스트들의 주관적이며 상대적인 생각을 강하게 비난한 사람이 바로 서양철학의 아버지라고 일컬어지는 소크라테스다. 소크라테스는 프로타고라스와 같은 소피스트들을 향하여 "너 자신을 알라!"고 하였다. 너의 주관적 생각이 중요하다면, 그렇게 너의 생각이 옳은 이유는 무엇이며, 그렇게 생각하는 너는 누구인지 소크라테스는 소피스트들에게 비판적 물음을 던졌다. 소크라테스의 생각은 걸출한 제자인 플라톤에 의해서 기록되었다. 플라톤에 의하면, 소크라테스는 법을 지키기 위해서가 아니라 자신의 가르침을 지키기 위하여 당당히 죽었던 것이다(Platon, BC 400).

소크라테스의 생각을 고스란히 물려받은 플라톤은 '이데아' 개념으로 더욱 발전시켰다. 플라톤의 철학은 이데아 이론에서 출발하는데, 이데아는 이 세상 만물의 근원적인 제 모습이다. 이데아란 절대적인 진리이자 합리이며, 절대적인 이성이고, 절대적인 지식이 된다. 아리스토텔레스는 스승인 플라톤과 다른 생각을 하게 된다. 즉 이데아의 세계와 현실 세계는 이분법적으로 나뉘는 것이 아니라, 현실 안에 이데아가 존재한다고 하였다.

이러한 그리스의 철학은 동방 마케도니아의 알렉산더에 의하여 아테네 등 그리스의 도시 국가들이 붕괴되면서 동방과 서방의 문화가 융합된 헬레니즘 시대를 맞이하고, 이어서 로마제국 시대가 열리게 되었다. 이 로마제국 시대 초기의 철학은 세상에 대한 관심보다 오로지 자신의 윤리적 실천 생활에 관심을 기울인 시대라고 할 수 있다(건국대학교 교양교재출판위원회, 1985). 자신과 자연에 순응하고 금욕하며 충실하게 살자는 스토아학파의 철학은 보편적 세계 이성에 따라 정념을 억제하고 마음의 안정을 추구하는 데 있다. 아우렐리우스 황제는 '명상록'이라는 저작을 통해 스토아철학을 갈파하였다. 또한 쾌락을 추구했던 에피쿠로스학파의 철학은 인간의 육체적 · 감각적 쾌락이 아니라, 정신적 · 도덕적 쾌락을 추구하였다. 즉 진정한 쾌락은 윤리적으로 선한 기쁨을 통해서 이루어진다는 것이다.

이러한 윤리 철학은 인간의 자력적 의지를 필요로 하는 것이다. 그러나 인간의 자력에 대한 회의를 느끼며, 플라톤의 이데아 세계에서 존재할 수 있는 완전한 절대적 유일자에 의지하려는 신플라톤주의가 싹트게 된다. 이러한 절대적 일자(一者) 철학은 로마가 추구하였던 세계주의cosmopolitan와 잘 맞아떨어져, 결국 로마는 AD 313년에 절대적 유일 신앙인 기독교를 국교로 채택하게 된다. 결국 고대 서양철학은 소피스트들을 제외하고 모두 절대적인 근원이나 절대적인 진리, 절대적인 윤리,

절대적인 일자의 철학을 추구하였던 것이다.

절대적 신앙을 수용한 중세 철학자들의 생각

흔히 철학의 암흑시대라고도 불리는, 천년 가까운 시기에 철학은 절대적 신앙의 시녀가 되었다. 그래서 인간보다는 신이 중심이 되었다. 나의 존재보다는 나를 있게 만든 절대적 존재가 무엇인지 고민하였다. 이러한 중세의 철학은 암흑이며 단절이라고 보기보다는 절대적 로고스인 이데아가 또 하나의 절대적 로고스인 여호와로 대체되는 것이라고도 볼 수 있다. 즉 고대의 절대적 이성이었던 로고스는 중세에 들어와 절대적 신앙인 기독교 교리라는 로고스로 바뀌었다. 이 절대적이며 지배적이고 보편적인 기독교 신앙을 위해 철학은 존재하였다. 이 시대는 예술도 그러한 기독교의 세계를 묘사하는 것이었다. 즉 고대 그리스 로마 시대의 절대적 이성을 넘어 더욱 절대적으로 근원적 일자인 유일신의 세계를 묘사하였다. 고대에서 추구하였던 이데아라는 절대적 가상을 넘어(진중권, 1994), 더욱 절대적으로 하나가 되신 그리스도Christ 하나님을 표현하는 것이었다. 즉 중세에서는 철학은 물론 예술도 신학의 보조 도구가 되었던 것이다.

중세의 철학은 교부철학으로부터 시작되었다. 교부(教父)란 철학자라기보다는 신학자에 가깝다. 신학자들이었던 교부들은 기독교 교리가 아직 철학적으로 체계화되지 못한 상황에 있어서 철학적 근거를 갖추는 데 주력하였다. 아우구스티누스Aurelius Augustinus는 중세 초기의 교부철학을 대표한다. 그는 절대적 선의 진리이자 객관적 초월자인 하나님의 본성을 알고 확인해야 한다고 말한다. 진리의 확실성은 결국 신이라는 것이다. 이제 중세의 신학적 철학은 성 아우구스티누스와 같은 한 사람의 교부이자 천재에 의하는 것이 아니라 조직적으로 발전하게 된다. 신학을 체계적으로 연구하는 수도원이 생겼던 것이다. 그러한 수도

원 중심의 중세 철학을 스콜라 철학이라고 한다. 스콜라란 학교란 뜻으로 여기서 본격적인 신학 연구와 교육이 이루어졌다. 이들 스콜라 철학자들의 생각도 또한 매우 절대적이었다. 인간이 가지는 모든 지식은 하나님에 대한 믿음에서 출발해야 하며 그 외의 다른 목적을 가지는 지식은 아무 쓸모가 없었다. 스콜라 철학자 중의 한 명인 안셀무스Anselmus에 의하면, 하나님이야말로 완전하며, 그보다 더 완벽한 것은 어디에도 없으며, 하나님은 언제 어디서나 실제로 존재하는 보편자라는 것이다. 이 때, 보편자 개념이 실재적인 것이냐, 아니면 명칭적인 것이냐의 논쟁이 격렬하였다. 실재론realism에서 보았을 때, 하나님이란 실제로 인격신이신 하나님이 존재한다는 것이며, 하나님을 명칭으로 여기는 유명론nominalism에서 보았을 때 하나님이란 인간이 경험한 하나님을 부르는 이름이라는 것이다. 이 논쟁은 근대에서 실재론은 관념론으로, 유명론은 경험론으로 바뀌게 된다.

절대적 진리의 하나님을 추구하였던 중세 초기의 교부철학은 스콜라철학으로 조직화되면서 중세 후기에 이르러 아퀴나스Thomas Aquinas에 의하여 인간주의 신학, 또는 인간의 인식 능력에 따른 철학적 신학을 가지게 되었으나 절대적 신앙이라는 질긴 끈은 놓지 않고 있었다.

절대적 과학에 기반을 둔 근대 철학자들의 생각

무리한 과욕으로 진행된 십자군 전쟁(1096~1272)으로 서서히 무너지게 된 중세는 르네상스로부터 시작되었다고 볼 수 있다. 르네상스 시대에 돌아가려는 곳은 눈에 보이지 않고 손으로 잡히지 않는 신이 아니라 결국 그리스의 합리적 과학이자 인간적 철학이었다. 문예부흥으로 일컬어지는 르네상스는 인간성의 해방과 인간의 재발견, 그리고 합리적·이성적 사유를 핵심으로 한다. 이러한 르네상스적 사유에 따라 마침내 1517년에 루터가 기존 교회의 권위에 거세게 도전하는 반박문을 붙임으로써 종교개혁은 촉발되었다. 이제 정통 기독교인 가톨릭에 반항하는protestant 개신교가 생기게 되었다.

루터Martin Luther와 함께 근대를 알리는 대표적인 인물은 코페르니쿠스Nicolaus Copernicus라고 할 수 있다. 그가 1543년에 "천구의 회전에 관하여"라는 제목으로 쓴 논문은 코페르니쿠스적 전환이라고 일컬어지며, 이로 인해 지구 중심의 세계관인 천동설이 태양 중심의 세계관인 지동설로 완전히 바뀌게 되었다. 이러한 세계관의 전환은 기존 중세의 제도권 권위에 도전하며 새로운 시대의 여명을 알리는 것이었다. 코페르니쿠스에 이어 케플러Johannes Kepler는 지동설을 더욱 구체적으로 풀이하였으며, 갈릴레이Gallileo Gallilei는 근대 실험 과학의 기초를 마련하였다. 이러한 계보에 따른 근대 과학의 정점에 뉴턴Issac Newton이 있다. 뉴턴은 이 세상을 한 치의 오차도 없는 하나의 거대한 정밀 기계로 보았다. 이 세상 모든 만물의 운동은 f=ma와 같은 방정식이나 미적분과 같은 고등 수학으로 얼마든지 정확하게 측정하며 계산할 수 있는 것이었다. 결국 중세의 절대적 신앙은 근대에서 절대적 과학으로 완전한 탈바꿈하였다.

이러한 근대 과학의 혁명은 근대 철학의 기반이 되었다. 즉 과학의 혁명은 철학의 부흥을 가져온 것이다. 이제 세상은 미지의 것이 아니라 과학의 힘으로 얼마든지 밝혀낼 수 있는 것이 되었다. 특히 이 근대에서 출발한 산업혁명으로 인한 자본주의로 인해, 인간은 인간의 힘으로 얼마든지 경제적인 부를 이룰 수 있다고 보았다. 스미스Adam Smith의 '국부론'은 그러한 자본주의 철학의 요체를 담고 있다. 인간의 능력이 크게 향상된 것이다. "나는 생각한다. 고로 나는 존재한다!"라는 말처럼 인간은 연역deduction할 수 있는 합리적 사고로 외부의 물질세계를 분석할 수 있는 존재라는 것이 프랑스 철학자이자 수학자인 데카르트Rene Descartes와 같은 합리론자들의 생각이었다. 또한 "아는 것이 힘이다!"라는 말처럼 인간은 귀납induction할 수 있는 경험적 관찰이나 실험으로 자연을 지배

할 수 있는 무한한 능력을 가지게 된다는 것이 베이컨Francis Bacon과 같은 경험론자들의 생각이었다. 이제 인간은 깊었던 어두움(蒙)에서 깨어나게(啓) 되었다. 그러한 이유로 근대 철학은 계몽주의 철학이라고 한다. 이로 인해 인간은 계몽할 수 있는 과학적 이성의 힘으로 자유, 사회, 국가, 법, 윤리, 인권, 인식, 정치, 교육 등에 대해서 말할 수 있게 되었다. 스피노자, 흄, 볼테르, 로크, 루소, 버클리, 몽테스키외, 파스칼, 홉스, 몽테뉴 등 수많은 철학 사상가들로 인하여 이른바 철학의 꽃, 사상의 꽃이 피게 된 것이다. 특히 프랑스의 루소Jean-Jacques Rousseau는 '자연으로 돌아가라'는 그의 대표적 슬로건처럼 인간은 자연 상태에서 자유롭고 행복하였으나, 인위적인 사회 제도나 문화에 의하여 부자유스럽고 불행한 상태에 빠졌다고 진단하였다. 이러한 생각에서 루소는 당대의 사회나 문화에 대하여 통렬한 비판을 가하였다. 루소의 비판 철학은 20세기 초 독일의 비판철학에 앞서 프랑스 비판철학의 근대적인 요체를 이룬다.

이러한 근대 철학을 완성한 인물은 칸트Immanuel Kant다. 칸트는 뉴턴과 같은 과학적 사고를 그의 철학적 사유에 접목시켰다. 그는 철학도 자연과학처럼 확실성을 가지게 하려고 시도하였다. 이러한 칸트가 보았을 때, 인간이 가진 순수 이성이라고 하는 것은 불확실할 수밖에 없다. 그래서 칸트는 순수 이성을 비판하며, 그 순수한 이성이 확실해지려면 인간의 선천적 이성이 인간의 후천적 경험과 만나야 한다는 것이다. 결국 이러한 칸트의 생각은 영국의 경험론과 대륙의 합리론을 종합하는 철학이었다. 칸트가 이성과 경험이 공간적으로 만나 더욱 절대적인 이성을 추구했다면, 헤겔Georg Wilhelm Friedrich Hegel은 정반합(正反合)의 변증법 역사라는 시간을 통한 절대적 이성을 추구하였다. 즉 헤겔에게 절대적 이성이란 정통과 반대되는 주장까지 종합하는 가장 완전한 이성인 셈이다.

절대적 신앙에서 벗어나 인간의 절대적 이성으로 돌아가려는 문예

부흥 운동과 종교개혁으로 중세는 막을 내렸다. 그리고 중세의 절대적 신앙은 근대의 과학 혁명으로 인하여 절대적 과학으로 대치되었다. 이러한 절대적 과학을 기반으로 하여, 근대의 서양철학은 경험적 이성을 추구한 경험론, 합리적 이성을 추구한 합리론, 경험론과 합리론이 만난 종합적 이성, 정반합의 과정을 걸친 절대적 이성을 사유하게 되었다.

절대적 이성을 비판한 19세기 철학자들의 생각

16세기부터 18세기까지의 과학 혁명으로 근대 과학을 기반으로 하는 절대적 이성의 근대 철학이 꽃을 피웠다면, 산업 혁명이 절정에 이른 19세기에 들어서부터 서양철학은 새로운 생각을 하게 되었다. 19세기 중반에 다윈Charles Darwin이 발표한 '자연 선택에 의한 종의 기원'이라는 논문은 인간이란 무엇인가라는 질문에 대해 신의 창조에서 자연의 선택으로 바꾸는 데 결정적인 영향을 끼쳤다. 아울러 서양철학은 지금까지 최고의 가치로 여겨졌던 이성에 대해 새로운 생각을 가지게 되었다. 그 생각의 요체는 이성을 가지고 철학하는 것이 아니라 이성 그 자체에 대해 철학하는 것이다. 즉 이성을 비판한 것이다. 무작정 이성을 수용하며 이성적으로 사고하는 것이 아니라, 이성을 넘어, 또는 이성의 뒤에서 이성 그 자체에 대해 전반적으로 견주어 판단하는 치환적 사고meta thinking를 하게 되었다는 것이다. 그래서 "나는 사고한다, 고로 나는 존재한다!"라는 근대의 철학 슬로건은 "나는 나의 사고를 사고한다!"라는 것으로 바뀌었다는 것이다. 이는 근대 철학의 두 갈래인 경험론과 합리론으로부터 벗어나 그만큼 사고의 넓이와 깊이가 더욱 생기면서 바뀌었다는 뜻이다.

근대의 경험론은 실증주의나 공리주의, 실용주의로 바뀌게 되었다. 프랑스의 콩트Auguste Comte로부터 시작된 실증주의는 의심의 여지없이 확실하고 주어져 있는 사실에 대해서만 연구하여 사물이나 현상의 원인과 결과에 대한 법칙을 찾아내려는 것이다. 콩트로부터 영향을 받은 영국의 밀John Stuart Mill 등이 제안했던 공리주의 철학이란 개인의 자유와 사회 전체의 이익을 조화시키는 데에 관심을 가지고 출현한 자본주의 옹호 사상이다. 자본주의가 본격적으로 이식된 미국에서 발생한 실용주의란 직관적인 이성 활동에만 의존해 온 전통적 사유 방식에서 벗어나 과학적이고 실험적인 사유 방식을 통해서 실생활의 구체적인 문제를 해결해야 한다고 주장하는 사상으로 이는 아직도 미국적 사고방식, 미국 철학의 주류를 이루고 있다.

근대의 합리론은 의지 철학, 비판철학, 실존주의 등으로 바뀌게 되었다. 쇼펜하우어Arthur Schopenhauer는 이성 기반의 서양철학 역사와 전혀 다른 새로운 역사를 기초한 인물이다. 쇼펜하우어 철학의 핵심은 인간의 이성이 아닌 인간의 의지다. 그는 자기 생명에 대한 의지가 외부 세상을 보는 이성보다 강하다고 한다. 그래서 "의지와 표상으로서의 세계"라는 그의 대표 논문 제목에서 보이듯, 인간은 객관적으로 세상을 볼 수 없으며, 자신의 주관적 의지대로 표상을 본다는 것이다. 세상이란 결국 의지의 표상이라는 것이다. 이러한 쇼펜하우어의 의지 철학은 이후 '니체'에게 결정적 영향을 미친다. 또한 마르크스Karl Marx는 인간의 합리적 이성에 의해 이루어졌다는 그 당시의 절대적 지배적 보편적 경제 이데올로기인 자본주의를 비판하면서, 공산주의라는 새로운 경제 이데올로기를 제안한다. 이러한 19세기 비판철학은 20세기 이후의 비판철학에까지 막강한 영향을 미친다.

이러한 19세기 철학은 결국 니체Friedrich Wilhelm Nietzsche를 통해 완전한 패러다임 전환이 완벽히 이루어진다. 쇼펜하우어로부터 영향을 받은 니체는 합리적 이성이 아닌 삶에의 의지, 아폴론적 진리가 아닌 디오니소스적 유희, 선과 악의 이분법적 구분이 아닌 선악 경계 구분의 해체, 신과의 관계가 아닌 신의 파괴, 코스모스가 아닌 카오스, 중심이 아닌 주변, 이데아적 저 세상이 아닌 지금 여기의 현실, 성자가 아닌 초인의 철

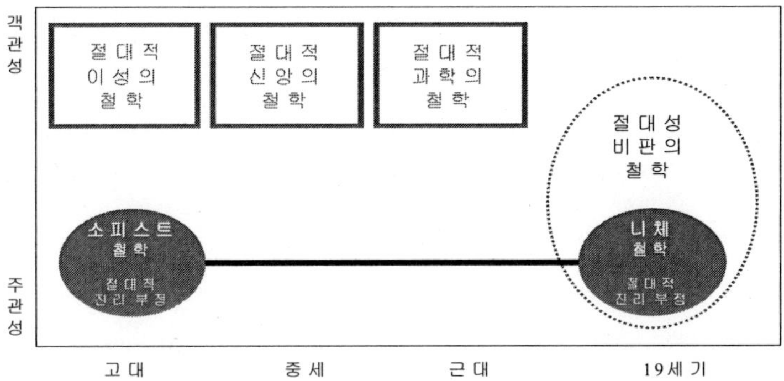

그림 1-16 19세기 말까지 서양철학의 흐름

학을 생생하게 갈파하였다. 이성적인 눈으로 보는 철학이 아니라 본성적인 귀로 듣는 철학(채희철, 2005)을 기초하였던 것이다. 서양철학의 원조 격인 소크라테스가 비난하였던 소피스트들에 대해, 니체는 지금까지의 서양철학을 완전히 때려 부수고 소크라테스를 비난하며, 소피스트 철학으로 돌아가 객관적 진리를 부정하며 주관적 의지의 철학을 맹렬히 세웠던 것이다. 이렇게 하여 공교롭게도 정확히 1900년에 사망한 니체는 20세기 현대 철학의 문을 과감히 열어젖혔다. 김상환 등(2000)에 의하면, 니체는 20세기 이후의 현대 철학 100년을 뒤흔들었다고 하면서, 결국 20세기 현대 철학은 니체 철학이 변용되고 심화된 버전이라고 말하는 의견도 있다. 지금까지 이야기한 19세기 말까지의 서양철학 흐름을 나타내면 그림 1-16과 같다.

역사적 흐름을 살펴본 바와 같이 고대의 절대적 이성 철학, 중세의 절대적 신앙의 철학, 근대의 절대적 과학의 철학은 19세기에 들어와서 이제까지의 절대성을 비판하는 철학으로 바뀌었다. 그러한 절대성 비판 철학의 중심에 니체가 있다. 객관적 이성을 부정하며 주관적 본성을 중요하게 여기는 그의 생각은 20세기 이후 포스트모더니즘 철학에 큰 영향을 미친다. 그런데 그러한 비판 철학은 공교롭게도 절대적 이성의 철학의 원조 격인 소크라테스가 증오하였던 소피스트 철학이라고 이해할 수 있다. 니체의 철학이 절대적 객관성의 진리를 부정하는 것이라면, 소피스트의 철학도 절대적 객관성의 진리를 부정하는 상대적 주관성의 철학이기 때문이다. 안광복(2007)에 의하면, 논쟁이나 연설에 필요한 기술을 가르쳤던 소피스트에게 절대적으로 옳은 진리란 아예 없거나 인간으로서는 알 수 없었다. 옳고 그름은 처한 입장에 따라 달라지며, 진리란 상대적일 수밖에 없다고 소피스트는 주장하였다. 그렇게 본다면 니체는 19세기에 태어난 소피스트이며, 이 19세기의 소피스트인 니체는 서양철학의 기초가 소크라테스에 의해 잘못 세워졌다며 소크라테스를 증오하였던 것이다.

포스트모더니즘적 현대 프랑스 철학의 이해

근대의 객관적 절대성을 비판하는 19세기 이후 현대의 철학은 근대 사상modernism 이후post의 철학이므로 포스트모더니즘이라고 할 수도 있다. 김욱동(1992)은 포스트모더니즘이라는 말을 하나로 정의하기가 어렵다고 한다. 이 글에서 포스트모더니즘이란 포스트모더니즘을 전문으로 하는 철학자의 정의라기보다 'postmodernism'이란 말 뜻 그대로 탈근대주의로서 근대적인 생각에서 벗어난다는 뜻으로, 여기서 근대적인 생각이란 고대부터 근대까지 2500년 이상 지속되어 온 절대성의 철학을 말한다. 결국 'postmodernism'은 'beyondmodernism', 또는 'metamodernism', 'hypermodernism'이라고도 할 수 있을 것이다. 니체를 원조로 할 수도 있는, 또 고대 소피스트들의 생각과 같은 맥락일 수 있는 포스트모더니즘이란 과연 무엇인가? 포스트모더니즘은 절대성을 추구하던 서양 근대까지의 가치 기반을 뒤흔드는 것이다. 철학아카데미(2007)가 비유한 바에 의하면, 이는 근대의 철학자들이 중세와의 투쟁을 통해 새로운 이성의 철학을 정립하려는 것과 마찬가지로, 20세기 철학자들이 근대와의 투쟁을 통해 새로운 삶의 지평을 마련하려고 했던 철학이다. 이는 19세기에 있었던 비판의 수준을 넘어 가치의 혁명이라고도 할 수 있다. 모더니즘의 관점에서 고귀한 가치라고 여겨졌던 현대성modernity이란 객관성, 논리성, 이성성, 진리성, 완전성, 절대성, 동일성, 코스모스와 같은 것들이었다. 하지만 니체 이후 20세기를 지나서, 포스트모더니즘의 관점에서 고려할 가치라고 여겨지는 탈근대성postmodernity이란 주관성, 모호성, 본능성, 복잡성, 우연성, 상대성, 다양성, 카오스와 같은 것들이다. 이러한 포스트모더니즘의 모습은 물론 여러 예술 양식에도 나타난다. 이제 현대 미술은 객관적 대상을 묘사하는 것이 아니라 주관적 인상을 표현할 수 있으며, 현대 음악은 완벽하게 들려주는 음악보다 우연히 들리는 음악을 표현할 수 있으며, 현대 소설은 논리적인 사건의 흐름보다 모호한 의식의 흐름을 표현할 수 있으며, 현대 무용은 완벽한 몸짓을 보여 주기보다 본성의 몸짓을 표현할 수 있다. 프로이트가 밝혔듯이, 인간의 마음도 의식보다 작은 의식의 밑바탕에 깔려 있는 커다란 무의식의 발로라고 하는 것도 다분히 포스트모더니즘적인 발상이다. 그렇다면 20세기 이후 현대 철학은 구체적으로 무슨 주장을 우리에게 하는가? 이러한 포스트모더니즘 철학과 같은 맥락의 철학은 고대의 노자 사상이다. 소크라테스와 동시대를 살았던 노자의 사상은 무슨 이야기를 우리에게 하는가? 노자 역시 소크라테스의 관점에서 보면 절대적 진리를 부정하는 데서 알 수 있듯이 전형적인 소피스트의 모습이다. 이러한 관점에서 20세기 이후 포스트모더니즘 철학자의 사상을 알아보고, 포스트모더니즘 철학의 요체라고 할 수 있는 현대 프랑스 철학을 조감하여 보고자 한다. 그리고 그러한 프랑스 철학은 2500여 년 전 노자

사상과 어떠한 연관성을 지니는지 살피기로 한다.

포스트모더니즘 철학자들의 생각

포스트모더니즘은 실존주의 철학, 구조주의 철학, 비판주의 철학, 또는 해체주의 철학의 모습으로 나타났다. 물론 이러한 모습의 구분이 분명한 경계를 가지고 있는 것은 아니다. 다만 큰 맥락으로 볼 때에 그렇게 묶일 수 있다는 것이다.

실존주의 철학은 인간의 실존을 다룬다. 프랑스의 베르그송Henri Bergson은 이성적 합리주의로는 역동적으로 살아가는 인간의 총체적 삶을 제대로 이해할 수 없으므로 자신의 내적 체험과 직관에 의해 변화하고 생성하는 삶을 통찰해야 한다고 하였다. 독일에서 니체의 철학을 물려받아 실존주의로 발전시킨 인물은 하이데거Martin Heidegger다. 그에 의하면 인간이란 어떻게 살아야 하는 이상적이며 모범적인 그 무엇이 아니라 지금 여기에 사는 구체적인 인간으로서의 현존재라고 해석한다. 야스퍼스Karl Theodor Jaspers는 단절된 인간으로서의 실존이 아니라 의사소통을 하는 사회적인 실존을 주장한다. 사르트르Jean-Paul Sartres는 인간을 보호해 줄 신은 어디에도 없으며, 인간의 실존이란 생각하는 실존이 아닌 행동하는 실존이라고 하였다. 메를로퐁티Maurice Merleau-Ponty는 과학에 의해 객관화된 세계에 인간적인 숨결이 살아 숨 쉬는 존재를 말하였다.

구조주의 철학은 어떤 현상에 담긴 구조를 전체 체계 안에서 다른 사물들과의 관계에 따라 전반적인 관점에서 탐구하는 것이라고 볼 수 있다. 구조주의의 원조라고 일컬어지는 언어학자인 소쉬르Horace Bénédict de Saussure는 언어에 나타나는 기호학적 구조를 규명하여 철학, 인류학, 사회학 등에 커다란 영향을 미쳤다. 레비스트로스Claude Lvi-Strauss는 그러한 기호학을 자신의 인류학 연구에 수용하여 야생적 사고와 문화적 사고의 구조를 파헤치면서 구조주의 철학을 마련하였다.

비판주의 철학은 호르크하이머Max Horkheimer를 원조로 하는 독일의 프랑크푸르트학파가 주장하는 것으로 이성주의 철학, 과학주의 철학을 기반으로 성장해 온 자본주의 사회를 통렬하게 비판한다. 이성과 과학의 힘을 통해 이 세상 모든 것을 지배할 수 있다는 생각은 비판받아 마땅하다는 것이다. 이러한 비판주의 철학에 뿌리를 두고서 비판주의 철학을 비판한 사람은 하버마스Juergen Habemas다. 그는 비판주의 철학에서 비판받은 이성에 대해, 담론을 통한 의사소통적 이성이라는 적극적 대안을 제시한다.

해체주의 철학은 프랑스에서 꽃을 피웠다. 이는 프랑스가 다른 서구권의 국가들보다 자유로운 사유를 전통적으로 많이 했다는 데서 그 이유를 찾을 수 있다(Matthews, 1996). 포스트모더니즘 철학의 핵심은 결국 해체주의 철학을 통해 가장 잘 설명된다고 할 수 있다. 포스트모더니즘이라는 용어를 철학에 처음 도입한 리요타르Jean-François Lyotard는 다양한 관점에서 이루어지는 작은 이야기로서의 삶의 방식을 말하면서 단일화가 아닌 다양화로 포스트모더니즘을 설명한다. 라캉Jacques Lacan은 인간의 욕망, 또는 무의식이 말을 통해 나타난다고 주장하였다. 즉 인간은 "말한다"가 아니라 "말해진다"는 것이라고 하면서, 말이란 틀 속에 억눌린 인간의 내면세계를 구조적으로 해부하면서, 인간의 언어를 의사표현 수단에서 무의식적 욕망의 발로로 해체시켰다. 푸코Michel Paul Foucault는 지배 권력에 의해 이성적인 것으로 여겨지는 기존 질서나 가치를 해체시켜 이성의 더러운 이면을 밝혀냈다. 데리다Jacques Derrida는 철학에 있어서 해체라는 개념을 처음 사용한 인물이다(이광래, 1989). 그는 동일하며 눈에 보이는 것을 강압적으로 요구하는 이성의 구조를 해체하여 차이가 있으며 눈에 안 보이는 것의 제자리를 찾아 주어야 한다고 말한다. 들뢰즈Gilles Deleuze는 서구철학의 큰 부류인 경험론과 관념론에 따른 정형적 · 실체적 차이를 비판하면서 차이와 반복이라는 개념을

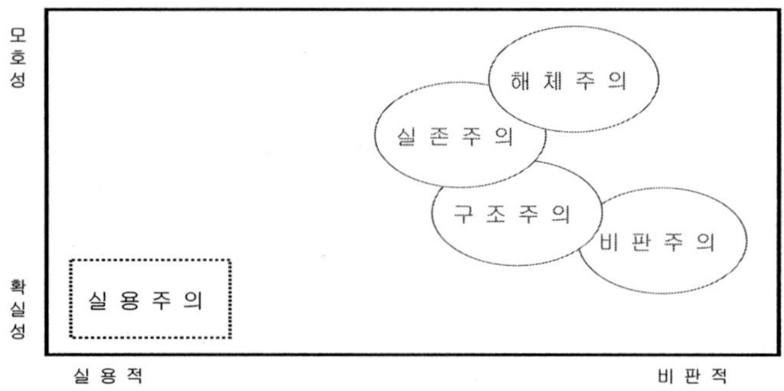

그림 1-17 포스트모더니즘 철학의 편의적 구분

제안하였다. 보드리야르Jean Baudrillard는 이미지를 해체하여, 그것은 실제라기보다 조작simulation되어진 허상simulacre이라고 하면서 이미지 위주의 현대사회를 꼬집었다.

이러한 포스트모더니즘과는 별도로 대영제국의 위세를 대체하게 된 미국은 기능 · 효과 차원에서 경험론에 기반을 둔 실용주의 철학을 이어 나갔으며 널리 퍼트렸다. 지금까지 이야기한 포스트모더니즘 철학의 부류를 나타내면 그림 1-17과 같다.

네 가지의 포스트모더니즘 철학이 미국의 실용주의 철학처럼 확실하며 실용적이지는 못하다. 모두 모호하며 비판적인 제안을 하는 철학들이다. 다만 네 가지 철학을 편의적으로 구분하면 이와 같은 그림이 그려질 수 있다. 여기서 편의적이라고 함은 그러한 명명적 구분이 상대적이라는 뜻이다. 이러한 편의적 구분에 의하면, 해체주의 철학이 가장 모호하며, 비판주의 철학처럼 드러내놓고 비판적이지는 않지만 비판적인 철학이라고 할 수 있다. 그리고 이러한 해체주의 철학은 사실상 다양한 모습으로 나타나는 현대 프랑스 철학의 대표적 일종이기도 하다.

현대 프랑스 철학의 이해

앞서 언급한 포스트모더니즘 철학자들 중에 프랑스 철학자들은 현대 철학을 논하는 데 가장 많이 등장한다. 특히 라캉, 푸코, 데리다, 들뢰즈와 같은 철학자들은 스타 철학자로 일컬어지기도 한다. 하지만 이들의 철학은 웬만한 지적 수련 없이는 제대로 이해하기가 쉽지 않다. 포스트모더니즘하게 그들의 저술이 단편적이며 직접적이거나 분명하지 않고, 매우 복합적이며 추상적이고 난해하기 때문이다. 그만큼 이들의 포스트모더니즘 철학은 경계가 모호하기도 하다. 김형오(2008)는 대표적인 구조주의 철학자로 레비스트로스와 라캉, 푸코, 그리고 알튀세르를 지적하며 그들의 구조주의적 사유를 펼쳐 보였는데, 레비스트로스를 제외한 3인의 프랑스 철학자를 구조주의 철학자로 보는 데는 이견이 많다. 특히 푸코는 자신을 구조주의 철학자로 보는 데 적극 반대하였다. 프랑스의 포스트모더니즘 철학을 포스트구조주의 철학이나 포스트 마르크시즘의 철학으로 보는 견해도 있을 만큼 복잡하며 난해하고 모호한 철학이 현대 프랑스 철학이다. 필자는 프랑스 철학 전문가가 아니다. 그러므로 이들의 난해하고 모호한 프랑스 철학에 대해 겨우 몇 권의 해설서들을 읽고 완벽한 이해를 하였다고 자부할 수는 없다. 다만 이들 현대 프랑스 철학자들이 가지고 있는 생각을 큰 그림big picture으로 이해하고자 한다.

이들 프랑스의 현대 철학에 대해 이정우는 그 사유의 장점을 긍정적으로 보는 반면에, 김성기는 신랄하게 비판하기도 한다(이정우 · 김성기 외, 1997). 비판하는 이유는 이들 프랑스 철학이 일종의 아티스트적 팝 철학으로 우리의 현실에 적용되지 않는다는 것이다. 또한 이들 프랑스 철학은 독일 철학의 재생이라고까지 한다. 독일의 마르크스는 프랑스의 부르디외를 통하여, 독일의 프로이트는 프랑스의 라캉을 통하여, 독일의 니체는 프랑스의 푸코를 통하여, 독일의 하이데거는 프랑스의 데리다를 통하여 나타났다는 해석이다. 즉 프랑스의 마르크스주의, 프랑스의 프로이트주의, 프랑스의 니체주의, 프랑스의 하이데거주의가 현대 프랑스 철학이라는 것이다(Ferry and Renaut, 1995). 이러한 현대 프랑스 철학은 시기적으로 볼 때, 68세대의 철학으로 그것은 반동적인 철학이라는 비판도 있다. 68세대란 1968년 5월 프랑스 학생운동을 주도했던 대학생들과 이에 동조해 시위와 청년문화를 이끌어 갔던 당시 유럽과 미국 등의 젊은 세대를 가리키는 말이다. 공장 노동자와 시민들의 합류로 파리에서만 하루 최고 80만 명의 노동자들이 시위에 가담했고 전국 총파업에는 1000만 명이 참가하였던 이 대규모 학생 운동은 학생뿐 아니라 노동자, 공무원, 지식인, 예술가 등이 총망라됐으며 사상적 주류를 이뤘던 사회주의자들과 마르크스주의자, 마오쩌둥주의자, 무정부주의자들까지 가담한 반자본주의적 사회문화 혁명이라는 것이다. 하지만 이 68년의 운동은 경제적 풍요 속에서 기성세대의 가치관과 권위주의를 거부하며 체제에 도전하여 자연과의 새로운 관계를 추구하는 생태주의, 여성의 권리와 남녀 간의 새로운 관계 정립을 모색하는 페미니즘, 저개발 국가의 제3세계주의 운동 등으로 발전하였다는 긍정적 평가를 받기도 한다. 또한 반자본주의적인 사상이면서 또한 반이성주의, 반인간주의 사상이라는 평가를 받기도 한다.

하지만 현대의 프랑스 철학은 절대적 합리, 절대적 진리, 절대적 이성, 절대적 객관의 세계관에서 벗어나 복합적이고 중층적이며 거대하고 풍부하며 다양한 사유의 철학이라는 평가를 받기도 한다. 즉 이성적 합의에 의해 하나의 거대한 진리와 질서를 찾으려는 기존의 모던 철학에 반기를 들며 나타나는 것이 포스트모더니즘 철학이며, 그러한 철학을 현대 프랑스 철학이 가장 전반적으로 대변하고 있다는 것이다. 우리의 현실이나 사실, 또는 진실은 이성 밖에도 존재하는 것이다. 김영필(2002)에 의하면, 리오타르는 포스트모더니즘을 해석하기에 동일성보다는 차이를, 합

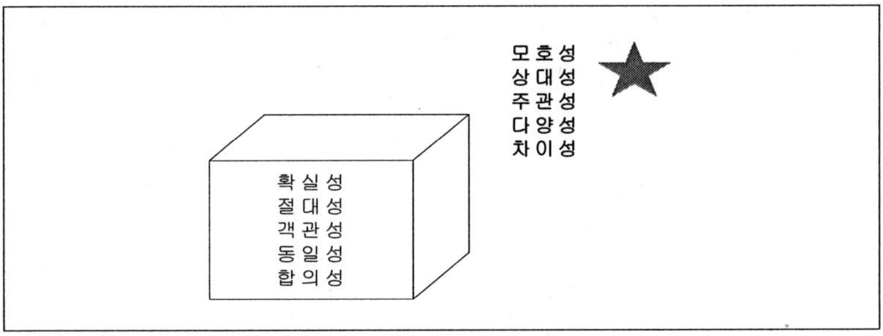

그림 1-18 현대 프랑스 철학의 이해

의보다는 불일치를 추구하는 것이라고 한다. 차이와 불일치는 혼돈을 일으킨다는 구실로 동일성과 합의를 전제로 하는 체계이론이 등장한다. 하지만 포스트모더니즘인 현대 프랑스 철학의 관점에서 보면, 그러한 체계이론은 다양성과 복합성을 감소시키고 동시에 개인의 욕구를 일정한 체계의 고유한 목적에 적응시키도록 강조하는 테러다. 지금까지 이야기한 현대 프랑스 철학의 이해를 나타내면 그림 1-18과 같다.

이 글에서 포스트모더니즘이란 절대적 이성에 의한 절대적 진리를 추구하는 모더니즘의 철학으로부터 벗어나는 철학이라고 정의할 수 있다. 이는 하나의 상자 속에 있는 갇혀 있는 생각이 아니라 상자 밖에서 모호함을 감수하면서 다양한 상대적 차이에 의한 다양성을 주관적으로 추구하는 것으로 현대 프랑스 철학은 포스트모더니즘의 철학을 대표한다고 할 수 있다.

고대 노자 철학의 이해

이러한 현대의 프랑스 철학은 2500년 전 노자의 철학과 닮아 있다. 중국의 춘추시대에 절대적이며, 지배적이고 보편적인 생각과 정면으로 대치한 노자는 인위적인 다스림의 철학에서 자연적인 내버려둠let it be의 철학을 말했다. 바로 노자다. 노자는 사람이라기보다는 일종의 문헌에 가깝다. 공자나 맹자처럼 실체가 있는 사람이 아니라 기원전 500여 년 전에 중국 땅에서 살았던 사람이라고 추정되는 사람이 쓴 책이다. 무명의 노자가 말했다고 전해지는 5000여 자에 담긴 『노자도덕경』 84편을 일관하는 기본 사상이자 핵심 철학은 무위(無爲)다. 무위란 채움이 아닌 빔emptiness의 철학이다. 방도 그렇고 그릇도 비어 있음으로 존재하듯이 모든 세상 만물은 빔(空)이 있으므로 존재가 있다는 뜻이다. 사람도 자신을 채우는 게 아니라 비웠을 때 더욱 존재한다는 의미다.

이러한 노자의 생각은 당시 공자의 생각과 완전히 달랐다. 무위자연을 말하는 노자 · 장자가 공자 · 맹자에 대해 그냥 자연스레 두면 될 것을 인(仁)이니 의(義)이니 하면서 쓸데없이 세상을 다스려 보겠다고 폼 잡는 하찮은 인간이라고 비난한다면, 인의정치(仁義政治)를 말하는 공자와 맹자는 노자와 장자에 대해 이 아픈 현실을 내버려 두고 무위니 자연이니 하면서 헛소리나 하면서 떠도는 은둔주의자라고 비난한다. 그만큼 공맹 사상인 원시 유교와 노장철학인 원시 도교는 하늘과 땅만큼의 차이가 있다. 유교가 지극히 현실적인 정치철학이라면, 도교는 지극히 초월적인 자연철학이었던 것이다. 『노자도덕경』을 찬찬히 읽으면 노자 특유의 통렬하면서도 통쾌한 역설을 통해 뒤통수를 한 방 맞은 것 같은 느낌이 든다. 우리가 절대적, 지배적, 보편적으로 생각해 온 것에 대한 전환적 깨달음을 준다. 그것은 마치 프랑스 철학자의 생각이 우리의 생각에 한 방 먹이는 모습과 닮았다. 예를 들어 84편으로 이루어진 『노자도덕경』 중에 이런 말이 나온다(최진, 2005).

> 谷神不死 是謂玄牝 玄牝之門 是謂天地根 綿綿若存 用之不勤 (골짜기의 신은 죽지 않는다. 어둡게 가물거리는 여인이다. 여인의 문은 하늘과 땅의 뿌리. 끊임없이 이어지며 그 쓰임이 다함이 없다!)

『노자도덕경』 6장인 이 글의 주제는 여성철학feminism이다. 우리는 골짜기(谷)보다는 봉우리(峰)를 추구한다. 어둠보다는 빛을 바라본다. 페미니즘보다는 마초이즘에 익숙하다. 여성처럼 흡입하며 감싸기보다는 남성처럼 삽입하며 내세우려 한다. 하지만 이 세상 모든 만물은 어둡게 가물거리는 골짜기와 같은 여성의 문으로부터 나오며, 그러한 여성의 신비는 한도 끝도 없다는 뜻이다.

上善若水 水善利萬物而不爭 處衆人之所惡 故幾於道 居善地 心善淵 與善仁 言善信 正善治事善能 動善時 夫唯不爭 故無尤 (가장 선한 것은 물과 같다. 물은 만물을 이롭게 할 뿐 다투지 않으며, 모두가 싫어하는 곳으로 흐른다. 그러므로 도에 가장 가깝다. 그러므로 도인은 낮은 곳에 머물고 심연처럼 깊게 마음을 쓰며 어짊으로써 사귀며 말에는 믿음이 있고 공정하게 다스리고 모든 일에 정성을 다하고 때를 가려 움직인다. 다툼이 없으니 허물이 없다!)

『노자도덕경』 8장인 이 글은 물의 철학을 이야기하고 있다. 물은 싸우지 않는다. 그러면서 물은 베풀며 다스린다. 그러한 물이 바로 도의 철학이라는 것이다.

道生一 一生二 二生三 三生萬物 萬物負陰而抱陽 氣以爲和 人之所惡 唯孤 寡 不穀 而王公以爲稱 故物或損之而益 或益之而損 人之所教 我亦教之 强梁者不得其死 吾將以爲教父 (도는 하나를 낳고 하나는 둘을 낳고 둘은 셋을 낳는데 셋은 만물을 낳는다. 만물은 음을 등에 지고 양을 가슴에 안고 있다. 텅 빈 가운데 기를 휘저어 조화를 이룬다. 사람들은 고아, 과부, 하찮은 사람이 되기를 꺼리지만 천자와 제후가 스스로를 가리키는 이름이다. 그런 까닭에 잃음이 얻음이 되기도 하며, 얻음이 잃음이 되기도

한다. 보통 사람들이 가르치는 것을 나 또한 가르칠 뿐이다. 모든 강폭한 것은 제명을 살지 못하는 것이니 이를 나의 으뜸된 가르침으로 삼는다!)

『노자도덕경』 42장인 이 글은 만물의 다양성과 조화를 이야기하고 있다. 그냥 보기에 잘못된 것이라고 보여도 그 속에 존재의 의미가 숨어 있으며, 잘나고 못난 것이 하나의 기준으로 갈리지는 않는다고 한다. 다만 이런 이치를 모르면 사람이 거칠어지며 제명에 죽지 못하는 법이라고 한다.

小國寡民 使有什伯之器而不用 使民重死而不遠徙 雖有舟輿 無所乘之 雖有甲兵 無所陳之 使民復結繩而用之 甘其食 美其服 安其居 樂其俗 隣國相望 鷄犬之聲相聞 民至老死 不相往來 (나라는 작고 백성은 적다. 많은 기계가 있지만 사용하지 않으며, 백성들로 하여금 생명을 소중히 여기게 하고 멀리 옮겨 다니지 않는다. 배와 수레가 있지만 그것을 탈 일이 없고, 무기가 있지만 그것을 벌여 놓을 필요가 없다. 백성들은 결승문자를 사용하던 문명 이전의 소박한 생활을 영위하며, 그 음식을 달게 여기고, 그 의복을 아름답게 여기며, 거처를 편안하게 여기며 풍속을 즐거워한다. 이웃 나라가 서로 바라볼 정도이고, 닭 울음소리와 개 짖는 소리가 서로 들릴 정도로 가까워도 백성들은 늙어 죽을 때까지 내왕하지 않는다!)

『노자도덕경』 80장인 이 글을 언뜻 보면 원시적 자연 부락의 생활로 되돌아가자는 주장을 하고 있는 것처럼 들린다. 하지만 노자라는 인물에 대한 깊은 이해를 하면, 즉 노자의 道에 대한 이해를 가지고 이 글을 읽으면 의미심장한 내용임을 알게 된다. 노자가 살던 시대의 절대적이며 지배적인 이데올로기는 대국다민(大國多民)이었다. 큰 나라를 만들고 많은 백성을 가지려고 치열하게 경쟁하던 시기였다. 이때 노자는 역설적으로 소국과민(小國寡民)을 말한다. 나라는 적고 백성도 적어야

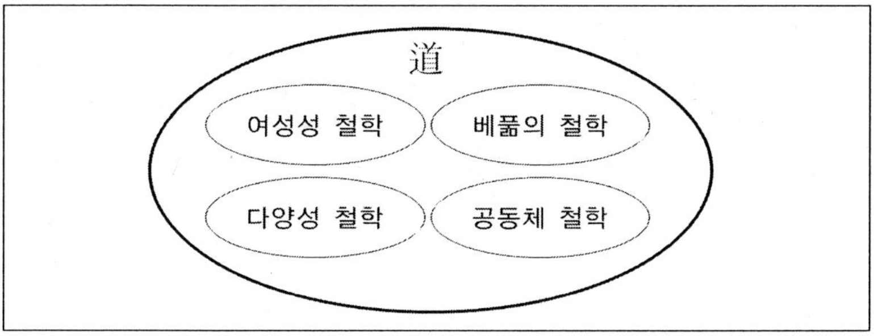

그림 1-19 노장 사상의 이해

한다고 말한다. 지금 우리 시대의 절대적이며 지배적인 이데올로기도 그 당시와 마찬가지로 큰 것과 센 것을 추구하는 글로벌이며 세계화다. 이러한 트렌드에 노자의 말씀은 전혀 맞지 않는 옛날 말씀으로 들린다. 하지만 가만히 생각해 보면 노자의 말씀은 우리가 이 시대를 어떻게 살아가야 할지에 대한 통찰력을 준다. 노자가 말하는 것은 작은 공동체에 대한 가치 발견이다. 우리 작은 공동체의 가치를 소중히 하며, 작은 공동체 안에서 충분히 잘살 수 있다는 뜻이다.

간단명료하게 직설적으로 말한 노자와 달리 이러한 노자의 철학을 온전히 받아들인 장자는 재미있는 비유가 되는 우화를 가지고 도의 철학을 생생하게 이야기하고 있다(윤재근, 1990). 지금까지 이야기한 노장 사상을 요약하면 그림 1-19와 같다.

물론 『노자도덕경』의 84편 중에 단지 4편을 보아 노장 철학을 구체적으로 이해하는 것이 무리일 수 있으나 전반적인 이해는 가능하다. 『노자도덕경』은 전체에 걸쳐 이러한 메시지를 전환적으로 주고 있다.

고대 노장 사상과 현대 프랑스 철학의 연관성

2500여 년 전 노자의 사상은 지금까지 살펴본 바와 같이 감싸 주는 여성성feminism의 철학, 물처럼 다툼 없이 베푸는 철학, 조화로운 다양성의 철학, 큰 것보다 작은 것을 지향하는 공동체 철학이었다. 이러한 생각들은 그 당시 지배 권력의 절대적이며 보편적인 이데올로기를 근원적으로 해체하며 비판하는 사상 철학이었다. 그렇게 하면서 인간 사회만의 독자적인 실존이 아닌 자연이라는 전반적인 구조 속에서 인간의 생존을 모색하는 철학이었다. 어떻게 하면 나라를 잘 통치할 것인가에 대한 질문에서 벗어나, 도대체 통치의 의미가 무엇인지 거꾸로 따지는 사상이었다. 인간이 어떻게 하면 잘살 수 있는 것인지에 대한 질문에서 벗어나, 도대체 인생의 의미가 과연 무엇인지 되묻는 사상이었다. 어떻게 하면 진리와 이성을 추구하며 살 것인지에 대한 질문에서 벗어나, 도대체 진리와 이성이라는 것이 과연 무엇인지 밑바닥부터 짚어 보는 사상이었다. 이러한 사상은 그 당시의 지배적인 이데올로기와 비교하여 보았을 때, 그러한 이데올로기를 넘는 포스트post하며, 하이퍼hyper하고, 비욘드beyond하고, 메타meta한 생각이었다. 즉 당시 문명사회의 이데올로기를 넘는 포스트모더니즘 철학이었던 것이다. 그것은 이 시대 문명사회의 이데올로기까지 넘을 수 있는 포스트모더니즘 철학이라고도 볼 수 있다.

결국 그것은 20세기 현대 프랑스 철학인 포스트모더니즘 철학과 같은 맥락인 셈이다. 20세기 포스트모더니즘 철학이 이 시대의 절대적이며 지배적인, 그리고 아주 보편적으로 인정받는 합리성과 객관성, 그리고 논리성이라는 이데올로기를 넘는 시도라고 볼 때, 그러한 것은 노자와 장자가 넘으려는 것과 같은 맥락이라고 이해된다. 즉 20세기 포스트모더니즘의 현대 프랑스 철학은 2500년 전 노자 사상이 부동의 진리로 인정되는 그 시대의 교리 · 교의 · 교조 따위의 도그마를 비판하고 해체하고 타파하려는 시도이기 때문이다.

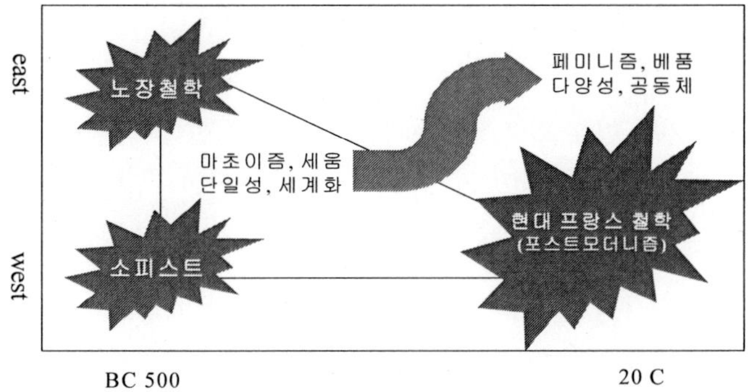

그림 1-20 고대 노장 사상과 현대 프랑스 철학의 연관성

동양에서 노자와 장자가 살았을 당시에, 서양에서는 소크라테스와 플라톤이 살며, 이들은 2500년을 넘어 아직까지 유효한 진리와 이성이라는 로고스의 이데아를 정립하였다. 반대로 서양에서 소크라테스와 플라톤이 살았을 당시에, 동양에서는 노자와 장자가 살며, 이들은 2500년을 지나 아직까지 반골적인 사상이며, 이제야 포스트모더니즘이라는 용어로 일컬어지는 무위 철학을 기초하였다. 이렇게 볼 때, **노자와 장자는 서쪽 아테네라는 경계선을 넘는 포스트모더니즘적 소피스트들이었던 것이다.** 또한 소크라테스와 플라톤은 동쪽 초나라의 경계선까지 넘어 온 모더니즘 크리에이터들이었던 것이다. 지금까지 이야기한 고대 노장 사상과 현대 프랑스 철학인 포스트모더니즘의 연관성을 정리하면 그림 1-20과 같다.

20세기 현대 프랑스 철학은 2500여 년 전 서양의 소피스트들과 동양의 노자 장자의 생각과 같은 맥락의 삼각형 장을 가지고 있으며, 이러한 장에서 기존의 절대적이며 지배적인 마초이즘, 세움, 단일성, 세계화라는 도그마를 비판하고 해체하여 페미니즘, 베풂, 다양성, 공동체라는 다른 가치를 제안하는 것이다.

현대 프랑스 철학 관점의 포스트모더니즘 PR

지금까지 이야기한 현대 프랑스 철학과 노장 사상은 현대 PR 철학에 전환적 의미를 줄 수 있다. 남성처럼 자기를 내세우며 알리는 PR보다 여성처럼 감싸는 페미니즘 PR, 물과 같이 베풀어 주는 PR, 획일화된 단일한 가치보다 다양한 가치를 추구하는 PR, 조직과 공중간의 균형보다 조직과 공중이 공동체가 되는 PR이라고 할 수 있다. 이러한 포스트모더니즘 PR을 좀 더 풀어서 이야기하면 다음과 같다.

여성성 PR

여성성이란 무엇인가? 여성성feminism은 남성성machoism과 차원이 전혀 다르다. 마초이즘이 봉우리의 철학이고 수컷의 철학이라면, 페미니즘은 골짜기의 철학이고 암컷의 철학이다. 수컷이 양(+)과 凸(철)이라면, 암컷은 음(-)과 요(凹)이다. 수컷이 정자적으로 뚫고 들어가려고 한다면, 암컷은 난자적으로 품고 받아들인다.

지금까지 PR은 주로 남성성의 철학이었다. PR에서 여성성이라고 하는 것은 생각거리가 되지 못하였다. PR의 주체인 조직은 수컷처럼 자신을 내세우며 공중 속을 뚫고 들어가려는 태도를 가지고 행동하였다. 상대를 제압하고 이기기 위한 PR이었다. 이를 위해 필요한 것은 전략적 경쟁력이었다. PR이 공중과의 관계인데, PR 전략이라고 함은 그러한 관계성을 무시하고 조직이 공중과 전쟁을 일으키며, 전투를 벌이는 꼴이었다. 총칼을 찬 군인들이 PR을 하는 상황이 된 것이다. PR에서 이러한 전투적 용어의 사용은 적합하지 않다(박기철, 2007b).

노자와 장자의 사상은 전반적으로 암컷성의 철학이다. 현대 프랑스 철학도 역시 포스트모더니즘도 지금까지 수컷성으로 치달아 온 로고스의 역사를 뒤집는 암컷성의 철학이며 파토스의 철학이다. 이러한 관점에서 포스트모더니즘 PR이란 암컷성의 의미를 기반으로 하는 PR이다. 그것은 이기기 위한 PR이 아니라 감싸기 위한 PR이며, 겉으로 내세우는 PR이 아니라 속으로 채워 가는 PR이며, 논리적인 PR이 아니라 공감적인 PR이다.

베풂의 PR

PR이란 말에서 느껴지는 뉘앙스는 이익을 얻기 위한 포장이다. 가령 자기 PR을 잘하는 사람이라는 말에서 느껴지는 것은 그 사람이 처세에 능하거나, 말을 유창하게 잘한다거나, 뭔가 자기의 유익을 위한 속셈이 빠른 약삭빠른 사람이라는 것이다. 자신의 시장 가치를 높이기 위하여 자신의 이름을 널리 알리며 이미지 포장에 능하다는 사람이 자기 PR에 강한 사람처럼 여겨진다. 이러한 자기 PR을 잘하려면 인지도 관리와 이미지 관리를 잘해야 한다고 한다.

하지만 이러한 자기 PR에서 느껴지는 PR이란 사이비(似而非) PR이다. 비슷해(似) 보이지만(而) 아닌(非) 것이다. 그것은 기존의 모더니즘의 세계에서 추구되던 개념들이다. 명성, 위세, 이익과 같은 것들이다. 이러한 모더니즘의 가치들을 넘는 것은 낮은 곳으로 흐르는 물처럼 자기를 낮추며 베푸는 데 있다. 노자에 나오는 '上善若水'처럼 최고의 선은 물과 같다. 겸손, 관용, 가치와 같은 것이 현대 프랑스 철학의 전반적 맥락에서 추구되어지는 새로운 개념들이다. 여기서 가치란 내가 얻는 시장가치가 아니라 내가 주는 가치를 말한다. 즉 이윤 얻기보다 가치 주기가 포스트모더니즘에 맞는 패러다임이다.

이런 가치 주기 패러다임에 맞는 PR을 하려면 무조건 자신을 널리(弘) 알리는(報) 버네이즈Edward Bernays식의 요란한 홍보가 중요하지 않다. 그는 PR의 아버지가 아니라 잔머리 크게 굴리기의 명수에 불과했다(Tye, 2004). 자신이 상대에게 가치 있는 것을 줄 수 있도록 자신의 충실화가 필요하다. 그렇게 충실해지려면 자기가 많은 것을 키우며 쌓아야 한다. 있지도 않은데 억지로 줄 수는 없다. 그렇게 있지도 않은데 억지로 주는 것처럼 보이려면 충실화보다 포장화가 필요하다. 그렇게 키우며 쌓아지면 그것은 물처럼 다투지 않아도 순리적으로 흘러넘쳐 상대에게 좋은 가치로 주어지게 된다. 그러한 것이 바로 포스트모더니즘 PR인 베풂의 철학이 있는 PR이다. 기업의 사회적 책임CSR 활동도 진정한 베풂의 철학이 없다면 장기적인 이윤을 얻기 위한 생색내기 홍보에 불과할 뿐이다.

다양성 PR

성경의 창세기에 나오는 바벨탑 사건에 대해, 인간이 바벨탑을 쌓으려다가 하나님의 노여움을 받아 그 벌로 하나의 언어를 썼던 한 족속의 인간들이 다양한 족속이 되어 족속들끼리 제각각의 언어를 가지게 되어 어렵게 되었다고 해석할 수 있다. 그러한 성경 해석은 다분히 모더니즘적이다. 하지만 가만히 생각해 보면 바벨탑 사건은 하나님께서 엄하게 내리신 벌이 아니라 하나님의 인간경영 섭리에 따른 은혜라고 해석할 수 있다. 한 족속으로 살기보다 다양한 모습으로 사는 것이 궁극적으로 인간에게 유리하기 때문이다.

하나의 단일적인 모더니즘 사고로 보면 세상은 선과 악으로 이루어져 있다. 단일적인 사고에서는 흑백논리적인 이분법이 유효하다. 흑과 백 사이에 존재하는 무한대의 스펙트럼과 그러데이션을 볼 수 없다. 선 아니면 악이며, 나는 주로 선하며, 상대는 주로 악하다. 상대의 악함은 틀린 것이다. 나의 선하므로 그 틀림을 고치도록 해야 한다. 고치지 못한다면 무찔러야 한다. 나와 다름은 곧 틀림이다. 다름은 용납되지 않는다. 하지만 현대 프랑스 철학의 사고에서 다름은 틀림이 아니다. 그냥 나와 다름일 뿐이다. 그렇게 차이를 인정한다. 데리다가 독창적으로 제안한 차연differance이란 차이(差異)와 연기(延期)의 합성어로서 뚜렷한 경계가 없는 연기되어진 차이로서 이성적 관점에서의 차이difference를 해체하는 개념이다. 노자가 말한 바와 같이 세상 만물은 음양의 조화를 통해 수많은 차이를 가지고 있는데, 그것을 인정하지 못하면 광폭해지며, 그것은 곧 죽음이다. 한마디로 생명력은 다양성에서 나온다.

포스트모더니즘 PR이란 다양성을 인정하는 PR이다. 차이가 차별이 되지 않는 PR이다. 그것은 상대의 차이를 인정하는 PR이다. 그렇게 하여 다양한 공중들에게 우리를 획일적으로 알리거나 우리에게 유리한 여론이 형성되도록 공중을 일방적으로 설득하는 것이 아니라 다양한 공중들의 이해와 관심에 맞게 조화로운 관계를 맺으려는 PR이다. 무조건 우리에게 유리하도록 호의적 관계를 맺는 것이라기보다는 조화로운 관계를 맺으려는 PR이다.

공동체 PR

정통적인 PR이란 조직과 공중 간의 관계다. 정통 PR 학자들은 조직과 공중 간의 관계에 있어서 쌍방향 균형이 가장 이상적이라고도 한다. 옳은 말이다. 그러나 현대 프랑스 철학인 포스트모더니즘 사고는 관계나 균형과 같은 개념에 대해 되짚어 보는 뛰어넘기 사고metathinking를 필요로 한다. 이렇게 관계나 균형을 되짚으며 뛰어넘으면 무엇이 나오는가? 그것은 조직과 공중을 필히 이분화하게 되는 근본적인 문제점이다. 그렇게 이분화하게 되니까 조직과 공중의 관계를 추구하며 조직과 공중 간의 쌍방향적 균형을 추구한다고 하면서, 결국은 우리 조직에게만 유리할 수 있는 천박한 홍보 활동을 하게 되는 것이다.

포스트모더니즘 PR이란 조직과 공중 간의 관계를 넘어, 조직과 공중 모두 하나의 공동체라는 관점에서의 PR이다. 조직과 공중 간의 쌍방향 PR이 아니라 조직과 공중이 하나의 커다란 관계 속에 존재한다는 그

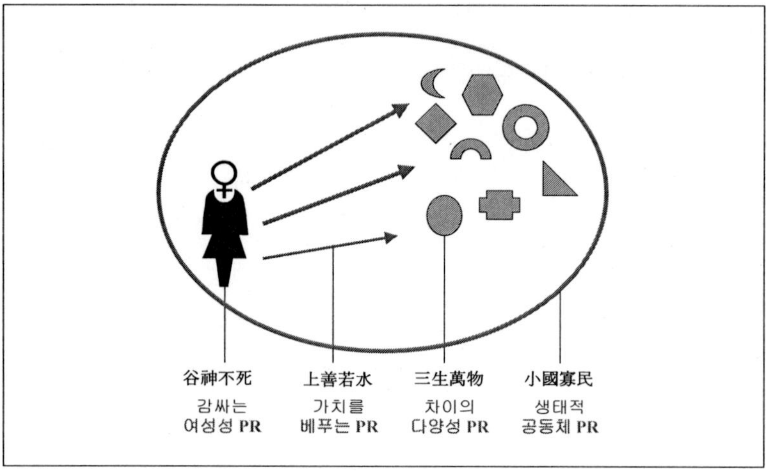

그림 1-21 현대 프랑스 철학과 고대 노장 사상 관점의 포스트모더니즘 PR

물망 PR이 요구된다. 그러한 그물망 속의 공동체에서는 세계화와 같은 거창한 볼륨이나 스케일이 중요하지 않다. 『노자도덕경』 80장에서 보듯이, 大國多民이 아니라 小國寡民의 소박한 정신이 필요하며, 공동체 활동이 중요하다. 공동체 활동이 제대로 되려면 규모는 작더라도 생각은 커야 한다. 단지 조직과 공중 간의 구조적 관계만 보면 안 된다. 조직과 공중이 사는 기반인 생태를 생각해야 한다. 환경에 대한 논리적 고려가 아니라 생태에 대한 전반적 배려가 필요하다. 환경이란 인간을 둘러싼 인간 중심의 개념이지만, 생태는 인간이 전반적인 생명의 그물망 속에서 한 점에 불과한 개념이기 때문이다.

결국 포스트모더니즘 PR이란 공중 관계Public Relations를 넘어 생태 관계Eco Relations를 전반적으로 고려하는 PR이다. 조직과 공중이 사는 기반은 생태이기 때문이다. 이러한 생태 관계성Ecorelationship은 단지 기업이 이윤을 얻기 위해 생태를 이용하는 생태적 상상력Ecomagination이 되어서는 곤란하다. 진정한 생태 배려성Ecothinking이 있어야 한다. 이러한 생태라는 공동체

표 1-1 PR 정의의 패러다임 전환

기존의 PR에 대한 정의	새로운 PR에 대한 정의
PR이란 널리 알리는 홍보가 아니라 조직과 공중 간의 관계를 위한 쌍방향 커뮤니케이션으로 실체적 가치를 속으로 충실히 가꾸어, 다양한 공중들과 호의적 관계를 맺어 가려는 전반적인 커뮤니케이션 활동이다.	PR이란 조직과 공중 간의 쌍방향 커뮤니케이션을 넘는 그물망 커뮤니케이션으로 하나의 생태적 공동체 안에서 조직과 공중이 서로의 차이를 인정하며 조직이 공중에게 가치를 주며 서로를 감싸는 관계 활동이다.

를 생각하는 PR은 결국 지속 가능 경영에 맞는 지속 가능한 PR이라고 할 수 있다(박기철, 2006). 지금까지 이야기한 현대 프랑스 철학과 고대 노장 사상 관점의 포스트모더니즘 PR을 정리하면 그림 1-21과 같다.

그림 1-21에서 보는 바와 같이, 현대 프랑스 철학과 노장 사상 관점의 포스트모더니즘 PR이란 이기기보다 감싸는 여성성의 페미니즘 PR이며, 공중으로부터 이윤을 얻기보다 공중에게 가치를 베푸는 PR이며, 차이의 다양성을 인정하고 수용하는 PR이며, 조직과 공중 간의 관계만이 아닌 생태적 공동체를 실현하려는 PR이다. 이처럼 현대 PR의 정신에서 여성성, 가치 베풂, 차이의 다양성, 생태적 공동체 등이 새롭게 강조되는 이유는 현대 프랑스 철학의 전반적 흐름과 일맥상통하기 때문이라고 할 수 있다. 이러한 관점에서 기존의 PR 의미와 대비하여 PR의 의미를 전환적으로 정의하면 표 1-1과 같다.

이는 "PR이란 단순히 널리 알리는 홍보가 아니라 실체적 가치를 속으로 충실히 가꾸어value building, 다양한 공중들과 호의적 관계를 맺어 가려는 전반적인 커뮤니케이션 활동이다!"라는 PR의 정의보다 포괄적이다. 또한 널리 알리는 홍보 패러다임의 PR보다 실용적이기보다 철학적이다. 한마디로 PR에 대한 새로운 정의는 기존 PR의 의미를 전환적으로 넘는 'postPR'의 철학을 담고 있다.

연구의 의의

지금까지 현대 프랑스 철학으로부터 도출된 포스트모더니즘 PR을 제안하였다. 포스트모더니즘은 철학뿐만이 아니라 과학에도 해당된다. 즉 'postscience'인 셈이다. 그것은 뉴턴을 정점으로 하는 근대의 기계적 세계관에서 벗어나는 과학이다. 20세기 초에 뉴턴의 기계적 세계관은 흔들리게 된다. 가령 괴델Kurt Gödel과 같은 수학자는 세상에 증명이 불가능한 명제도 있다는 것을 증명하였다. 증명이 가능하지 않다는 것을 증명했던 것이 바로 괴델의 불완전성 정리다. 이는 세상 모든 것을 알 수 있다는 근대 과학의 뿌리를 흔드는 것이었다. 하이젠베르크Werner Karl Heisenberg와 같은 물리학자는 소립자의 세계에서는 미립자의 질량이나 속도, 위치 등을 시공적으로 측정하려는 행위 자체가 시공간 내에서의 측정치를 변화시키기 때문에 불확정한 측정치밖에 가질 수 없다는 불확정성 원리를 발표했다. 이 또한 인간이 가지는 지식의 한계를 과학 스스로가 인정하는 것으로 근대 과학의 절대적 세계관을 뒤흔드는 내용이었다. 보아Niels Bohr와 같은 물리학자는 입자의 운동을 시공적으로 측정하려고 할 때, 불확정성 원리가 설명하듯이 원인과 결과의 인과적인 경과를 추적할 수 없다는 불확정성을 보이며, 또 인과적으로 표현하려고 하면 파동역학이 보이는 바와 같이 파동성을 띠게 되므로, 입자의 궤도와 같은 시공적 결정성을 가지지 않는다고 주장하였다. 즉 시공적 측정과 인과적 결과는 서로 상보적인 성격을 가지며, 입자particle적 표현과 파동wave적 표현은 서로 상보적이라고 하여 이를 상보성 원리라고 한다. 이러한 불완전성 정리, 불확정성 원리, 상보성 원리 등과 같은 이론은 절대 역학과 전혀 다른 전환적 패러다임으로서의 양자역학을 이루게 한다. 20세기 초부터 물리학의 주된 관심은 더 이상 나누어질 수 없는 실체적 입자인 아톰atom에서 실체 없는 에너지의 크기인 양자quantom로 바뀌었다.

이러한 양자역학의 관점에서 본다면 인간이 가지는 지식은 진리처럼 보여도 그것은 불완전하다는 것이다. 한마디로 이럴 수도 있고 저럴 수도 있다는 것이다. 이는 정확성을 교조로 하는 과학의 세계에서 하나의 이단이었다. 그래서 상대성 원리로 유명한 아인슈타인은 이러한 양자 물리학자들의 주장에 대해 "신은 주사위 놀이를 하지 않는다"고 비난했지만 20세기 물리학의 전체적인 흐름은 이러한 양자역학의 패러다임을 거부할 수 없었다. 그래서 근대과학의 기계적mechanic 결정론은 20세기 초에 유기적organic 확률론으로 패러다임을 달리하였다. 기계적 결정론이 하나의 정답이 아닌 것을 오차error로 본다면, 유기적 확률론에서는 하나의 정답과 수많은 오차가 아닌 다양한 확률값으로 보는 것이다. 확률값이란 그렇다고 단정하는 것이 아니라 그럴 수 있다고 추정하는 것이다. 이러한 양자역학적 사고는 복잡계complexity system라는 보다 불분명한 개념으로 성숙하였다. 포스트모더니즘의 철학도 이러한 포스트모더니즘의 과학인 양자역학과 사유의 맥락을 같이한다. 포스트모더니즘의 과학인 양자역학이 정확성을 포기하였다면, 포스트모더니즘 철학은 절대성을 포기하였다.

사실 이러한 절대성의 포기는 알고 보면 자연성 및 온전성의 회귀다. 물론 이러한 절대성의 포기는 서양철학에서 줄곧 가져 왔던 이성의 역할을 완전히 무시하는 것은 아니다. 다만 절대적 이성의 패러다임에 전환적 패러다임을 새롭게 가지게 된 것이라고 할 수 있다. 그것은 오로지 서양철학 위주에서 비로소 동양철학이 의미를 가지게 되었다는 뜻이다. 카프라(Capra, 1983)가 통찰한 바와 같이, 현대 물리학은 고대 동양사상과 같은 맥락이다. 절대성을 포기하는 현대 물리학을 통해 현대 철학은 생각을 완전히 달리 먹었다. 쉽게 말하면 현대인들은 현대 철학을 통하여 절대적 이성을 추구하였던 고대와 절대적 신앙을 추구하였던 중세, 그리고 절대적 과학을 추구하였던 근대를 지나 2500여 년 만에 패러다임 전환적인 생각을 가지게 된 것이다. 이미 2500여 년 전에 전 지구적으로 분 '제3의 물결'로 인해 깨달음을 얻은 선각자들은 이성에 의한 객관적 진리의 절대성을 인정하지 않았다. 노자가 그랬었고, 석가모니가 그랬으며, 아울러 소피스트들이 그러했다. 물론 2500여 년 전에 노자와 동시대를 살았던 공자의 원시 유교 사상도 조선 사회에서 극단적으로 예교로 변질된 성리학과 달리, 모범적인 현대 PR 철학의 텍스트가 될 수 있다(박기철 2007 c). 또한 2500여 년 전 석가모니가 가졌던 초기의 불교 철학도 현대 철학의 기초적인 텍스트가 될 수 있다. 같은 맥락으로 현대 프랑스 철학이 던지는 포스트모더니즘의 담론 및 화두 역시 이제 전환적인 현대 PR의 흥미 있고 의미 있는 텍스트가 될 수 있다.

이 연구는 필자의 주관적 해석에 의하여, 현대 프랑스 철학과 PR 사이에 존재할 수 있는 관계의 끈을 발견하려는 것이다. 또한 포스트모더니즘으로 일컬어지는 현대 프랑스 철학이 실용 커뮤니케이션 학문인 PR을 향하여 보내는 의미 있는 메시지를 찾으려는 첫 시도다. 이는 지금까지 시도되지 않았던 현대 프랑스 철학과 현대 PR의 관련성 모색이라는 점에서 의미가 있을 것이다. 이는 논리적 근거보다 의미적 가치를 찾으려는 시도로 순수 철학과 실용 학문의 학제적 만남인 것이다. 또한 현대 프랑스 철학에 바탕을 두어 PR의 외연을 넓히는 작업이기도 하다. 그런 관점에서 이 연구는 의의를 가질 수 있다고 본다. 하지만 이 연구가 객관적 분석보다 주관적 해석에 치중한 것은 사실이다. 그렇게 본다면 이 연구 역시 포스트모더니즘적이라고 할 수 있다. 이렇게 볼 때, 이 연구는 결국 객관적 분석의 섬에 빠지기보다 주관적 해석의 장에서 현대 프랑스 철학과 PR 철학의 공통적 함의를 찾았다는 점에서 나름대로 의의를 가질 수 있다고 판단된다.

참고문헌

건국대학교 교양교재출판위원회 (1985). 『대학철학』. 건국대학교 출판부.

김영필 (2002). 『현대철학: 후설에서 들뢰즈까지』. UUP.

김상환 외 (2000). 『니체가 뒤흔든 철학 100년』. 민음사.

김욱동 (1992). 『모더니즘과 포스트모더니즘』. 현암사.

김형오 (2008). 『구조주의 사유체계와 사상』(개정판). 인간사랑.

박기철 (2007a). 광고홍보학에서 커뮤니케이션과 마케팅의 의미해석, 『한국광고홍보학회 가을철 학술대회』.

______ (2007b). PR 용어의 순화를 위한 제안, 『한국언론학회 가을철 학술대회』.

______ (2007c). 원시 유교 사상과 현대 PR 철학, 『한국홍보학회 봄철 학술대회』.

______ (2006). 지속 가능한 PR, 『한국홍보학회 가을철 학술대회 발표집』.

박해용 (2002). 『청소년을 위한 서양철학사』. 두리미디어.

신인섭 · 이명천 · 김찬석 (2007). 홍보라는 낱말에 대한 고찰, 『한국홍보학회 2007 봄철 학술대회』.

안광복 (2007). 『처음 읽는 서양철학사』. 웅진지식하우스.

윤재근 (1990). 『학의 다리가 길다고 자르지 마라』. 둥지.

이광래 (1989). 『해체주의란 무엇인가』. 교보문고.

이정우 · 김성기 외 (1997). 『현대 프랑스 철학을 보는 눈』. 당대.

진중권 (1994). 『미학 오디세이 1』. 새길.

채희철 (2005). 『눈밖에 난 철학, 귀속에 든 철학』. 랜덤하우스중앙.

철학아카데미 (2007). 『현대철학의 모험』.

최진 (2005). 『노자와 똥막대기』. 유원.

Capra, Fritjof (1983). *The Tao of Physics(2nd)*. 이성범 · 김용정 역 (2004). 『현대물리학과 동양사상』. 범양사 출판부.

Ferry, Luc and Alain Renaut, 구교찬 외 역 (1995). 『68사상과 현대 프랑스 철학』. 인간사랑.

Lioyd, G. E. R. (1969). 이광래 역 (1996). 『그리스 과학 사상사』. 지성의 샘.

Matthews, Eric (1996). 김종갑 역 (1999). 『20세기 프랑스철학』. 동문선.

Platon (BC 400). 원창화 역 (2006). 『소크라테스의 변명』. 홍신문화사.

Toffler, Alvin (1980). *The Third Wave*, 김진욱 역 (1992). 『제3의 물결』. 범우사.

Tye, Larry (2004). *The Father of Spin*, Kneerim and Williams; 송기인 · 김현희 · 이종혁 역 (2004). 『여론을 만든 사람, 에드워드 버네이즈』. 커뮤니케이션북스.

Jaspers, Karl (1957). 권영경 역 (2005). 『위대한 사상가들: 소크라테스. 석가모니. 공자. 예수』. 책과함께.

04

유교, 불교, 도교 그리고 묵가, 병가, 법가 사상과 PR 철학*

PR에 의미를 주는 원시 동양사상

PR이란 단어에 대한 사전적 정의는 무엇일까? 이럴 때 인터넷 검색을 하여 보면 답이 나올 수 있다. 네이버 국어사전krdic.naver.com에서는 '널리 알리는 일. 좁게는 관청, 기업체, 단체 따위가 일반 대중의 관심을 끌기 위하여 사업의 취지를 널리 알리는 선전을 이른다'고 되어 있다. 이 정의에 의하면 PR은 홍보다. PR은 널리 알리는 홍보의 뜻으로 분명히 정의되어 있다. 그러나 PR이 과연 홍보일까? 그렇지 않다. 또 PR을 선전이라고 하였는데 이 역시 마땅하지 않다. 선전(宣傳)이란 한자 뜻 그대로 널리(廣) 알리는(告) 광고나 널리(弘) 알리는(報) 홍보와 마찬가지로 널리 펴서(宣) 전하는(傳) 것이다. 알리는 것이나 전하는 것이나 마찬가지다. 다만 선전이라고 하면 상업적인 목적과 달리 사상이나 이념 등을 널리 퍼트리려는 것에 가깝다. 그런데 대개 선전이라고 하면 흑색선전, 대남 선전과 같은 말에서 느낄 수 있듯이 그 어감이 좋지 못하다. PR은 홍보가

* 이 글은 한국소통학회가 간행하는 ≪스피치와 커뮤니케이션≫ 15호(2011)에 게재된 "여섯 가지 원시 동양사상에 따른 PR의 철학적 의미 제안" 논문을 보완한 것이다.

아니라 퍼블릭 릴레이션이라는 영어 뜻 그대로 공중 관계다. 이러한 PR은 홍보가 아니라 소통에 가깝다. 신인섭 · 이명천 · 김찬석(2007)에 의하면 홍보라는 말은 일제강점기 때부터 사용된 말이다. 그것이 어느 때부터인가 자연스럽게 PR과 동의어로 쓰이게 되었다. 1997년 2월 한국 최초로 설립된 PR 전문학회인 한국홍보학회도 PR이라는 영어 낱말을 홍보라고 결정하게 되었던 것이다. 하지만 이제 한국홍보학회도 '홍보 = PR'의 1차원적 사고에서 벗어나 홍보와 다른 PR의 정체성을 분명하게 밝히며 창립 10년이 넘어서 한국PR학회로 명칭을 변경하였다. PR과 홍보가 같은 낱말로 쓰이게 된 과정은 자연스럽다고 할 수 있지만, 그 내용은 억지스럽다. 공중 관계Public Relations인 PR과 널리(弘) 알리는(報) 홍보는 완전히 다른 말이기 때문이다. PR이란 단순히 널리 알리는 홍보가 아니며 겉으로 좋은 이미지를 만들려는(image making) 것이 아니라 실체적 가치를 속으로 충실히 가꾸어(value building), 다양한 공중들과 호의적 관계를 맺어 가려는 순리적인 경영 활동이다. PR과 홍보는 엄연히 패러다임이 다르다. 홍보(弘報)가 널리 알리는 것이라면, PRPublic Relations은 공중과 관계를 맺는 것이기 때문이다. 그러므로 PR이란 '자기 PR'이라는 흔한 일상용어에서 느껴지는 것처럼 자기를 알리기 위한 겉포장적인 이미지 메이킹도 아니다. 자기를 알리기보다 자신이 가꾸어 온 충실한 가치를 상대방에게 줌으로써 상대방과 제대로 관계하는 것이 자기 PR일 것이다. 이러한 PR에 대한 오해는 많다. 대개의 광고학개론이나 마케팅원론 교재에서 보는 바와 같이, PR은 마케팅 4P(Product, Price, Place, Promotion) 중의 하나인 프로모션 안에 있는 하나의 부분적 수단이 아니다. 만일 PR이 'Press Release'라면 몰라도 'Public Relations'는 보도 기사화를 통한 언론 홍보와는 상대가 될 수 없는 아주 큰 포괄적 개념이다. 다양한 공중들과 호의적 관계를 맺으려는 활동이 PR이라고 한다면, 보도 기사화 활동인 언론 홍보Press Release는 PR에서 하나의 아주 작은 점에 지나지 않는다. 경영의 4M 활동도 공중과의 관계라는 측면에서 보면 결국 PR과 같은 맥락이다. 사람을 관리하는 인적자원 관리Man는 직원이라는 내부 공중과의 관계이며, 재무 관리money는 투자자 사회라는 공중과의 관계이며, 생산 관리manufacture는 협력 업체라는 공중과의 관계이며, 마케팅market은 고객이라는 공중과의 관계인 셈이다. 이러한 네 가지 공중 이외에 지역사회 주민, 네티즌, 정부 공무원, 매체사 기자 등 다양한 공중들과 호의적 관계를 맺으려는 활동이 PR이므로 PR은 4M 믹스 활동이라는 경영의 영역보다 크다고 할 수 있다. 결국 PR은 포괄적 전반적 총체적인 소통communication 활동이다.

이러한 PR에 보다 넓고 깊은 철학적 의미를 줄 수 있는 것은 지금으로부터 약 2500여 년 전의 동양사상이다. 그 당시의 중국은 춘추의 시대다. 구체적인 시기에 대해서는 여러 설이 있으나 대체로 중국의 역사에서 기원전 770년에서 기원전 403년 사이의 시기를 춘추시대라고 말한다. 춘추라는 명칭은 공자가 엮은 역사서인 춘추(春秋)에 기인한다. 춘추시대 이후 기원전 221년에 진나라의 중국 통일 이전까지 전국시대가 이어진다. 춘추전국시대는 봉건제로부터 군현제로, 도시국가에서 영토 국가로, 지방분권에서 중앙집권으로의 과도기였다. 또 춘추 중기에는 철제 농구가 출현하여 경작을 중심으로 하는 생산력이 증대됐다. 토지 소유는 공동체적 집단 경작으로부터 개별적 경작으로 이행하고, 세제도 영주 직영지의 노동 제공으로부터 자작농의 현물 수납으로 변화해 갔다.

이러한 과도기적 춘추전국이라는 역사에서 제자백가라 일컬어지는 사상들이 생겨나게 되었다. 즉 열국들이 힘을 겨루는 치열한 상황에서 지금까지도 영향력을 발휘하는 사상들이 생겼던 것이다. 제자(諸子)란 여러 학자들이란 뜻이고, 백가(百家)란 수많은 학파들을 의미한다. 곧 수많은 학파와 학자들이 자유롭게 자신의 사상과 학문을 펼쳤던 것이다. 대개 제자백가란 일반적으로 유가, 묵가, 법가, 도가, 명가, 병가,

종횡가, 농가, 음양가, 잡가 등이다. 유가(儒家)는 인, 묵가(墨家)는 실천, 법가(法家)는 질서, 도가(道家)는 무위자연, 명가(名家)는 명실합일, 병가(兵家)는 전략, 종횡가(縱橫家)는 합종연횡책, 농가(農家)는 자급자족 생활, 음양가(陰陽家)는 음양오행설, 잡가(雜家)는 여러 사상의 집합을 그들 사상의 주로 삼았다. 이러한 여러 가지 사상들 중에서 공중 관계 활동인 PR과 관련하여 가장 관련 깊은 사상은 원시 유교인 유가 사상과 원시 도교인 도가 사상이다. 아울러 그 당시 인도 땅에서 생긴 원시 불교 사상도 PR 철학과 관련이 깊다. 원시 유교에서 알 수 있는 관계의 사상, 원시 도교에서 알 수 있는 순리의 사상, 원시 불교에서 알 수 있는 연기의 사상은 이 글에서 제안하는 PR의 철학에 깊고 넓은 전환적 의미를 준다. 이러한 세 가지 사상의 원래적 의미가 무엇이었는지에 대해서는 필자의 여러 논문들(박기철, 2007a, 2008a, 2008b)에서 이미 살핀 적이 있다. 그 핵심 내용을 요약하면 다음과 같다.

원시 유교 사상

현대인인 우리가 유교에 대해 생각하는 것은 형식적인 관습이나 의례적인 체면, 고리타분한 전통 등이다. 유교에 대한 올바른 이해 없이, 원시 유교 사상은 현대사회와 전혀 관련 없는 헛된 이상으로만 여겨지고 있는 것이다. 그래서 김경일(1999)은 『공자가 죽어야 나라가 산다』는 도발적 제목의 책을 내기도 하여 큰 주목을 끌기도 하였다. 공자의 도덕은 사람을 위한 도덕이 아닌 정치의 도덕이었고 기득권자를 위한 도덕임을 비판하며, 또한 유교는 상층계급이 하층계급을 지배하기 위한 통치 이념에 불과한 것이라고 주장한다. 그래서 현대는 고리타분한 유교 사상보다 유목민nomad이었던 오랑캐 정신을 이어받는 편이 좋다는 주장이다(김경일, 2001). 그렇게 공자의 원시 유교 사상은 극단적으로 비난받고 폄훼되기도 하며, 조선 중기 이후 망국적 사색당파를 일으켰다는 소리도 듣는다. 하지만 이와는 다르게 『논어』 속의 공자님 말씀을 살펴보면 원시 유교 사상은 순리적이며, 인간적이고, 현실에 충실한 사상이었다. 이러한 원시 유교 사상이 세월을 흘러 이어져 오면서, 우리나라에 주자학이 유입되자 더욱 철학적 사변적 이상적 형이상학적인 예론적 유교인 성리학으로 치닫게 되었던 것이다. 현대 PR이 받아들여야 할 유교 사상은 그러한 성리학으로서의 유교가 아니라 원시 유교다. 그러한 원시 유교 사상에 맞게 현대 PR은 유연 · 관계 · 가치의 철학을 가진다. 이제 현대 PR은 이윤 추구를 위한 마케팅 PRMPR을 넘어 가치 추구의 브랜딩 PRBPR로 전환될 필요가 있다. 또한 조직과 공중의 관계를 넘어 조직과 생태와의 관계를 배려하면서 공동체 내의 조직과 공중이라는 공동체 PR의 철학이 필요하다. 이를 위해 현대 PR은 원시 유교가 지녔던 순리적이고 인간적이며 충실한 모습을 제대로 받아들여야 할 때다. 그래서 순리적 유연성, 인간적 관계성, 충실한 가치에 따른 현대 PR로 거듭나야 할 것이다. 결국 현대 PR의 기본 텍스트는 공자님 말씀으로 원시 유교 사상을 온전하게 담고 있는 『논어』일 것이다. 공자는 허례허식을 고지식하게 좇는 사람이 아니었다. 공자가 뜻하는 예는 형식적인 예가 아니라 인간이 할 도리를 제대로 하는 예였다. 가령 장례에서의 예란 제사의 형식이 아니라 인간적으로 진정 슬퍼함이 중요하다는 뜻이다. 내용적인 도리는 형식적인 예절보다 중요하다는 뜻이다. 공자는 헛된 이상이 아니라 현실에 기초한 충실한 삶의 태도를 제자들에게 이야기했다. 전진만 알고 후퇴를 모르는 사마귀가 되지 말라! 함부로 자신을 과시하지 말라! 너그럽고 여유 있는 마음을 품어라! 즐거움을 멀리서만 찾지 말라! 겸손의 미덕을 가져라! 포기할 줄도 알아라! 꾸준히 노력해라! 만족할 줄 아는 사람은 늘 즐겁다! 성공보다 효를 실천하는 사람이 되라! 등등의 공자님 말씀은 형이상학적인 사변이 전혀 아니라 인간이 이승에서 어떻게 살아야 할지에 대한 지극히 현실적인 이 땅의 메시지였다. 허상을 좇기보다 현실에 충실히 살라는 생생한 삶의 이야기였다. 한마디로 공자는 그 시대의 충실한 리얼리스트였던 것이다(박기철, 2007a).

원시 도교 사상

노자 사상의 핵심인 도에 대해 대개 길거리에서 만나는 "도를 아십니까?"와 같은 주술적 신선 사상을 떠올리기 쉽다. 하지만 『노자도덕경』에 실린 도의 철학은 그러한 주술과 거리가 먼 패러다임 전환의 커다란 철학이다. 다만 『노자도덕경』에 실린 원시 도교 사상과 거리가 멀게 그렇게 주술화되었을 뿐이다. 일반적으로 도교의 기원은 전국시대에 유행했던 신선(神仙) 신앙에 바탕을 두고 있는데, 이는 중국 원시 시대부터 전해 오는 무술(巫術)과 귀신에게 바치는 제사, 민속신앙, 각종 방술이 결합되어 이루어진 것이다. 이러한 도교가 추구하는 바는 속세를 초월하여 수련을 통해 불로장생하고 선인(仙人)이 되는 것이다(張恩富, 2005). 이처럼 도교 사상은 일반적으로 주술적 사상에 가깝다. 하지만 『노자도덕경』에 나타나는 텍스트에 의하면, 중국의 춘추시대에 절대적, 지배적, 보편적인 생각과 정면으로 대치한 노자는 인위적인 다스림의 철학에서 자연적인 내버려둠let it be의 철학을 말했다. 노자는 생존이 확실했던 인물이라기보다는 일종의 문헌에 가깝다. 공자나 맹자처럼 실체가 있는 사람이 아니라 2500여 년 전에 중국 땅에서 살았던 사람이라고 추정되는 사람이 쓴 글이다. 무명의 노자가 말했다고 전해지는 5000여 자에 담긴 『노자도덕경』 84편을 일관하는 기본 사상이자 핵심 철학은 무위(無爲)다. 무위란 채움이 아닌 비움emptiness의 철학이다. 방도 그렇고 그릇도 비어 있으므로 존재하듯이 모든 세상 만물은 비움(空)이 있으므로 존재가 있다는 뜻이다. 사람도 자신을 채우는 게 아니라 비웠을 때 더욱 존재한다는 의미다. 이러한 노자의 생각은 그 당시 공자의 생각과 패러다임이 달랐다. 무위자연을 말하는 노자가 공자에 대해 그냥 자연스레 두면 될 것을 인(仁)이니 의(義)이니 하면서 쓸데없이 세상을 다스려 보겠다고 폼 잡는 인간이라고 비난한다면, 인의정치(仁義政治)를 말하는 공자는 노자에 대해 이 아픈 현실을 내버려 두고 무위니 자연이니 하는 헛소리나 하면서 떠도는 은둔주의자라고 비난한다. 그만큼 공자 사상인 원시 유교와 노자 사상인 원시 도교는 하늘과 땅만큼의 차이가 있다. 유교가 매우 현실적인 정치철학이라면, 도교는 아주 초월적인 자연철학이었던 것이다. 『노자도덕경』을 찬찬히 읽으면 노자 특유의 통렬하면서도 통쾌한 역설을 통해 뒤통수를 한방 맞은 것 같은 느낌이 든다. 우리가 절대적, 지배적, 보편적으로 생각해 온 것에 대한 전환적 깨달음을 준다. 84편 5000여 자의 짧은 글로 이루어진 『노자도덕경』의 텍스트는 짧지만 의미는 참 깊다. 노자 사상의 관점에서 PR이란 이기기보다 감싸는 여성성의 페미니즘 PR이며, 공중으로부터 이윤을 얻기보다 공중에게 가치를 베푸는 PR이며, 차이의 다양성을 인정하고 수용하는 PR이며, 조직과 공중 간의 관계만이 아닌 생태적 공동체를 실현하려는 PR이다. 이러한 관점에서 PR이란 조직과 공중 간의 쌍방향 커뮤니케이션을 넘는 그물망 커뮤니케이션으로 하나의 생태적 공동체 안에서 조직과 공중이 서로의 차이를 인정하며 조직이 공중에게 가치를 주며 서로를 감싸는 관계 활동이다(박기철, 2008a).

원시 불교 사상

불교가 무엇이냐고 물으면, 대개 대웅전에서 보는 커다란 부처님상이나 마당에 있는 석탑, 절 입구에 무섭게 생긴 사천왕상, '나무관세음보살 나무아미타불'과 같은 염불, 스님을 비하해서 부르는 중, 스님들이 때리는 목탁, '색즉시공 공즉시색'과 같은 난해한 철학, 만(卍)과 같은 신비로운 글자, 알 듯 모를 듯한 선(禪) 사상, 백팔 기도, 백팔번뇌, 소원 성취와 기복, 윤회 사상, 염라대왕, 극락과 같은 것들을 떠올린다. 특히 유일신을 기반으로 하는 기독교의 관점에서 보면 불교란 아주 저급한 수준의 미신이다. 아울러 대다수의 사람들은 "불교는 어렵다"고 말한다(소운스님, 2004). 그렇게 불교는 원래의 뜻과는 다르게 어렵게 변질되며 신앙화되었다. 하지만 불교의 초기 경전인 아함경에서 알 수 있는 원시 불교 사상을 살피면 불교는 자비와 같은 사랑이 아니라 연기(緣起) 사상을 바탕으로 하는 매우 현실적인 세계관의 철학이다. 연기란 모든 세상 만물이 말미암아(緣) 일어난다(起)는 뜻이다. 이러한 불교의 연기 철학 관점에서 PR은 공중관계 PR만이 아닌 생태관계 PR로서 새로운 의미를 가진다. 공중 관계 PR은 조직이 중심에서 환경을 이루는 다양한 공중들과 관계를 맺는다. 그리고 이 공중 관계 PR에서 가장 이상적인 것은 쌍방향 커뮤니케이션이다. 하지만 생태 관계 PR에서 조직은 중심에 있지 않고 생태계 안의 인간이 그렇듯 그물망 속의 한 점에 불과하다. 여기서 필요한 것은 쌍방향 커뮤니케이션이 아니라 그물망 커뮤니케이션이다. 그물망이란 하나의 전반적 연결 고리를 가지고 있는 생태적 공동체다. 그 생태적 공동체의 그물망 안에 다양한 공중들이 있고 또한 있는 그대로의 자연이 있다. 그물망에 있는 하나의 존재로 말미암아 다른 존재들의 움직임이 일어난다. 즉 석가모니 부처의 연기 사상대로 연기되어 일어나는 것이다. 이 공동체 그물망 안에서 잘 움직이려면 조직 하나만의 이득을 위하여 널리 알리는 홍보를 열심히 해서 되는 것도 아니며, 또한 다양한 공중들과 쌍방향 커뮤니케이션을 열심히 한다고 되는 것이 아니다. 다양한 공중들과 있는 그대로의 자연을 배려하는 그물망 커뮤니케이션이 제대로 되어야 한다. 그물망이란 다름 아닌 관계망이다. 그물망 커뮤니케이션, 즉 관계망 커뮤니케이션이 제대로 되려면 더욱 거시적 시각을 가져야 한다. 여기서 거시적 시각이란 작은 것을 무시하는 통 큰 시각이 아니라 작은 것도 큰 관점에서 세심하게 살필 수 있는 시각이다. 가령 어느 조직이 거시적 시각을 가진다고 하는 것은 그 조직이 하는 하

그림 1-22 PR에 의미를 주는 여섯 가지 동양사상

찮은 일들도 거시적인 관점에서 볼 수 있는 사고다. 자신의 이런저런 작은 행동이 생태적 공동체에 어떤 영향을 미치게 되는지 배려하는 것이 바로 거시적 시각이다. 이러한 그물망 커뮤니케이션을 생각한다면, 조직이 공중에게 어떤 강력한 영향을 미칠 수 있다는 생각보다 조직이 생태적 공동체 안에서 큰 욕심을 버려야 한다는 겸허한 생각을 자연스럽게 가지게 된다. 이는 호의적 공중 관계를 통한 지금 당장의 이득보다 지속적 생태 관계를 통한 지속 가능한 조화를 추구하려는 생각이다. 이런 생각을 가지고 커뮤니케이션을 한다면 그것이 바로 그물망 커뮤니케이션이다. 이 그물망은 y=f(x), f=ma, x → y와 같은 단순계가 도무지 먹히지 않는 복잡계이기에 자기 혼자 어찌 잘해 볼 수 없는 한계를 스스로 인정하게 된다. 부처가 된 고타마 싯다르타가 깨달은 연기 사상 바탕의 원시 불교 사상과 현대 PR 철학이 만나는 교차점에서 PR의 의미를 새롭게 정의하면, "PR은 호의적 공중 관계를 맺기 위한 쌍방향 커뮤니케이션이다"라기보다 "PR은 지속적 생태 관계를 맺어가는 그물망 커뮤니케이션이다"(박기철, 2008b).

이렇듯 사변화된 유교, 주술화된 도교, 신앙화된 불교가 아니라 원시 유교, 원시 도교, 원시 불교 사상은 PR의 철학적 의미 정립에 중요한 기본이 된다. 그리고 이제부터 살필 춘추전국시대의 묵가, 병가, 법가 사상도 아울러 PR에 중요한 철학적 시사점을 준다. 원시 묵가의 충실 사상, 원시 병가의 결과 사상, 원시 법가의 방법 사상은 PR 철학에 깊고 넓은 전환적 의미를 주기 때문이다. 그림 1-22에서 밑의 세 가지 사상은 이미 살핀 바 있으므로 이제부터 위의 세 가지 사상들에 대해 하나하나씩 살피면서 그 사상들이 PR에 어떠한 철학적 의미를 주는지 살피고자 한다.

원시 묵가 사상과 PR 철학

원시 유교 사상과 원시 도교 사상과 마찬가지로 약 2500여 년 전에 생긴 원시 묵가 사상의 창안자 묵적(墨翟)은 하층의 노동자 계급 출신이었다. 당대 최고의 토목 기술자로 알려지기도 한 묵적은 나라 간의 전쟁으로 어지러운 춘추전국시대에 나름대로 차별화되는 의미 있는 사상을 제안하여 묵자로 일컬어지게 되었다. 그리고 일련의 묵가 사상을 형성하게 된다. 이러한 원시 묵가 사상을 알 수 있는 책은 71편으로 이루어진 『묵자(墨子)』다(이영화 · 송철규, 2008; 안외순, 2005). 18편은 사라져서 전해 오지 않고 53편만 전해 오고 있다. 이 중 묵자 39편은 비유(非儒)편으로 노골적으로 유교를 비판하고 있다. 특히 유교가 지위 여하에 따라 사람들을 차별하고, 또한 장례식을 치를 때에 너무 형식적인 측면을 강조한다고 하면서 유교를 비판하였다. 하지만 이러한 비판이 그 당시 원시 유교의 본질에 대한 올바른 이해에서 나온 것이라고 판단하기에는 성급하다. 원시 유교 사상을 고스란히 담고 있는 『논어』에는 사람의 차별과 장례의 형식에 관해 논한 부분이 하나도 없기 때문이다. 아마도 묵가 사상은 묵자 한 사람 개인의 말이 아니라 세월이 흘러 변화된 것일 수 있다. 그러면서 자신들의 사상을 돋보이게 하도록 유교와 같은 다른 사상들을 비판할 필요성도 생겼을 것이다. 하지만 묵가 사상의 그러한 유교 비판이 묵가 사상을 전반적으로 이해하는 데는 그리 커다란 문제가 되지 않는다. 그렇다면 묵가 사상은 과연 어떠한 생각을 가졌는가? 필자는 묵가 사상의 핵심을 실(實), 겸(兼), 천(天)이라는 세 가지 한자로 압축 요약하여 정리하며 차례대로 살피기로 한다.

실(實)의 사상: 묵자라는 문헌에서 가장 크게 알 수 있는 묵가 사상의 기반이 실용주의, 또는 현실주의 철학이라는 점이다. 묵자는 유능한 노동자로서 토목 기술자이기도 하면서 군사 기술자였다. 즉 철학자 philosopher라기보다는 기술자engineer였다. 이러한 기술자를 따르는 무리들이 묵가를 이루며 묵가 사상을 이루었는데, 그 사상의 가장 근본적인 요체는 바로 뜬구름 잡는 이상을 배격하는 실의 사상에 있다고 할 수 있다. 물론 묵가가 유교에 대한 잘못된 이해로 유교를 비판했다고 하더라도 묵가가 유교를 비판하는 것은 바로 묵가의 실용주의 사상에서 이해될 수 있다.

묵자와 그의 제자들은 어떻게 성문을 방어하고, 흙산을 높이 쌓고, 적의 다양한 공격에 대비하고, 깃발 신호를 하고, 명령 체계를 세우는지 고민하고 연구하고 실천했던 사람이었다. 이러한 일들을 실제로 하면서 묵자가 가진 실의 사상이 자연스럽게 생기게 되었을 것이다. 묵자의 문헌에서 이러한 실의 사상을 가장 실감나게 잘 알 수 있는 부분은 절용(節用)편이다. 절용이란 비용의 절감을 뜻한다. 토목 기술자로서 소비자라기보다 생산자의 입장에 있었던 묵자는 단지 토목 기술로 무엇을 만드는 데에서의 절용만이 아니라 나라를 다스리고 사람이 살아나가는 데에서의 전반적인 절용을 제안하였다. 특히 나라를 운영하는 통치자는 쓸데없는 비용을 줄여서 나라의 부를 키울 수 있다고 하였다. 먹고 입고 다니며 사는 데 낭비하지 않고 절약할 수 있다면 이는 나라가 잘사는 길이 된다고 묵자는 매우 현실적으로 생각하였던 것이다. 가령 장사를 지낼 때도 묵자가 제안하는 매장의 방법을 보면 그가 얼마나 낭비를 배격하며 실용을 추구하였는지 잘 알 수 있다. 관을 너무 크게 만들지 말고 뼈를 썩게 하도록 만들면 적당하며, 땅을 파는 것도 바닥에 물기가 스며들지 않고 냄새가 밖으로 새어나오지 않도록 하면 적당하며, 무덤은 찾아가기에 충분하면 적당하며, 입고 먹을 재물을 생산하는 데 불편이 없도록 제사를 지내면 효성으로서도 적당하다고 묵자는 일갈하였다.

묵자의 이러한 실용주의적 현실적 생각은 다름 아닌 일반 백성을 위한 것이었다. 그 당시 통치자들이 허례허식을 위하여 낭비를 일삼고 백성들을 힘들게 하는 것에 대한 묵자의 비판이 바로 절용이었을 것이다. 다만 『논어』에서 알 수 있는 원시 유교 사상은 허례허식과는 거리가 먼 것이었는데도, 묵자는 절용의 사상을 상대적으로 강조하기 위하여 유교를 강하게 비판하였을 것이다.

겸(兼)의 사상: 묵자에 대하여 조금이라도 알고 있는 사람에게 묵자의 사상을 한마디로 무엇이냐고 질문했을 때 나오는 말은 바로 겸애일 것이다. 묵자를 평화주의자라고 하는 것은 바로 이 겸의 사상 때문이다. 묵자는 전쟁에 필요한 토목 분야의 군사 기술자이면서도 전쟁을 피했다. 다만 공격이 아닌 방어의 차원에서 군사 기술을 현실적으로 논했을 뿐이다. 한국, 중국, 일본, 홍콩의 합작 영화인 〈묵공〉은 사실상 묵가의 사상과는 대비되는 영화였다. 이름부터 어울리지 않았다. 묵가의 기본적인 생각은 묵공(墨攻)이 아니라 비공(非攻)이었다. 비공이란 공격을 하지 않는다는 뜻이다. 비공편에서 알 수 있듯이 공격이 아니라 공격을 막는 방어에 치중한 그의 비공 사상은 그 바탕에 겸의 사상을 기본적으로 깔고 있다. 병가(兵家)의 손자가 손자병법에서 싸우지 않고 이기는 것이 최상의 병법이라고 한 것과 달리 묵자는 상대방을 이기기 위한 목적이 아니라 상대방과 같이 공존하는 겸의 사상을 제안하였으며, 할 수 없이 싸우게 된다면 침공과 공격이 아니라 수성과 방어를 위한 방법을 실제적으로 제안하였던 것이다.

겸(兼)이란 더불어 · 함께의 뜻을 가지고 있다. 겸애(兼愛)란 더불어 사랑한다는 뜻이다. 더불어 사랑하는 것은 자기만 사랑하는 것이 아니라 상대방도 같이 사랑한다는 뜻이다. 이 세상의 모든 죄악은 바로 자기만 사랑하는 데서 생긴다. 남의 아픔과 고통에 대해서는 무지한 데서 생긴다. 그렇게 자기만 사랑하고 남에 대해서는 아무 상관없이 무심한 것은 하나의 병이다. 사이코패스라는 정신질환은 그러한 병의 결정판이다. 묵자가 살던 시대에는 사이코패스와 같은 정신질환이 국가적 차원에서 난무하였다. 자기의 이익을 위하여 남의 나라를 빼앗고 강탈하는 것이 다반사로 이루어지던 살벌한 시대였다. 한마디로 호전주의가 판을 치던 시대였다.

이러한 시대에 나만이 아니라 남과 더불어, 함께, 공존하자는 겸의 사상을 제안했던 것이 묵자였으며, 서로 사랑하자는 겸애의 사상은 이 시대 평화주의와 직접적인 관련이 있다. 아울러 겸의 사상은 공산주의나 사회주의 사상과 연관이 있다는 설이 제기되기도 하지만 경제관점에서 이념적 성향이 짙은 공산주의나 정치 관점에서 이념적 성향이 짙은 사회주의보다는 일반적이며 보편적인 평화주의에 더욱 가깝다고 생각할 수 있다. 아울러 이러한 겸의 사상은 원시 유교에서의 인의 사상과 가깝다고 할 수 있다.

천(天)의 사상: 실용주의 또는 현실주의에 가까운 묵자의 사상은 실천을 중시하므로 이상적인 하늘 天과는 관련 없는 사상이라고 이해될 수 있다. 하지만 사실상 묵자의 철학은 하늘을 지향하는 사상이다. 여기서 하늘이란 천주교와 같이 신앙적인 대상이 아니라 철학적인 표상이다. 즉 하늘의 뜻에 따라 일을 추진하고 일이 성사되어야 현실적으로 문제가 없다는 것을 주장하는 것이다.

묵자 전편에 흐르는 이러한 하늘 중심의 사상은 천지(天志)편에 가장 직접적으로 나와 있다. 천지란 말 그대로 하늘의 뜻이다. 하늘은 세상 만물의 생성과 흐름을 좌우하는 것이므로 그 천하에 사는 인간 사회가 본받고 지향해야 하는 절대적 표상이다. 하늘의 뜻을 좇아 따르는 사람을 천자라 한다. 천자는 하늘의 뜻에 따라 백성을 다스려야 한다. 흔히 묵자는 하층민의 입장을 대변한 사상이라고 한다. 하지만 묵자라는 사람은 노동자이자 기술자이기에 하층민을 위한 사상을 전개하였다기보다는 하층민의 위에서 천자인 성왕이 어떻게 이 세상을 다스려야 하는지에 대한 정치사상을 제안하였다고 볼 수 있다. 즉 하층민의 입장을 대변한 사상이라기보다는 하층민을 다스리는 정치사상인 것이다. 한마디로 아래에서부터 위로가 아니라 위에서부터 아래로의 정치사상에 가깝다. 즉 바텀업Bottom up이 아닌 톱다운Top Down인 것이다. 묵자라는 인간보다 『묵자』라는 문헌에 있는 그대로 나와 있는 바에 따르면 하늘의 뜻에 따라 백성을 다스리는 것이 의정(義政)이다. 즉 묵자에게 의란 바로 하늘의 뜻을 따르는 것이다. 그러한 하늘의 뜻은 강하고 큰 나라가 약하고 작은 나라를 공격하지 않고, 머리가 좋고 높은 사람이 아랫사람을 업신여기지 않는 것이다. 그러한 생각으로 정치하는 사람이 성스러운 성왕이며 그 반대가 포악한 포왕이다. 하늘의 뜻에 따르는 천자인 성왕은 마땅히 의로운 존재다. 성왕인 천자의 뜻에 하나로 뜻을 모으는 것은 마땅히 현명한 것이며, 그러한 현명함을 아주 중요하게 생각하는 것이 상현이며, 상현의 뜻이 위에서 아래로 하나 되도록 하는 것이 상동이다. 이처럼 하늘의 뜻(天志)은 의(義), 그리고 묵자의 중요한 부분이 상현(尙賢)과 상동(尙同)의 사상과 하나의 맥락으로 연관되어 있다.

노자라는 문헌에서도 하늘이라는 단어가 나온다. 노자의 사유에 의하면 하늘은 어질지 못하다(天地不仁). 아무리 하늘의 뜻을 잘 따르는 인간이라고 하더라도 하늘은 그러한 인간에게 어질기는커녕 다른 세상 만물들과 똑같이 한낱 상갓집 개풀처럼 여길 뿐이다. 즉 모든 세상 만물에 대해 하늘은 공평하다는 것이다. 노자가 보기에 하늘은 누구에게

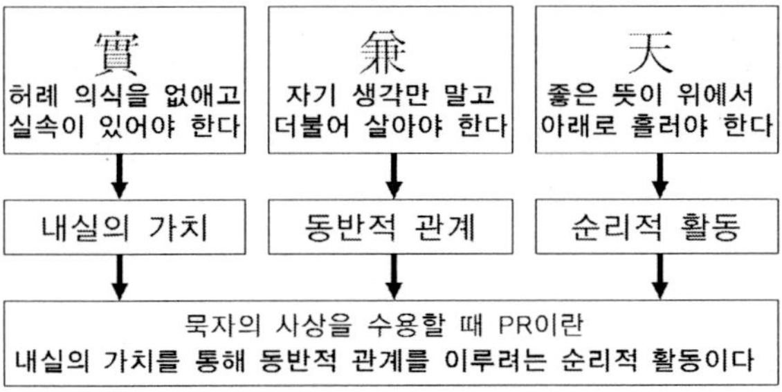

그림 1-23 묵가 사상이 PR에 주는 의미

는 예뻐서 복을 주고 누구에게는 미워서 벌을 주고 하는 기복적 · 주술적 대상이 아니다. 이렇게 볼 때 노자의 사유와 묵자의 사유는 전혀 다르다. 하늘(天)에 대해 노자가 인간세상을 넘는 초월적인 사유를 했다면, 묵자는 인간 세상에 대한 가장 현실적이며 실용적인 사유를 했다고 할 수 있다.

지금까지 묵자의 사상을 실(實), 겸(兼), 천(天)의 사상으로 압축 요약하였는데 이것을 PR과 연관지어 생각하면 그림 1-23을 도출할 수 있다.

원시 병가 사상과 PR 철학

어느 신문의 논설위원이 칼럼에서 『손자병법』에 미인계라는 것이 있고, 36계 줄행랑이라는 것이 있다고 썼다. 필자는 그 글의 작자가 『손자병법』의 원문을 하나도 읽지 않고 대충 알고 글을 쓴 것임을 대번 알 수 있었다. 『손자병법』을 운운하며 『손자병법』을 아는 양 가식적으로 쓴 글이었을 뿐이다. 인터넷에서도 검색해 보면 『손자병법』의 36계라는 것이 나온다. 하지만 『손자병법』에는 미인을 써서 적을 어지럽힌다든지, 36번째의 맨 마지막으로 도무지 아무 대책이 없을 때에는 도망치는 것이 최고라는 내용이 하나도 없다. 전쟁에서의 36가지 계라는 것은 『손자병법』과 아무 상관이 없다. 36계는 춘추전국시대부터 구전되어 오던 걸 누군지도 모르는 사람들이 모아 만든 가벼운 잡술에 불과하다.

그렇다면 『손자병법』은 과연 무슨 책일까? 공자가 살던 비슷한 시대(BC 551～479)에 손무(孫武)라는 사람이 쓴 13편의 병법서다. 손무의 후손인 전국시대의 손빈이 지었다는 설도 있다. 손자는 공자의 제자였다가 뜻이 안 맞아 나왔다는 설도 있지만 확실한 것은 아니다. 그가 살던 시대는 오월동주(吳越同舟), 와신상담(臥薪嘗膽), 토사구팽(兎死狗烹)이니 하는 사자성어들이 사마천의 『사기』라는 역사서를 통하여 생기던 때다. 어떻게 하면 전쟁에서 승리할 수 있는지가 각국 제후들의 최대 고민거리였던 때다. 하지만 『손자병법』은 단지 전쟁에서 승리할 수 있는 팁을 36계처럼 제시하는 가벼운 책이 아니다. 가령 『손자병법』에서 가장 유명한 문구를 말하라고 하면 대개 '知彼知己 百戰百勝'이라고 하는데, 『손자병법』에는 이런 말이 없다. 상대를 알고 나를 알면, 백 번 싸워서 백 번 이긴다는 말에는 오로지 승리를 위한 강박한 욕심만이 있을 뿐이다. 손자는 이렇게 욕심스럽게 말하지 않고 다만 '知彼知己 百戰不殆'라고 조심스럽게 말했다. 상대를 알고 나를 알면, 백 번 싸워도 위태롭지 않다는 뜻이다. 백 번 싸워서 백 번 이긴다는 보장과 백 번 싸워도 위태롭지 않다는 염려는 그 내용에서 차원과 품격이 다르다. 그래서 손자에 대해 전쟁을 미학art of war으로 끌어 올렸다는 평을 받고 있다. 싸우지 않고 이기는 전쟁 미학을 제시하였던 것이다. 즉 이기기 위한 전쟁의 기술을 제시한 것이 아니라 이기게 되는 전쟁의 철학을 제시한 사람이라는 뜻이다. 그는 호전적인 전략가가 아니라 오히려 비호전적인 사상가였다. 그가 제시한 전쟁의 철학은 전략적이라기보다 순리적이다. 손자는 도의 철학, 인의 철학을 바탕으로 하여 전쟁도 자연과 인간의 섭리에 따라야 한다고 말한다. 서양에서 이러한 병법서는 2000년을 훌쩍 넘겨 19세기 초반에 나왔는데, 바로 프로이센의 장군인 클라우제비츠Carl von Clausewitz가 쓴 '전쟁론'이다. 하지만 『손자병법』은 전쟁론보다 훨씬 더 수준 높은 병법서다. 『손자병법』을 다룬 해설서(권형안, 2006; 유동환, 2005; 노태준, 2009)에서 가장 감명 깊은 구절 중 하나는 다음과 같은 내용일 것이다.

> 是故百戰百勝 非善之善者也 不戰而屈人之兵 善之善者也.
> 이런 고로 백 번 싸워 백 번 이기는 것은 최선 중의 최선이 아니다.
> 전쟁하지 않고 적병을 굴복시키는 것이 최선 중의 최선이다.

마케팅에서 블루오션(Kim and Marborgne, 2004)이라는 말이 있다. 시뻘건 레드오션에서 피 튀기게 경쟁하며 싸우지 않고, 새파란 푸른 바다에서 여유 있게 생존하려면 어떻게 해야 할까? 경쟁자보다 한 수 위에서 경쟁자가 미처 생각하지도 못했던 혁신적 가치를 고객에게 주어야 한다. 소위 가치 혁신이다. 그러한 마케팅의 기본철학이 바로 『손자병법』에 담겨 있다. 경쟁자보다 한 수 위에 있어야 싸우지 않고 이길 수 있다. 공중 관계 활동인 PR도 마찬가지다. 공중과 좋은 관계를 지속적으로 이루어 가려면 경쟁자보다 한 수 위에서 고객에게 좋은 가치를 지속적으로 주는 것이 가장 중요하다. 그렇게 하면 시시하게 쩨쩨하게 경쟁하지 않고 결과적으로 승리하게 된다. 승리만을 목적으로 하지 않더라도 승리라는 결과를 얻게 되는 것이다. 그것이 바로 경쟁을 넘는 경쟁의 미학이다. 또한 마케팅의 미학이며, PR의 미학이기도 하다. 이러한 이유로 『손자병법』을 마케팅의 고전으로 삼아도 충분하다. 아울러 치열한 경쟁의 시대에 놓인 PR의 고전으로 삼아도 충분하다. 이러한 미학이 『손자병법』이라는 2500년 전의 병법서에 온전히 담겨 있다는 것이 참

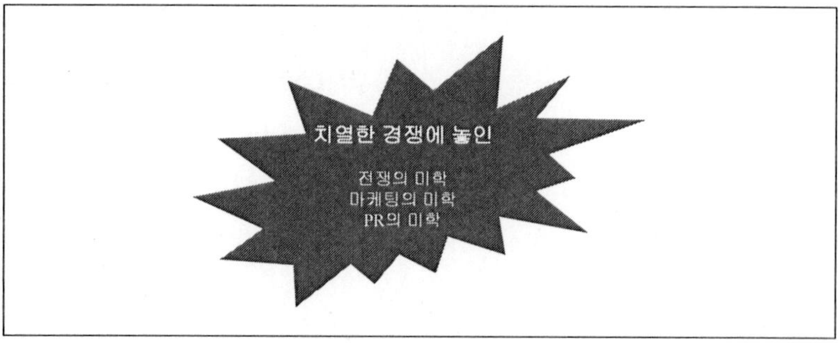

그림 1-24 병가사상이 PR에 주는 의미

신기하며 신비롭다. 지금까지 『손자병법』에 담긴 손자의 사상을 PR과 연관지어 생각하면 그림 1-24와 같은 명제를 도출할 수 있다.

치열한 경쟁의 시대에서 PR은 이기기 위한 전략적 활동이 아니라 자연스럽게 이기게 되는 결과를 가져 오는 순리적 철학이다.

원시 법가 사상과 PR 철학

춘추시대 제자백가의 사상에 대하여 고등학교 때 익히 알아서 아직도 머릿속에 박혀 있는 내용이 있다. 바로 맹자의 성선설(性善說), 순자의 성악설(性惡說)이다. 그런데 우리는 이것을 맥락적 지식이 아니라 파편적 지식으로만 알 수 있다. 왜 맹자가 인간의 본성을 선하다고 했고, 순자가 인간의 본성을 악하다고 했는지에 대한 이해는 없이 단지 그렇게 외우고 있을 뿐이다. 그런데 그 두 개의 설이 이분법적으로 그럴듯해 아직도 머릿속에 남아 있다. 춘추시대 공자의 사상은 직계제자인 증자에게로, 그리고 공자의 손자인 자사를 거쳐 전국시대의 맹자로 이어지는데, 맹자는 공자의 인의 사상에 의(義)의 사상을 추가한 유교 사상을 만든다. 이처럼 의의 사상을 전개하는 데에 인간의 본성은 기본적으로 선하다고 할 수밖에 없다. 하지만 맹자보다 나중에 살았던 전국시대의 순자는 유교의 계승자로 알려져 있으나 사실은 전통적인 유교와는 전혀 다른 사유를 한 사상가다. 『순자』 역시 순자 혼자만의 저술은 아니고 제자들이나 후인들이 『순자』라는 이름으로 쓴 것이다. 그래서 순자라는 인간이라기보다 『순자』라는 문헌으로 이해하는 편이 옳다. 순자라는 문헌에서는 제사 지내는 방법을 세세하게 설명하고 있는데 이는 실질적인 사유를 했던 묵가 사상의 비판 대상이 되었다. 결국 묵자라는 한 인간이라기보다 묵자 사후 이어진 묵자라는 문헌이 유교를 허례허식이라고 한 이유는 공자 당시의 오리지널한 원시 유교가 아니라 순자라는 문헌을 유교로 보고 유교를 비판했을 것이라고 판단된다. 본명이 순황(荀況)이었던 순자는 전통적인 유교가 인과, 의 등 인간의 도덕성에 기반을 두는 것에서 탈피하여 인위적인 예치를 주장한 사람이었다(장현근, 2002). 그렇게 주장하는 바탕에 인간의 본성을 악하다고 보는 생각이 있다. 이러한 인위적 예치는 나름대로 현실적인 질서와 합리성을 추구하였다고 볼 수 있다. 이러한 점에서 순자를 유교의 계승자가 아니라 법가의 창시자로 여기는 것이 더 맞다.

법가의 창시자인 순자를 이은 법가의 완성자는 한비자로 알려진 한비다(윤찬원, 2005). 한때에는 한자라고 불리기도 하였는데, 당나라의 문인인 한유가 한자로 불림에 따라 혼동을 피하기 위하여 한비자로 불렸다. 한비자는 전국시대 말에 살았는데, 전국시대를 통일한 진시황을 직접 만났다고 한다. 그런데 한비자는 지독한 말더듬이여서 진시황을 만나서 너무 말을 더듬어 자기의 법가사상을 설득시키지 못한다. 더군다나 한비자의 높은 학문에 시기심을 느낀 친구의 모함을 받아 억울하게 죽임을 당하고 마는데, 후에 그의 저술은 진시황을 완전히 매료시킨다. 결국 진시황은 그의 저술에 나타난 법치의 사상대로 진나라를 이

끌었으니 춘추전국시대에 꽃핀 제자백가 사상의 승리자는 결국 한비자의 법가 사상이다. 법가 사상이란 순자처럼 인간의 본성은 악하다고 보기 때문에 인치나 덕치가 아니라 철저한 법치에 의해서 강하게 다스려야 한다고 주장하는 것이다. 그렇다면 한비자를 16세기 르네상스 시대에 이탈리아의 마키아벨리Machiavelli와 같은 사상이 아닐까 생각되기도 한다. 군주론이라는 저술로 유명한 마키아벨리는 그의 이름을 본따 마키아벨리즘이라는 정치 용어까지 생기게 한 사람인데, 군주는 자신의 권력을 획득하고 유지하기 위하여 권모술수 등 모든 수단과 방법을 다 동원해야 한다고 주장한 사람이었다. 권력을 추구하는 정치는 도덕과 전혀 별개라고 했던 것이다. 가령 군주는 여우의 영리함과 사자의 무자비함을 갖추어야 한다고 했던 것이다. 하지만 한비자의 법치 사상은 이러한 마키아벨리 사상과 차원이 전혀 다르다. 한비자의 법치주의 사상 안에는 노자 사상이 짙게 깔려 있다. 가령 『노자도덕경』 63장에 天下難事 *必作於易* 天下大事 *必作於細*라는 유명한 말이 나온다. 천하의 어려운 일은 반드시 쉬운 것에서 시작되고, 천하의 큰 일은 반드시 작은 것에서 비롯된다는 뜻이다. 한비자는 이러한 문구를 비유하여 다음과 같은 글을 썼다. *千丈之堤, 以螻蟻之穴潰* *百尺之室* *以突隙之烟焚* 즉 천 길의 강둑도 개미구멍으로 무너지고 백 척의 큰 집도 굴뚝 연기로 불탄다는 뜻이다. 이러한 상황이니 매사에 세심하고 치밀하게 다스려야 한다는 뜻이다. 치열한 전쟁이 펼쳐졌던 시대에 한비자는 나라가 강하려면 군주가 강력한 힘으로 다스려야 한다고 하였으며 그러한 통치를 바로 법치주의라고 했던 것이다. 한비자가 노자의 사상을 기본적으로 받아들였다고는 하나 노자의 애매모호한 무위사상은 한비자의 법치주의와 잘 맞지 않는다고도 할 수 있다. 노자가 방임적이라면let it be, 한비자의 사상은 전제적이기get it all 때문이다. 그 두 사상의 벽을 어떻게 허물 수 있었을까? 한비자는 노자의 도 사상을 무위 사상으로 여기지 않고 군주가 나

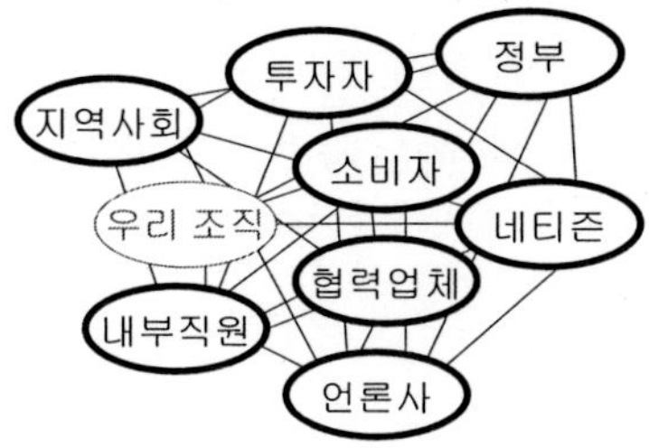

그림 1-25 법가 사상이 PR에 주는 의미

라를 통치하는 현실 사상으로 구체화시켰다. 그렇게 도가 구체화된 모습이 바로 법이라고 하는 것이다. 여기서 법이란 불교에서 말하는 '法'도 아니고 법조문에 담긴 'law'도 아니다. 한마디로 나라를 움직이는 전반적인 방법이나 시스템을 뜻하는 것이다. 한마디로 구체적인 술(術)인 셈이다.

이러한 법가 사상이 PR과 무슨 · 어떤 관련성이 있을까? 이것에 대해 PR을 어떻게 할 것인지의 문제와 연결시킬 수 있다. 즉 PR의 현실적이며 구체적인 방법이 무엇인지의 문제와 관련시킬 수 있다. 지금까지 원시 유교나 원시 도교, 원시 불교 사상은 개념적으로 PR이 무엇인지에 대한 이해에 도움은 되나, 그렇다면 PR을 어떻게 할 것인지에 대한 방법에 대해서는 구체적인 답을 주기가 어려웠다. 하지만 한비자의 법가 사상에 대해 나라를 움직이는 방법적 시스템이라고 할 때, 이러한 해석을 PR에 적용할 수 있다. 그래서 다음과 같이 PR의 방법에 대해 정의하며 그림 1-25로 나타낼 수 있다.

PR이 제대로 되려면 널리 알리는 홍보 시스템이 아니라 다양한 공중 관계 시스템을 순리적으로 갖추는 일이 PR의 도(道)이고, 또한 PR의 법

(法)이다. 다양한 공중 관계 시스템이란 공중별 PR을 위한 시스템이다. 내부 직원이라는 공중과의 관계, 협력 업체라는 공중과의 관계, 소비자라는 공중과의 관계, 투자자라는 공중과의 관계, 지역사회 주민이라는 공중과의 관계, 정부 공무원이라는 공중과의 관계, 네티즌이라는 공중과의 관계, 언론사 기자라는 공중과의 관계 등…. 이러한 다양한 공중들과 지속적으로 호의적 관계를 이루어 갈 수 있는 시스템을 구축하는 것이 PR을 하는 가장 기본적인 방법이 된다. 물론 시스템 구축 이전에 이러한 시스템을 구축해야 근본적 이유에 대해 올바른 이해를 하는 마인드가 선행되어야 하는 것은 당연하다. 그 마인드를 위해 원시 유교, 원시 도교, 원시 불교 등의 사상을 개념적으로 온전히 이해해야 하며, 그 이해를 바탕으로 하여 한비자의 법가 사상에 따른 시스템을 적용하여 관계를 방법적으로 구현한다면 제대로 된 PR이 실천될 것이다.

PR 철학의 패러다임 전환

지금까지 원시 유교 사상, 원시 도교 사상, 원시 불교 사상의 바탕 위에서 묵가, 병가, 법가 사상을 살폈다. 결국 이러한 여섯 가지 동양사상들은 PR에 대한 기본적인 철학과 방법을 일러주는 것이라고 할 수 있다. 그래서 이를 토대로 PR에 대한 지침을 열 가지로 정리하면 다음과 같다.

① 널리 홍보하기보다 가까운 관계부터 맺어 가라.
원시 유교 사상은 인간관계의 철학이다. 이러한 철학의 관점에서 PR은 홍보와 전혀 다르다. 널리 알리는 홍보는 단지 노출을 많이 하도록 하여 전달을 잘하면 되지만, 공중 관계인 PR은 더 복합적이며 입체적이고 장기적인 관점을 가져야 한다. PR이 잘되려면 멀리 있는 공중보다 가장 가

까운 내부 직원, 협력 업체 등의 공중부터 좋은 관계를 맺어 가야 한다. PR은 외부로 알리는 활동이라기보다 내부에서부터 먼저 공감이 가도록 지속적으로 이루어 가는 활동이다.

② 허상적 이미지를 꾸미기보다 실체적 밸류를 가꿔라.
원시 묵가 사상은 충실의 철학이다. 하지만 PR에 대한 가장 커다란 오해는 실속 없이 이미지를 좋게 포장하는 것이라는 인식이다. 이미지란 실제와 상관없이 만들어질 수 있는 허상이기 쉽다. PR은 이미지를 겉으로 좋게 하여 멋지게 꾸미며 포장하는 것이 아니라 실제적인 안으로부터 내부의 가치를 충실히 가꾸어 가는 것이다. 이미지 메이킹이 아니라 밸류 빌딩인 셈이다. 이는 실속을 중요시하는 묵가 사상과 같은 맥락이다. PR의 키워드는 이미지가 아닌 밸류다.

③ 입소문을 내려고 하지 말고 입소문이 나도록 하라.
원시 도교 사상은 순리의 철학이다. 입소문은 순리적으로 나는 법이다. 헛소문과 입소문은 다르다. 헛소문rumor이 누군가의 이야기를 듣고 헛되게 퍼지는 것이라면 입소문mouth to mouth은 실제로 써 본 사람의 입을 통해서 다른 사람의 귀로 들어가 차례대로 전달되는 것이다. 이러한 입소문이란 인위적으로 내려고 해서 나는 것이 아니라 자연적으로 나게 되는 것이다. 입소문이 순리적으로 나는 것은 실제로 써 본 사람이 좋은 가치를 통해 좋은 체험을 하고 좋은 관계를 가지고 싶을 때다.

④ 쌍방향 공중 관계보다 그물망 생태 관계를 배려하라.
원시 불교 사상은 그물망 안에서 서로 말미암아 일어나는 연기의 철학이다. 정통적인 PR의 관점에서 조직과 공중 간의 쌍방향 균형은 가장 이상적인 상태다. 하지만 쌍방향 균형은 단지 조직과 공중 간의 관계일 뿐

이다. 불교의 연기 사상을 수용했을 때 PR은 더욱 포괄적이며 전반적인 관점을 취하게 된다. 조직과 공중은 모두 관계망인 그물망에 걸쳐 있는 하나의 점일 뿐이다. 그물망에 속해 있는 모든 점들은 고정된 하나의 중심 없이 모두 얽히고설킨 관계에 있다.

⑤ 튀는 독창성보다 끌리는 진정성을 가져라.
원시 유교 사상은 진정성을 바탕으로 하는 인간관계의 철학이다. 진정성은 독창성과 다르다. 독창성은 다른 것들과 차별화되는 것이다. 차별화되면 남들보다 튀게 된다. 광고에서 가장 중요한 것도 바로 이러한 크리에이티브다. 하지만 광고에서건 광고보다 훨씬 더 포괄적인 PR에서건 독창성creativity보다 중요한 것은 언제나 진정성authenticity이다. 즉 진심이 느껴져야 하는 것이다. 이렇게 진정성이 있으면 튀는 것이 아니라 자연스럽게 끌리게 된다. 진정성 없는 독창성은 사기에 불과하다.

⑥ 이기려는 목적이 아니라 이기게 되는 결과를 얻어라.
원시 병가 사상은 이기려는 목적이 아니라 이기게 되는 결과를 추구하는 철학이다. PR은 승리하려고 하는 것이 아니라 관계 맺으려고 하는 것이다. 그래서 PR은 싸움(戰)에서 이기기 위한 꾀(略)인 전략이라는 말과 근본적으로 어울리지 않는다. PR이 추구하는 것은 이기려는 것이 아니라 자연스럽게 이기게 되는 것이다. 이는 손자가 전쟁에서 가장 바람직한 것이라고 한 것과 같은 맥락이다. 레드오션이 아닌 블루오션에서도 결국 싸움의 경쟁에서 벗어나면 결과적으로 이기게 된다.

⑦ 이윤을 얻는 MPR보다 가치를 주는 BPR을 하라.
원시 도교 사상은 물처럼 흐르는 순리의 철학이다. 기존의 CPRCorporate PR이 머릿속의 호의를 얻기 위한 것이라면, 1991년에 새롭게 생긴 MPR

Marketing PR은 마케팅상의 실제적 이윤을 얻기 위한 것이다. 이러한 MPR은 기업의 목표에 부합되므로 보편적인 용어가 되었다. 하지만 PR은 이윤을 얻기 위한 활동이 아니라 근본적으로 가치를 주기 위한 활동이다. 여기서 가치란 브랜드를 뜻한다. 그래서 BPRBranding PR은 가치를 주는 PR이다. 가치가 물의 순리대로 고객에게 흘러넘칠 때 이윤은 고객으로부터 순리대로 얻어지는 법이다.

⑧ 거창한 뉴스거리보다 생생한 이야깃거리를 찾아라.
원시 묵가사상은 허상적 이미지가 아니라 실제적 가치의 철학이다. 언론 홍보에도 실제적 보도 가치가 있어야 한다. 널리 알리는 홍보를 위하여 언론 홍보가 중요하다. 그래서 보도 자료를 기자에게 제공하는 PR Press Release을 통해 대중매체에 공표publicity될 수 있다. 이를 위해 거창한 뉴스거리의 보도 자료를 기자에게 주려고 한다. 하지만 기자의 입장에서 그런 뉴스거리는 별 뉴스 가치가 없을 수 있다. 대신에 의미 있고 흥미 있는 생생한 이야깃거리가 담긴 보도 자료는 실제적 보도 가치가 있으므로 끌리게 되어 보다 비중 있는 기사로 다루어지기 쉽다(박기철, 2007b).

⑨ 집중적 정보 전달보다 지속적 상호작용에 힘써라.
원시 유교 사상은 지속적인 인간관계의 철학이다. 커뮤니케이션이란 쌍방적인 의사소통을 뜻하는데, 일방적인 의사 전달로 이해하기 쉽다. 집중적으로 우리의 정보나 의사를 전달하면 커뮤니케이션이 잘 이루어질 수 있다고 생각한다. 하지만 집중성보다 중요한 것은 지속성이다. 그것도 단지 일시적인 쌍방향 커뮤니케이션이 아니라 쌍방향 커뮤니케이션이 꼬리에 꼬리를 물고 이어지는 상호작용이 중요하다. PR이 추구하는 관계는 그러한 지속적 상호작용을 통해 이루어진다.

1. 널리 홍보하기보다 가까운 관계부터 맺어 가라.
2. 허상적 이미지를 꾸미기보다 실체적 밸류를 가꿔라.
3. 입소문을 내려고 하지 말고 입소문이 나도록 하라.
4. 쌍방향 공중관계보다 그물망 생태관계를 배려하라.
5. 튀는 독창성보다 끌리는 진정성을 가져라.
6. 이기려는 목적이 아니라 이기게 되는 결과를 얻어라.
7. 이윤을 얻는 MPR보다 가치를 주는 BPR을 하라.
8. 거창한 뉴스꺼리보다 생생한 이야기꺼리를 찾아라.
9. 집중적 정보전달보다 지속적 상호작용에 힘써라.
10. 홍보 시스템보다 공중관계 시스템을 갖추어라.

그림 1-26 여섯 가지 원시 동양사상에 따른 PR 10계

⑩ 홍보 시스템보다 공중 관계 시스템을 갖추어라.
원시 법가 사상은 실제적인 방법의 철학이다. 관계를 이루어 가는 PR 마인드와 철학을 갖추었더라도 실제로 이것이 실제적으로 구현되려면 널리 알리는 홍보 시스템보다 다양한 공중들과의 세심한 관계 시스템이 방법적으로 마련되어야 한다. 법가 사상이 치밀하며 세심한 시스템으로 나라를 운영하는 방법과 같은 맥락이다. PR은 복잡하며 입체적이고 전반적인 영역이다. 무엇을 어떻게 할 것인지에 대해 넓고 깊이 생각한 후에 마인드Philosophy 기반의 관계 시스템method이 작동되어야 한다.

지금까지 PR에 대한 10가지 지침을 하나로 결론적으로 정리하면 그림 1-26과 같다. 이러한 열 가지 지침은 앞서 언급한 세 가지 원시 유교, 원시 도교, 원시 불교 사상을 바탕으로 하는 묵가, 병가, 법가 사상이었다. 이러한 여섯 가지 동양사상의 키워드를 하나씩만 꼽자면 그림 1-27과 같다.

묵가사상 充實	병가사상 結果	법가사상 方法
사변화 이전의 **원시 유교사상** 關係	주술화 이전의 **원시 도교사상** 順理	신앙화 이전의 **원시 불교사상** 緣起

그림 1-27 여섯 가지 원시 동양사상의 키워드

사변화 이전의 원시 유교 사상은 유연한 인간관계, 주술화 이전의 원시 도교 사상은 물처럼 흐르는 순리, 신앙화 이전의 원시 불교 사상은 세상만사 얽히고설킨 연기의 철학이었다. 묵가 사상은 안을 채우는 충실, 병가 사상은 이기게 되는 결과, 법가 사상은 실제로 구현하는 방법의 철학이었다. 기존 동양사상에서 다루는 논의를 바탕으로 PR에 대한 전환적 의미를 제안할 수 있다. 그래서 이 여섯 가지 동양사상은 내용에서 서로 차이점은 있으나 이 여섯 가지 동양사상의 핵심 키워드로 PR의 의미를 제안하기 위해 하나의 문장으로 연결하면 일맥상통하는 공통점을 찾을 수 있다. 결국 이러한 여섯 가지 동양사상의 키워드를 사용하여 PR에 대해 종합적으로 정의하면 다음과 같을 것이다.

PR은 그물망 안에서 서로 緣起 되어진
공중들과 지속적 關係를
順理에 따라 이루어 가기 위해
먼저 속을 充實히 한 후
다양한 공중들과의 관계 方法을 마련하여
경쟁에서도 이기게 되는 結果를 가져오는 활동이다.

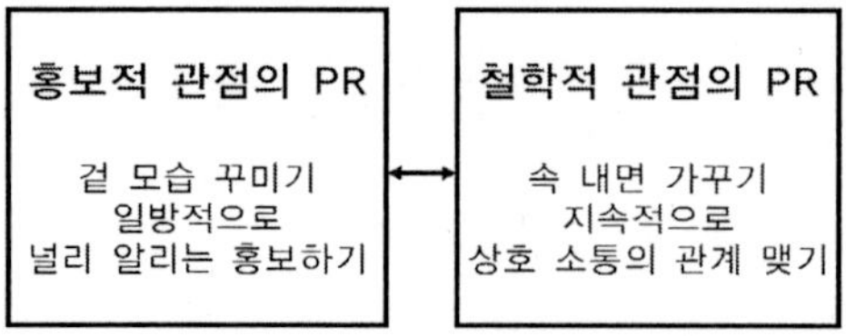

그림 1-28 PR 패러다임의 전환적 차이

이처럼 여섯 가지 동양사상에 바탕을 둔 PR의 철학적 의미를 적용한다면, 이에 따른 PR활동은 홍보적 관점의 PR과 많이 달라져야 할 것이다. 관련 공중에게 보내는 메시지도 달라질 것이다. 가령 홍보적 관점의 PR 활동이 자기가 중심이 되어 자기의 겉모습을 멋있게 꾸며서 널리 알리기 위한 메시지를 일방적으로 전달하게 된다. 하지만 여섯 가지 동양사상에 바탕을 둔 철학적 관점의 PR 활동은 자기의 속 내면을 알차게 가꿔서 그물망 속의 관련 공중들과 지속적으로 상호 소통하며 관계 맺을 것이다. PR에 대한 철학적 이해가 우선 되어야 널리 알리는 홍보가 순리적으로 될 것이다. 일반적으로 알고 있는 홍보적 관점의 PR과 여섯 가지 동양사상에 바탕을 둔 철학적 관점의 PR 차이를 대비하면 그림 1-28과 같다.

이처럼 PR 활동의 근본적 모습을 전환하도록 PR의 의미를 전환적으로 제안한 이 글은 일반적인 논문의 관점에서 보면 많은 부족한 점을 가지고 있다. 객관적인 실증 없이 연구자의 주관적 생각과 직관적 주장이 강하게 내포되어 있기 때문이다. 객관적 실증연구가 아닌 규범적인 연구normative study의 관점에서도 연구의 부족함이 많다. 제안을 하는 데서 참고하는 문헌에 대한 일반적인 자료가 부족하기 때문이다. 또한 논문 내용 전개에서 순리적으로 전개하였다고는 하지만 논리적으로 전개하는 데에 미약함이 눈에 띌 수도 있다. 다만 이 글은 실증을 하기 위한 논문도 아니고 기존 논문 등의 자료를 바탕으로 하는 논문도 아니다. 여섯 가지 동양사상에 관한 책을 읽고 이에 대한 이해를 바탕으로 하여 PR의 의미를 여기에 맞추어 제안하는 논문이다. 이 글의 부족함은 그러한 제안을 하는 때에 생기는 문제라고 생각한다. 앞으로 이러한 문제를 줄이기 위해서는 객관적 실증이나 규범적 참고보다는 이러한 PR의 의미에 따라 PR 활동을 하고 있는 사례를 찾아서 PR의 의미를 더욱 생생하게 정립하는 것이 필요할 것으로 판단된다. 이 글은 주관적인 생각에 근거한 새로운 제안을 하는 논문이니만큼 참고문헌에 제한이 있다. 이 글에서 제안하는 바에 대한 객관적 논의를 담보하기 힘들다. 그래서 논문에서 언급한 동양사상에 대한 문헌을 PR과 연관된 것에 국한시키지 않고 정치나 사상 분야에서 다른 학자들이 이러한 동양사상을 어떻게 해석하고 적용하였는지를 살펴본다면 더욱 깊이 있는 논문이 되리라 여겨진다. 아울러 이러한 PR의 철학적 의미에 바탕을 둔 메시지가 공중들에게 어떤 차이를 발생시키는가 등과 같은 구체적인 제시가 이루어지는 연구가 되면 향후 독자나 학자에게 줄 수 있는 것이 늘어날 것이다.

참고문헌

권형안 (2006). 『손자병법』. 전원문화사.

김경일 (1999). 『공자가 죽어야 나라가 산다』. 바다출판사.

______ (2001). 『나는 오랑캐가 그립다』. 바다출판사.

노태준 (2009). 『손자병법』. 홍신문화사.

박기철 (2007a). 원시 유교 사상과 현대 PR 철학. ≪인문사회과학연구≫, 4. 청운대학교.

______ (2007b). 이야기 관점의 언론홍보 보도자료. ≪홍보학연구≫, 특별호.

______ (2008a). 현대 프랑스 철학과 PR 철학의 공통적 함의. ≪프랑스문화연구≫, 16.

______ (2008b). 원시 불교 사상과 현대 PR 철학. ≪코리아피알리뷰≫, 45. 서강엔터프라이즈.

안외순(2005). 『묵자』. 타임기획.

소운스님 (2004). 『하룻밤에 읽는 불교』. 랜덤하우스중앙.

신인섭 · 이명천 · 김찬석 (2007). 홍보라는 낱말에 대한 고찰, 『한국홍보학회 2007 봄철 학술대회』.

유동환 (2005). 『손자병법』. 홍익출판사.

윤찬원 (2005). 『한비자』. 살림.

이영화 · 송철규 (2008). 『묵자』. 예문.

張恩富 (2005). 道家簡史, 김영진 옮김(2008). 『한 권으로 읽는 도교』. 산책자. 17쪽.

장현근 (2002). 『순자』. 책세상.

Kim, W. Chan and Renee Marborgne (2004). *Blue Ocean Startegy*, 강혜구 역 (2005). 『블루오션 전략』. 교보문고.

krdic.naver.com/detail.nhn?docid=41141400 (2008. 5. 5)

2부

동양사상에 따른 PR의 의미

여섯 가지 원시 동양사상에서 도출되어진 PR 철학은
우리가 습관적으로 홍보라고 가볍게 말하는 PR에 묵직한 의미를 주게 됩니다.
PR의 의미를 이루는 키워드인 가치, 지속 가능성, 입소문은 무엇인지,
왜 PR은 군인들처럼 전략적으로 싸우듯 하면 안 되는지,
PR 철학의 관점에서 우리 사회는 단지 멋진 영상을 만드는 UCC가 아니라
어떠한 UCC를 필요로 하는지 이런 질문들에 가만히 생각하면 좋겠습니다.

01
PR이란 무엇일까?: 진정한 PR 실천을 위한 세 가지 패러다임의 PR 의미 제안*

세 가지의 문제 제기

PR이란 무엇일까? 이러한 질문에 대하여 대개 PR은 홍보라고도 한다. 하지만 공중 관계를 Public Relations 뜻하는 PR과 널리(弘) 알리는(報)는 홍보는 차원이 전혀 다르며 의미가 다르다. 메커니즘과 다이내믹스도 아주 다르며, 철학과 방법도 매우 다르다. 단지 관습적으로 PR은 홍보라고 할 뿐이다. 조삼섭(2008)의 인용에 의하면, PR은 여론 호도PR Spin, PR 과장PR hype, PR 수사PR rhetoric, PR 선전PR flack 등 부정적으로 인식되는 경향이 강하다(Coombs and Holladay, 2007). 이는 PR을 일종의 기교적 포장술로 보는 것이다. 가령 자기 PR을 잘하는 사람이란 자기 포장을 잘하는 사람을 뜻하기도 하다. 타이(Tye, 2004)는 그의 저서 *Father of Spin* 에서 여론 조작을 위한 잔머리 굴리기인 'spin'의 아버지로서 버네이즈 Edward Bernays 인물전을 썼다. 그런데 버네이즈는 PR의 아버지인 양 위인

---

* 이 글은 광고PR실학회가 간행하는 ≪광고PR실학연구≫ 창간호(2008년)에 게재된 "PR이란 무엇일까?; 진정한 PR 실천을 위한 세 가지 패러다임의 PR 의미 제안" 논문을 보완한 것이다.

처럼 오해되고 있기도 하다. 위인전이 아닌 그의 인물전을 보면 생생히 알 수 있듯이, 버네이즈는 진정한 PR과 거리가 먼 인간이었다. 다만 잔머리를 크고 대담하게big think 굴렸을 뿐이다. 그렇다면 PR이란 무엇일까? 한마디로 조직과 공중Public과의 관계Relations다. 풀어서 정의하면 조직이 공중과 호의적 관계를 형성하려는 전반적인 커뮤니케이션 활동이라고 할 수 있다. 막연한 대중mass이 아닌 특별한 이해관계나 관심을 가진 공중public을 대상으로 하며, 단지 호의goodwill를 형성하려는 것이 아니라 호의적 관계relationship를 형성해 가려는 것이며, 마케팅 4P의 하나인 프로모션에 속한 PRPress Release과 같은 부분적 수단이 아니라 다양한 공중들과의 전반적인 커뮤니케이션 활동이다.

이 글은 이러한 정통적인 PR의 의미를 넘어 보다 포괄적인 PR의 의미를 탐색적으로 제안하고자 한다. 21세기에 들어 마케팅과 PR에 대해 업계와 학계에서 자주 등장하는 화두가 브랜드 관리, 지속 가능 경영, 입소문 마케팅 등이다. 그래서 이제 마케팅을 브랜드 마케팅이라고도 하며, 지속 가능 경영 및 기업의 사회적 책임에 대한 논의도 시작되었고, 좋은 입소문을 내려는 활동도 활발하게 전개되고 있다. 그렇다면 이러한 조짐은 PR과 무슨 관련이 있는 것일까? 이 글은 이러한 질문을 통하여 근본적인 문제 제기를 시작한다. 이러한 최근의 화두를 통하여 PR의 기본적 의미가 무엇인지 사유하며, 진정한 PR 실천을 위하여 진정한 PR이 무엇인지를 그림 2-1과 같은 세 가지 패러다임에서 비판적으로 탐색하고자 하는 것이 이 글의 목적이다. 여기서 비판(批判)이란 비난(非難)처럼 부정하는 뜻이 아니라 전반적으로 견주어(批) 판단한다는(判) 뜻이다.

이 글은 PR을 세 가지 관점paradigm에서 비판적으로 조감해 보려는 것이다. 우선 PR의 전환적 관점으로서 가치 패러다임으로서의 Branding PR을 제안하고자 한다. 또한 최근 기업들에 있어서 지속 가능성sustainability 문제가 대두되고 있는 시점에 있어서 생태 패러다임으로서의 지속 가능

그림 2-1 세 가지 패러다임에서 본 PR의 의미 탐색

PR을 제안하고자 한다. 또한 최근 기업들에 있어서 바이러스 마케팅, 버즈 마케팅 등의 용어가 나오면서 입소문 마케팅의 중요성이 부각되고 있는 시점에서, 순리적 관점에서 입소문 PR을 제안하고자 한다. 그렇게 하여 세 가지 패러다임을 하나로 아울러서, PR에 대한 기본적인 의미 정의를 새롭게 제안하려고 한다. 이러한 관점에서 이 글은 세 가지 질문에 대해 객관적 정답보다 주관적 해답을 찾으려고 한다.

1) 가치 패러다임에서 브랜딩 PR이란 무엇인가?
2) 생태 패러다임에서 지속 가능 PR이란 무엇인가?
3) 순리 패러다임에서 입소문 PR이란 무엇인가?

위 세 가지 패러다임을 포괄하는 PR의 의미는 무엇일까?

가치 패러다임으로서의 BPR

패러다임이란 관점이라고 할 수 있다. CPRCorporate PR, MPRMarketing PR, BPRBranding PR이란 PR의 종류가 아니다. 또한 목적에 따른 분류도 아니다. 단지 PR을 어느 관점에서 보느냐에 따른 것이다. 즉 기업 PR 관점의

CPR, 마케팅 관점의 MPR, 브랜딩 관점의 BPR이라는 관점의 차이다. 먼저 CPR과 MPR에 대해 살펴본 후에, 가치 PR의 관점에서 제안하는 브랜딩 PRBPR의 의미를 제안하고자 한다.

CPR이라는 PR의 관점

PR을 대개 기업 PR이라고 부르는 것처럼 CPRCorporate PR은 PR에 대해 가장 전형적인 모습을 가진다. 그래서 CPR은 PR의 정통이자 기본이다. CPR이라는 용어에서 C는 뒤에서 설명하는 MPR과 BPR과의 상대적인 비교를 하며, 음운을 맞추기 위해 들어간 접두어적 단어다. 그래서 CPR을 조직 PR인 OPROrganization PR이라고 부를 수도 있으며 일반적인 PR이라고 할 수 있다.

이러한 일반적인 PR 이론의 발전에 대해 김영욱(2004)은 자세하게 설명하였는데 핵심을 간추리면 4모형, 우수PR이론, 우연성이론 등이다. 'PR 4모형'은 정통적 PR 이론의 출발점이 된다. 이 PR 4모형은 대이론grand theory이나 전이론presuppositions으로 학계에서 인정받고 있다. 이러한 PR 4모형은 후에 우수PR이론excellence theory으로 발전된다.

PR 4모형이나 우수PR이론에서의 추구하는 균형이란 가장 규범적이며 이상적이지만, 현실성을 결여하고 있다고 보는 것이 조화적 균형의 패러다임에서 보는 PR 모형이다. 이러한 조화적 균형 패러다임에 따른 PR 이론으로 우연성이론 등이 있다. 우연성이론의 핵심은 조직이 처한 여러 가지 다양한 우연적인 상황에 따라서, 조직이 공중의 의견을 완전히 받아들이는 절대적 수용과 조직이 조직의 입장을 완전히 대변하는 절대적 옹호의 연속성continuum 스펙트럼 사이에서 취해야 할 입장이 결정된다는 것이다.

지금까지 4모형이나 우수PR이론, 우연성 이론 등에서 논의되고 있는 핵심 키워드는 균형이었다. 하지만 PR이란 영어 뜻 그대로 공중 관계

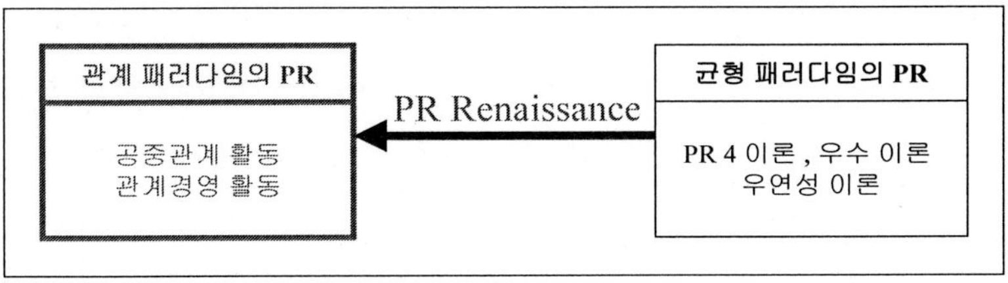

그림 2-2 균형에서 관계로 CPR 관점의 회귀

활동이다. PR에서 관계라는 개념은 이상적인 구호가 아니라 본질적인 핵심이다. 그러므로 PR에서 관계라는 개념을 더욱 크게 적용하여 본다면, PR은 관계 경영relationship management, 또는 관계성 관리다. 그렇게 볼 때 관계 경영으로서의 PR이란 PR의 새로운 모습이 아니라 PR의 본질로 돌아간 것이다. 최윤희(2001)는 PR의 새로운 패러다임으로서 관계성 관리relationship management를 제안하였다. 하지만 관계성 관리란 PR의 새로운 패러다임이 아니라 그림 2-2에서 보는 바와 같이 원래의 근본적인 PR 패러다임이다.

관계성 관리, 즉 관계 경영이란 PR의 새로운 패러다임이라기보다는 원래의 본질적 패러다임이다. 관계 경영으로서의 PR은 PR의 르네상스PR Renaissance다. 즉 PR을 관계 경영으로 본다는 것은 지금까지 PR이 추구해 온 균형symmetry에서 PR의 본질인 관계relations로 다시 돌아간다는 의미를 가지고 있다. PR은 원래 공중과의 관계 활동이기 때문이다. 그래서 PR은 상업적 광고처럼 'buy me'도, 이념이나 사상적 선전처럼 'believe me'도, 홍보처럼 'know me'도 아니다. 또 하룻밤 사랑을 구애하는 것처럼 일시적인 'love me'도 아니다. PR은 평생 관계를 가지려는 'marry me'인 셈이다. 그것은 남자가 사랑하는 여자에게 실제적 책임과 온전한 약속을 바탕으로 하는 진실한 구애 행위와 같다. 이러한 이유로 PR은 싸워서 이기는 방법인 군사적 전략 · 전술과 거리가 멀다. PR은 경쟁사를 의식하여 공중을 대상으로 싸우는 PR 전략이나 PR 전술이 아니라 공중과 지속적 관계를 맺으려는 PR 철학이나 PR 사고다. 이와 같은 맥락에서 최근 PR에서 부각되고 있는 대화 이론dialogic theory 및 의사소통 접근communicative approach 등은 보다 밀접한 쌍방향 관계 형성을 위한 본질적 관점의 PR 사고라고 할 수 있다. 켄트와 테일러(Kent and Taylor, 2002)에 의하면, PR 용어에 '대화'라는 개념이 포함되는 것은 조직과 공중 모두의 이익에 도움 되는 관계 구축을 어떻게 할 것인지에 대해 진일보한 사고다.

이러한 PR의 관점에서 관계 경영이란 고객관계관리CRM와 같은 마케팅 목적의 고객 관리용 수단이나 프로그램이 아니다. 관계 경영으로서의 PR이란 조직이 제대로 된 기업 활동을 하기 위해서는 다양한 공중들과의 지속적인 관계를 맺어야 한다는 본질적 의미이자 경영철학이다. 내부 직원이라는 공중, 지역사회 주민이라는 공중, 고객이라는 공중, 협력 업체라는 공중, 투자자 사회라는 공중, 정부 공무원이라는 공중, 비정부 기구라는 공중, 네티즌이라는 공중, 매체 언론사 기자라는 공중과 지속적 관계를 만들어 나가, 쟁점 관리와 위기 관리를 포괄하는 평판 관리를 하며 궁극적으로 다양한 공중과 호의적 관계를 맺고 공중들로 하여금 우리의 실제적 가치를 제대로 인정받도록 하는 것이 PR이다.

MPR이라는 PR의 관점

지금까지 살펴본 PR 4모형, 우수PR이론, 우연성이론, 공중 관계, 관계 경영 등의 PR은 PR에 대한 정통적인 관점을 가지고 있다. 이러한 관점에서 PR이 추구하는 가장 중요한 목적은 호의goodwill를 형성하는 것이다. 관계 경영 활동인 PR이 가장 이상적으로 추구하는 것이 관계라고 한다면, 그 관계란 다름 아닌 호의적 관계다. 하지만 이 호의란 조직이 추구하는 실질적인 이익과 거리가 있을 수 있다. 즉 호의적 관계를 형성해도 기업의 입장에서 보았을 때 실리적 이익을 가지지 못할 수 있기 때문이다. 그래서 CPR은 실리를 추구하는 마케팅과 분리된 순수한 PR의 관점을 가진다. 우수PR이론 관점에서 볼 때에도 마케팅과 완전히 독립되어 전개되는 PR이 우수한 PR이다. 이처럼 CPR은 마케팅과 독립된 순수한 PR이다. 물론 마케팅에서 논의되는 사회 마케팅이란 영리조직이건 비영리조직이건 간에 기업이나 조직의 개별적 이익이 아니라 사회의 전반적 이익을 추구하는 마케팅이다(Kotler and Roberto, 1989). 하지만 기업은 영리를 추구하는 조직이므로 소비자에게 편익을 주어 이익을 얻으려고 하는 전통적인 마케팅 목적으로부터 자유로울 수 없다. 이처럼 마케팅 목적과 이익을 추구하는 커뮤니케이션 활동이 IMCIntegrated Marketing Communications이며, IMC와 연관된 프로그램이 고객관계관리Customer Relationship Management다. 또 이러한 IMC 및 CRM과 관련된 PR이 MPRMarketing PR이다. IMC의 핵심을 이루는 내용은 커뮤니케이션 활동이 마케팅에 대한 실리적 책임성accountability을 가져야 한다는 것이다(Schultz, 2004). 또 IMC를 설명하는 가장 중요한 개념은 고객 데이터베이스이며, IMC란 고객 데이터베이스를 기반으로 고객관계관리CRM를 실리적으로 하려는 것이다. 이처럼 IMC와 CRM이 고객과의 실리적 관계성을 가지기 위한 마케팅 커뮤니케이션 활동이라면, 마찬가지로 MPR 역시 다양한 공중 중에서도 우리 기업에게 직접적이며 실질적 이익을 가져다주는 소비자라는 공중과 관계를 가지려는 마케팅 커뮤니케이션 활동이다. MPR이 추구하는 가장 중요한 목적은 실질적 이익, 즉 실리다. 그래서 마케팅 PR인 MPR은 달리 말하면 실리적 PR이다. 코틀러(Kotler, 1989)는 다양한 공중들 사이에서 회사의 이미지를 촉진하고 방어하는 역할을 통해서 PR이 어떻게 기업의 목적을 성취할 수 있는가를 설명하면서, PR이나 마케팅이나 모두 판매를 위한 것이므로 마케팅과 PR은 같은 목적을 가져야 한다고 하였다.

이러한 맥락에서 MPR의 개념을 처음 제안한 해리스(Harris, 1991)

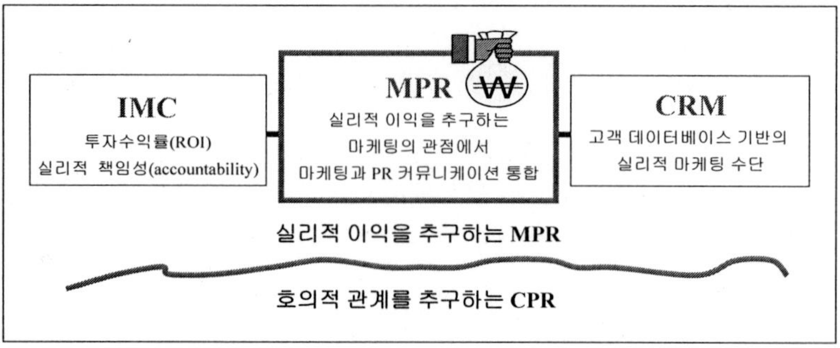

그림 2-3 MPR 관점의 PR

에 의하면, MPR이란 소비자들의 필요와 욕구, 관심, 이해를 상품이나 회사에서 발견하도록 신뢰성 있는 정보를 제공하거나 노출시킴으로써 소비자의 만족과 구매를 증진시키는 계획을 세우고, 집행하고, 평가하는 과정이다. 또 MPR의 목적은 인지도를 높이며, 구매를 자극하고, 커뮤니케이션을 촉진하며, 소비자와 기업과 상표 간의 관계를 만들어 가는 것이며, MPR의 주 기능은 신뢰성 있는 정보의 전달, 관련 이벤트의 후원, 그리고 사회에 이익을 환원하는 것이라는 새로운 정의를 소개하였다(Harris, 1999). 또한 던컨(Duncan, 2002)은 MPR에 대해 마케터들이 자신들의 상표를 촉진시키기 위하여 PR의 기능을 이용하는 것이라고 정의하였다. 이런 여러 정의들에서 공통적으로 발견되는 점은 마케팅 목표를 달성하기 위해 PR 수단과 기능을 활용한다는 점이다. PR은 마케팅의 수단으로서 'PR=Marketing'인 셈이다. 정통 PR학자들은 이러한 MPR이 PR의 순수한 정신을 흐리게 하는 PR이라고 보며 MPR에 대해 비난할 수 있다. 시커먼 속셈을 가진 마케팅이 깨끗한 PR의 영역을 살금살금 침입해 들어오는 짓이라고 본 것이다marketing encroachment to PR. 하지만 실리를 추구하는 기업 입장에서 볼 때 MPR은 꽤 매력적 제안이었다. 그리하여 MPR이라는 용어는 1990년대 이후 빠르게 파급되었다. 지금까지 MPR 관점의 PR에 대한 내용을 정리하면 그림 2-3과 같다.

결론적으로 말해서 CPR이 사람 머릿속의 인식적인 호의goodwill에 대해 호의적 관계를 만들어 가려는 활동으로 마케팅으로부터 독립된 커뮤니케이션 활동이라고 볼 때, MPR은 IMC나 CRM과 같은 맥락에서 실리적 마케팅 성과인 이익profit을 얻으려고 마케팅과 PR 커뮤니케이션을 하나의 목적으로 통합하는 활동이라고 볼 수 있다.

BPR이라는 PR의 관점

그렇다면 CPR와 MPR에서 벗어나 이 글에서 새롭게 제안하려는 BPR이란 무엇인가? CPR이 호의적 관계, MPR이 실리적 이익을 가지려는 관점이라고 볼 때, BPR이란 어떠한 관점을 가지는 것일까? 이러한 질문에 답하기 위해 마케팅 개념의 변화를 주목할 필요가 있다.

박기철(2006 d)에 의하면, 이제 현대 마케팅이란 고객에게 좋은 가치를 주어, 고객들이 좋은 체감을 하게 하여, 이를 바탕으로 좋은 관계를 만들어가려는 전반적인 커뮤니케이션 활동이다. 그래서 이제 마케팅이란 이익을 얻으려는 활동이 아니라 가치를 주려는 활동이다. 최근의 블루오션이란 것도 결국은 혁신적 가치value innovation를 고객에게 주려는 것이다. 여기서 가치란 기업이 이익을 많이 얻을 수 있도록 하는 고부가 가격price added이 아니다. 가치란 좀 더 비싼 가격이 아니라 고객이 얻는 물리적 심리적 혜택으로서의 부가 가치value added다. 그러므로 이 논문에서 가치란 고객으로부터 얻기 위한 호의나 이익과 달리, 고객에게 주려는 것이라고 정의될 수 있다. 고객이 그렇게 가치를 가지도록 만들어 가는 지속적 관계 활동이 바로 가치 마케팅이다. 그러므로 가치 있는 브랜드란 비싼 제품으로 기업에게 더 많은 이윤을 주는 것이 아니라 고객에게 가치 있는 제품이며, 브랜딩이란 가치를 만들어 가려는 활동이다. 마케팅을 이제 가치 마케팅이라고 하며, 브랜드를 가치라고 해석한다면,

상품화인 마케팅과 가치화인 브랜딩의 구분은 해체된다. 또한 정통 마케팅의 체계를 정립한 마케팅의 구루인 코틀러도 현대 PR의 중심 이슈인 기업의 사회적 책임이라는 책을 최근에 발간할 정도로(Kotler, 2006), 마케팅과 PR의 구분은 모호해졌다. CSRCorporate Social Responsibility은 기존의 공익 연계 마케팅인 CRMCause Related Marketing이 가졌던 겉과 속이 다른 이중성 문제에서 벗어나, 나눔 경영 및 베풂 경영의 차원에서 기업의 사회적 책임을 실행하려는 진정한 PR 철학이다. 이러한 입장에서 미국마케팅협회는 2004년도의 마케팅에 대한 전환적 정의에 이어 2007년도에 마케팅에 대한 새로운 정의Marketing is the activity, set of institutions, and processes for creating, communicating, delivering, and exchanging offerings that have value for customers, clients, partners, and society at large를 마련하면서, 전반적으로 사회에 가치 있는 활동이라는 내용을 포함시켰다(www.marketingpower.com).

그래서 브랜딩 PR은 가치 PR이며, 가치 마케팅이 될 수 있다(박기철, 2006a). 이는 순수한 PR의 영역에 음흉한 마케팅이 살금살금 침입해 들어온다는 뜻과 거리가 멀다. 이제 PR은 실리적 목적을 넘어beyond, 가치를 만들어 가는 전반적인 커뮤니케이션 활동이라는 뜻이다. 그래서 CPR에서처럼 인식적인 호의도 아니며, MPR에서처럼 영리적인 이익도 아니라, BPR은 총체적인 가치를 만들어 가려는 것이다. MPR이 정통적 PR인 CPR의 비실리성 및 비현실성에 반발해서 나타난 것이라면, BPR은 CPR의 정통성과 MPR의 실리성을 모두 감싸면서도 본질적으로 가치를 만들어 가는 PR이다.

결국 BPR은 브랜드 가치를 만들어 가는 활동인 브랜드 경영과 같다. 여기서 브랜드 가치란 브랜드 이미지나 브랜드 파워보다 더욱 실제적인 개념이다. 브랜드에 대해서 제대로 이해하기 위해서는 브랜드에 대해 가지는 일반적 통념을 넘어야 한다. 가장 커다란 통념은 브랜드란 비싼 명품이라는 것이다. 브랜드 가치란 비싼 가격에 팔기 위한 브랜드 가격과 다른 개념이다. 브랜드를 중요시하는 최고경영자로 유명한 성주그룹의 김성주 회장은 "5만 원짜리 상품이 200만 원에 팔릴 수 있는 것이 결국 브랜드의 힘"이라고 말했다(김동섭 · 강승민, 2006). 과연 그럴까? 그렇다면 브랜드란 비싸게 팔기 위한 사기 수단에 불과하다. 그처럼 비싼 브랜드란 서구 브랜드의 수작에 놀아나는 비싼 명품일 뿐이다(Boorman, 2006). 진정한 브랜드란 5만 원에 파는 상품이면서 200만 원의 가치를 주려는 것이 아닐까? 그러므로 브랜드 경영이란 마케팅을 위한 고가격 설정의 판매 수단이 아니라 싸더라도 브랜드를 접하는 사람들에게 특별한 가치를 주려는 기업의 근본적인 철학이라고 할 수 있다. 또한 브랜드란 그럴듯한 이름이나 포장이 아니다. 브랜드를 기반으로 하는 브랜드 경영이란 단지 브랜드를 하나의 요소로서 관리하는 브랜드 관리가 아니다. 브랜딩이란 단지 네이밍, 로고나 마크 등의 비주얼 디자인을 만드는 BI Brand Identity, 패키징 등의 브랜드에 대한 단편 요소적 관리 활동을 넘는 포괄적이며 전반적이고 총체적인 가치 기반의 경영 활동이라고 할 수 있다. 이러한 종합적 가치 창출 활동인 브랜드 경영을 하기 위해서는 일시적이기보다 지속적인 활동이 필요하다. 그래서 브랜드 경영이란 단순히 브랜드 매니지먼트나 브랜드 메인테이넌스라고 하기보다 브랜드 경영 또는 브랜드 운영brand operationalizing이라고 함이 적합하다. 데이비스와 던(Davis and Dunn, 2002)에 의하면, 브랜드 운영이란 브랜드를 중심으로 하는 포괄적이며 전반적인 비즈니스 활동이기 때문이다.

결국 이러한 브랜드 경영, 즉 브랜드 운영을 위한 PR을 'Branding PR'이라고 할 수 있다. 이 브랜딩 PR이 추구하는 가치는 허상적 이미지와 다르다. 이미지가 실체 없이도 만들어질 수 있는 허상이라면, 가치란 반드시 실체를 바탕으로 만들어져 간다. 실체가 없으면 가치는 존재할 수 없다. 그러므로 브랜드 경영이란 스타 마케팅 차원의 이미지 만들기 image making가 아니라 지속적으로 차곡차곡 쌓아 만들어 가는 활동이며

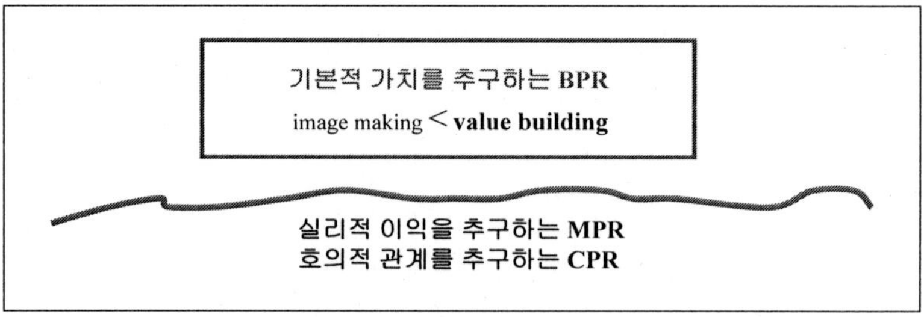

그림 2-4 CPR, MPR과 다른 BPR 관점의 PR

가치 마케팅 차원의 가치 기르기value building다. 또한 외부에서 자극을 주어 반응을 만드는 식의 일시적 활성화가 아니라, 내부를 채워 넘치게 하는 지속적 충실화로서 가치 기르기는 이루어진다. 결론적으로 브랜드 경영의 뜻을 가진 브랜딩 PR이란 본질적 실체 가치로서의 'value'를 만들어 가는 PR이다. 실체적인 가치가 있다면 CPR이 추구하는 인식적인 호의와 MPR이 추구하는 실리적인 이익은 자연적인 결과로 얻어지게 된다. 가치란 겉에서 자극을 주어 반응을 얻는 활성화가 아니라 속을 충실화하는 것이며, 이때 호의와 이익은 충실한 가치의 채워짐이 흘러넘쳐서overflow 생기는 순리적 결과물이다. 지금까지 언급한 BPR 관점의 PR에 대한 내용을 정리하면 그림 2-4와 같다.

호의적 관계를 추구하는 CPR이 규범에 묶인 이상적인 PR 커뮤니케이션이 될 수 있으며, 실리적 이익을 추구하는 MPR이 마케팅에 묶인 제한적 PR 커뮤니케이션이라면, BPR은 그러한 이상적 PR과 제한적 PR이 추구하는 호의적 관계와 실리적 이익을 뛰어넘고beyond 감싸면서, 기본적인 가치를 추구하는 PR이라고 할 수 있다. 가치란 머릿속의 호의, 또는 관계성처럼 모호한 이상도 아니며, 마케팅의 이익처럼 당장 현실적으로 중요한 돈도 아니다. 가치란 이상도 현실도 아닌 본질적 실체다. 이익이 기존의 마케팅을 통해 실리적으로 기업이 얻는 것이라면, 가치

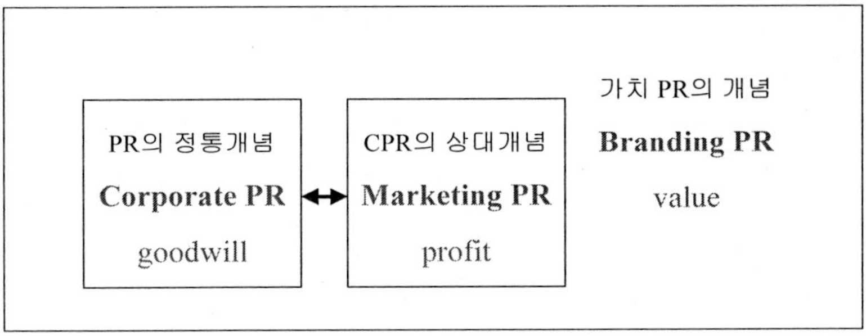

그림 2-5 PR 패러다임의 세 가지 관점

란 브랜딩을 통해 실질적으로 고객이 갖는 것이다. 또 이익이 쟁취하여 획득하는 것이라면, 가치란 이해받고 인정받는 것이다. 더욱 쉽게 말해서 이익이 소비자로부터 얻는 것이라면, 가치란 거꾸로 기업이나 조직이 고객을 비롯한 관련 공중 및 이해관계자에게 베풀며 주는 것이다. 그렇게 이익과 가치는 패러다임이 다르다. MPR에서는 이익을 궁극적 목적으로 본다면, BPR에서는 이익을 순리적 결과로 본다. 즉 이익이란 목적이 아니라 가치를 줌으로써 얻어지는 결과일 뿐이다. 2장에서 전체적으로 살핀 CPR, MPR, BPR을 요약하면 그림 2-5와 같다.

가치 패러다임의 브랜딩 PR은 가치를 기반으로 하는 'Value PR'이다. 이러한 BPR, 즉 VPR은 마케팅과 커뮤니케이션의 논쟁, 그리고 PR에 대한 CPR과 MPR의 논쟁을 감싸 안으며 해소할 수 있는 새로운 패러다임이라고 할 수 있다. BPR에서의 가치란 MPR이 목적으로 하는 경제적 · 실리적 이익보다 보다 종합적이며 근본적인 의미를 가진다. 이익은 적게 얻더라도 가치는 크게 줄 수 있으며, 이익을 많이 얻더라도 가치는 적게 줄 수 있다. 이익이 단편적이고 일시적으로 얻을 수 있는 것이라면, 가치는 복합적이며 지속적으로 줄 수 있는 것이다. 물론 가치란 CPR에서의 호의와도 차이를 가진다. 호의가 단지 머릿속에서 가질 수 있는 허상적 인식일 수 있다면, 가치란 브랜드를 접했을 때의 실제적 체험을 통해서 느끼는 실체다. 그러므로 브랜딩 PR을 한다는 것은 일시적으로 겉을 요란하게 꾸미는 것이 아니라 지속적으로 속을 충실하게 채우는 것에서 시작된다. 인위적으로 우리의 좋은 점을 겉으로 보여 주어서 좋은 이미지를 심는다고 해서 될 일도 아니다. 그러므로 브랜딩 PR이란 홍보대행사에게 맡겨서만 될 일이 아니라 기업이나 조직 자체 내부의 충실화를 바탕으로 하는 전반적 경영 활동이다. 우리 브랜드의 가치가 충실하다면 고객이 우리 브랜드를 접했을 때 좋은 체감을 하게 되고, 바로 그것이 좋은 관계를 구축하는 기반이 되며 이로 인해 우리 브랜드의 실질적 가치가 인정받게 된다.

결국 "가치 패러다임으로서의 브랜딩 PR이란 무엇인가?"라는 '연구문제 1'에 대해서는 다음과 같이 설명할 수 있다. 고객으로부터 **호의(good will)를 얻기 위한 CPR, 이익(profit)을 얻기 위한 MPR과 달리, BPR은 고객에게 가치를 주려는 충실한 활동이라고 할 수 있다.** 이때 고객으로부터 얻는 호의나 이익은 BPR이 주는 가치에 따른 순리적 결과물이다.

생태 패러다임으로서의 지속 가능 PR

지금까지 가치 패러다임에서의 브랜딩 PR에 대하여 살펴본 바와 같이, PR이란 다양한 공중들에게 충실한 가치를 주어 호의적 관계를 만들어 가려는 활동이다. 관계라고 함은 지속성의 뜻을 가지고 있다. 지속적인 활동을 통하여 관계가 만들어지기 때문이다. 이러한 지속이라는 말은 최근 '지속 가능성'으로 불리고 있는데, 이러한 지속 가능성 차원에서 지속 가능 경영의 개념이 어떻게 이루어져 왔으며, 기업들의 지속 가능 경영의 현황은 어떠하며, 지속 가능한 경영과 관련하여 지속 가능한 PR의 의

미가 무엇인지 제안하고자 한다.

지속 가능 경영 이력

'지속 가능 경영CSM: Corporate Sustainability Management'은 이 시대의 화두다. '지속 가능한'이란 말은 지속 가능한 발전sustainable development에서 유래되었다. 지속 가능한 발전의 개념은 역사적으로 볼 때 19세기 보존주의conservation 운동과 맥락을 같이한다. 지속 가능한 발전에서는 생태 경제학ecological economics의 개념을 받아들인다. 무분별한 개발은 진정한 발전이 아니라 후세대가 사용할 것을 현세대가 빼앗는 것이라는 세대 강도generation theft의 개념도 생태 경제학의 패러다임에서 나온다. 인터넷에서 검색한 결과에 의하면, 지속 가능한 발전의 개념은 제일 먼저 1987년 UN의 세계환경개발위원회WCED의 'Our Common Future' 보고서에서 나타났다. 지속 가능 발전이란 미래 세대의 필요를 만족시키는 능력 손실 없이, 현세대의 필요를 만족시키는 개발이다. 이후 1992년 브라질의 리우데자네이루에서 열린 유엔환경개발회의UNCED에서는 지속 가능 발전을 실현할 구체적 협약을 채택하였고, 보다 더 효과적인 지구 환경 보전을 위하여 유엔지속개발위원회UNCSD를 설치하기로 결정하였다. 여기서 '환경적으로 건전하고 지속 가능한 개발ESSD: Environmentally Sound and Sustainable Development'을 채택했다. 우리나라에서는 2000년 9월 대통령 자문기구로 '지속가능발전위원회PCSD: Presidential Commission on Sustainable Development'가 설립된 바 있다. 이 기구는 2001년 3월부터 세계지속가능발전정상회의WSSD: World Summit for Sustainable Development 국가준비위원회로 지정되었다.

이러한 지속 가능이라는 패러다임은 산업계에도 급속하게 전이되었다. 1995년 지속가능발전세계기업가협의회WBCSD가 발족했으며, BASD Business Action for Sustainable Development를 설립하여 민간 경제 부문의 회담 참여를 유도하고 있다. 우리나라에도 2002년 3월에는 지속가능발전기업의회

KBCSD: Korea Business Council for Sustainable Development가 발족되었다. 또한 2005년에 대한상공회의소 산하에 지속가능경영원Business Institute for Sustainable Development이 설립되어 기업들의 지속 가능 경영 활동에 자극을 주고 있다. 지속가능경영원의 설립 취지는 지속 가능 경영 전략 수립 지원 및 기법 개발 보급이며, 또한 무조건적 환경 주장에 대한 합리적 대응 논리 개발 및 확산 등이다. 유엔의 지속 가능 경영 가이드라인인 GRI(Global Reporting Initiative) 보고서를 내는 기업이 지난해 730여 개이며, 우리나라도 12개 대기업이 GRI 보고서를 내고 있다(정세균, 2006).

이처럼 지속 가능 경영이라는 개념이 경제계의 새로운 경영 패러다임으로 자리 잡기 시작한 것은 1990년대 초반이다. 산업사회의 발전과 함께 이어진 대량생산, 대량소비 형태의 경제 활동은 환경오염의 주원인으로 지목돼 왔다. 무분별한 자원 개발과 그로 인한 자연 파괴가 인간의 생존까지 위협하게 된 것이다. 이에 따라 기업의 경영 활동에 있어서도 건전한 환경이라는 화두가 나타나게 됐다. 이처럼 1990년대 다국적 기업을 중심으로 진행된 이른바 '환경 경영'에서 출발한 이 지속 가능 경영의 개념은 최근 기업의 사회적 책임Corporate Social Responsibility까지를 포함해 영역이 확대됐다. 세계적인 종합 회계 · 재무 · 자문 그룹인 KPMG(Klynveld Peat Marwick Goerdeler)의 조사에 따르면 ≪포천≫ 선정 상위 250개 기업 가운데 지속 가능성 보고서를 발간하는 기업의 비중이 2002년 14%에서 2005년 68%로 증가했다. 이처럼 확산되어 가고 있는 지속 가능 경영은 기업 신뢰도 평가 기준이 되기도 한다. 다우존스는 DJSIDow Jones Sustainability Index로 매년 기업들의 지속 가능성을 평가하고 있다. 또 세계적인 펀드 운용 회사들은 환경 친화적이며 도덕적인 기업을 대상으로 '사회적 책임 투자(SRI)' 펀드를 운용해 투자하기도 한다. 실제로 지속 가능 경영은 높은 성과를 나타내고 있다. 1993~2006년 실증 분석을 보면 지속가능지수 측면에서 높은 점수를 받은 기업으로 구성된 기업들의 수익률은 일반경영지수 측면에서 높은 점수를 받은 기업들의 수익률을 훨씬 넘어서고 있다(고재민, 2006).

하지만 이러한 지속 가능 경영에 대한 기업들의 열띤 관심은 무엇을 의미하는가? 표면보다 이면을 보면 지금까지 살펴본 바와 같이 지속 가능 경영은 진정한 지속 가능성에 대한 논의보다는 기업의 실리적 성과 측면에서 이해되고 있는 실정이다. 즉 지속 가능성의 본질적 의미보다 그것이 가져오는 실리적 이윤 측면에서 지속 가능성을 표면적으로 이용하고 있다는 느낌을 지우기 힘들다.

지속 가능 경영 현황

국내 기업들의 지속 가능 경영에 대한 관심이 늘어나고 있으며, 사회적 책임Corporate Social Responsibility 활동도 늘어나고 있는 상황이다. 이러한 관점에서 연간사업보고서annual report 이외에 지속가능성보고서sustainability report를 매년 발간하는 다음 기업들은 나름대로 지속 가능 경영 활동을 한다고 밝히고 있다.

1995년에 환경보고서를 발간해 온 포스코(2005)는 2004년부터 지속가능보고서를 발간하면서, 미래 세대와의 공존을 위한 지속 가능한 발전 노력으로 진일보해야 한다며 도덕성에 바탕을 둔 윤리 경영의 차원에서 지속 가능 경영을 선언하고 실천에 들어갔다. 숲과 나무를 베어 종이제품을 만드는 기업인 유한킴벌리(2005)는 1995년부터 학교 숲 운동을 시작으로 '우리 강산 푸르게 푸르게'라는 기업 슬로건을 채택하여 환경보호에 앞장서는 활동을 펼치고 있다. 2003년 글로벌 환경선포식을 통해 환경 경영을 공표한 현대자동차(2005)는 기업 내에 환경 경영 추진의 방향과 원칙을 수립하였으며, 외부 이해관계자에게 환경 경영을 통한 기업의 사회적 책임 완수 의지를 분명히 하였다. 한국수자원공사(2005)는 환경 경영과 윤리 경영, 고객 만족, 사회 공헌 활동을 지속 가능 경영으로 일원화하며, 지속 가능 경영에 대한 관심을 보이기 시작했다. 2003년부터 지속가능성보고서를 발간해 온 삼성SDI(2005)는 지속 가능 경영을 위한 세계 최초의 통합 정보 시스템으로 SMISSustainability Management Initiative System를 개발하여 이윤 추구와 기업 윤리의 조화를 꾀하고 있다. 롯데백화점(2005)은 환경 가치 경영을 표방하며 고객과 함께 환경 사랑을 실천하는 환경 캠페인으로써 친환경 라이프스타일을 제안하는 환경 백화점임을 알렸다. 기아자동차(2005)는 환경적 책임, 경제적 책임, 사회적 책임 완수 및 자동차를 통한 인간 사랑 및 지속 가능한 사회 만들기를 지속 가능 경영으로 보았다. 한화석유화학(2005)는 기업의 사회적 책임CSR과 같은 이니셜의 CSR 표현을 사용하며, 기업 성장을 위한 창조적 사고Creative, 자연 환경에 대한 건전함Sound, 사회에 대한 책임Responsible으로서 지속 가능 경영의 의미를 정립하였다. 에너지 기업인 쉘(Shell, 2005)은 멸종 위기에 놓인 회색고래를 살리기 위해 석유 파이프라인을 고래의 서식 지역에서 20Km나 멀리 시공한 사례를 들며 지속 가능 경영 기업임을 알리고 있다.

이러한 지속 가능 경영과 같은 맥락으로 기업의 사회적 책임 활동도 많이 이루어지고 있다. British American Tobaco인 BAT Korea(2005～2006)는 청소년 흡연 예방, 공공장소 흡연 금지 등 사회와의 약속을 실천하는 책임 있는 기업으로서 사회 보고서를 발간하고 있다. 나눔 경영이라고도 할 수 있는 기업의 사회적 책임 활동은 현재 활동적으로 진행되고 있다(이현상, 2006). 전국경제인연합회가 최근 발표한 기업 사회공헌 자료에 따르면 114개 조사 기업 중 75%가 임직원 봉사 활동을 펼치고 있었고, 응답 기업 절반 이상이 전사 차원의 봉사 조직을 갖고 있는 것으로 나타났다. 기업 사회 공헌의 무게중심이 돈에서 땀으로 옮겨 가고 있는 것이다. 고유 기술과 인적 자산, 전문성을 활용해 지역사회와 이웃에 공헌하는 기업들도 많다. 기업의 사회 공헌 활동이 더욱 적극적

이면서도 본업 연관성이 높아지는 것은 기업들의 마케팅 패러다임이 고객 중심으로 바뀌는 것과 밀접한 관련이 있다. 브랜드 가치도 높이고 여론, 투자자, 주주, 소비자의 호감을 얻으면서 기업의 전반적 목적과도 통합을 꾀하는 것이다. 이른바 전략적 사회 공헌이다. 여기엔 사회 공헌을 통해 사회적 기대에 부응하는 것이 장기적인 안목으로 볼 때 기업에도 이익이 된다는 인식이 깔려 있다. 사회의 구성원corporate citizen으로서 기업의 사회 책임은 선택이 아니라 기업의 본래적 의무다.

포스코는 창립 초기부터 인재 양성과 지역사회 발전에 힘을 쏟아 왔다. 한국야쿠르트는 사랑의 손길 펴기 운동, 사랑의 김장 나누기 행사, 사랑의 떡국 나누기 등의 사회봉사 활동을 하고 있다. 롯데칠성은 2006년 10월부터 끼니를 거르는 이들을 위해 사랑의 도시락 전달 사업을 펼치고 있다. CJ그룹은 1999년 사회 공헌 전담 부서를 발족했으며, 2005년 7월엔 CJ나눔재단을 출범시켰고, 2006년 올해 CJ문화재단도 탄생시켰다. 현대 · 기아자동차그룹은 '함께 움직이는 세상'이라는 테마 아래 장애인 이동 편의 증진, 자원봉사 활성화, 교통안전문화 정착 등 3대 사업을 중점적으로 펼치고 있다. 농심은 2000년부터 매년 12일 유명 가수들이 출연하는 사랑 나눔 콘서트를 열어 왔다. 매일유업은 육아 관련 정보를 무료 제공하는 예비엄마교실을 30년 넘게 진행해 오고 있다. KTF는 소외된 청소년들에게 희망을 안겨주는 사업 위주로 나눔 경영을 실천하고 있다. SK그룹은 이렇게 일자리를 제공하거나 소외 계층에 직업 교육을 시키는 데 2005년부터 3년간 500억 원을 투입했다. 진로는 심장병, 소아암 등 난치병으로 고통 받는 아이들에게 건강한 웃음을 되찾아 주는 활동을 벌이고 있다. 에쓰오일은 오리 농법에 의한 농사를 후원하여 친환경 농법의 보급에 힘쓰고 있다. LG는 국내외에서 소외 계층을 위한 자원봉사 활동을 펼치고 있다. 아모레퍼시픽은 희망가게 사업으로 저소득 모자 가정의 자활을 위해 창업 비용을 지원하고 있다. GS칼텍스는 사회 공헌 활동을 대폭 늘리고자 재단도 세워 2015년까지 매년 100억 원을 사회 공헌 활동에 쓸 계획이다. 삼성그룹의 사회 공헌은 양과 내용에서 국내 기업 중 으뜸이라 할 만한데, 지난 2005년 삼성이 사회 공헌 활동에 투입한 금액은 4926억 원에 달한다. 이처럼 우리 기업의 사회 공헌 활동은 양적 성장과 더불어 질적 발전도 꾀하고 있다(조건호, 2006).

지금까지 살펴본 기업들의 지속 가능 경영 활동 현황을 보면 기업들이 지속 가능 경영에 대해 커다란 관심을 가지는 것으로 볼 수도 있다. 기업인의 모임인 전국경제인연합회는 2008년 3월에 윤리 경영과 투명 경영을 획기적으로 끌어 올리는 방안으로 각 회사마다의 CSR위원회 설치를 마련하겠다고 발표하였으며, 국제표준화기구(ISO)는 기업의 사회적 책임과 관련된 기준(ISO 26000)을 따로 만들었다(표재용, 2008).

하지만 지속 가능 경영에 대한 관심은 기업들이 지속적으로 추구하는 지속 가능한 성장이며 가속 가능한 이윤일 수도 있다. 지속 가능 경영을 지속 가능 성장, 지속 가능 이윤으로 보고 있으며, 다만 그러한 기업의 의도가 노골적으로 드러나지 않도록 요란한 사회 공헌 활동을 벌이고 있다는 뜻이다. 이처럼 기업들의 지속 가능 경영을 표방한 적극적인 사회 공헌 활동이 결국은 검은 속셈을 감추기 위한 화장발이라는 비난도 일고 있다(Klaus and Weiss, 2001). 이렇게 비난하는 저자들은 세계적으로 성공한 기업들의 뒤에 숨겨진 그늘이나 진짜 얼굴을 조명하였다. 그리고 아디다스, 바이엘, 맥도날드, 나이키, 지멘스 등 유명 기업들이 비인간적인 노동 착취와 어린이노동, 전쟁, 환경 파괴를 통해 이윤을 추구하고 있다고 고발하고 있다. 이 책이 완벽한 진실을 고발한다고 볼 수 없으나 진정으로 무엇이 지속 가능 경영인지 지속 가능 경영을 표방하는 기업들에게 의미를 줄 수 있을 것이다. 지금까지 설명한 기업들의 지속 가능 경영 활동을 요약하면 그림 2-6과 같다.

기업들의 열띤 지속 가능 경영 활동이 알고 보면 기업들의 지속 가

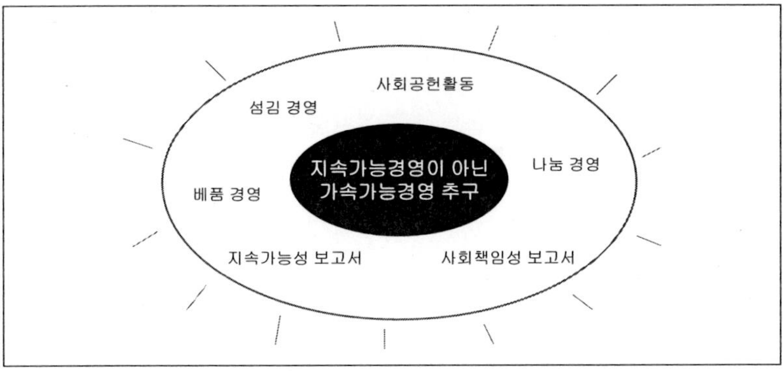

그림 2-6 지속 가능 경영 활동의 겉과 속

능한 성장과 지속 가능한 이윤을 추구하는 가속 가능 경영, 또는 가속 성장 경영이 아닐까 하는 의문이다. 그러한 기업들의 의도를 다양한 나눔 경영 슬로건, 사회 공헌 활동이나 지속 가능 보고서 등으로 광채가 나도록 빛나게 멋지게 포장하는 것이 아닐까 하는 의문이다. 그렇다면 과연 진정한 지속 가능한 경영이란 무엇인가? 그것은 다음에서 설명하는 지속 가능 PR과 관련하여 이야기할 수 있다.

지속 가능한 PR의 개념 정립

지속 가능 경영과 지속 가능 PR은 어떠한 연관이 있는 것일까? 지속 가능 경영에서 가장 중요하게 부각되고 있는 것은 이해관계자 관리다(정관용, 2006). 이러한 이해관계자 관리는 PR 활동 그 자체다. 지속가능경영원의 보고서에서 보듯이 기업의 사회적 책임은 PR과 직접적 관련이 있다(www.bisd.or.kr). 그렇다면 지속 가능 경영과 PR을 같은 맥락의 활동이라고 볼 수 있다. 그렇다면 지속 가능 경영과 같은 맥락으로서의 지속 가능한 PR이란 무엇인지 해석하여 보고자 한다.

사실상 지구 자원의 활용도를 최대한 확장하려는 대기업들의 욕구는 지속 가능한 발전과 양립되기 어렵고 힘들다. 더욱 비판적인 관점에서 볼 때 기업들의 지속 가능한 성장은 어렵고 힘들기보다 원천적으로 불가능하다. 기업들이 근본 철학인 생산성 논리, 이윤 추구, 성장 욕구는 지속 가능성의 근본 철학과 반대 방향이기 때문이다. 그것은 오히려 지속 가능성이 아니라 가속 가능성일 뿐이다. 토플러(Toffler, 2006)가 '제4의 물결'이라며 제안하는 속도 혁명이란 앞으로 속도를 더 내어서 더 많은 부를 창출할 수 있다는 철없는 논리다. 혁명적인 부를 위해 속도를 더 낸다는 것은 그만큼 후세대가 쓸 것을 더 빨리 약탈하는 강도짓generation theft일 수 있기 때문이다. 기업들이 아무리 지속 가능 경영을 중요시한다고 외치고, 사회 책임 활동을 활발히 한다고 하여 하여도 그것은 진정한 지속 가능성과 다른 가속 가능성을 추구하는 것이기 쉽다. 전 세계적으로 불고 있는 '서스테이너빌리티' 화두에 유행처럼 따라가고, 매년 지속 가능성 보고서를 내는 식으로 지속 가능 경영을 한다며 그럴듯하게 포장하며, 다양한 사회 책임 활동에 이렇게 적극적이라며 생색을 내는 것이기 쉽다. 한마디로 유행 · 포장 · 생색의 지속 가능 경영일 수 있는 것이다. 곽결호(2006)에 따르면 그러한 사회 책임 활동은 시민단체나 이해관계자 집단으로부터의 압력을 비켜가기 위한 사회적 책임 활동일 수 있다. 그러므로 진정한 지속 가능 경영이란 기업들이 지속적으로 성장을 하기 위한 경영이 아니라 기업들이 참으로 지속 가능할 수 있도록 무분별하고 무조건적인 지속 성장이나 가속 성장을 근본적으로 자제하는 겸허한 실행 철학이며 실천 활동이다.

그렇다면 무엇이 진정한 지속 가능 경영인가? 지속 가능성의 개념에서 가장 중요한 핵심 철학은 생태eco다. 생태는 환경과 다르게 정의된다. 즉 인간과 기업과 같은 주체 중심적인 환경과 달리 생태란 주체가 생태라는 전체적인 관계망 속의 하나에 불과하다는 인식이다. 환경environment이란 우리 인간의 주변을 둘러싼 상황situation이다. 정치 환경, 경제 환경,

사회 환경처럼 환경은 인간을 둘러싸고 있다는 의미이므로 인간 중심의 표현이다. 하지만 생태(生態)란 동물-인간-식물-숲-바다-하늘 등이 서로 따로가 아니라 생명적인 관점에서 하나의 커다란 관계의 그물망처럼 서로서로 연결 고리를 이룬다는 생명 시스템이다. 환경 관점에서 보면 인간은 전체의 중심에 있지만, 생태 관점에서 보면 인간은 거대한 그물망 속의 한 점에 불과하다. 진정한 지속 가능 경영이란 인간 중심 · 기업 중심의 환경적 관점이 아니라 생태적 관점을 가질 때 가능하다. 생태적 관점에서 본다면 기업들이 생산하는 재화는 쓸모없는 에너지인 엔트로피에 불과할 수 있다. 그러므로 생태 안의 엔트로피를 생각할 때 기업들의 무분별한 생산성 및 매출 이윤 추구, 성장 욕구는 자제되어야 한다. 아무리 생산성이 좋고 매출 성장과 이윤 성장이 있어도, 그 기업의 성장보다 더 크게 생태에 악영향을 미친다면 그것은 지속 가능 경영이 아니다. 근본적으로 기업의 성장 욕구를 자제하지 않는다면 아무리 지속 가능 경영과 사회적 책임을 내세워도 그것은 피상적으로 유행에 맞추어 포장하고 생색내는 일에 불과하다.

이러한 근본적인 지속 가능성 철학에서 진정한 지속 가능 경영이란 생태와의 관계를 생각하는 PR이다. PR의 관계 경영, 또는 관계성 관리 패러다임이란 공중 관계, 이해관계자 관계만이 아니라 더 거시적으로 나아가 생태와의 관계까지 생각하는 것이다. 우리 인간은 인간의 관점에서 환경에 둘러싸여 있다기보다 전반적 관점에서 생태와 관계를 맺고 살아가는 존재다. 그러므로 생태와의 지속적인 관계를 무시해서는 안 되며, 생태 관계를 지속적으로 맺어야 한다. 생태와의 관계를 지속적으로 잘 맺지 못한다면 우리 인류는 지속 가능할 수 없으며, 기업도 지속 가능할 수 없다. 과학기술 발전에 따른 기업들의 생산물들이 결국은 쓰레기entropy로 되기 때문이다. 생태적 관점에서 엔트로피 개념을 생각한다면 이 세상은 절대로 지속 가능할 수 없다. 그러므로 지속 가능한 PR이란 생태와의 관계를 좋게 하려는 친생태화 경영 활동과 맥을 같이한다. 그것은 겉치레 행사로 해서도 안 된다. 적극적으로 앞에 나서며 진실 되게 해야 한다. GE는 환경 피해를 최소화하면서 자사 매출 이익을 극대화하기 위한 대소비자 커뮤니케이션을 위하여 생태적 상상력ecomagination을 제안한 바 있다. 하지만 이 용어 역시 글로벌 대기업이 가지는 매출 극대화라는 무분별한 성장 욕구에서 자유롭지 못하다. 진정한 에코매지내이션이란 매출 극대화가 아니라 생태와의 관계를 고려하여 매출 적정화를 이루려는 에코싱킹ecothinking이어야 마땅하다. 즉 지속 가능한 PR이란 기업이 성장하지 말아야 한다는 무조건적 환경 운동의 논리도 아니다. 적극적 성장이 아닌 적당한 성장을 하려는 것이다. 이러한 철학 없이 진행되는 녹색 성장은 결국 음흉한 녹색 포장green packaging이 되기 쉽다. 아무리 지속 가능성에 대한 논의가 활발하고, 지속 가능 경영에 대한 기업들의 관심이 높아지고 있지만, 생태 관계성에 따른 생태와의 관계 활동에 소홀하다면 그것은 지속 가능한 PR이 아니다. 결국 지속 가능한 PR이란 'Public Relations'와 함께하는 'Eco Relations' 활동이다. 즉 세우는 관점이 아니라 감싸는 여성적 생태성ecofeminism의 관점에서 생태 관계성ecorelationship을 심각하게 사유하며 중요하게 배려하는 실천이다(박기철, 2006b). PR의 관점에서 진정한 지속 가능 경영의 의미를 정리하면 그림 2-7과 같다.

결국 "생태 패러다임으로서의 지속 가능 PR이란 무엇인가?"라는 '연구문제 2'에 대해서는 다음과 같이 설명할 수 있다. **지속 가능 PR이란 유행에 다른 포장이나 생색내기 위한 목적이 아니라 진정한 지속 가능 경영의 차원에서 공중 관계만이 아니라 더욱 거시적 관점에서 생태와의 관계를 적극적으로 배려하는 실천 활동이다.** 그것은 기존의 기업의 사회 공헌 활동과 같이 사회만을 생각하는 것만이 아니라 보다 거시적으로 생태와의 관계를 생각하는 PR이다. 조직과 공중과의 쌍방향 커

그림 2-7 진정한 지속 가능 경영의 의미

뮤니케이션만이 아니라 생태계 공동체 안에서의 그물망 커뮤니케이션이 PR이다. 또한 그것은 환경 보존 차원의 PR 측면과 같이 인간이나 기업을 중심으로 하는 환경 문제가 아니라 인간이나 기업이 전반적 생태를 이루는 하나의 작은 존재로서 인식하는 겸허한 PR이라고 할 수 있다. 하지만 이렇게 생태 차원의 지속 가능한 PR을 설명하면서 사용하게 되는 용어나 표현 자체가 다분히 조직 중심적, 기능적, 수단적이어서 생태 차원의 지속 가능 PR의 진정한 의미를 퇴색시킬 우려도 있다.

순리 패러다임으로서의 입소문 PR

지금까지 살펴본 지속 가능 PR이 윤리 차원에서 중요성이 부각되는 것이라면 입소문 마케팅은 효과 차원에서 중요하게 부각되고 있다. 인터넷의 여파로 대중매체 광고의 영향력이 낮아지고 있는 상황에서 입소문을 내려는 마케팅이 부각되는 것은 자연스러운 현상일 수 있다. 그렇다면 입소문 마케팅의 현황에 대해 기존 문헌에 나온 내용과 최근 기업들의 입소문 마케팅 전개 양상을 통해 비판해 보며, 순리적 관점에서 본 입소문 PR의 진정한 의미에 대해 제안하여 보고자 한다.

입소문 마케팅의 현황

마케팅을 할 때 광고와 같은 계획된 메시지보다 소문과 같은 비계획적 메시지의 힘은 훨씬 크다(Duncan, 1997). 그래서 대중매체를 통한 매스 커뮤니케이션보다 사람과 사람 사이의 인간 커뮤니케이션이 중요하다. 하지만 인위적으로 좋은 소문을 낸다는 것은 불가능하다고 보는 것이 전통적인 생각이었다. 소문이란 통제가 아니라 우연을 통해서 만들어진다는 것이다. 이런 생각에서 벗어나는 것이 바이러스 마케팅이다. 입소문이라는 것은 바이러스와 같아서 바이러스 확산의 메커니즘을 안다면 아이디어 바이러스를 만들어 사람들 사이에 빠르게 유행시킬 수 있다는 것이 바이러스 마케팅의 기본적인 생각이다. 그렇다면 돈 안 들이고 아이디어와 상품을 퍼뜨리는 바이러스 마케팅의 원리는 무엇인가? 우선 소문이 나려면 전염되기 쉬운 매끄러운 아이디어가 있어야 한다. 그리고 이러한 소문이 떠돌아다닐 수 있는 공간인 벌통hive을 규명해야 한다. 예를 들어 딤채의 벌통은 강남 아줌마들이었고, SM5의 벌통은 택시운전사들이었다. 소문은 벌통이라는 네트워크 안에서 여기저기 떠돌며 빠르게 퍼진다. 그러므로 벌통 속의 꿀벌들처럼 많은 사람들의 소문이 나는 곳이 어디인지 알아야 한다는 것이다. 그리고 영향력이 강한 사람sneezer을 확보해야 한다. 스니저란 바이러스 마케팅 개념을 창안한 고딘Seth Godin이 만든 용어로 입소문을 전파시키는 사람이다(Godin, 2000). 전염되어 재채기하는 사람이 바로 스니저다. 이들이 벌통에서 재채기를 많이 할수록 소문은 빠르게 퍼진다. 그러므로 이들 스니저들이 재채기를 많이 하도록 적절할 때 적절한 영양을 공급한다면 소문은 관리 통제 가능 영역이라는 것이 바이러스 마케팅의 요지다. 바이러스 마케팅의 기본 원리는 감기와 같은 질병 감염의 원리와 같다. 또한 생명적 유전자인 진Gene이 복제되듯이, 문화적 유전자인 밈Meme도 복제되어 퍼진다는 원리다. 이러한 입소문 복제의 기본 원리는 영향력이 특별히 큰 "한

놈만 찍어라!"다(정재윤, 2006). 이러한 입소문 마케팅에서 강남 부유층 주부의 입소문을 통한 딤채와 택시기사의 입소문을 통한 SM5의 성공 사례는 입소문 마케팅에 대한 입소문을 증폭시켰다. 이제 입소문이란 저절로 생기는 것이 아니라 빈틈없고 영리한 마케팅 전술에 의해 만들어질 수 있다는 것이 마케팅 업계의 정설이 되었다(김상훈, 2006).

이제 소문hearsay 마케팅은 바이러스 마케팅, 또는 바이러스 성질이라고 하여 바이럴viral 마케팅이라고도 하며, 스텔스 정찰기처럼 레이더에 포착되지 않고 살며시 다가온다고 하여 스텔스 마케팅이라고도 하며, 정규전이 아닌 게릴라전처럼 전개해야 한다고 하여 게릴라 마케팅이라고도 하며, 입에서 입으로 전달되는 것이라고 하여 구전mouth to mouth 마케팅, 또는 WOMword of mouth 마케팅이라고도 한다. 그래서 워머wommer라는 신조어는 입소문을 내는 사람들이다. 광고 아래에 있는 촉진 수단들이라고 하여 BTLBelow The Line 마케팅이라고 하는 것도 주로 소문을 내려는 목적에 치중하고 있다. 또한 소문은 벌떼들이 웅웅거리는 소리와 같다고 하여 버즈buzz 마케팅이라고도 한다. 바이러스 마케팅, WOM 마케팅, 버즈 마케팅처럼 입소문 마케팅을 뜻하는 용어들이 많아진 것은 입소문 마케팅에 대한 열기가 높아졌다는 뜻이다. 최근 제일기획은 제1회 마케팅 리더스 세미나를 개최하면서 '인터넷을 이용한 버즈 마케팅 기법'을 선보였다. 버즈를 일으키려면 벌이 윙윙거리며 소란을 떨도록 기업의 전달 메시지가 의외성, 발랄, 성적 유머, 호기심 자극이라는 조건을 충족해야 한다(제일기획, 2006).

이처럼 입소문 마케팅은 최근 업계의 가장 뜨거운 화두가 되었다. 소비재 마케팅의 사관학교라고 할 수 있는 프록터 앤 갬블은 'tremor.com'이라는 입소문 마케팅용 웹사이트를 만들어 입소문을 전파하는 커넥터connector를 많이 보유하도록 유도하고 있다. 입소문 마케팅에 대한 전문 서적 및 관련 문헌들도 쏟아져 나오고 있다. 또한 국내에서도 AML,

COLEO, GIGO와 같은 입소문 마케팅 전문회사들도 생겨났다. 이들 중 GIGO는 나름대로 입소문 마케팅을 위한 독자적인 모델을 제안하기도 했다(구자룡, 2005). 이 모델에서 입소문 마케팅의 4E는 전도사Evangelist, 열광Enthusiasm, 체험Experience, 교환Exchange이다. 즉 입소문의 전도사는 열광을 가지고 자기의 체험을 남과 교환한다는 것이다(Evangelist Exchange their Experience with Enthusiasm). 이러한 입소문 마케팅을 위한 수단이 4M(Word of Mouth, Word of Mouse, Word of Mobile, Word of Media)이다. 즉 입소문을 내려면 구전, 인터넷, 휴대전화, 대중매체와 같은 4M을 통합하여야 한다는 것이다. 특히 정보화 시대에 인터넷과 핸드폰은 입소문 마케팅의 새로운 전환을 가져오게 하였다(김동욱, 2006).

이러한 입소문 마케팅을 위한 구체적인 방법론도 제시되고 있으며(김봉수, 2006), 입소문 마케팅의 기회는 더욱 많아지고 있다. 인터넷은 그러한 기회의 중심에 있다. 기업들은 4대 매체 광고가 아니라 인터넷에 특별한 콘텐츠를 유포시키는 마케팅 활동에 힘쓰고 있다. 예를 들어 LG전자의 트롬 세탁기는 제품 자체를 PC 백신, 이모티콘, 플래시콘 등 여러 가지 콘텐츠로 변신시켜 제품 노출 효과를 보려는 마케팅 활동을 전개하였다(박진한, 2005). 특히 2004년부터 거론되기 시작한 '웹 2.0'은 인터넷 이용자의 참여를 획기적으로 유도하는 것으로 이에 따른 블로그 내의 콘텐츠나 UCCUser Created Contents는 입소문의 강력한 진원지가 되고 있다. 또한 UCCUser Copied Contents에 의한 '퍼뮤니케이션', 즉 퍼 와서 나르는 커뮤니케이션도 입소문의 중요한 매개 수단이 되고 있다. 하지만 동영상을 띄운 입소문의 진원지가 밝혀져 비난받는 사례도 있다. '성난 소raging cow'라는 흥미 있는 소재의 웹사이트는 선풍적인 인기를 끌다가 나중에 그것이 '닥터페퍼' 음료회사가 만든 것임이 밝혀짐에 따라 비난받게 되었다. 우리나라에서도 어떤 여자가 풍선에 강아지를 매달아 하늘에 띄워 올린다는 엽기적 동영상이 낚시 회사가 입소문을 위해

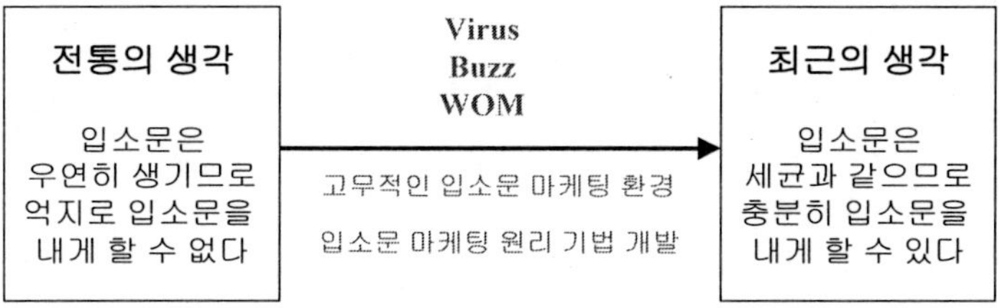

그림 2-8 입소문 마케팅의 기본 원리 요약

인터넷에 올린 것이라는 사실이 밝혀져 '개풍녀' 사건으로 비화되었다. 하지만 이러한 사건들은 때로는 선풍적 인기를 끌면서 입소문을 퍼트리는 방법이 되기도 한다. 그러한 사례로 청년 두 명이 삼엄한 공군 기지에 침입해 들어가 미 대통령 전용기에 'still free'라고 몰래 낙서를 하는 2분짜리 동영상이 인터넷에 올려진 것을 들 수 있다. 이 동영상 때문에 정말로 그렇게 대통령 전용기에 낙서가 되었는지 입소문이 퍼져, 'still free'라는 브랜드 슬로건을 내건 패션업체는 큰 노출 효과를 보았으며, 2006년 칸 광고제의 사이버 부문 그랑프리를 차지하였다. 또 미국의 마케팅 조사 회사인 마케팅 세르파가 시상하는 2006년 바이럴 마케팅 명예의 전당에 오른 동영상은 비어닷컴사의 버추얼 바텐더였는데, 이는 도발적이고 엽기적인 내용으로 폭발적인 인기를 끌었다(이존기, 2006). 지금까지의 입소문 마케팅 현황에서 이해할 수 있듯이 입소문 마케팅은 그림 2-8에서처럼 현대 마케팅의 가장 매력적 수단이 되었다.

하지만 입소문을 내는 원리가 과연 좋은 입소문이 나는 진정한 철학이 될 수 있는가에 대해서는 의문이다. 즉 그렇게 인위적으로 입소문이 나도록 할 수 있는 것인지에 대해서는 의문이다. 그래서 입소문을 순리적인 PR 관점에서 살펴보도록 한다.

PR 관점의 입소문 마케팅 비판

지금까지 입소문 마케팅을 PR 관점에서 조감해 보기 위해, 우선 PR이란 무엇인지 필자가 여러 논문과 책을 통해 이야기하였던 내용을 통해 살피기로 한다. PR이라는 용어는 잘못 오해되고 있는 경우가 많다. 즉 PR이 홍보(Press Release를 통한 Publicity)와 같다는 인식, PR이 부정적 로비 활동이라는 인식, PR은 촉진 활동의 부분적 수단이라는 인식 등 여러 가지로 잘못 사용되고 있는 경우가 많다. 하지만 PR은 널리(廣) 알리는(告) 광고와 같은 뜻으로 널리(弘) 알리는(報) 홍보가 아니다. 피할 건 피하고 알릴 건 알리는 것도 아니다. PRPublic Relations이란 말 그대로 공중 관계다. PR은 어느 특별한 가상적 공간에 말뚝 박은 사람들과 관계를 맺는 것이다. 어느 한 사람이 어디에 내 말뚝stake을 박느냐holding에 따라 그 사람이 가진 이해관계와 관심은 달라진다. 여기서 관계란 지속성을 바탕으로 한다. 그러므로 PR이란 불특정 다수인 대중mass이 아니라 이해관계자stakeholder 집단인 공중public과, 호의적 관계를 만들어 가려는 전반적인 커뮤니케이션 활동이다. 그러므로 PR의 가장 기본적이며 원론적인 텍스트는 인간관계의 철학을 다룬 『논어』와 같은 문헌에 나와 있는 원시 유교 사상이다. 하지만 대부분의 마케팅이나 광고 교재에는 촉진promotion 수단의 한 요소로서 광고, PR, SP 등이 소개된다. 이러한 부분적 개념으로서의 PR은 다양한 공중과의 호의적 관계 활동이라고 하는 PR의 본질적 개념과 맞지 않는다. 촉진 수단의 하나로 소개되는 PR은 진정한 PR이 아니라 PRPress Release에 의한 보도 기사화 활동인 'Publicity'에 해당하는 언론 플레이 활동이다. 광고와 홍보의 차이에 대해 물으면 광고(Ad)는 매체사에 돈 내고 하는 것이며, 홍보(PR)는 돈 안 내고 보도 기사화를 하는 것이라고 답변하는 경우가 많다. 광고와 홍보를 이원화하는 것이다. 하지만 PR은 매우 포괄적이며 다양한 개념으로 PR 안에 광고와 홍보Press Release, publicity 등이 속하는 것이라고 해야 마땅하다.

또 PR이라는 단어를 가지고 사람들이 흔하게 쓰는 것은 부정적인 경우가 많다. 예를 들어 "어떤 음반사가 무슨 방송국 PD에게 PR비조로 뇌물을 건넸다"라는 신문 기사에서 PR은 부정적인 의미가 담긴 로비 활동으로서의 언더테이블 활동이다. 또 "저 사람은 실력은 없는데 자기 PR을 잘해"라는 대화에서 PR은 속을 다지기보다 겉으로의 이미지를 꾸미는 패키징이다. 하지만 PR이란 조직과 공중 간의 관계 활동이며, 이를 위해 실체적으로 충실한 가치를 가지면서 상대방과 좋은 관계를 맺도록 잘 통하게 하려는 활동이다.

PR은 촉진 수단의 하나에 불과한 부분적인 수단이 아니라 네 가지 P(product, price, place, promotion)를 믹스하는 마케팅 활동보다 커다란 전반적 경영 활동이다. 경영을 네 가지 M(man, money, manufacture, market)의 믹스라고 할 때, Man을 관리하는 인적자원 관리란 PR의 관점에서 볼 때 내부 직원이라는 공중과의 관계 활동이며, Money를 관리하는 재무 관리란 PR의 관점에서 볼 때 투자자 사회라는 공중과의 관계 활동이며, Manufacture를 관리하는 생산 관리란 PR의 관점에서 볼 때 협력 업체라는 공중과의 관계 활동이며, Market을 관리하는 마케팅이란 PR의 관점에서 볼 때 소비자라는 공중과의 관계 활동인 셈이다.

PR이 홍보와 다른 개념임을 명확하게 구분한 이종화(2001)에 의하면, PR은 퍼블리시티인 홍보로부터 출발했지만 대중매체를 통해 널리 알리는 홍보와는 근본적으로 다르다. 홍보가 설득과 선전 기법을 바탕으로 파이프에 담아 보내는 수돗물과 같이 정보의 일방적 흐름을 강조하는 일방적으로 계획된 커뮤니케이션이라면, PR은 정보의 쌍방 흐름에 초점을 맞추는 의사소통 시스템이며, 다양한 공중과의 지속적 관계를 맺기 위한 전반적 경영 활동이다. 지금까지의 PR의 참 의미와 PR 관점에서 최근의 입소문 마케팅 활동을 비판하면 그림 2-9와 같다.

진정한 PR의 관점에서 최근의 입소문 마케팅 활동을 보면 부정적

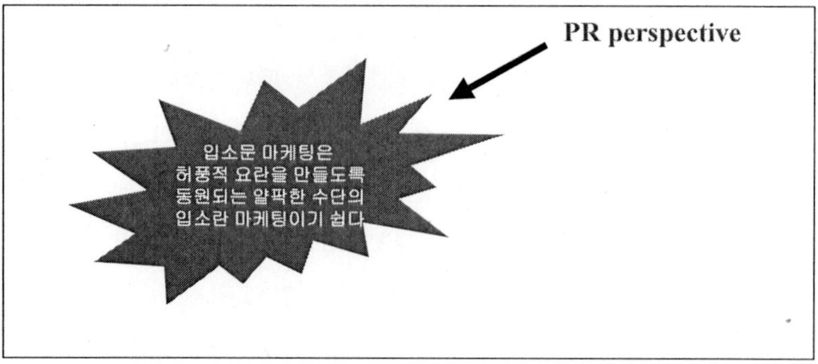

그림 2-9 PR 관점의 입소문 마케팅 비판

생각을 가지게 된다. 실리적 이익을 얻으려는 1970 · 1980년대식 정통 마케팅의 관점에서 입소문 마케팅을 보면 그것은 매우 효과적인 수단이 된다. 하지만 충실한 가치를 주려는 브랜딩 PR의 관점에서 보면PR perspective, 입소문 마케팅이란 충실한 가치를 벗어나 허풍적 요란을 불러 일으키려는 얍삽하며 알량한 수단이다. PR은 진정하고 건전한 관계 철학이자 관계 활동이기 때문이다.

입소문이 나는 입소문 PR

입소문이 나는 입소문 PR이란 인위적으로 입소문을 내는 PR과 구분하기 위한 표현이다. 하지만 입소문을 내게 하는 것이 입소문 PR이며, 입소문 마케팅으로 알려져 있다. 하지만 과연 인위적으로 입소문을 내게 하는 것이 가능한 일인가? 하지만 세상일은 인위적으로 무엇을 계획한다고 계획대로 돌아가지 않는다. 세상은 단순화시키기에 너무나 복잡한 복잡계이기 때문이다. 복잡계에는 숨겨진 질서가 있다지만(윤영수 · 채승병, 2004; Holland, 1995), 복잡계 내에서는 숨겨진 질서보다 숨겨진 관계가 너무나도 복잡하기 때문이다(Capra, 2002). 복잡계는 인위적으로 제어하려고 하더라도 제어할 수 있는 것이 아니라 복잡계와 만나는 방법에 대해 근본부터 다시 살펴볼 필요가 있다(塩澤由展, 1997). 그러므로 복잡계 관점에서 입소문을 생각하면 "입소문을 내려면?"이라는 능동태 질문은 "입소문이 나려면?"이라는 수동태 질문으로 전환되어야 알맞다. 그렇게 전략적으로 입소문을 내려는 입소문 마케팅이 아니라 순리적으로 입소문이 나는 것이 온전한 PR의 관점이다. 좋은 입소문이란 관계 마케팅, 체험 마케팅, 가치 마케팅으로 속을 충실히 채웠을 때 속이 넘쳐서overflow 얻어지는 순리적인 결과물이다. 즉 입소문을 목적이 아니라 결과로 보는 것이다. 앞에서 집어 본 입소문 마케팅에서처럼 요란법석을 떨어 입소문을 내는 것이 아니다. 그러한 입소문 마케팅은 단지 얄팍한 소란noise을 내려는 얍삽한 입소문 마케팅일 뿐이다. 그런 식의 입소문 마케팅은 입소란 마케팅일 뿐이다. 입소문이란 기본에 충실히 하였을 때, 자연스럽게 나는 것이다. 블루오션의 핵심 원리도 입소문이 나는 원리와 마찬가지다. 가치혁신value innovation으로 고객이 미처 생각하지 못한 혁신적 가치를 주었을 때 고객은 감동하고 결과적으로 입소문이 나는 것이다. 이렇게 된다면 굳이 피 튀기는 경쟁의 소용돌이, 즉 레드오션에 휘말릴 필요가 없다. 누렁소 떼 중에서 한 마리 보랏빛 소purple cow가 두드러지는 것처럼 제품 자체가 두드러진다면 입소문은 저절로 나는 법이다. 고객의 머릿속에 있는 기존의 사다리 경쟁에서 벗어나 새로운 사다리의 첫 번째에 자리 잡는 리포지셔닝도 입소문이 나는 원리와 마찬가지다. 브랜드 콘셉트, 즉 생활자 관점의 차별화된 가치가 있다면 고객이 두드러지게 느끼고 가치를 얻고 머릿속의 새로운 사다리에 자리 잡아 입소문은 쉽게 나게 되어 있다. 히노가에코(日野佳惠子, 2003)에 의하면, 입소문이란 일으키는 것이 아니라 일어나는 것이다. 즉 의도적이 아닌 진심의 활동이 사람들을 감동시켜 자연히 차별화되어 입소문이 난다. 좋은 입소문을 내는 것은 PR의 궁극적 목적이 아니라 좋은 입소문이 나는 것이 PR의 궁극적 결과다.

이러한 입소문은 일반적 관점의 소문rumour과 전혀 다르다. 소문은 헛소문일 수 있다. 소문이 그냥 누구한테 들어서 하는 말hearsay이라면, 입소문은 자신이 보아서, 써 봐서, 먹어 봐서, 가 봐서, 사 봐서, 즉 체험해서 하는 말이다. 그래서 소문이 불분명한 정보를 가지고 대개 부정적으로 전파된다면, 입소문은 믿을 만한 정보를 가지고 대개 긍정적으로 전달된다. 풍문이란 근거 없이 떠돌지만 입소문은 근거 없이 나지 않는다. 입소문은 체험한 사람의 생생한 이야기이므로 신뢰할 수 있다. 또한 입소문은 인터넷 등과 같은 가상공간에서 펼쳐지는 온라인 입소문보다는 얼굴을 직접 맞댄 대면 상황의 오프라인 입소문이 더욱 유효하다는 실제 조사 결과도 있다(Keller, Ed and Berry, Jon, 2006).

우연을 가장한 통제로 입소문을 전파시킨다는 입소문(Virus, Buzz, WOM) 마케팅은 바이러스를 인위적으로 관리하여 입소문을 내게끔 하는 일이다. 하지만 관리가 아닌 순리로서 입소문이 나는 입소문 PR은 바이러스가 아니라 씨앗을 뿌리는 일이다. 입소문을 바이러스로 보는 관점과 씨앗으로 보는 관점은 그 차이가 크다. 이는 바이러스처럼 인위적으로 감염시키는 것과 씨를 뿌려서 순리적으로 거두는 것의 차이다. 입소문을 퍼트리려면 재채기하는 사람들sneezer이 재채기를 많이 해야 하지만, 입소문이 나려면 씨 뿌리는 사람들seeder이 좋은 씨를 뿌려야 한다. 시더란 체험한 이후 입소문을 실질적으로 전달하는 사람이다(日野佳惠子, 2003). 스니저들이 실체도 없는 바이러스적 소문을 확산적으로 전파하는 것이라면, 시더들은 자신들이 실제로 체험한 이야기를 다른 사람에게 순리적으로 전달함으로써 또 다른 시더를 낳고 이렇게 해서 입소문이 좋게 나게 된다. 이렇게 시더들이 제품에 대한 환상적 이미지가 좋아서가 아니라 정말로 그 제품을 접해서 실체적 가치가 좋다고 체험했을 때 씨를 뿌린다. 결국 입소문이 나는 원리는 인터넷에 의외의 동영상을 띄우는 방법으로 바이러스를 유포시키듯이 우리를 알리려 하기보다 우리에게 관심을 보인 한 명 한 명을 진심으로 존중하며 감동을 불러 일으켰을 때 나타난다. 〈주유소 습격사건〉 속의 영화 인물인 무대뽀가 하듯 "영양가 있는 한 놈만 찍으라(정재윤, 2006)"는 기존 입소문 마케팅의 논리는 너무 공격적 · 무력적 · 군사적이다. 이러한 공략보다 관계를 위한 존중이어야 한다. 입소문이란 외부인에게 알리기outbound보다 우리와 접한inbound 한 명 한 명과 호의적 관계를 쌓아갈 때 나타나는 법이다. 그렇게 되면 그 한 명 한 명은 자연스럽게 우리의 시더가 된다. 씨앗을 뿌리는 사람들인 시더란 우리를 알아주고 다른 사람에게 우리에 대해 좋게 이야기하는 사람들이다. 이렇게 보았을 때 입소문이란 마케팅이나 마케팅 PR, 또는 BTL 마케팅의 부분적 수단이 아니라 전반적 경영 활동의 궁극적 결과인 셈이다. 결국 기업의 마케팅 활동을 비롯한 모든 경영 활동은 결국에 입소문으로 수렴되기 때문이다(박기철, 2006 c).

허풍스러운 입소란 마케팅과 거리가 먼 진정한 입소문 마케팅은 사실 PR에서 평판 관리와 같은 맥락이다. 입소문은 우리의 이미지를 좋게 하고 명성을 높이기보다 평판reputation을 좋게 한다. 그렇게 하여 우리의 실체적 가치를 키우도록 한다. 이미지가 실제와 다를 수 있는 허상이라면, 평판은 실제와 뗄 수 없는 실상이다. 이미지가 좋으면 단순히 이미지가 좋은 것으로 끝나지만, 평판이 좋으면 고객의 구매 결정, 종업원의 근무 활동, 투자자의 투자 결정, 언론 매체의 보도 내용에 결정적인 영향을 미친다(이노종, 2006). 최근 기업들의 경영 활동에 있어서 고객만족지수보다 입소문지수가 채택되고 있다. "만족하는가?"를 물어 보아 측정된 고객만족지수는 고객의 애호도 및 실제 행동과 거리가 있다. 하지만 "추천하겠는가?"를 물어 보다 측정된 입소문지수는 고객의 애호도 및 실제 행동을 정확히 판단하는 기준이 될 수 있다. 이러한 입소문지수를 측정하기 위해 배인Bain and Company이 개발하여 2004년 하버드비즈니스리뷰에 처음 소개한 NPS(Net Promoter Score: 순추천고객지수)는

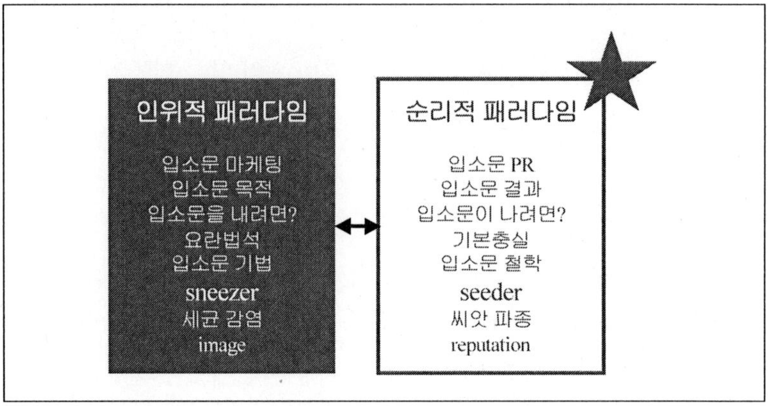

그림 2-10 인위적 관점의 입소문 마케팅과 순리적 관점의 입소문 PR 비교

GE와 같은 기업들의 경영관리지표로 적극 활용되고 있다(정지택, 2006). 여기서 'promoter'란 입소문을 자발적으로 내는 고객이다. 지금까지 전략적 · 인위적 관점의 바이러스 마케팅과 비교하여, 순리적 관점에서 입소문 PR의 의미를 제안하면 그림 2-10과 같다.

"순리 패러다임으로서의 입소문 PR이란 무엇인가?"라는 '연구문제 3'에 대해서는, 다음과 같이 설명할 수 있다. **입소문 PR은 순리적 관점에서 기본에 충실하면 시더들이 좋은 씨를 뿌리게 되어 좋은 입소문이 나서 평판이 좋아진다는 입소문 철학이다.** 이는 입소문 목적으로 입소문을 내기 위해 요란법석을 떠는 입소문 기법을 동원하여 스니저가 다른 사람에게 세균 감염을 시키는 것처럼 번지도록 하여 이미지를 퍼트리려는 활동인 인위적 관점의 입소문 마케팅, 즉 입소란 마케팅과 비교해서 볼 때 180도로 완전히 다르다.

세 가지 관점의 통합

지금까지 가치 패러다임으로서의 브랜딩 PR, 생태 패러다임으로서의 지속 가능 PR, 그리고 마지막으로 순리 패러다임으로서의 입소문 PR에 대해 살펴보았다. 그렇다면 결론적으로 이러한 세 가지 패러다임은 PR에 무슨 의미가 있는 것일까? 또 PR의 의미와 어떠한 연관성이 있는 것일까? 세 가지 패러다임을 하나로 엮어서 PR의 의미를 새롭게 제안할 수는 없을까? 이러한 질문에 답하기 위해서는 앞서 설명했다시피 우선 PR에 대해 막연하게 가지는 피상적 오해로부터 벗어나야 한다. PR이란 공중 관계 활동이므로 공중 관계를 지속적으로 잘 맺기 위해서는 반짝성 포장이나 겉치레 행사가 아니라 속을 충실하게 채우고 다져야 한다. 그러므로 PR은 원래 겉포장을 위한 외부 활동이라기보다 먼저 속 건강을 다지도록 하는 내부 활동이다. 이러한 PR이 지니는 본질적 의미에 세 가지 패러다임은 잘 조화된다.

진정한 PR 실천을 위하여 세 가지 패러다임이 요구된다. 첫 번째, 가치 패러다임에서 브랜딩 PR이란 고객으로부터 호의를 얻기 위한 CPR, 이익을 얻기 위한 MPR과 달리 고객에게 가치를 주려는 충실한 활동이다. 두 번째, 생태 패러다임에서의 지속 가능한 PR이란 공중 관계만이 아니라 더욱 거시적 통찰력을 가지며 생태와의 관계를 적극적으로 배려하는 실천 활동이다. 세 번째, 순리 패러다임의 입소문 PR은 입소문을 목적으로 하는 요란한 입소문 마케팅과 달리 기본에 충실하면 좋은 입소문이 결과로 난다는 순리를 따른다. 이러한 세 가지 패러다임을 하나로 엮어 PR의 의미를 새롭게 제안하자면 표 2-1과 같다.

PR에 대한 새로운 정의로 본다면, PR이란 홍보 대행사에 맡겨서만 될 일이 아니며, 조직 내에 홍보팀을 갖춘다고 해서 될 일도 아니다. PR 주체인 조직이 진정성을 가지며 주체적으로 해야 하는 업이 PR이므로

표 2-1 PR 정의의 패러다임 전환

PR에 대한 기존의 정의	PR에 대한 새로운 정의
PR이란 널리 알리는 홍보와 달리, 조직이 공중(대중이 아니라)과 호의적 관계(태도가 아니라)를 형성하려는 전반(부분이 아니라)적인 커뮤니케이션 활동이다.	PR이란 충실한 **가치**를 주어 공중과 호의적 관계를 맺고 더 거시적으로 **생태**와 지속 가능한 관계를 맺어 **순리**적으로 좋은 입소문이 나는 전반적 경영 철학이다.

조직 자체가 그대로 PR 조직이며, 기업의 최고 경영자는 곧 PR 경영자인 법이다. 그것은 기업의 마케팅을 위한 수단도 아니며 광고 홍보를 위한 기능도 아니며 전반적인 경영 철학이다.

이러한 PR의 의미 정의는 조직이 공중(대중이 아니라)과 호의적 관계(태도가 아니라)를 형성하려는 전반(부분이 아니라)적인 커뮤니케이션 활동이라는 기존의 PR 정의보다 확대된 해석으로 보인다. 또한 PR에 대한 이러한 의미 제안은 비현실적이며 이상적으로 보인다. 너무 비약된 정의처럼 보일 수도 있다. 또 연구자 개인의 주관적인 의미 정립이라고 볼 수도 있다. 하지만 가만히 생각해 보면 우리가 이상적이라고 생각하는 것이 현실적이며, 지금 당장 현실적이라고 생각되는 것이 이상적일 수 있다. 현실과 이상이 도치된 것이다. 이 글에서 제안하는 PR의 의미는 이상적이라기보다 기본적이다. 즉 기존 PR에 대해 가지는 통념에서 벗어나 원래 PR이 가져야 할 건강한 기본 의미로 돌아가는renaissance to PR basic 것이다. PR의 뿌리로 돌아가자는 지극히 현실적 제안이다. 이러한 점에서 이 글은 PR에 대한 세 가지 기본 관점에서 PR의 근본적 의미를 비판적으로 제안했다는 점에서 의의를 둘 수 있다. 즉 가치 차원의 브랜딩 PR, 생태 차원의 지속 가능 PR, 순리 차원의 입소문 PR이라는 세 가지 패러다임을 통합하여, PR에 대한 보다 포괄적이며 통합적인 패러다임임을 선명하게 제시한 것이 이 글의 존재 의미라고 할 수 있다. 그렇게 하여 PR에 대한 함의점을 높이고 진정한 PR 철학 및 사고의 정립에 기여할 수 있다고 본다. 결국 이는 가치관계학으로서 PR학의 외연을 더욱 넓히는 작업이기도 하다. 궁극적으로 진정한 PR 실천을 위한 가장 기본적인 작업일 것이다.

참고문헌

고재민 (2006). 환경 · 사회적 책임 다해야 기업 생존한다. ≪중앙일보≫ 2006. 4. 21.

곽결호 (2006). 기업 사회공헌은 사회발전 동력. ≪서울신문≫ 2006. 11. 13.

구자룡 (2005). Integrated WOM.『한국홍보학회 봄철 정기학술대회 발표집』.

김동섭 · 강승민 (2006). 이젠 고유 브랜드로 세계적 명품과 경쟁. ≪중앙일보≫ 2006. 11. 8.

김봉수 (2006). Wom Marketing Process. ≪오리콤 브랜드 저널≫ 2006년 9월호.

김동욱 (2006). 클릭 한번, 전송 한번으로 시공간 초월해. ≪광고정보≫ 2006년 8월호.

김상훈 (2006). 사회 네트워크와 입소문 마케팅. ≪Marketing≫ 2006년 7월호.

김영욱 (2004).『PR 커뮤니케이션』. 이화여대출판부. 52~98.

박기철 (2006a). 가치 패러다임의 BPR 제안.『한국홍보학회 봄철 학술대회 발표집』.

______ (2006b). 지속 가능한 PR.『한국홍보학회 가을철 학술대회 발표집』.

______ (2006c). PR 관점의 입소문 마케팅.『한국광고학회 가을철 학술대회 발표집』.

______ (2006d). 마케팅의 변화. ≪광고정보≫ 2006년 11월호. 한국방송광고공사.

박진한 (2005). 소비자도 즐거워 하는 마케팅 전략. 엘지애드 2005년 Creative Power.

윤영수 · 채승병 (2005).『복잡계 개론』. 삼성경제연구소. 48.

이노종 (2006). 기업 투명성과 평판 간의 관계 연구. 성균관대학교 박사학위논문.

이존기 (2006). 얘기하지 않고는 못배기게 하는 입소문 마케팅. ≪오리콤 브랜드 저널≫ 2006년 9월호.

이종화 (2001). PR 발전 과정에 따른 홍보와 PR의 차이점 및 그에 따른 PR 실무자의 자질에 관한 일고찰. ≪홍보학연구≫ 제5-2호. 49~51.

이현상 외 (2006). 봉사가 기업 경쟁력 높인다. ≪중앙일보≫ 2006. 11. 9.

정관용 (2006). 성공적 파트너십 구축을 통한 이해관계자 관리. 지속가능경영원 세미나 Proceeding. 2006년 7월 28일

정세균 (2006). 국제환경규제, 해법은 상생협력이다. ≪서울신문≫ 2006. 10. 21

정재윤 (2006). 『한국형 입소문 마케팅 1』. 인디북, 45.

제일기획 (2006). 제1회 제일기획 마케팅 리더스 세미나 개최. ≪제일기획 사보≫ 2006년 7월호

정지택 (2006). 소비자가 만족한다고? 기업의 착각!. ≪조선일보≫ 2006. 10. 14

조삼섭 (2008). 선진국 사례를 통해 본 글로벌 시대의 국가 홍보방향 탐색. 한국광고홍보학회 특별 세미나.

조건호 (2006). 기업의 사회공헌은. ≪중앙일보≫ 2006. 11. 9.

최윤희 (2001). 『PR의 새로운 패러다임 – 관계성의 관리』. 커뮤니케이션북스, 5~17.

표재용 (2008). CSR. ≪중앙일보≫ 경제섹션 2008. 4. 24.

Boorman, Neil (2006). *Bonfire of the brands : how I learnt to live without labels*, 최기철 · 윤성호 역 (2007). 『나는 왜 루이비통을 불태웠는가? 한 명품 중독자의 브랜드 결별기』. 미래의 창.

Capra, Fritjof (2002). *The Hidden Connections*, Brockman Inc: 강주헌 역 (2003). 『숨겨진 관계』. 휘슬러.

Coombs, T. and Holladay, H. (2007). *It's not just PR*, Blackwell Publishing.

Davis, Scott and Michael Dunn (2002). *Building the Brand-Driven Business*, John Wiley and Sons; 김형남 역 (2003). 『브랜드 – 비즈니스를 움직이는 힘』. 청림출판, 135~276.

Duncan, Tom (2002). *IMC-Using Advertising & Promotion to Build Brands*, McGraw-Hill Irwin.

Duncan, Tom and Sandra Moriarity (1997). *Driving Brand Value*, McGraw-Hill: 김일철 역 (2003). 『브랜드 커뮤니케이션』. 북코리아.

Godin, Seth (2000). *Unleashing Idea Virus*, Doo You Zoom: 최승민 역 (2004). 『아이디어 바이러스』. 21세기북스.

Grunig, James and Todd Hunt (1984). 박기순 · 박정순 · 최윤희 역 (2004). 『현대 PR의 이론과 실제』. 커뮤니케이션북스, 28.

Harris, Thomas (1991). *The Marketer's Guide to Public Relations*, John Wiley & Sons, Inc. pp.12.

Harris, Thomas (1999). *Value Added Public Relations The Secret Weapon of Integrated Marketing*, NTC Business Books.

Holland, John (1995). *Hidden Order*, Addison Wesley Longman: 김희봉 역 (2001).

『숨겨진 질서』. 사이언스북스.

Keller, Ed and Berry, Jon (2006). Word of Mouth : The real action is offline, *Ad Age* Vol. 77, 20.

Kent, Michel and Taylor, Maureen (2002). Toward a dialogic theory of public relations, *Public Relations Review*, 28, 21～37.

Kotler, Philip (1989). "Public Relations versus Marketing: Dividing the Conceptual Domain and Operational Turf" Position paper Prepared for the Public Relations colloquium 1989, San Diego, January 24.

Kotler, Philip and Eduardo L. Roberto (1989). *Social Marketing－Strategies for changing public behavior*, 홍부길 역 (1992). 『사회 마케팅』, 대영사, 23.

Kotler, Philip (2006). *Corporate Social Responsibllity*, 남문희 역 (2006). 『착한 기업이 성공한다』, 리더스북.

Schultz, Don and Heidi Schultz (2004). *Five Steps for Delivering Value and Measuring Returns Using Integrated Marketing Communication*, McGraw-Hill: 김일철 외 역 (2004). 『IMC의 실행과 측정』. 모던북스.

Toffler, Alvin and Toffler, Heidi (2006). *Revolutionary Wealth*, 김중웅 역 (2007). 『부의 미래』. 청림출판.

Tye, Larry (2004). *The Father of Spin, Kneerim and Williams.* 송기인 · 김현희 · 이종혁 역 (2004). 『여론을 만든 사람, 에드워드 버네이즈』. 커뮤니케이션북스.

Werner, Klaus and Hans Weiss (2001). *Das Neue Schwarzbuch Markenfirmen*, 손주희 역 (2008). 프로메테우스출판사.

塩澤由展 (1997). *複雜系經濟學入門*, Japan Productivity Center for Socio-Economic Development: 임채성 외 기술과 진화의 경제학연구회 역 (1999). 『지식의 패러다임 대전환, 왜 복잡계 경제학인가』. 푸른길, 75.

日野佳惠子 (2002). *Kuchicommunity Marketing*, Asahi Shimbunsa: 고은진 역 (2003). 『입소문 마케팅』. 지상사.

日野佳惠子 (2003). *Kuchicommunity Marketing 2*, Asahi Shimbunsa: 이성수 역 (2003). 『입소문의 법칙』. 지상사, 62.

기아자동차 (2005). 지속 가능성 보고서

롯데백화점 (2005). 지속 가능성 보고서

유한킴벌리 (2005). 지속 가능성 보고서

삼성SDI (2005). 지속 가능성 보고서

포스코 (2005). 지속 가능성 보고서

한국수자원공사(2005). 지속 가능성 보고서

한화석유화학(2005). 지속 가능성 보고서

현대자동차 (2005). 지속 가능성 보고서

BAT Korea (2005～2006). 사회책임보고서

Shell (2005). 지속 가능성 보고서

www.bisd.or.kr

www.marketingpower.com/Community/ARC/Pages/Additional/Definition/default.aspx

02
PR을 전략적으로 해야 한다고?*

왜 군인들의 전쟁 용어를 쓰는가?

현대인들이 가장 많이 쓰는 흔한 단어 중에 하나가 전략이다. 마케팅 전략, 광고 전략, 홍보 전략, PR 전략, 커뮤니케이션 전략, 고객 만족 전략, 촉진 전략, 가격 전략, 유통 전략, 판촉 전략, 네이밍 전략, 브랜드 전략, 경영 전략, 판매 전략, 패션 전략 등…. 어떠한 단어 뒤에라도 전략이란 말이 붙으면 그냥 그럴듯한 말이 된다. 『글쓰기의 전략』이라는 책도 있을 정도로 전략이라는 말은 우리 생활 속에 자연스레 침투되어 있다. 그렇다면 전략이란 무슨 뜻인가? 사전적 의미로 전략이란 전쟁, 운동 경기 등의 승부에서 투쟁을 위한 방책을 말한다. 가장 짧고 쉽게 말한다면 싸움에서 이기기 위한 방법이 전략이다. 물론 자기중심의inside out 생각을 독창적 사고라고 하고, 반대로 바깥 중심의outside in 생각을 전략적 사고라고 할 수도 있다. 또한 전략이란 주먹구구식이 아니라 과학적으로 머리를 써서 하는 것이라는 의미도 있을 수 있다. 하지만 전략이란 말이 가지는 원천적 의미는 전략(戰略)이라는 한자 그대로 싸움(戰)에서 이기기 위한 꾀(略)다. 이렇듯이 전략이란 말은 원래 군사 용어인 것이다. 싸

* 이 글은 한국언론학회 2007년 가을철 정기학술대회에서 발표한 "PR 용어의 순화에 대한 제안" 논문을 보완한 것이다.

움터인 전쟁에서든, 운동 경기인 시합에서든 이기기 위한 전략이 필연적으로 요구된다. 물론 기업 경영도 이기기 위한 전략이 필요하다. 그래서 『이기는 습관』이라는 책은 이 시대의 베스트셀러가 되었다. 그러나 전략적으로 이기는 습관보다 더 중요한 것은 과연 무슨 습관일까?

2500여 년 전의 병법서인 『손자병법』은 이러한 전략을 다룬 고전이다. 손자가 말한 '지피지기백전불태(知彼知己百戰不殆)'란 상대를 알고 나를 알면 백 번 싸워도 위태롭지 않다는 뜻이다. 즉 상대방과 자신의 약점과 강점을 알아보고 승산이 있을 때 싸워서 이길 수 있다는 뜻이다. 18세기에 클라우제비츠Carl von Clausewitz가 쓴 『전쟁론』은 군사과학으로까지 평가받는 전략 철학서이자 지침서다. 19세기 초의 나폴레옹에 의한 전쟁과 20세기에 들어와서 두 차례에 걸친 세계대전은 전략이라는 말을 일반화시키는 데 결정적으로 커다란 영향을 끼쳤다. 전쟁이 끝난 후 일반 기업체에 들어간 사람들이 전쟁터에서 썼던 용어들을 그대로 쓰게 되었기 때문이다. 예를 들어 영국의 란체스터Frederick W. Lanchester는 세계대전을 계기로 고안한 역학 관계의 법칙을 응용하여 기업 경영 전략을 마련했다. 보스턴컨설팅그룹BCG과 같은 경영 컨설팅 회사는 전략을 경영에 도입해 구체적인 경영 전략으로 발전시켰다. 그들이 개발하여 널리 알려진 BCG 매트릭스에서 가장 중요한 기준은 경쟁사와의 상대적 시장점유율market share이다. 그것이 높아야만 '캐시 카우'나 '스타'가 된다. 하버드대학교의 포터Michael Porter 교수는 경쟁 전략을 제안하여 1980년대에 전략 경영의 세계적인 권위guru가 되었다. 그가 말하는 내용도 결국은 싸움에서 이기기 위한 전략으로, 전략 경영의 관점에서 가장 중요한 것은 핵심 경쟁력core competency이다.

이렇듯이 지금 우리는 전쟁이 아닌데도 마치 전쟁을 하는 것처럼 전략이나 전술과 같은 전쟁 용어를 쓰게 되었던 것이다. 물론 기업 경영이 전쟁과 비슷한 양상을 가지는 것도 사실이다. 하지만 가만히 생각해

그림 2-11 군인 용어를 쓰는 PR

보면 전쟁 용어를 구태여 쓸 이유가 꼭 있는지 따지지 않을 수 없다. 가장 비근한 예로 고객 공략이라는 말도 전쟁 용어다. 공략이란 쳐들어가 무찔러 죽인다는 뜻이다. 그렇다면 고객이 과연 그렇게 쳐들어가 무찌를 공략 대상이란 말인가? 이는 매우 심각한 잘못이 아닐 수 없다. 쏘아 맞출 대상인 타깃이라는 말도 다분히 군사적이다. 마케팅에서 광고는 포병이라고 하며, 인적 판매는 보병이라고 한다. 광고를 폭탄처럼 소비자들에게 융단폭격식으로 때려 부은 다음에, 영업사원이 소비자에게 일대일로 접촉하면 된다는 뜻으로 마케팅을 직접적인 전쟁 상황으로 묘사한다. 『마케팅 전쟁』이라는 책도 있다. 비슷한 맥락으로 브랜드 충성도와 같은 말도 군인들이 쓰는 말에서 나온 것이다. 아무리 브랜드가 좋기로서니 충성까지 할까? 현실적으로 그럴 일은 절대 없다. 군인정신이란 바로 충성인데, 부하가 상사에게 충성하듯, 고객도 우리 브랜드에 꼼짝 말고 충성토록 해야 한다며 브랜드 충성도라는 말을 아무 생각 없이 쓰는 것이다. 그냥 브랜드 호의도, 호감도라고 하면 충분히 될 것을 가지고 극단적인 군대 용어를 사용하는 꼴이다.

이 글은 이와 같이 군인들의 전략 패러다임이 절대적 · 지배적 · 보편적인 상황에서 이를 넘는 패러다임을 제안하고자 한다. 그렇게 하여 전략이라는 표현이 난무하고 있는 이 시대에 전략이 지니는 원천적 의미에 대해 멈추어 서서 가만히 사유하며 성찰하는 사고의 장을 마련하고자 한다. 그렇게 하여 PR에서 전략 패러다임을 넘는 새로운 패러다임에 따른 용어 사용을 제안하고자 한다.

PR의 근원적 의미는 무엇인가?

PR에서도 당연히 PR 전략이라는 표현을 쓰는 경우가 많다. 하지만 PR이란 근본적으로 전략이라는 용어와 전혀 어울리지 않는다. 왜 어울리지 않은지 PR의 본질적 의미에 대하여 짚어 보고자 한다. PR은 널리(弘) 알리는(報) 홍보와 전혀 차원이 다르다. 관습적으로 홍보와 PR은 같은 의미로 쓰일 뿐 엄밀히 따지자면, 홍보와 PR은 전혀 다른 말이다. 홍보는 PR보다는 광고와 비슷한 말이다. 한자로 그 의미를 따지면 그렇다. 넓을 弘, 알릴 報인 홍보와 넓을 廣, 알릴 告인 광고! 뜻이 비슷한 정도가 아니라 아예 똑같다. 그렇다면 PR은 무슨 뜻인가? PRPublic Relations은 공중public과 관계relations를 만들어 가는 활동이다. 그러므로 홍보Public Information는 PR이 아니라 'Publicity'에 가깝다. 퍼블리시티란 홍보라는 한자 그대로 널리 알린다는 의미에서 많은 사람들에게 공표하는 것이다. 이를 위하여 널리 알리기에 가장 좋은 수단인 언론사의 대중매체를 이용하는 것이 효과적이다. 그러한 홍보를 언론홍보라고 할 수 있다. 이때 매체사에 돈을 주고 지면이나 시간대, 자리를 얻어 알리는 것은 광고이고, 돈 안 주고 보도 자료를 통해 보도 기사화시켜 알리려는 것이 홍보다. 이와 달리 PR이란 그 영어 의미 그대로 공중 관계 활동이다. 소비자라는 공중, 언론사 기자들이라는 공중, 투자자라는 공중, 지역사회 주민이라는 공중, 정부 기관

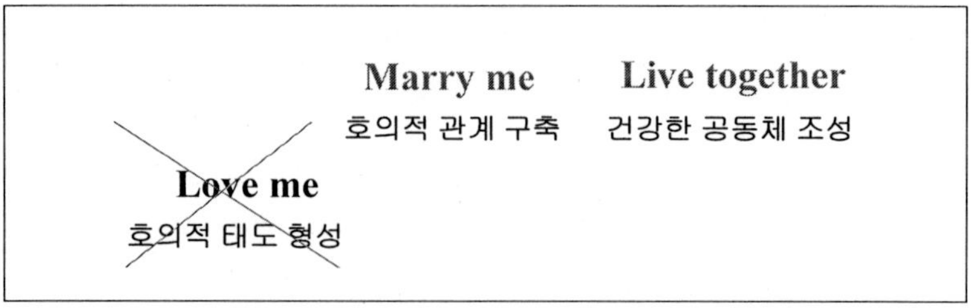

그림 2-12 호감에서 관계로, 다시 공동체로

공무원들이라는 공중, 협력 업체라는 공중, 회사 내 직원이라는 내부 공중, 인터넷에서 네티즌이라는 공중…. 이런 다양한 이해관계자stakeholder 집단인 공중들과 지속적 관계를 만들어 가는 활동이 바로 PR이다. 공중과 관계를 만들어 가기 위한 PR은 단지 널리 알린다는 홍보와 근본적으로 메커니즘과 다이내믹스가 완전히 다를 수밖에 없다. 홍보를 하는 차원과 PR을 하는 차원은 그 마음가짐부터, 접근 방법, 기대하는 바가 전혀 다르게 된다. 이러한 차원에서 PR은 우리의 통념과 달리 다음과 같은 세 가지의 근원적 의미를 가진다고 볼 수 있다.

첫째, 러브 미가 아닌 PR. 광고는 Buy me, 선전은 Believe me이며, 홍보는 Know me, PR은 Love me라고 한다. PR은 'Love me'이므로 우리에 대한 좋은 태도를 형성하기 위해 하는 것이다. 이와 비슷한 대답으로 공중의 의견인 여론public opinion을 우리에게 유리하도록 만드는 것이라고 할 수도 있다. 이때 PR의 목적은 호의good will를 형성하는 것이다. 하지만 PR의 본질은 그런 허상적 정의 내지는 목적과 거리가 멀다. 그렇다고 PR의 본질이 먼 데 있는 것도 아니다. 등잔 밑이 어둡다고 바로 PR이라는 말 그 자체에 있다. PRPublic Relations은 말 그대로 공중 관계이며, 그 목적은 공중과 좋은 관계를 가지기 위해서 하는 것이다. 즉 PR의 목적은 호의적 태도를 만들기보다는 호의적 관계를 만들어 가기 위해서 하는 것이다. 결국 고객과의 관계를 추구하는 현대 마케팅에서 공중과의 관계를 만들어 가려는 PR은 매우 밀접한 관련이 있다. 이제 현대 마케팅은 결국 PR인 셈이다. 이 시대의 마케팅, 즉 브랜딩을 위한 PR은 호의를 형성하는 목적이 아니므로 단지 'Love me'가 아니라 'Marry me'다. Marry me는 PR을 설명하기에 적합한 표현이다. 러브 미가 하룻밤 사랑을 위해 구애하기 위한 일시적인 꼬임일 수 있는 것이라면, 매리 미는 평생토록 사랑하겠다는 진솔한 프러포즈다. 러브 미는 누구한테나 아무나 할 수 있지만, 매리 미는 아무한테나 누구나 할 수 없는 책임감 있는 약속이다. 만일 진정한 남자라면 적어도 자신의 반려자인 여자를 평생 사랑하며 먹여 살릴 실리적 책임감accountability과 한눈팔지 않을 윤리적 책임감responsibility이 있을 때 그렇게 매리 미라고 충실한 자신감을 가지며 말할 수 있다. 바로 그런 책임감을 가지며 지속적 관계를 맺으려는 활동이 바로 PR이다. 더 나아가서 조직과 공중의 이분화된 구분을 넘어, 조직과 공중이 하나의 건강한 공동체를 이루며 생명력 있게 살아가려는 것live together이 PR이다.

둘째, 부분 수단이 아닌 PR. PR에 대한 통념은 또 있다. 그런 통념을 만드는 데 광고학개론과 같은 책들이 결정적인 기여를 했다. 그런 교재류의 책에는 분명히 이렇게 적혀 있다. 마케팅 4P 중의 하나인 촉진promotion 수단에는 광고, SP, PR, DM 등이 있다고 설명한다. 여기서 볼 때 PR은 단지 촉진 수단의 하나에 불과한 부분적 수단이다. 이때 PR이란 'Press Release'라면 모를까 'Public Relations'이 될 수는 없다. PR이란 절대로 그렇게 부분적이지 않다. PR은 아주 커다랗고 다양한 포괄적 세계다. PR 영역은 크게 공중별 관리와 상황별 관리 등으로 나누어 볼 수 있다. 공중별, 상황별로 다양한 PR 영역이 있는 것이다. 결국 PR이란 전반적인 커뮤니케이션 활동이다. 이렇게 볼 때 광고학개론과 같은 책에 있는 설명은 잘못된 것이다. 마케팅 4P 중의 하나인 촉진promotion 수단

그림 2-13 촉진 수단이 아니라 총체적 활동인 PR

에는 광고, SP, Publicity, DM 등이 있는데 이러한 촉진 수단을 모두 PR이 포함하는 것이다. 즉 프로모션 안에 PR이 속해 있는 것이 아니라 프로모션을 넘어, 또 마케팅을 넘는 전반적인 경영 활동이 PR이다. 경영 활동이 네 가지 M의 믹스라고 할 때, Man이 뜻하는 인적자원 관리란 내부 공중과의 관계 활동이며, Manufacture가 뜻하는 생산 관리란 협력 업체 공중과의 관계 활동이며, Money가 뜻하는 재무 관리란 투자자 사회와의 관계 활동이며, Market이 뜻하는 마케팅이란 소비자와의 관계 활동이다. 이렇게 볼 때 PR이란 다름 아닌 경영 그 자체인 셈이다. 결국 PR은 다양한 공중(대중이 아니라)과 지속적 관계(호의가 아니라)를 만들어 가려는 전반적인(부분적이 아니라) 커뮤니케이션 활동이다.

셋째, 꾸미기가 아닌 PR. PR이란 피할 것은 피하고, 알릴 것은 잘 알리는 활동이라고도 한다. 하지만 이런 식의 정의는 PR의 근원적 의미를 흐리게 한다. 더군다나 PR은 기회주의적인 활동이라는 오해를 불러일으킨다. 그래서 현대는 PR 시대라고 말하면서도 PR에 대해서는 단지 껍데기를 포장하는 것이라고 생각할 수 있다. 가령 자기 PR에 강한 사람이라고 하면 머릿속이 텅 빈 듯 실력은 없어도 뭔가 자기를 포장하는, 또는 줄을 잘 서는 정치적 처세술에 능해 약삭빠르게 출세한 사람이라고

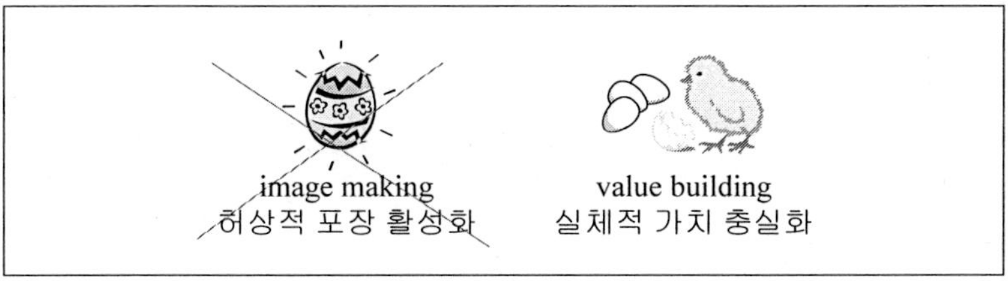

그림 2-14 이미지 메이킹이 아닌 가치 충실의 PR

여길 수 있다. 이렇듯 현대사회에서 PR이 중요하다는 생각은 하면서도, 막상 자기 PR 또는 기업 PR이라고 하면 속보다는 겉을 그럴듯하게 포장하는 것으로 여길 수 있다. 내실은 허해도 포장만 잘하면, 즉 PR만 잘하면 된다는 식이다. 하지만 그것은 패키징이지 참된 PR은 아니다. 자기 PR을 잘하는 사람은 주변인에게 가치를 주면서 그들과 잘 통하는 인간이며, 기업 PR을 잘하는 회사는 고객에게 가치를 주면서 다양한 공중들과 잘 통하는 기업이다. 그렇게 잘 통할수록 기업의 내실이 더욱 다져진다. 사람도 혈액순환이 잘되어 피가 잘 통해야 근본적으로 건강하듯이, 기업도 상호작용이 잘되어 공중과 잘 통해야 건강한 기업이 된다. 즉 사람도 속이 건강해야 겉이 건강해 보이듯이 기업도 속이 건강해야 건강해진다. 즉 기업 PR을 잘하는 기업은 포장을 잘하는 기업이 아니라 근본적인 속의 건강 상태가 우량한 기업이다. 이러한 PR에서 중요한 것은 허상적 이미지를 겉으로 열심히 꾸미는 것이 아니라 실체적 가치를 속으로 충실히 가꾸는 일이다. 그렇게 했을 때 충실한 가치가 밖으로 흘러넘쳐서 공중과의 호의적 관계가 순리적으로 만들어질 수 있기 때문이다.

PR 용어를 어떻게 바꿀 수 있나?

지금까지 PR의 근원적 의미를 세 가지로 살펴보았다. 그 내용을 하나로 요약하자면, PR이란 단순히 널리 알리는 홍보가 아니라 실체적 가치를 속으로 충실히 가꾸어 다양한 공중들과 호의적 관계를 맺어 가려는 전반적인 경영 활동이다.

이러한 PR의 의미를 살핀다면 PR과 전략은 순리적으로 어울리지 않는다. 전략이 무찔러야 할 적과 대결하여 승리하기 위한 것이라면, PR은 공중과 소통하여 관계 맺기 위한 것이기 때문이다. 패러다임이 전혀 다른 것이다. 그러므로 이러한 PR 패러다임에서는 전략, 전술, 공략 등 전쟁터에서 군인들이 쓰는 용어와 패러다임이 다른 용어를 쓸 필요가 있다. 어떠한 용어를 쓸 수 있는가? **첫 번째, PR 전략보다는 PR 기획이라는 말이 순리적이다.** 전략 수립이 싸워서 이기는 방법을 모색하는 것이라면, 기획이란 지금까지와 다른, 또 남과 다른 생각을 하는 것이기 때문이다. 여기서 기획의 뜻은 기(企)라는 한자에 나타난다. '企'란 사람이(人) 가다가 서는(止)이라는 뜻이다. 그냥 지금까지 하던 대로, 남이 하던 대로 한다면 굳이 가다가 멈추어 설 필요는 없다. 하지만 색다른 생각을 얻으려면 가만히 생각하기 위하여 가다가 설 필요가 있다. 그러므로 기획이란 열(十)을 말하다(言)는 의미의 계(計)라는 한자를 가진 계획과 전혀 다른 표현임을 알 수 있다. 기획이 빅 아이디어를 얻기 위한 머릿속 구상이라면, 계획은 언제부터 언제까지 무엇을 하겠다는 구체적 타임 테이블인 것이다. PR에서 해야 할 일은 전략 수립이 아니라 기획이어야 한다. 기획 없는 계획은 맹맹하다. 기획을 바탕으로 해야 생생한 PR 활동 계획을 세울 수 있는 것이다. 전략을 바탕으로 하는 PR 활동이 전투처럼 살벌하다면, 기획 없는 계획만으로 이루어지는 PR은 색다른 무엇이 없으므로 공허하게 될 수 있다. 색다른 기획을 통하여 생생한 PR

이 가능하다. **두 번째, PR 활동의 대상은 소구 대상이라기보다 관련 공중이라는 표현이 순리적이다.** 소구 대상target audience은 쏘아 맞출 공략의 대상이다. 전투 상황에서는 적을 정확하게 쏘아 맞추어야 옳다. 마찬가지로 PR이 소구 대상을 향한 활동이라면 그 소구 대상들을 향해 우리의 주장을 정확하게 침투시키면 된다. 하지만 PR 상황에서는 적이 아니라 우리와 관련된 공중을 생각해야 마땅하다. 소구 대상이 메인 타깃과 서브 타깃으로 분명하게 구분된다면, 관련 공중은 그리 단순하지 않다. 우리의 관련 공중은 다양하기 때문이다. 공중public이란 대중mass처럼 불특정 다수도 아니며, 군중crowd처럼 한 장소에 모여 있지는 않고 흩어져 있더라도 공중들 나름대로의 관심을 가진 다양한 이해관계자 집단의 사람들이기 때문이다. 그러한 다양한 관련 공중과 호의적 관계를 맺기 위해 무슨 일을 할 것인지 기획하고 실행하는 일이 PR이다. **세 번째, PR에서 요구되는 것은 전략적 아이디어가 아니라 조감적 아이디어라고 해야 순리적이다.** 전략적 아이디어란 상대방인 적을 알고 자신인 나를 아는 데서 나올 수 있다. 전투 상황에서는 이러한 전략적 아이디어가 요구되지만 PR 상황에서는 하나의 적이 아니라 다양한 관련 공중을 생각해야 하므로 보다 전략적 아이디어보다 더 큰 안목이 필요하다. 단지 번쩍 튀는 독창적인creative 생각보다 더욱 커다란 안목적인perspective 생각이 요구되는 것이다. 그것은 PR의 아버지가 아니라 잔멀리 굴리기의 대가the father of spin였던 버네이즈Edward Bernays의 큰 생각big think이 아니다. 버네이즈의 '빅 싱크'가 단지 조직이 목적하는 바를 이루기 위하여 잔머리를 크게 굴리고 돌려spin 생각하는 큰 생각이라면, 진정한 PR에서 요구되는 큰 생각이란 다양한 관련 공중을 널리 감싸며 아우를 수 있는 큰 생각이다. 그러한 큰 생각을 가지려면 새가(鳥) 높은 데서 넓게 내려다보듯이(瞰) 조감적 관점bird eye view을 통한 조감적 아이디어를 가져야 한다. **네 번째, PR에서는 경쟁력보다 생명력을 가진 활동이라고 해야 순리적이다.** PR

이란 상대와의 경쟁에서 이기기 위한 활동이 아니다. 그러므로 PR의 목적은 지금 당장의 경쟁력을 가지기 위한 것이 아니다. 궁극적으로 근원적인 생명력을 가지기 위한 것이 PR이다. 물론 경쟁력이란 우리의 고객을 더욱 만족시켜 경쟁사를 제압하기 위한 경쟁력이다. 그러나 경쟁력이란 표현은 고객보다는 경쟁사를 주로 의식하는 표현이다. 고객보다 경쟁사를 의식한다면 경쟁사보다 앞서야 한다는 강박관념이 생기기 쉽다. 그래서 경쟁에서 이기기 위한 출혈적 경쟁으로 '레드오션'에서 머물기 쉽다. '블루오션'이란 가치 혁신value innovation이며, 더 나아가 가치 창조value creation다. 여기서 가치의 혁신이란 우리의 가치를 혁신하는 것이 아니라 우리의 관련 공중에게 주는 가치를 창조적으로 혁신한다는 의미다. 즉 가치란 우리가 가지기 위한 자산이 아니라 우리의 관련 공중에게 주는 실체적 이익이다. 그렇게 실체적인 가치를 관련 공중에게 준다면 상대적인 경쟁력보다 근원적인 생명력이 자연스럽게 생기기 마련이다. 이러한 생명력을 건강하게 키워가고 쌓아가고 만들어 가는 일이 바로 PR이다. **다섯 번째, PR에서는 전략과 전술이 아니라 방향과 방법이라고 해야 순리적이다.** 우리는 전략과 전술이라는 말에 익숙하다. 커다란 전략을 바탕으로 하여 구체적인 전술을 펼치는 것이라고 생각하기 때문이다. 즉 전략이 개론이라면 전술은 각론이다. 전략이 어디로 갈 것인지 방향 잡는 것이라면, 전술은 그 방향에서 어떻게 할지에 대한 실행이라고 생각한다. 이러한 생각에 따라 PR 전략과 PR 전술이라는 말이 습관적으로 사용되고 있다. 그러나 PR은 전쟁war과 전투combat의 관점이 아니라 소통conmmunication과 관계relationship의 철학에 따른다. 이러한 PR 철학에 따른다면 전략이라는 표현보다는 방향이라는 말을 사용하는 것이, 또 전술보다는 방법이라는 말을 사용하는 것이 더 우리 인간의 삶에 현실적이다. 즉 어디로 갈 것인지 큰 방향을 결정한 후에 어떻게 할 것인지 구체적 방법을 모색하여 실행하는 것이 PR이다.

지금까지 5개에 걸쳐 군사적 패러다임과 다른 PR 용어의 사용을 간추려서 제안하였다. 이 다섯 개보다 더 많은 제안을 할 수도 있을 것이다. 이들 제안은 하나의 커다란 맥락을 담고 있다. 그것은 전략 패러다임이 아니라 순리의 패러다임에서 생각하자는 것이다. 그렇게 하여 순리적 차원에서 PR 용어를 사용하자는 뜻이다. 그래서 이 글의 제목이 PR 용어의 순화를 위한 제안이었던 것이다. 여기서 순화란 순화(純化)가 아니라 순화(順化)다. 즉 PR을 순수하게 하자는 것이 아니라 물이 위에서 아래로 흐르듯 순리적으로 하자는 의미다. 결국 이 글은 순리의 철학에 따른 PR 용어 사용을 제안하였던 것이다.

우리는 순리의 철학을 단지 두루뭉술한 것이라고 오해할 수 있다. 그것은 전략의 철학보다 피 튀기는 현실에서 이상적이라고 여길 수도 있다. 하지만 물을 전략적으로 또한 인위적으로 아래에서 위로 억지로 흐르게 하는 것은 순리에 어긋나며, 그것은 지속 가능하지 못하므로 현실적이지 못하고 이상적일 수 있다. 오히려 순리의 철학이 지속 가능성sustainability의 차원에서 이상적이지 않고 현실적이다. 하지만 우리는 너무도 전략적인 패러다임에 젖어 있으며, 절어 있다. 그럴수록 더욱 거친tough 사회에서 살게 되는 것이다. 우리가 일상적으로 사용하는 '파이팅'이란 말은 가장 실감나는 예다. 아마도 파이팅이란 말은 지독한 경쟁 사회에서 살아가는 우리 한국인만이 즐겨 사용하는 말이 아닐까 생각된다. 미국 사람도 알아들을 수 없는 콩글리시 영어인 셈이다. 그들이 우리의 '파이팅' 구호를 들으면 처음에는 잘 못 알아들을 것이다. 갑자기 잘 지내다가 왜 '싸움'이라고 외치는지 이상하게 여길 것이다. 그만큼 우리에게 세상살이는 무조건 싸움으로 인식되어 있다. 그 싸움에서 이기는 것이 현대사회의 절대적 지배적 보편적 생활 수칙이 되었다. 하지만 PR이 만들어 가려는 세상은 순리적으로 부드러운tender 인간 사회다. 이러한 사회에서는 상대를 이기는 습관보다 모두를 감싸는 습관이 전환적

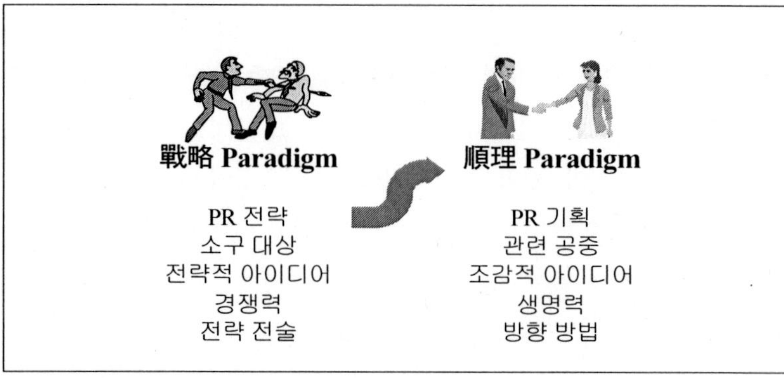

그림 2-15 군인의 전략을 넘는 인간의 순리 패러다임

으로 요구된다. 순리적인 PR 용어의 사용이 PR을 전략적으로 하기보다 순리적으로 하며, 더 나아가 살맛나는 순리적인 세상을 만들어 가는 의미 있는 시작이 될 수 있다.

03

지역 가치 충실화를 위해 필요한 UCC는?*

이 글을 쓰는 목적은?

『제3의 물결』이라는 희대의 저작으로 세계적인 미래학자로 인정받은 토플러Alvin Toffler는 제4의 물결에 해당하는 『부의 혁명revolutionary wealth』이라는 책으로 또다시 커다란 주목을 받고 있다. 그 책에서 강조하는 제4의 물결이란 다름 아닌 속도의 혁명이다. 제3의 물결이었던 정보의 혁명에 이어서 이제 속도의 혁명이 인간 문명 세계의 미래를 다시 찬란하게 할 수 있다고 그 책은 주장한다. 토플러가 보는 미래 세계는 매우 희망차다. 토플러 자신도 인류의 미래에 대해 암울할 것이라는 전망은 하지 않는다고 했다(Toffler, 2006). 책을 읽은 독자는 인간의 무한한 능력에 감동받으며, 속도의 혁명에 뒤처지지 않기 위하여 새로운 각오의 다짐을 할 수 있다.

지금 우리 주변에서 일어나고 있는 사회 전반적인 현상들을 보면 토플러의 예언대로 가는 것처럼 보인다. 그러나 과연 속도의 혁명이 우리 인류를 잘 먹고 잘살게 해 줄 수 있는 것일까? 가만히 생각해 보지 않을 수 없는 심각한 문제다. 관점을 달리하여 가만히 생각해 보면, 속도

* 이 글은 한국지역산업진흥학회 2007년 추계 학술 세미나에서 발표한 "지역가치 충실화를 위한 UCC" 논문을 보완한 것이다.

의 혁명이라는 것이 속도를 내서 그만큼 더 빨리 소비하는, 그리하여 우리의 후세대가 쓸 것을 먼저 쓰게 되는 세대 강도generation theft 짓일 수 있음을 생각하지 않을 수 없다. 즉 관점을 속도 가속성의 차원에서 보면, 속도를 빠르게 하는 일이 지금 당장, 또는 앞으로 몇 십 년 정도는 좋을 것으로 보이나, 보다 장기적인 미래의 지속 가능성 차원에서 보면 그런 속도의 혁명이라는 것이 결코 지속 가능하지 않다는 사실이다. 물론 이러한 지속 가능성의 문제도 과학기술의 발전으로 해결할 수 있다고 믿는 것이 이 시대의 지배적이며 절대적인 생각이다. 그러나 그러한 과학기술의 발전이라는 것도 보다 장기적으로 보았을 때 얼마나 지속 가능할 수 있을 것인지의 문제 역시도 진지하게 생각하지 않을 수 없다. 이 글은 지속 가능성의 차원에서 이 시대 이 사회를 조망하면서 지속 가능한 사회를 만들어 가기 위한 패러다임을 조망하여 보기로 한다. 그렇게 하여 지속 가능한 사회를 만들어 가기 위한 막연한 드림dream이 아닌 가능한 비전vision을 제안하여 보기로 한다.

물론 이 글에서 제안하는 내용들이 현실적이지 않을 수 있다는 비판도 가능하다. 하지만 반대로 우리 현대인이 현실적이라고 생각하는 것이 오히려 이상적일 수 있다. 즉 지속 가능성을 생각하지 않은 채, 성장 가속성에 따른 찬란한 미래를 구현하여 간다는 것이 과연 현실적일 수 있는지 반문하지 않을 수 없다. 그렇게 본다면 이 글에서 제안하는 내용들이 오히려 현실적일 수 있으며, 지속 가능성을 무시하는 것이 이상적일 수 있는 것이다. 즉 다음 그림에서 보는 바와 같이 성장 가속성을 추구하는 것이 현실이지만 그것이 인간의 욕심적 이상일 수 있으며, 지속 가능성을 배려하는 것이 이상처럼 보이지만 그것이 순리적 현실일 수 있다는 뜻이다.

이 글은 이상적으로 보이는 지속 가능성을 현실적인 것으로 보며, 그러한 관점에서 지속 가능한 사회의 구현을 위한 개념적이며conceptual,

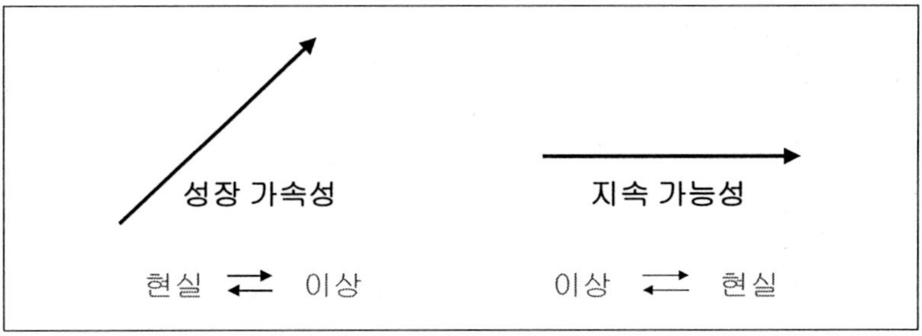

그림 2-16 성장 가속성과 지속 가능성의 현실과 이상

구체적일pratical 수 있는 패러다임을 제안코자 한다. 이를 통해 지역 가치의 충실화를 위한 UCCUnion Cultivated Culture를 제안하도록 한다. 이 글에서 UCC란 사이버 스페이스 안에서의 UCCUser Created Contents가 아니라 우리가 살아가는 실제 삶의 현장에서의 UCCUnion Cultivated Culture를 뜻한다.

지속 가능성의 철학이란?

우선 지속 가능한 사회를 위한 패러다임을 제안하기에 앞서, 지속 가능성의 의미와 함께 최근 화두가 되고 있는 기업들의 지속 가능 경영에 대하여 살펴보기로 한다.

'지속 가능한'이란 말은 지속 가능한 발전sustainable development에서 유래되었다. 지속 가능한 발전의 개념은 역사적으로 볼 때 19세기 보존주의conservation 운동과 맥락을 같이 한다. 지속 가능한 발전에서는 생태 경제학ecological economics의 개념을 받아들인다. 무분별한 개발은 진정한 발전이 아니라 후세대가 사용할 것을 현세대가 빼앗는 것이라는 세대 강도generation theft의 개념도 생태 경제학의 패러다임에서 나온다. 이러한 지속 가능성sustainability의 개념은 기능적 효과 측면의 지속 가능성continuability과 다르다. 그것은 근본적으로 엔트로피 철학에서 나온다. 이는 인류 문명의 발전이라는 것이 결국은 쓸모없는 에너지인 엔트로피(Rifkin, 1980)를 과도하게 축적하는 과정이라는 비판적 관점에서 시작한다.

지속 가능한 발전의 개념은 제일 먼저 1987년 UN의 세계환경개발위원회WCED의 "Our Common Future" 보고서에서 나타났다. 지속 가능 발전이란 미래 세대의 필요를 만족시키는 능력 손실 없이, 현세대의 필요를 만족시키는 개발이다. 이후 1992년 브라질 리우데자네이루에서 열린 유엔환경개발회의UNCED에서는 지속 가능 발전을 실현할 구체적 협약을 채택하였고, 보다 더 효과적인 지구 환경 보전을 위하여 유엔지속개발위원회UNCSD를 설치하기로 결정하였다. 여기서 '환경적으로 건전하고 지속 가능한 개발ESSD: Environmentally Sound and Sustainable Development'을 채택했다. 우리나라에서는 2000년 9월 대통령 자문기구로 설립된 지속가능발전위원회Presidential Commission on Sustainable Development: PCSD가 설립된 바 있다. 이 기구는 2001년 3월부터 세계지속가능발전정상회의WSSD: World Summit for Sustainable Development 국가준비위원회로 지정되었다.

이러한 지속 가능이라는 패러다임은 산업계에도 급속하게 전이되었다. 1995년 지속가능발전세계기업가협의회WBCSD가 발족했으며, BASD Business Action for Sustainable Development를 설립하여 민간 경제 부문의 회담 참여를 유도하고 있다. 우리나라에도 2002년 3월에는 지속가능발전기업의회KBCSD: Korea Business Council for Sustainable Development가 발족되었다. 또한 2005년에 대한상공회의소 산하에 지속가능경영원Business Institute for Sustainable Development이 설립되어 기업들의 지속 가능 경영 활동에 자극을 주고 있다. 지속가능경영원의 설립 취지는 지속 가능 경영 전략 수립 지원 및 기법 개발 보급이며, 또한 무조건적 환경 주장에 대한 합리적 대응 논리 개발 및 확산 등이다. 유엔의 지속 가능 경영 가이드라인인 GRIGlobal

Reporting Initiative 보고서를 내는 기업이 지난해 730여 개이며, 우리나라도 12개 대기업이 GRI 보고서를 내고 있다(정세균, 2006).

이처럼 지속 가능 경영이라는 개념이 경제계의 새로운 경영 패러다임으로 자리 잡기 시작한 것은 1990년대 초반이다. 산업사회의 발전과 함께 이어진 대량생산, 대량소비 형태의 경제활동은 환경오염의 주원인으로 지목돼 왔다. 무분별한 자원 개발과 그로 인한 자연 파괴가 인간의 생존까지 위협하게 된 것이다. 이에 따라 기업의 경영 활동에서도 건전한 환경이라는 화두가 나타나게 됐다. 이처럼 1990년대 다국적 기업을 중심으로 진행된 이른바 '환경 경영'에서 출발한 이 지속 가능 경영의 개념은 최근 기업의 사회적 책임Corporate Social Responsibility까지를 포함해 영역이 확대됐다. 세계적인 종합 회계 · 재무 · 자문 그룹인 KPMG의 조사에 따르면 《포천》 선정 상위 250개 기업 가운데 지속 가능성 보고서를 발간하는 기업의 비중이 2002년 14%에서 2005년 68%로 증가했다. 이처럼 확산되어 가고 있는 지속 가능 경영은 기업신뢰도 평가 기준이 되기도 한다. 다우존스는 DJSIDow Jones Sustainability Index로 매년 기업들의 지속 가능성을 평가하고 있다. 또 세계적인 펀드 운용 회사들은 환경 친화적이며 도덕적인 기업을 대상으로 '사회적 책임 투자(SRI)' 펀드를 운용해 투자하기도 한다. 실제로 지속 가능 경영은 높은 성과를 나타내고 있다. 1993~2006년 실증 분석을 보면 지속가능지수 측면에서 높은 점수를 받은 기업으로 구성된 기업들의 수익률은 일반경영지수 측면에서 높은 점수를 받은 기업들의 수익률을 훨씬 넘어서고 있다(고재민, 2006). 지금까지 살펴본 바와 같이 지속 가능 경영은 본질적인 지속 가능성의 논의보다는 기업의 실리적 성과 측면에서 이해되고 있는 실정이다.

이에 따라 국내 기업들의 지속 가능 경영Corporate Sustainability Management에 대한 관심이 늘어나고 있으며, 사회적 책임Corporate Social Responsibility 활동도 늘어나고 있는 상황이다. 이러한 관점에서 연간사업보고서annual report 이외에 지속 가능성 보고서sustainability report를 매년 발간하는 다음 기업들은 나름대로 지속 가능 경영 활동을 한다고 밝히고 있다. 그러나 기업들이 진정으로 지속 가능성의 기본 철학을 이해하며 경영 활동을 벌이는 것인지는 의문시된다. 사실상 지구 자원의 활용도를 최대한 확장하려는 대기업들의 욕구는 지속 가능한 발전과 양립되기 어렵고 힘들다. 더욱 비판적인 관점에서 볼 때 기업들의 지속 가능한 성장은 어렵고 힘들기보다 원천적으로 불가능하다. 기업들이 근본 철학인 생산성 논리, 이윤 추구, 성장 욕구는 지속 가능성의 근본 철학과 반대 방향이기 때문이다. 기업들이 아무리 지속 가능 경영을 중요시한다고 외치고, 사회 책임 활동을 활발히 한다고 하여도 그것은 진정한 지속 가능성을 추구하는 것이 아닐 수 있다. 오히려 전 세계적으로 불고 있는 '서스테이너빌리티' 화두에 유행처럼 따라가고, 매년 지속 가능성 보고서를 내는 식으로 지속 가능 경영을 한다며 그럴듯하게 포장하며, 다양한 사회 책임 활동에 이렇게 적극적이라는 생색을 내는 것이기 쉽다. 한마디로 유행 · 포장 · 생색의 지속 가능 경영일 수 있는 것이다. 즉 시민단체나 이해관계자 집단으로부터의 압력을 비켜가기 위한 사회적 책임 활동일 수 있다(곽결호, 2006). 그러므로 지속 가능 경영이란 기업들이 지속적으로 성장을 하기 위한 경영이 아니라 기업들이 지속 가능할 수 있도록 무분별하고 무조건적인 지속 성장을 근본적으로 자제하는 실천 활동이다.

그렇다면 무엇이 진정한 지속 가능 경영인가? 지속 가능성의 개념에서 가장 중요한 핵심 철학은 생태eco다. 생태는 환경과 다르다. 환경environment이란 우리 인간의 주변을 둘러싼 상황situation이다. 정치 환경, 경제 환경, 사회 환경처럼 환경은 인간을 둘러싸고 있다는 의미이므로 인간 중심의 표현이다. 하지만 생태(生態)란 동물-인간-식물-숲-바다-하늘 등이 서로 따로가 아니라 생명적인 관점에서 하나의 연결 고리를 이룬다는 생명 시스템이다. 환경 관점에서 보면 인간은 전체의 중심에 있지만, 생태 관점에서 보면 인간은 거대한 그물망 속의 한 점에 불과하다. 진정한 지속 가능 경영이란 인간 중심 · 기업 중심의 환경적 관점이 아니라 생태적 관점을 가질 때 가능하다. 생태적 관점에서 본다면 기업들이 생산하는 재화는 쓸모없는 에너지인 엔트로피에 불과할 수 있다. 그러므로 생태 안의 엔트로피를 생각할 때 기업들의 무분별한 생산성 및 매출 이윤 추구, 성장 욕구는 자제되어야 한다. 아무리 생산성이 좋고 매출 성장과 이윤 성장이 있어도, 그 기업의 성장보다 더 크게 생태에 악영향을 미친다면 그것은 지속 가능 경영이 아니다. 근본적으로 기업의 성장 욕구를 자제하지 않는다면 아무리 지속 가능 경영과 사회적 책임을 내세워도 그것은 피상적으로 유행에 맞추어 포장하고 생색내는 일에 불과하다. 최근 부각되고 있는 녹색 성장이라는 말도 그 기본 목적은 경제성장이다. 이러한 경제성장에 초점이 맞추어 진다면, 그것은 지속 가능한 발전과 거리가 멀다.

이러한 근본적인 지속 가능성 철학에서 진정한 지속 가능 경영이란 생태와의 관계를 생각하는 활동이다. 관계 경영, 또는 관계성 관리 패러다임이란 공중 관계, 이해관계자 관계만이 아니라 더 거시적으로 나아가 생태와의 관계까지 생각하는 것이다. 우리 인간은 인간의 관점에서 환경에 둘러싸여 있다기보다 전반적 관점에서 생태와 관계를 맺고 살아가는 존재다. 그러므로 생태와의 지속적인 관계를 무시해서는 안 되며, 생태 관계를 지속적으로 맺어야 한다. 생태와의 관계를 지속적으로 잘 맺지 못한다면 우리 인류는 지속 가능할 수 없으며, 기업도 지속 가능할 수 없다. 과학기술 발전에 따른 기업들의 생산물들이 결국은 엔트로피로 되기 때문이다. 생태적 관점에서 엔트로피 개념을 생각한다면 이 세상은 절대로 지속 가능하지 않다. 그러므로 지속 가능 경영이란 생태와의 관계를 좋게 하려는 친생태화 경영 활동과 맥을 같이 한다. 그것은 겉치레 행사로 해서도 안 된다. 적극적으로 앞에 나서며 진실 되게

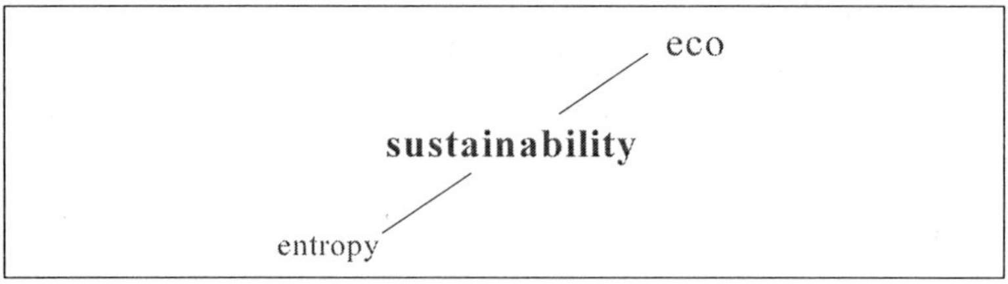

그림 2-17 지속 가능성의 기본 철학

해야 한다. GE는 환경 피해를 최소화하면서 자사 매출 이익을 극대화하기 위한 대소비자 커뮤니케이션을 위하여 생태적 상상력ecomagination을 제안한 바 있다. 하지만 이 용어 역시 글로벌 대기업이 가지는 매출 극대화라는 무분별한 성장 욕구에서 자유롭지 못하다. 진정한 에코매지내이션이란 매출 극대화가 아니라 생태와의 관계를 고려하여 매출 적정화를 이루려는 에코싱킹ecothinking이다. 지속 가능성이란 결국 드러나려는 수컷적인 봉우리(峰)의 철학이 아니라 품으려는 암컷적인 골짜기(谷)의 철학ecofeminism에 가깝다. 즉 지속 가능한 경영이란 기업이 성장하지 말아야 한다는 무조건적 환경 운동의 논리도 아니다. 적극적 성장이 아닌 적당한 성장을 하려는 것이다. 아무리 지속 가능성에 대한 논의가 활발하고, 지속 가능 경영에 대한 기업들의 관심이 높아지고 있지만, 생태관계성에 따른 생태와의 관계 활동에 소홀하다면 그것은 지속 가능한 경영이 아니다.

결국 지속 가능 경영이란, 유행에 따른 포장이나 생색내기 위한 목적이 아니라 진정으로 생태와의 관계를 적극적으로 배려하는 실천 활동이라고 할 수 있다. 즉 그러한 활동은 기업의 사회 공헌 활동과 같이 사회만을 생각하는 것만이 아니라 보다 거시적으로 생태와의 관계를 생각하는 생태 배려의 철학ecophilosophy으로부터 나온다. 그러므로 지속 가능성이란 환경 보존 차원과 같이 인간이나 기업을 중심으로 하는 환경 문제가 아니라 인간이나 기업이 전반적 생태를 이루는 하나의 작은 존재로서 인식하는 겸허한 사고라고 할 수 있다(박기철, 2006).

지금까지 설명한 내용을 요약하면 그림 2-17과 같이 결국 지속 가능성의 철학이란 엔트로피의 철학에서 나오는 것이며, 이는 근본적으로 생태와의 관계를 배려하는 철학이라고 할 수 있다.

10가지 패러다임을 제안한다면?

이러한 지속 가능성의 철학을 바탕으로 지속 가능한 사회를 만들어 가려면 어떠한 패러다임 전환을 하여야 하는가? 이 글에서 패러다임이란 관점이다. 이런 패러다임paradigm에서 생각해 볼 수 있다면, 저런 관점paradigm에서 생각해 볼 수 있다. 이런 관점의 생각이 지배적일 때, 저런 관점의 생각을 탐색하는 것이 패러다임 사고학이다. 새처럼 높은 데서 넓게 보는 관점에서 패러다임 사고학은 이성적 사고로 이치를 따지는 논리학도 아니며, 관념적 사고로 인생을 논하는 형이상학적 철학도 아니다. 지금 우리가 가진 절대적 지배적 보편적 생각에 대해 근본적으로 관점을 달리 하자는 생각의 제안을 10가지 정도로 추려서 하고자 한다. 이 10가지 제안은 패러다임 사고학(박기철, 2007)에 있는 생태, 문화, 경제에 대한 내용을 기반으로 하고 있다.

경제주의를 넘는 패러다임

인간이 잘 먹고 잘살기 위해 가장 중요한 것은 무엇인가? 바로 경제다. 지금 우리는 경제 중심의, 경제 기반의, 경제 위주의 패러다임에서 주로 살고 있다. 지난 20세기 최대의 경쟁이었던 공산주의와 자본주의도 다름 아닌 경제 패러다임의 논리다. 마르크스Karl Marx가 고민했던 것도 자본주의라는 시장경제체제의 문제를 깨부수기 위한 공산주의라는 계획경제체제였으며, 베버Max Weber가 고민했던 것도 청교도 정신이라는 종교적 이즘이 결국은 자본주의라는 경제체제를 생성할 수 있었다는 주장이었다. 자본주의 체제에서 경제는 언제 어디서나 가장 중요한 화두가 아닐 수 없다. 아마도 우리가 일상적으로 듣는 말 중에, 또 생각하는 것 중에 가장 커다란 부분을 차지하는 것은 경제와 관련된 말일 것이다.

그러나 우리 인간이 지금 당장 잘 먹고 잘사는 것이 아니라 지속 가능하게 잘 먹고 잘살기 위해서 진정으로 가장 중요한 것은 무엇일까? 과연 경제가 잘 돌아가면, 경제만 성장하면 잘 먹고 잘살게 되는 것일까? 우리는 지금 경제의 섬, 성장의 늪, 경제성장의 우물에 빠져 있는지 모른다. 우물 안에서는 우물에 갇힌 사고밖에 할 수 없다. 경제보다 마땅히 더 중요할 수 있는 다른 것은 제쳐 두고 오로지 경제만 생각할 수 있다. 이 세상 모든 존재의 의미를 시장가치로만 따질 수 있다. 세계화 시대의 경제학 강의실을 점령한 맨큐의 경제학에서는 소의 존재 의미도 소의 시장가치로 평가한다. 멸종해 버린 소들은 시장가치가 없었기 때문이라고 하며, 공기, 흙, 물도 시장가치로 평가받아야 한다고 한다(Mankiw, 2001).

그러나 이 세상 모든 만물이 그렇게 경제주의의 관점에서 시장가치로만 평가 받아야 할 것인가? 이제 자본주의와 공산주의의 대결이 막을 내렸다면, 앞으로는 그러한 경제 패러다임을 넘어 생태 패러다임이

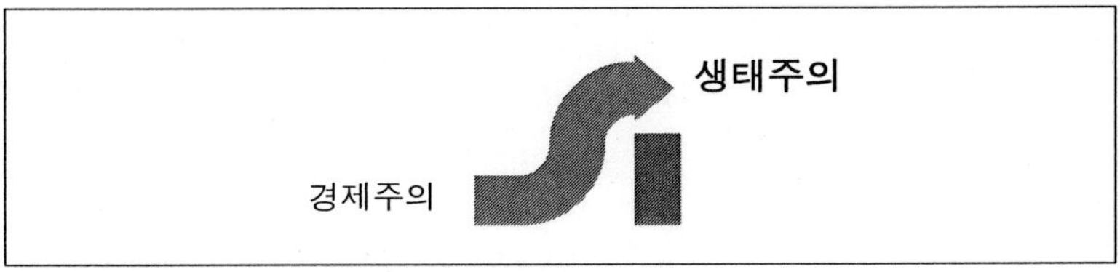

그림 2-18 경제주의를 넘는 생태주의 패러다임

중요하게 부각될 수 없을 것이다. 지속 가능하게 우리 인간이 잘 먹고 잘 살기 위해 경제주의를 넘어 생태주의를 생각하지 않는다면 아무리 과학기술이 발달한다고 한들, 부의 미래라고 하는 속도의 물결이 온다고 한들 그만큼 더 빠르게 인류의 막을 내리지 않을 수 없을지 모른다. 지금까지 설명한 내용을 요약하면 그림 2-18과 같이 경제주의를 넘는 생태주의를 제안하지 않을 수 없다.

거시경제학을 넘는 패러다임

지금까지 이야기한 경제주의를 넘는 생태주의 패러다임은 이 글이 제안하는 10가지 패러다임 제안의 가장 큰 줄기다. 이러한 생태주의 패러다임에서 경제학은 무엇을 공부하는 것이어야 하는가? 대개 경제학은 미시경제학과 거시경제학으로 구분한다. 미시경제학은 소비자와 생산자들의 의사 결정이 어떻게 공통적인 경제문제 해결에 영향을 주며 또 여러 형태의 시장구조가 어떻게 가격 결정을 통해 자원 배분에 영향을 주는가를 분석하며 자원 배분의 평가 문제도 다루며, 경제활동의 주체인 개인과 기업이 어떻게 행동하는지를 분석한다. 그래서 시장 속에서 개인이 소비를 하고 기업이 생산을 하고 시장을 통해 서로 어떤 영향을 주고받는지 관찰하며 개별 산업 부분의 경제 현상을 다룬다. 반면에 거시경제학은 나라 경제 국민경제 전체의 경제 현상을 조망한다. 정부와 민간 기업이나 가계 등의 관계를 다루면서 국민소득, 물가, 통화, 정부 지출, 환율, 국제수지 등을 다룬다. 그렇게 하여 완전고용, 물가 안정, 국제수지 균형, 경제성장 등을 달성할 수 있는 실현 가능한 정책 대안을 제시하는 것을 연구 대상으로 한다. 이렇게 보면 거시경제학은 미시경제학보다 커다란 관점의 경제학임을 알 수 있다.

하지만 이처럼 미시와 거시를 기준으로 하는 기존 경제학은 경제라는 작은 단위에서 움직여지는 경제학이다. 그러므로 기존 경제학의 틀을 넘는 대안 경제학이 필요하다. 대안 경제학은 기존의 경제적인 관점에서 경제학을 다루지 않는다. 거시경제학은 미시경제학보다 더 큰 단위의 경제학이지만 경제라는 틀에 얽매어 있는 것이다. 그러므로 매우 실질적인 사회과학처럼 보이지만 더 큰 관점에서 보면 거시경제학 역시 세상을 경제로만 단순화시킬 오류를 가질 수 있다. 세상은 경제 관점으로만 단순화시키기에는 너무나도 복잡하다. 그렇게 해서 나온 것이 복잡계 경제학이다(塩澤由展, 1997). 복잡계 경제학에서는 세상을 단순한 경제 현상으로 파악하지 않는다. 그물망처럼 아주 복잡하게 얽혀 있는 관계로 본다.

이러한 복잡한 그물망 속에서 숨겨진 질서를 정확히 파악하기보다 숨겨진 관계를 겸허히 이해하는 것이 중요하다(Capra, 2002). 이러한 관점에서 기존의 경제학에서 벗어나 부각되어지는 경제학이 바로 생태경제학이다. 생태라는 관점을 근본적으로 고려하지 않는 경제학은 그것이 아무리 거시경제학이라는 이름을 달고 있어도 미시 경제학이며 경제 단위의 단순한 부분 경제학일 뿐이다. 지금까지 이야기한 내용을 요약하면 그림 2-19와 같다.

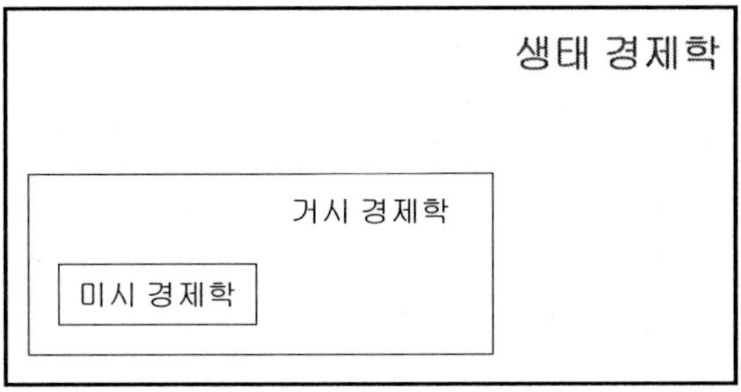

그림 2-19 미시 · 거시경제학의 범위보다 넓은 생태경제학

경제 교육을 넘는 패러다임

어릴 때부터 경제 교육을 시켜야 한다는 지적이 많다. 그러한 이유로 어린이에게 돈과 관련된 공부를 하게 만드는 책들이 베스트셀러로도 많이 나와 있다. 어린이 경제 교육은 이 시대의 절대적이고 지배적인 보편적 패러다임이다. 어린이 경제 교육이라는 단어로 인터넷에서 검색을 하면 아주 많은 콘텐츠들이 널려 있다. 풍요로운 환경에서 자라난 요즘 아이들은 경제 의식이 희박하므로 학교가 나서서 건전한 소비와 절약 정신을 가르치는 어린이 경제 교육의 필요성은 크다. 또한 어린이 경제 교육의 근본적인 목표는 아이들로 하여금 부자 마인드를 가지게 하여 앞으로 잘 먹고 잘살게 하려는 기틀을 다지게 하는 것이므로 좋은 교육이라고 할 수 있다. 어릴 때 경제 교육을 받은 사람과 안 받은 사람은 자산 가치로 따졌을 때 30세 때에 5700만 원의 차이가 있다는 실질적인 연구 결과도 있다. 40세와 50세 때의 차이는 수억 원으로 더욱 현격하게 벌어질 것이다.

하지만 경제 교육을 통하여 인간의 자산 가치를 키운다는 것은 오로지 경제적인 발상이 아닐 수 있다. 인간의 가치는 자산 가치나 시장에

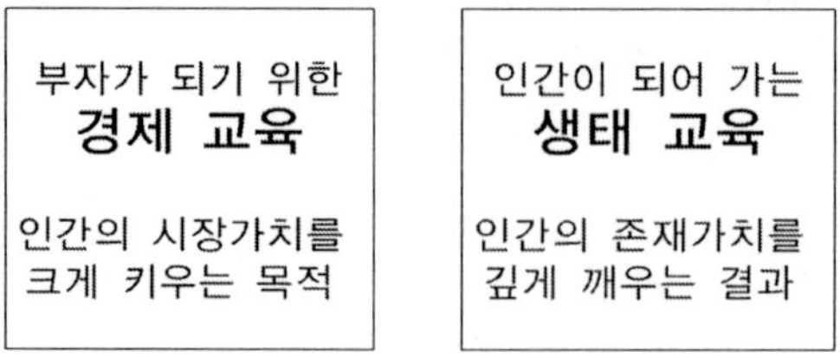

그림 2-20 경제교육과 생태교육의 차이

서의 자원 가치로 평가되는 것이 지금 이 시대의 지배적인 상황이다. 교육부도 이제는 교육인적자원부라고 명명된 지 오래다. 그냥 인간을 교육시키는 것이 아니라 인적자원을 키우는 것이다. 여기서 인적자원이라고 함은 토지와 자본, 노동이라는 생산의 3대 요소에서 노동에 해당한다. 인간이 단지 생산을 위한 자원이 되는 셈이다. 이렇듯 인간마저 자본주의 시장에서 노동을 위한 단순한 인적자원 요소가 된다는 것은 참으로 삭막하지 않을 수 없다. 인간은 경제를 이루는 인적자원이라기보다 생태를 이루는 의미 존재다.

이러한 생태 내 의미 존재임을 깨닫게 하는 생태 교육은 경제 교육보다 훨씬 더 중요하지 않을 수 없다. 어릴 때부터 생태 교육을 받고 자라는 사람과 안 받고 자란 사람의 존재 가치 체감은 시장가치인 돈으로 환산할 수 없을 만큼 크다. 부자가 되기 위한 경제 교육과 달리, 생태 교육은 한 사람의 진정한 인간으로 거듭나게 한다. 이 세상을 지속 가능하게 잘 먹고 잘살기 위한 철학을 가진 인간으로 태어나게 한다. 지금까지 이야기한 내용을 요약하면 그림 2-20과 같다.

영어 마을을 넘는 패러다임

영어 교육이 극성이다. 영어를 못하면 큰일이라도 날 것 같다. 어떤 엄마들은 자기 아이의 영어 발음을 좋게 하려고 혀를 꼬는 수술까지 시킨다고 한다. 미국 사람들처럼 꼬부라진 영어 발음을 위해서 하는 수술이다. 영어권 나라로 조기 유학을 보내는 부모들의 심정도 단순하다. 어찌되었건 유학을 보내면 영어 하나라도 잘할 것 아니냐라는 생각이다. 유학을 못 보내는 실정이라면 영어 마을로 보내어 영어 교육을 시키려고 한다. 요즘 많은 지자체에서 영어 마을을 짓는 것이 시도되고 있다.

그러나 사실 영어가 그리도 중요할까? 물론 중요하다. 또한 영어를 잘하면 영어로 처리되는 일을 더 잘할 수 있다. 하지만 영어를 자기 일에 본격적으로 쓰는 사람은 생각보다 그리 많지 않다. 아무리 세계화 시대라고 하지만 영어보다 더 많이 쓰는 것은 당연히 국어다. 아무리 글로벌 시대라고 해도 우리가 하는 일의 99% 이상은 우리 국어와 관련되어 있다. 그런데 이상한 건 그렇게 많이 쓰는 국어 교육을 등한시한다는 사실이다. 영어나 수학 교육보다 한 단계 아래에 있는 국어 교육은 삶을 살아가는 데에 실질적으로 가장 중요하다. 진정한 국어 공부란 듣고 읽고 쓰고 말하는 생활 속의 국어 공부다. 사실상 현실적으로 취업에서도 그런 국어를 잘하는 사람이 영어를 잘하는 사람보다 훨씬 더 유리하다. 이 글에서 제안하는 것은 영어 마을이 아닌 국어 마을을 짓자고 하는 것이 아니다. 어차피 우리 삶이 국어 마을 그 자체이기 때문이다.

이 글에서 제안하는 것은 영어 마을보다 더 중요한 생태 마을이다. 생태 안에서 자신의 존재 가치를 이해하며 무엇을 해야 하고 말아야 할 것인지 생태를 몸소 체험하면서 깨닫는 것은 영어 마을 체험을 통해 영어를 유창히 할 수 있는 것보다 삶에서 더욱 중요하다. 생태 마을은 영어 마을처럼 억지로 인위적으로 세워서 이루어지는 것이 아니다. 물론 머

그림 2-21 영어 마을과 생태 마을의 차이

켈(Merkel, 2003)이 실행하는 것처럼 생태 마을을 특별히 지어서 우리 인간의 생태 발자국을 줄이도록 할 수 있다. 하지만 우리 삶 속에 생태 마인드가 있다면 생태 마을이라고 표방하지 않더라도 어디든지 순리적인 생태 마을이 될 수 있다. 또한 생태 마을이 꼭 전원생활을 뜻하는 것은 아니다. 마을 공동체 주민들끼리 뜻만 맞으면 도시에서도 얼마든지 생태 마을을 충실히 가꾸어 갈 수 있다. 지금까지 이야기한 내용을 요약하면 그림 2-21과 같다.

환경보호를 넘는 패러다임

환경이란 인간을 중심으로 하는 용어다. 사람을 둥그렇게 둘러싼 것이 환경이다. 천지인(天地人)이라는 동양사상도 인간을 중심으로 하는 용어다. 하늘과 땅, 그리고 인간이 이 세상을 이루고 있다. 그러나 천지인보다 천지생(天地生)은 어떠한가? 하늘과 땅, 그리고 살아 움직이는 생명이 바로 세상을 이룬다. 인간은 그러한 여러 생명들 중 하나에 불과하다. 그러한 시각이 바로 생태적인 관점이다. 환경 패러다임에서는 인간을 중심에 놓지만 생태 패러다임에서는 인간을 그물망 속 하나의 존재

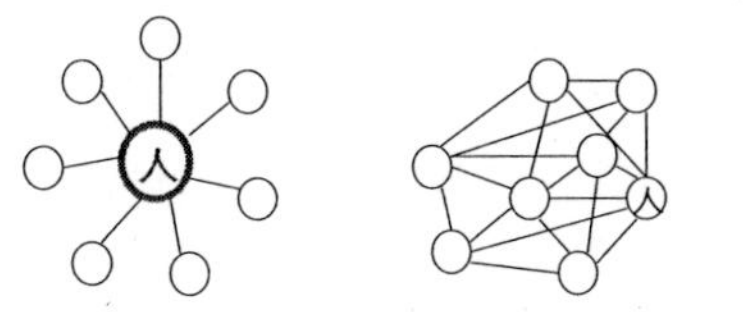

그림 2-22 환경보호와 생태 배려의 차이

로 여긴다. 불교의 연기론(緣起論)에서 말하는 바와 같이 그물망 속의 존재들은 모두 얽히고설킨 듯 복잡하게 연결되어 있다. 사소한 하나의 존재들은 서로서로 다른 존재들에게 영향을 미치고 영향을 받는다.

환경과 생태는 패러다임이 다르다. 마찬가지로 환경보호와 생태 배려는 패러다임이 다르다. 환경보호가 세상 만물의 중심이 되는 인간에게 이득이 되기 위하여 하는 것이라면, 생태 배려라는 것은 생태를 이루는 다양한 생명들 간의 건강을 생각한다. 환경보호가 추구하는 것이 인간의 이득에 가깝다면, 생태 배려가 추구하는 바는 생명의 건강에 가깝다. 환경보호론자들의 주장이 인간을 중심으로 놓고 본다면, 생태배려론자들의 주장은 인간을 망점의 시각에서 놓고 바라본다. 환경보호 운동이란 경제성장을 추구하는 사람이 보기에 훼방을 놓는 것이기 쉽다. 그래서 환경보호 운동은 사람들로부터 철없는 비현실적 이상주의자들이라는 비난을 받기 쉽다. 그렇다면 생태배려론자들은 환경보호 운동을 하는 사람들과 달리 무엇을 해야 하는가? 바로 정치다. 운동을 넘는 정치다.

환경보호 운동을 하는 사람들이 경제성장론자들을 문제 삼는다면, 생태 배려 정치를 하는 사람들은 경제성장론자들을 올바른 방향으로 이

끌 수 있다. 정치란 말 그대로 힘을 얻으려는 것이라기보다는 올바르게 펴는 일이다. 이러한 정치를 하는 일에 생태 배려라고 하는 일은 도외시되기보다 가장 중요한 담론이 되며 실천이 되어야 한다. 생태를 배려하는 정치가 지속 가능한 사회를 만들기 위한 큰 힘이 될 수 있다. 지금까지 이야기한 내용을 요약하면 그림 2-22와 같다.

GDP를 넘는 패러다임

18세기 자유주의 경제학의 아버지라고 일컬어지는 아담 스미스Adam Smith 이래로 21세기 현재에 이르기까지 '국부national wealth'는 금 · 은 보유가 아니라 재화의 생산량과 소비량으로 결정된다. 경제주의 패러다임에서는 생산량이 많을수록 부를 창출한다. 생산량을 창출하는 속도가 빠를수록 효율적이다. 그러한 생산량의 크기는 국가총생산인 GNP나 국내총생산인 GDP로 계산된다. 세계화 시대인 지금 GNP보다는 GDP 수치가 자유무역 거래를 통한 부의 창출을 크게 하므로 언제부터인가 이제는 대부분 GNP보다는 GDP로 따진다. GNP건 GDP건 생산되어지는 모든 재화와 용역은 합산되어 생산량의 크기를 늘린다. 그것이 전쟁에 쓰이는 미사일이건, 데모 진압에 쓰이는 최루탄이건 생산된 것이라면 아무 상관없이 GDP 수치를 크게 한다. 다리가 많이 무너지고 건물이 무너져서 그만큼 더 짓고 세웠다면 GDP 수치를 크게 한다. 담배와 술의 생산량도 GDP에 카운팅된다. 특별히 마약처럼 암시장 거래를 통하는 것이 아니라면 그 생산물의 잘잘못을 따지지 않고 무조건 생산되는 만큼 GDP에 카운팅된다.

하지만 GDP에 카운팅되지 않는 것이 있다. 엄마가 해주는 따스한 밥의 생산량이다. 깨끗한 골목길에서 느껴지는 미적 쾌감의 양이다. 학

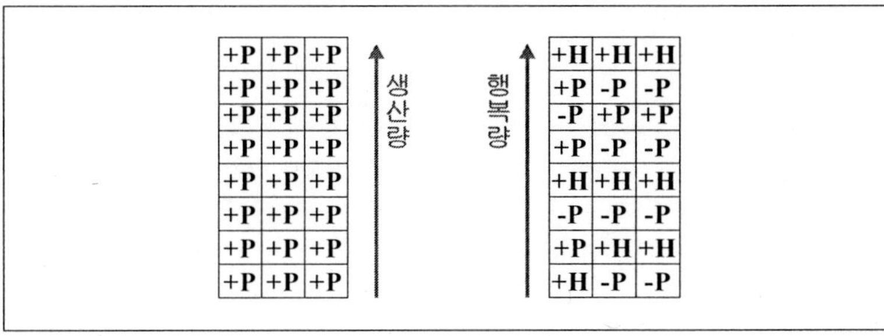

그림 2-23 +만 있는 GDP와 -도 있는 GDH의 차이

교에서 선생님이 학생들에게 해주는 충실한 교육의 양이다. 산에서 볼 수 있는 깨끗한 계곡물의 양이거나 공기의 양이다. 가족끼리 느끼는 행복감의 양이다. 또는 건강한 삶이 가져오는 행복감의 양이다. 이 밖에 GDP에 카운팅되지 않는 가치 있는 것들의 양들은 셀 수 없이 많다. 그렇게 뺄 것은 빼고 더할 가치가 있는 것은 더해서 나온 수치가 GPIGenuine Progress Indicator이다. GDP가 가짜일 수 있다면 GPI는 진짜라는 뜻이다.

지속 가능한 사회를 구현해 간다는 것은 국내총생산을 올리고 일인당 국민소득을 올리는 일이라기보다 궁극적으로 사람의 행복감과 건강함을 지속 가능하게 만들어 가는 일일 것이다. 그러한 개념이 바로 GDHGross Domestic Happiness, Gross Domestic Health다. 그러한 행복과 건강이 없이 올라가는 생산량의 크기는 쓰레기만 무한하게 쌓을 뿐이다. 개인적 차원의 웰빙을 넘어 총체적 차원의 LOHASLifestyle Of Health And Sustainability 개념도 이러한 GDH와 같은 맥락이라고 볼 수 있다. 지금까지 이야기한 내용을 요약하면 다음 그림과 같다. GDP에서 생산량(P)은 오로지 플러스만으로 카운팅된다. 하지만 GDH에서 행복량(H)은 마이너스가 되는 생산량(-P)이 있으므로 생산량에 따라 좌우되지 않는다.

생산량 증대를 넘는 패러다임

생산량이 많아질수록 자연스럽게 소비량도 많아진다. 소비량이 많아지는 만큼 버려야 할 쓰레기의 양도 많아진다. 서울이나 부산과 같은 거대 도시에서는 매일매일 엄청난 쓰레기를 내뱉는다. 그 쓰레기는 땅으로 묻히게 된다. 또는 태워져서 하늘로 버려진다. 또는 바다에 버려진다. 신문 기사에 의하면 바다에 버려지는 해양 투기 쓰레기의 양이 1년에 1000만 톤이나 된다고 한다(류찬희, 2007). 해양 투기가 태평양 먼 바다의 이야기가 아니다. 바로 우리 앞바다의 이야기다. 군산 앞바다, 울산 앞바다, 포항 앞바다다. 이로 인해 바다는 쓰레기장이 되어 가고 있다. 경제 패러다임에서 보자면 쓰레기의 효율적인 처리이지만 생태 패러다임에서 보자면 그러한 쓰레기 투기는 우리 생태에 어떠한 영향을 미칠 것인가?

버려지는 음식물 쓰레기의 양도 상상을 초월한다. 1년에 9조 원이라고 했던 것이 엊그제 같은데 이제는 15조 원이라고 한다. 15조 원이라는 경제적 가치가 아깝다기보다 15조 원어치의 어마어마한 쓰레기가 우리 생태에 버려지는 것이 아프다. 아깝다는 패러다임과 아프다는 패러다임의 차원은 전혀 다르다. 엄청난 쓰레기를 보고 무심할 수도 있다. 경제 패러다임으로 보면 그 쓰레기는 경제활동을 통한 자연스러운 부산물이겠지만, 생태 패러다임으로 보면 그 쓰레기는 무분별한 경제활동이 가져오는 흉물스러운 본모습이다.

그러한 쓰레기를 얼마든지 버릴 수 있을 만큼 우리의 지구는 여유가 있는가? 우리 지구도 생명체로서의 지구gaia다. 지구온난화란 우리 몸이 앓는 열병처럼 지구도 몸살을 앓고 있는 것이다. 소나무 재선충도 산이 몸살을 앓고 있는 것이므로 벌레를 잡아서 될 문제가 아니다. 지구는 유한하다. 복잡하게 따져 보지 않아도 알 수 있다. 당연하며 마땅하

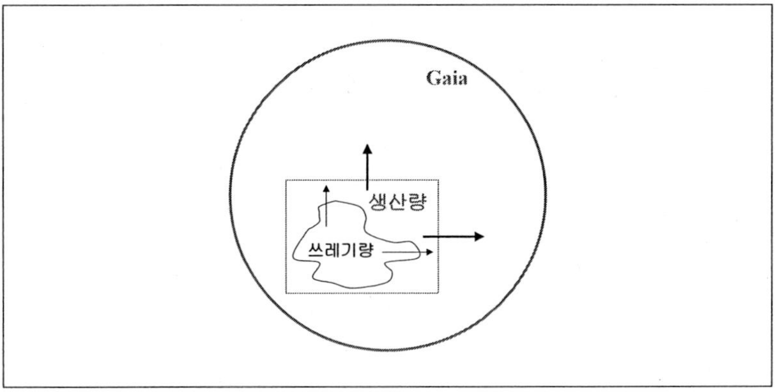

그림 2-24 생산량과 쓰레기의 관계

게 우리 지구는 그러한 여유가 지속 가능하게 없다. 영화 제목처럼 '불편한 진실'이 아닐 수 없다. 엄청난 양의 쓰레기를 지속적으로 버리는 한 우리는 절대 지속 가능하게 잘 먹고 잘 수 없다. 생산량 증대라는 눈앞의 것에 현혹된다면, 쓰레기의 투기량 증대가 아무런 걱정할 일이 안 된다. 하지만 조금이라도 현혹에서 벗어나 사실을 직시한다면 쓰레기 투기량 감소 없이 이루어지는 생산량의 증대는 생명체인 지구에 암을 유발할 것이 틀림없다. 우리 주변은 온통 엔트로피인 쓰레기더미가 되고 말 것이다. 지금 우리 시대는 생산량 증대보다 쓰레기의 투기량 감소에 더욱 신경 쓰지 않으면 안 될 절박한 상황에 놓여 있다. 지금까지 이야기한 내용을 요약하면 그림 2-24와 같다.

Bio 기술을 넘는 패러다임

정보기술(IT)이라는 말에 이어 곧바로 나온 것이 생명기술BT이었다. 우리 인류는 게놈 프로젝트를 완료하여 신만이 알 수 있는 유전자 지식을 가지게 되었다고 한다. 그러한 유전자 조작을 기반으로 하는 생명공학, 생명 산업은 앞으로 우리 인류가 먹고 살아야 할 혁명적인 쾌거로 받아들여지고 있다. 이제 유전자 조작에서 더 나아가 생명의 원천인 배아줄기 세포를 만들겠다고 하는 것이 바이오산업의 현실이다. 그렇게 된다면 영화에서나 볼 만한 일들이 당장 우리 현실에 닥쳐올 것만 같은 예감이 든다. 그러나 또 한편에서는 그러한 바이오산업의 위험성에 대해 일침을 놓는다. 조물주만이 알아야 하는 생명 정보가 담긴 판도라의 상자가 열렸으니 이제 혼란의 세상이 올 것이라는 것이다.

하지만 정말로 혼란한 세상이 오게 된다면 그 이유는 대단한 정보가 담긴 판도라의 상자가 열려서가 아닐 것이다. 아주 미약한 지식을 가지고 대단한 것을 안 것인 양 그것을 함부로 사용하는 데서 나타나는 혼란일 것이다. '선무당이 사람 잡는다'는 우리 속담처럼 어설프게 안 것이 큰 사고를 불러일으키는 법이다. 무식하면 용감해진다는 말도 있다. 아주 조금 안 것일 뿐인데, 그 아는 것만큼만 알고 더 이상은 모르지만 그 모른다는 사실을 모르게 되면, 그것이 무식이며, 그때에는 물불 가리지 않고 용감하게 앞으로 전진한다는 것이다. 무식이란 모르는 것이 아니라 모르는 것을 모르는 꼴이다.

황우석 박사의 줄기세포 논란 파동에서 정말로 커다란 문제가 되는 것은 언론에서 한참 논쟁을 삼았던 것처럼 그 연구의 진실성 여부가 아니다. 또한 인위적인 난자 채취라는 연구 방법의 윤리성 여부도 아니다. 그렇게 생명에 대해 인간이 알게 된 미약한 기술을 가지고 인위적으로 어찌 해보겠다는 데서 나타날 수 있는 생명의 오염성 여부다. 즉 유전

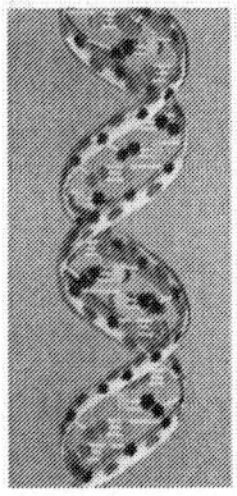

그림 2-25 Bio 기술 관점과 Eco 이해 관점의 차이

자 오염의 문제다. 산업혁명이 환경오염을 가져왔다고 말한다면, 생명을 조작하는 생명 혁명은 유전자 오염의 문제를 가져올 위험이 클 수 있다. 환경오염은 시간이 지나면 해결될 수도 있겠지만, 유전자 오염은 생태적으로 돌이킬 수 없는 구조적 문제를 야기시킬 수 있다. 바이오bio가 모르는 걸 모르는 무식한 산업에서 벗어나려면, 먼저 생태eco를 이해해야 한다. eco에 대한 이해 없는 bio 산업은 바벨탑과 같은 인간의 탐욕일 수 있다. 지금까지 이야기한 내용을 요약하면 그림 2-25와 같다. Bio 기술의 관점에서는 이득을 생각하지만, Eco 이해의 관점에서는 위험을 생각할 수 있다.

문화유산을 넘는 패러다임

땅을 일군다는 의미인 'culture'와 글을 사용한다는 의미인 '文化'를 넘어, 문화란 우리 인간이 살아가는 방식이다. 그렇게 본다면 우리 인류가 땅을 일구면서 정착 생활에 접어들기 이전에, 또 글을 사용하면서 역사시

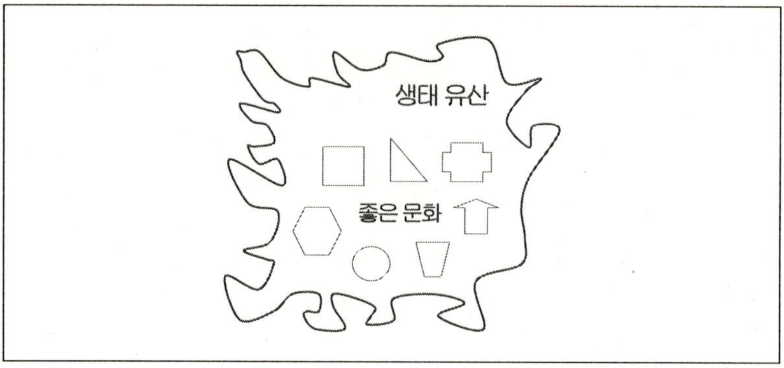

그림 2-26 문화 유산과 생태 유산의 조화

대로 접어들기 이전에도 삶의 방식으로서 문화는 있어 왔던 것이다. 우리는 조상으로부터 그러한 문화유산을 많이 물려받았다. 그러한 문화유산에 대해 우리는 귀하게 취급한다. 박물관이란 그러한 문화유산들을 소중하게 모아놓는 곳이다. 박물관에 모셔져 있지는 않고 그냥 여러 지역에 있는 그대로 전해져 오는 문화유산들도 귀한 취급을 받을 수 있다. 서점에서 볼 수 있는 여러 가지 문화유산답사기는 재미있는 읽을거리다. 이들 문화유산들은 우리 인간이 만들어 놓은 것으로 그것대로 관광 코스가 마련되기도 한다.

하지만 문화유산은 있어도 생태 유산이라는 말은 어색하다. 어색할 뿐만이 아니라 생태 유산이라는 말을 거의 듣지 못해 왔다. 그러니 생태 유산은 문화유산과 달리 소중하게 취급받지 못하고 있다. 이러한 이유로 개펄이 메워지고 산림이 깎이며, 강들이 매몰되어 간다. 물론 우리 인간이 살기에 그러한 일들이 어쩔 수 없이 일어날 수 있다. 그리고 인류의 역사는 이러한 생태 유산들을 인위적으로 변화시켜 온 문화의 역사라고 볼 수 있다. 생태 유산을 변화시키는 것은 인간이 사는 데 필연적인 활동이다. 하지만 지금 이 시대에 필연을 떠나 과잉적인 변화가 무분별하게 일어나고 있다. 생태와 조화롭지 못하게 오로지 자본의 이익을 목표로 하여 생태 유산의 파괴가 개발이라는 이름으로 적극적으로 일어나고 있다.

이 글은 지금 무조건적인 자연보호를 하자는 주장을 하는 것이 아니다. 생태와의 조화를 생각하자는 것이다. 주변 산과 바다와의 조화 없이 다이내믹하게 높게만 올라가는 주상복합 건물들은 생태 유산을 파괴하여 나쁜 문화를 만들어 낼 수밖에 없게 만든다. 아름다운 금수강산이라는 말 그대로 우리는 스위스보다도 더 훌륭한 생태 유산을 물려받았다. 하지만 스위스가 우리보다 멋있는 이유는 그들의 인공적인 문화유산이 자연적인 생태 유산과 잘 조화되기 때문이다. 그러한 생태 유산을 귀하게 여기며, 그러한 생태 유산과 조화롭게 살아가는 우리의 문화유산을 건강하게 만들어 가야 할 것이다. 지금까지 이야기한 내용을 요약하면 그림 2-26과 같다. 좋은 문화는 생태 유산과 잘 조화될 때 생기는 법이다.

지역 균형을 넘는 패러다임

우리는 지역 균형을 바라는 시대에 살고 있다. 특히 참여 정부는 지역 균형을 내세우면서 또 다른 새로운 행정 도시를 만들고 있으며, 공기업을 이전시키면서 지역 균형을 실천하려고 한다. 그렇다면 과연 우리나라가 전국적으로 지역 균형이 완벽해진다면 지속 가능하게 잘 먹고 잘사는 나라가 될 수 있을 것인가? 지역 균형이라는 것이 여러 도시의 지역 균형적인 확대로 가는 꼴이 되는 것은 아닐까? 지금 지역 균형은 주로 도시를 중심으로 이루어지고 있으며, 지역 균형이라고 하면 대개 지역 도시들 간의 균형을 생각하게 된다.

그러나 이러한 지역 균형보다 더 절실하고 시급한 문제는 무엇인가?

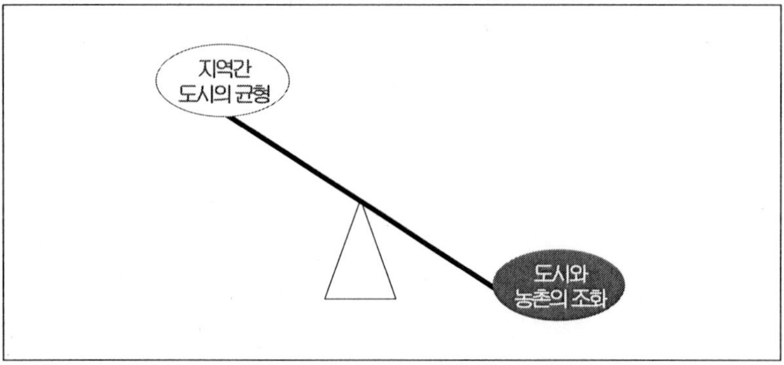

그림 2-27 지역 균형보다 중요한 도농 조화

그것은 바로 도시와 농촌의 조화다. 도농 조화를 고려하지 않는 지역 균형은 도시의 비대화와 삭막화만을 불러오기 쉽다. 지금 정부의 정책들도 도시와 농촌의 조화보다는 농촌의 도시화를 통한 지역 균형에 힘을 쏟는 실정이다. 양극화 해소도 도시민 간의 양극화 해소에 중점을 두고 있다. ≪서울신문≫이 삼성경제연구소와 공동으로 선정한 '미래 한국의 신사업' 5가지 중에 도시 인프라를 구축하는 것이 있을 정도다(안미현, 2007). 오로지 도시화만이 미래 한국을 보장한다는 생각이 팽배하여 있다. 만일 이처럼 도시 인프라를 구축하는 데 미래 한국의 앞날이 있다면 우리나라의 앞날은 화창하기보다 삭막해질 것이다. 쉽게 말해서 〈6시 내 고향〉과 같은 TV 프로그램을 볼 수 없게 되는 날이 온다는 뜻이다. 전국 어디를 가나 도시이고 공장이라면 그 땅에는 당장 가능한 수익은 있을지 몰라도 지속 가능한 미래는 없다.

지금 우리 농촌에는 젊은 사람들과 아이들이 거의 없다. 오직 나이 든 어르신들만이 살고 있다. 그러한 농촌을 버리고 우리가 도시 만으로 지속 가능한 사회를 만들어 갈 수 있을까? 지금 우리에게 시급하고 절실한 일은 농촌을 살기 좋게 만드는 일이다. 농촌에서 사는 것이 도시에서 사는 것보다 자랑스럽고 보람 있어야 한다. 그렇게 되기 위하여 농촌에 실질적인 혜택 부여가 있어야 한다. 농촌 공동화 현상이 일어난다면, 거기에 대신하여 도시 인프라를 구축하겠다는 구상은 아주 위험하며 천박하다. 농촌을 살려서 도시와 농촌의 조화를 맞추는 일은 지역 간 도시 균형보다 너무나도 중요하지 않을 수 없다. 농촌이 건강할 때 도시도 건강해질 수 있는 순리가 있다. 지금까지 이야기한 내용을 요약하면 그림 2-27과 같다.

10가지 패러다임을 종합한다면?

지금까지 경제주의를 넘는 생태주의 패러다임, 거시경제학을 넘는 생태경제학 패러다임, 경제 교육을 넘는 생태 교육 패러다임, 영어 마을을 넘는 생태 마을 패러다임, 환경보호 운동을 넘는 생태 배려 정치 패러다임, GDP 생산량을 넘는 GDH 행복량 패러다임, 생산량 증대를 넘는 투기량 감소 패러다임, Bio 기술을 넘는 Eco 이해 패러다임, 문화유산을 넘는 생태 유산 패러다임, 지역 균형을 넘는 도농 균형 패러다임에 대하여 차례대로 이야기하였다.

이러한 개별적인 10개의 패러다임을 하나로 묶으면 어떠한 그림이 그려질 수 있는가? 그림 2-28과 같은 피라미드를 그려 본다.

생태주의와 생태 경제학, 그리고 eco 이해라는 기본 철학을 바탕으로 하여, 생태 배려 정치, 생태 유산 중시를 행동 지침으로 하고, 이에 따라 생태 교육을 하며 생태 마을을 짓고, 쓰레기 투기량을 줄여 가면, 도시와 농촌의 조화가 이루어지며, 행복량이 증대되는 결과로 나타나 궁극적으로 지속 가능한 사회가 실현될 수 있다는 뜻이다.

물론 이러한 10가지 패러다임 이외에도 더 많은 패러다임을 충분

그림 2-28 열 가지 패러다임 전환의 종합

히 제안할 수 있을 것이다. 그러므로 이 10가지는 패러다임의 10가지 사례라고 볼 수 있다. 그러한 10가지 사례들을 하나의 맥락으로 이해하면 좋을 것이다. 그 하나의 맥락이란 무엇인가? 그것은 순리(順理, nature)다. 순리적으로 생각하면 이러한 10가지 패러다임, 또 그 이상의 패러다임이 얼마든지 나올 수 있다. 하지만 우리는 순리를 떠나 인위적으로, 인간 중심의 인본주의 사고로 목표를 이루려다 보면 지속 가능한 사회가 아니라 성장 가속한 사회에서 살 수 있는 것이다. 성장을 가속하면 할수록 그만큼 지속 가능성과 멀어지는 결과가 뻔히 보이지만 바로 눈앞의 목표에만 전념하여 열심히 끝을 향해 줄달음칠 수 있는 것이다. 결국 지속 가능한 사회란 지역의 이름이 널리 알려지고 이미지가 활성화된 곳보다 지역 가치가 충실화된 사회와 맞는다. 이렇듯 지속 가능성의 차원에서 지역 가치가 충실화된 사회에서는 지역 사회의 인터넷 이용자들이 인터넷에 자발적으로 만들어 올리는 허상적 내용User Created Contents을 활성화하기보다 지역 사회의 단합된 주민들이 자발적으로 가꾸어 온 좋은 문화를 UCCUnion Cultivated Culture를 충실화하는 일이 근본적으로 더욱 중요하다.

잘 먹고 잘살기 위해서는?

우리는 지금 대단한 석학이자 미래학자라고 일컬어지는 토플러의 속도 혁명에서 벗어나야 지속 가능하게 살아갈 수 있다. 그가 말하는 부의 미래는 결국은 엔트로피의 미래이며, 쓰레기의 미래이기 쉽다. 하지만 지금 이 시대의 절대적이고 지배적이며 보편적인 트렌드가 그런 쪽이므로 쉽게 벗어나기 힘들다. 그러므로 우리는 점진적 개선보다는 패러다임 전환을 해야 한다. 그것은 위대한 전환을 의미한다(Mander and Goldsmith, 1996). 그 위대한 패러다임 전환의 요체는 큰 것으로부터 작은 것으로 돌아가는 것이다. 일찍이 슈마허E. F. Schumacher가 말했던 것처럼 큰 것의 대단함보다 작은 것의 아름다움을 볼 수 있는 시각의 전환을 의미한다. 오로지 빠름을 추구하는 것에서 벗어나 느림의 여유를 생각하는 사고의 전환을 의미한다. 경쟁이 치열한 터프한tough 사회로부터 배려가 있는 텐더한tender 사회로의 전환을 의미한다.

우리가 지금 살고 있는 세계화 시대는 글로벌스탠더드를 요구한다. 지구적 표준인 글로벌스탠더드란 전 세계 어디에서나 통할 수 있는 표준이다. 그러한 지구적 표준은 경제적 차원의 시장가치로서 평가된다. 지구가 온통 시장판인 셈이다. 하지만 지구는 온통 시장화되어 가는 물리적인 구glove도 아니고 경제적 착취 대상인 땅earth도 아니며, 지리적 연구 대상인 세계world도 아니다. 생명체인 가이아gaia다. 이 생명체와 우리는 마땅히 공존하며 살아야 지속 가능하게 잘 먹고 잘살 수 있다. 지속 가능한 사회란 우리가 바라는 이상이 아니라 우리 앞의 현실이다. 경제적인 성장을 따라가는 것이 우리의 현실이라고 볼 수 있으나 넓게 보면, 이는 무지개나 오로라를 좇는 우리의 이상일 수 있다. 우리는 세계화 시대에 살고 있다지만 세계화란 하나의 이상적 표준으로 온 세상을 획일화시키려는 인간의 무분별한 시도다. 세상은 평평하다고 한다(Friedman,

2006). 그러한 평평한 세계 속에서 자본 상품 문화가 자유롭게 흘러가도록 하는 것이 세계화를 꿈꾸는 자들의 희망이다. 하지만 그러한 자유로운 흐름은 공정한 흐름이 안 될 수 있다. FTAFree Trade Agreements는 FTAFair Trade Agreements를 기반으로 하여야 한다. 공정함을 잊어버린 신자유주의란 오로지 강대국의 탐욕대로 자유롭게 자기네 것을 저리로 흘러 보내게 만드는 환상적 이데올로기이기 쉽다. 세상은 평평하다World is flat라기보다 세상은 무늬다World is fret. 다양한 차이를 가진 프렛 무늬를 가지고 있다. 평평하고 밋밋한 세계에서 지구는 하나의 글로브이지만, 다양한 세계에서 지구는 알록달록하고 울퉁불퉁하며 다양한 차이를 가진 지체로 되어 있다. 그 지체는 하나의 기계적 시스템이라기보다 유기적 홀론holon이다. 그러한 지체들의 다양함 속에서 전체적인 홀론은 생명의 건강함을 지속 가능하게 유지할 수 있다. 지체들 간의 차이는 획일적으로 표준화될 필요가 없다. 그 자체의 차이가 의미 있다. 이 세상은 획일화된 세계화가 아니라 다양화된 지구화로 되어 있어야 마땅하다. 인위적으로 억지로 차이를 없애 평평하게 만들어 획일화시킨다면 문제가 야기될 수밖에 없다.

경제 발전을 추구한다면 지속 가능한 경제 발전이어야 하는데, 이는 생태 배려를 기본으로 한다. 사회 통합을 추구한다면 경제적 이익을 통해서가 아니라 생태 배려를 통해서 해야 한다. 생태 배려의 정치란 하나의 선택적 대안이 아니라 필수적 철학이다. 한마디로 경제 발전과 사회 통합은 생태 배려를 기반으로 해야 지속 가능한 의미가 있다. 그러한 생태 배려 없이 경제성장률을 10% 이상 올리고, 1인당 국민소득이 10만 달러가 된다면 번듯한 경제 강국은 되겠지만 삭막한 생태 빈국으로 갈 수 있다. 중국이 그렇게 가고 있는 것으로 보인다. 고성장을 멈출 필요성을 인식하며, 조화, 화합을 뜻하는 허시에(和諧)라는 표현으로 사회 통합을 시도하려고 하는데, 이는 하나의 정치 외교적인 슬로건에 불과

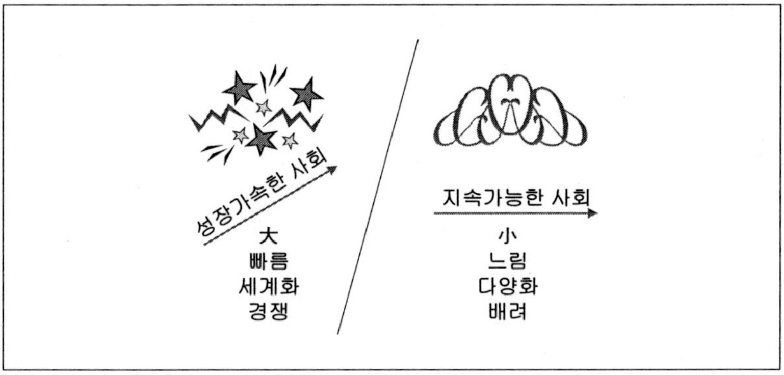

그림 2-29 두 가지 사회의 비교

할 수 있다. 지금 중국은 경제 강국이 가속화되어 가면서, 동시에 생태 빈국이 급속히 되어 가고 있다. 그렇게 되면서 사람들 사이에 윤리와 도덕이 실종되어 가고 돈만 된다면 인간관계든 생태 관계든 무엇이든지 파괴하면서 무엇이든지 할 수 있는 아주 무섭고 살벌한 사회가 되어 가고 있는 것이다. 지속 가능한 사회가 아니라 성장 가속한 사회의 참담한 결과다. 중국은 우리가 벤치마킹할 대상이 아니라 반면교사(反面教師)의 대상이다.

지금까지 결론적으로 이야기한 내용을 요약하면 그림 2-29와 같다.

성장 가속한 사회와 지속 가능한 사회는 패러다임이 전혀 다르다. 우리는 지금 성장 가속한 사회에 살고 있다. 지속 가능한 사회에 사는 것은 요원해 보인다. 그렇게 살고 싶어도 살 수 없는 게 현실이라고 말할 수 있다. 이상은 좋지만 현실이 따라 오지 않는다고 말할 수 있다. 그러나 지금까지 우리가 해 오던 식에서 벗어나 가만히 생각해 본다면, 무엇이 현실이고 이상인지 생각이 뒤바뀌는 경험을 할 수 있다. 비록 우리가 지속 가능한 사회에 살 수는 없다고 하더라도 그것이 단지 이상이라고 생각한다면 이 글은 독자에게 아무런 의미를 준 바가 없을 것이다. 하지만 우리가 지금 이 시대 성장 가속한 사회에서 사는 것이 이상이라는 생각을 독자가 가지게 되었다면 이 글은 그나마 의미 있는 제안을 했다고 볼 수 있을 것이다.

객관적이지는 못하지만 편파적인 주장은 아닐 것이다. 다만 의미 있는 제안을 하기 위한 주관적인 이야기다. 어떻게 지속 가능한 사회를 만들며, 지역 가치를 충실화하여 잘 먹고 잘살 것인지 물음에 답하는 이야기다. 전략적 경쟁력보다 순리적 생명력을 위한 제안이다.

아울러 PR, 광고 홍보, 마케팅 커뮤니케이션, 브랜드 경영에 대하여 연구하는 입장에서도 기업의 성장 가능한 매출이나, 성장 가속한 이윤만을 위하여 종속적으로 한 방향으로만 연구하는 것이 아니라 생태, 지속 가능성 등을 전반적으로 배려하여야 할 것이다. 그렇게 지속 가능한 생태에 대한 배려가 있는 브랜드 경영을 생태주의 브랜드 경영(박기철, 2009)이라고 할 수 있다.

참고문헌

고재민 (2006). 환경 · 사회적 책임 다해야 기업 생존한다, ≪중앙일보≫ 2006. 4. 21.

곽결호 (2006). 기업 사회공헌은 사회발전 동력, ≪서울신문≫ 2006. 11. 13.

류찬희 (2007). 폐기물 연 1000만톤 해양투기, ≪서울신문≫ 2007. 4. 9.

박기철 (2007). 『패러다임 사고학』. 연세대학교 출판부.

박기철 (2006). 지속 가능한 PR, 『한국홍보학회 가을철 학술대회 발표집』.

박기철 (2009). 『NBi, 생태주의 브랜드 경영』. 커뮤니케이션북스.

안미현 (2007). 미래 한국의 동력 - 5대 신사업, ≪서울신문≫ 2007. 8. 27.

정세균 (2006). 국제환경규제, 해법은 상생협력이다, ≪서울신문≫ 2006. 10. 21

Capra, Fritjof (2002). *The Hidden Connections*, Brockman Inc: 강주헌 역 (2003). 숨겨진 관계. 휘슬러.

Friedman, Thomas (2006). *The World is flat*, 김상철 역 (2006). 『세계는 평평하다』. 창해.

Mander, Jerry and Goldsmith, Edward (1996). *The Case Against the Global Economy*, 윤길순 · 김승욱 역 (2001). 『위대한 전환』. 동아일보사.

Mankiw, Gregory (2001). 김경환 · 김종석 역 (2001). 『멘큐의 경제학(2판)』. 교보출판.

Merlel, Jim (2003). 홍대운 역 (2005). 단순하게 살기. 황소자리.

Rifkin, Jeremy (1980). *Entropy*, 최현 역 (1983). 『엔트로피, 21세기 새로운 문명관』. 범우사.

Schumacher, E. F (1971). *Small is beautiful*, 이상호 역 (2002). 『작은 것이 아 름답다』. 문예출판.

Toffler, Alvin and Toffler, Heidi (2006). *Revolutionary Wealth*, 김중웅 역 (2007). 『부의 미래』. 청림출판.

塩澤由展 (1997). *複雜系經濟學入門*, Japan Productivity Center for Socio-Economic Development: 임채성 외 기술과 진화의 경제학연구회 역 (1999). 『지식의 패러다임 대전환, 왜 복잡계 경제학인가』. 푸른길.

www.bisd.or.kr

3부

PR 철학에 따른 PR의 실천

영리 조직이든 비영리 조직이든 PR은 다양한 공중들과의 관계 활동입니다.
내부 직원이라는 가장 가까운 공중에서부터 협력 업체, 투자자, 고객,
지역사회, 정부, 네티즌, 언론 등의 공중들과의 관계 활동이며,
또한 다른 문화를 가진 사람들과의 관계 활동이기도 합니다.
또한 이를 통한 쟁점 관리, 위기 관리, 평판 관리 활동이기도 합니다.
나 자신의 PR도 PR 철학의 관점에서 성찰하며 실천할 수 있습니다.

01

영리 조직과 비영리 조직 PR의 차이

PR이란 무엇일까요? 이 질문에 대한 대개의 답변은 거의 천편일률적입니다. 우리를 홍보하고 우리의 이미지를 좋게 포장하는 것이라고 합니다. 이러한 답변에서 벗어나 공중 관계라는 PRPublic Relations의 말뜻을 충실하게 받아들여 조직과 공중 간의 관계 활동이라고 하는 것도 결국은 우리 조직의 이익을 위한 활동 일뿐입니다. 그러나 우리가 지금까지 중국의 고대 사상을 기반으로 하는 PR을 생각할 때 그러한 홍보 · 포장의 PR, 또는 조직의 이익목적 PR에서 벗어나게 됩니다. 더 포괄적이며 전반적이고 거시적인 시각을 가지게 합니다. PR은 나와 너 사이의 관계만이 아니라 너와 내가 속한 전반적인 생태 안에서 지속 가능하게 살아갈 수 있는 관계 활동입니다. 그래서 PR의 궁극적 목적은 Know me, Love me, 더 나아가 Marry me가 아니라 Care us, 또는 Live together라고 했던 것이지요. PR은 자기중심의 홍보나 포장을 위한 기능적 수단이 아니라 이 세상에서 잘 영위하게 되는 통찰적 철학인 것이지요. 전략적으로가 아니라 순리적으로….

이러한 PR의 관점에서 PR은 단지 영리를 추구하는 조직만이 아니라 비영리 조직도 그 철학을 수용할 수 있습니다. 우선 영리 조직의 PR과 비영리 조직의 PR은 양상이 다릅니다. 영리 조직의 PR은 영리 추구에 도움이 되는 PR입니다. 여기서 영리(營利)란 내가 뭔가를 잘 다스려서(營) 내 손안에 확실히 가지게 되는 이익(利)입니다. 이러한 PR이 바로 MPR

Marketing PR이지요. 기존의 정통적 기업 PR, 즉 CPRCorporate PR이 단지 공중의 두루뭉술한 호의를 얻기 위한 것이었다면, 이에 반하여 나온 것이 MPR입니다. 정통적으로 마케팅이란 생산자가 소비자에게 제품이나 서비스를 통해 편익benefit을 주고, 그 대가로 생산자가 소비자로부터 이익profit을 얻기 위한 교환 활동입니다. 물론 이처럼 교환과 이익을 기반으로 하는 정통적 마케팅에 대한 정의가 2004년에 관계와 가치에 기반을 둔 것으로 완전히 패러다임 전환되었지만 일단 여기서 그것까지 논하면 너무 어려우니까 그것은 별개 문제로 나중에 따질 기회가 있을 겁니다. 아무튼 이때 확실치도 않은 머릿속 호의가 아니라 내 손안에 확실히 주어질 수 있는 이익이란 MPR이 추구하는 가장 중요한 목적이 아닐 수 없습니다. 1991년에 새로 나온 개념인 MPR은 많은 기업들로부터 호응을 얻어 이제는 아주 일반적인 단어가 되다시피 하였습니다. 홍보팀이 아니라 MPR팀이라는 부서명이 생길 정도로요. 기업의 목적이 이익을 창출하는 것이라고 할 때, PR의 목적이 이익이라고 하였으니 기업으로서는 너무도 딱 좋은 것이 아닐 수 없으니까요. 그렇다면 비영리 조직의 PR에서 가장 중요한 목적은 무엇일까요? 여기서 비영리 조직이란 자본적인 영리를 추구하는 조직이 아닙니다. 이화여대 김영욱 교수가 지은 『비영리 커뮤니케이션』이라는 책에 의하면 시민운동, 사회복지, 교육, 의료건강, 아동 · 청소년, 환경, 지역사회 운동 등 사회의 모든 비영리 공공 분야와 관계된 조직입니다. 이러한 비영리 조직에 있어서 내 손안에 주어지는 영리보다 중요한 것은 사회구성원 간의 갈등 관리와 관계 유지를 위한 참여와 소통이라고 할 수 있습니다. 즉 돈이 중요한 목적이 아니라 사람이 중요한 것이지요.

이러한 비영리 조직의 PR에서 지금까지 적용하여 왔던 방법은 아이러니하게도 영리 조직이 사용하여 왔던 전략 경영이나 마케팅이었습니다. 다만 여기에 사회라는 말을 넣어 사회적 전략 경영, 사회적 마케팅이라는 것도 있을 수 있습니다. 그리고 최근에 영리를 추구하는 기업이라고 하더라도 기업의 사회적 책임이 중요하다고 해서 CSRCorporate Social Responsibility이라고 하는 좋은 개념이 생기게 되었습니다. 물론 기업들이 진정성 없이 단지 유행을 따라 자기를 포장하고 생색내는 데 급급한 조악한 CSR 활동이 많은 실정입니다. 영리를 추구하는 조직이 그동안 그다지 중요하게 생각지도 않았던 사회적 책임이라는 비영리적인 것을 수용하고 실행하려니 얼마나 어려울지는 쉽게 이해가 됩니다. 그만큼 영리 조직과 비영리 조직은 근본적으로 추구하는 목적이 다릅니다. 그래서 비영리 조직은 영리 조직의 패러다임과 프레임에서 벗어날 필요가 있습니다. 그 작동 메커니즘과 다이내믹스가 서로 다를 수밖에 없기 때문입니다. 우선 가장 중요하게 생각할 것은 전략에서 탈피하는 것입니다. 비영리 조직은 원천적으로 경쟁 상대가 있지 않습니다. 참여하고 소통하며 관계 맺을 사람들이 있을 뿐 경쟁 상대가 없는데 경쟁이라는 싸움(戰)에서 이기기 위한 꾀(略)인 전략은 전혀 어울리지 않습니다. 하지만 아무렇지도 않게 비영리 조직이 소통과 관계 유지를 위한 PR을 한다고 할 때 전략이라는 말을 습관적으로 그냥 사용하고 있습니다. 사실 영리 조직에서도 블루오션에서 고수의 단계에 놓인 기업들은 경쟁하지 않습니다. 다만 가치 혁신을 통해 고객에게 지금까지 체험하지 못했던 전혀 새로운 가치를 주려고 노력할 뿐이지요. 그러니 전략이라는 말은 영리 조직이건 비영리 조직이건 적합한 단어가 아닙니다. 특히 비영리 조직은 더욱 더 그러하지요. 아예 전략이라는 말을 완전히 몰아내야 비영리 조직은 PR을 제대로 할 수 있습니다.

이렇게 전략으로부터 벗어나 비영리 조직이 채택할 수 있는 PR을 위해 중요한 시사점을 주는 인물은 하버마스Jürgen Habermas입니다. 1990년대 중반에 노구의 몸을 이끌고 우리나라에 와서 강연을 하기도 했던 이 사람의 이름과 사상은 기억하고 이해하는 것이 좋습니다. 그는 독일 프랑크푸르트학파의 비판철학을 계승하였는데, 일반적인 비판철학과 좀 생각이 다릅니다. 정통적인 비판철학은 마르크스Karl Marx의 철학에 그 뿌리를 둡니다. 19세기에 살았던 마르크스는 그 당시의 대세적 경제체제였던 자본주의를 비판하였습니다. 그리고 그 대안으로 공산주의를 제시하였고, 20세기 들어서 러시아에 소련Soviet Union이 들어서고, 중국에 중화인민공화국이 들어서게 한 이데올로기를 마련한 사람입니다. 한마디로 지구의 절반을 붉게 물들게 한 점에서 인류사에 가장 영향력이 컸던 인물들 중 한 명으로 꼽힙니다. 그렇게 그 당시의 산업혁명 이후 절대적 지배적 보편적 경제체제였던 자본주의를 비판했던 철학은 20세기 중반에 독일의 프랑크푸르트학파에게로 이어집니다. 하지만 그들이 비판했던 것은 자본주의가 아니라 근대 이후 모더니즘이라는 생각과 양식이었습니다. 그 생각과 양식에는 바로 근대적 이성과 합리가 있었습니다. 사실 프랑크푸르트학파 이전에 그것을 비판했던 사람은 니체Friedrich Nietzsche였지요. 그래서 니체는 포스트모더니즘 철학의 창시자로 일컬어집니다. 대개 이성과 합리라고 하면 좋은 것이라고 생각되나 니체 이후 프랑크푸르트학파 사람들은 그것을 비판하지요. 즉 합리적 이성을 무조건 좋다고 여기기보다 과연 우리의 합리적 이성이 좋은 것인지 근본적·원천적으로 비판할 필요가 있다는 뜻입니다. 이러한 포스트모더니즘의 비판철학이 꽃을 피운 곳은 프랑스입니다. 20세기 중후반에 푸코Michel Foucault, 데리다Jacques Derrida, 들뢰즈Gilles Deleuze 등과 같은 프랑스 철학자들은 그런 비판철학의 맥을 화려하게 이었습니다. 특히 푸코는 이성을 어떤 권력 체계에 의해 만들어진 광기일 뿐이라고 이성을 파괴하며 격하시켰습니다.

이처럼 포스트모더니즘 철학자들은 인간의 합리적 이성을 비판하였는데, 프랑크푸르트학파의 계승자인 하버마스는 이성을 복구합니다. 그가 복구한 이성이란 서로 갈등할 수 있는 인간이 원활히 소통하기 위

영리조직PR	비영리조직PR
이익 추구 money 기능적 전략 교환의 장	소통 추구 people 합리적 이성 공론의 장

그림 2-30 두 조직의 근본 차이

한 이성이었습니다. 즉 소통하기 위한 이성이었던 것이지요. 그는 세상을 체계와 생활 세계로 구분하였는데, 체계는 어떤 권위에 의해 이루어지는 세상입니다. 여기서는 기능적 효율성이 중요합니다. 이에 반해 생활 세계는 권위에서 벗어나 인간이 자유롭게 소통하는 참여의 공간입니다. 즉 공론의 장입니다. 이러한 생활 세계인 공론의 장에서는 PR의 구루guru로 인정받는 그루닉James Grunig의 쌍방향 균형이라는 최고이상점도 생활 세계가 아닌 체계 안에서의 기능적 PR에 속할 뿐입니다. 생활 세계는 자유롭게 이야기하여 공론을 도출할 수 있는 공간입니다. 그것은 현실적으로 불가능한 이상점이 아니라 인간의 합리적 이성으로 얼마든지 의사소통할 수 있는 현실적으로 가장 이상적인 공간입니다. 비영리 조직의 커뮤니케이션은 이러한 의사소통의 장인 공론의 장을 마련하는 것이 가장 중요합니다. 이를 위해 서로 갈등할 수 있는 많은 사람을 참여시키고 소통하게 하여 지속적 관계가 유지되는 것이 PR의 관건이 됩니다. 어찌 보면 단순히 이익을 추구하는 영리 조직의 PR보다 훨씬 더 복잡하고 다단하다고 할 수 있습니다. 어찌 보면 비영리 조직의 PR이 영리 조직의 PR보다 더 고단수를 요하며, 할 일이 더 많습니다. 앞으로 이 일을 한번 잘해 볼 의향이 없는지요?

02

내부 직원 관계: 조직 문화를 위해 우선적인 PR

조직이 여러 공중들과의 관계 활동이라고 할 때 가장 가까이 있는 공중은 바로 내부 직원입니다. 이러한 내부 직원과의 관계 활동인 PR을 경영학에서는 인적자원 관리Human Resource Management라고 합니다. 이는 단편적인 인사 관리personal management에서 발전한 용어인데, 직원을 중요한 자원으로 관리해야 한다는 뜻이지요. 또한 마케팅에서는 고객을 대상으로 하는 외부 마케팅과 구분하여 내부 마케팅internal marketing이라고도 합니다. 그런데 직원을 경영자 또는 사용자와 구분된 노동자로 했을 때 노사 관리나 노무 관리라고 하는데 이러한 것들도 크게 보아 내부 직원과의 관계 활동인 PR의 영역에 속합니다. PR은 관계 활동이므로 PR의 영역이 넓지 않을 수 없지요.

그렇게 넓은 PR 중에서 내부 직원과의 관계 활동은 가장 가까이 있는 공중과의 관계 활동이므로 종종 중요하게 취급되지 않기 쉽습니다. 어떤 여학생의 아르바이트 체험기를 한번 들어 보면 그 실상을 잘 알 수 있습니다. 그 학생은 어느 유명 백화점에서 안내원의 일을 했었다고 합니다. 백화점에서 일하는 안내 여직원들의 인사법은 매우 특이하지요. 인사 받는 사람이 미안해서 어색할 정도로…. 그렇게 인사하는 것을 보면 그만큼 고객에게 정성을 다하는 것이 느껴집니다. 하지만 외부 고객에게는 온갖 정성을 다하는데, 내부 직원들에게 대하는 마음 쓰는 폭이

좁아 쪼잔할 정도의 인색함이 느껴져서 손님들에게 밝은 얼굴로 인사하고 싶은 생각이 싹 사라진다고 하더군요. 또 어느 백화점에서는 추운 한 겨울에 고객 화장실에는 온수가 나오는데, 직원 화장실에는 온수가 안 나온다고 합니다. 그만큼 이중적으로 외부 고객을 중요시하고 내부 직원을 무시한다는 것이지요. 안에서 새는 바가지가 밖에서 샌다는 우리말 속담이 있듯이 안에서 그런 취급을 받으면 밖에서 고객을 대하는 태도가 좋아질 리 없지요. 억지로 웃기 전에는 그냥 좋은 척 밝은 척하는 것이겠지요. 결국 고객들도 그런 것들을 감지하게 됩니다. 그래서 외부 서비스보다 내부 서비스가 중요한 법입니다.

결국 외부보다 내부에 신경 쓰는 것이 더욱 중요한 법입니다. 그래서 PR에서도 가장 가까운 내부 직원과의 관계가 가장 우선적으로 중요합니다. 혼다라는 일본 기업의 경영자가 한 말은 여기에 딱 맞습니다. 자동차가 마력horse power에 의하여 측정되듯이 기업은 정신력mind power에 의하여 측정된다고 합니다. 최고경영자가 자신만이 조직을 움직인다고 여길 때 1의 정신력, 경영진 자신들이 조직을 움직인다고 생각할 때 100의 정신력을 가져온다면, 모든 조직 구성원이 조직을 움직이는 데 참여할 수 있도록 한다면 1만 이상의 정신력을 가져온다고 합니다. 뻔한 상투적인 말처럼 들리지만 그만큼 내부 직원들이 중요하다는 뜻이겠지요. 브랜드 경영에 있어서도 가장 중요한 것은 브랜드에 대한 분명한 인식을 직원들이 먼저 가지는 것입니다. 그래서 내부 커뮤니케이션inner communications이 중요합니다. 결국 고객 만족보다 더 우선적으로 중요한 것은 직원 만족이라는 것이지요.

사실 아까 어떤 백화점처럼 내부 직원을 무시하는 것과 혼다처럼 내부 구성원을 중요하게 여기는 것은 조직의 근본적인 차이입니다. 여기서 조직이라고 하면 우선 조직 구조를 떠올리기 쉽습니다. 그래서 조직의 관점에서From the view point of structure than business 조직을 정교하게 짜는 일에 치중하기 쉽습니다. 하지만 조직을 짜는 일은 그리 중요하지 않을 수 있습니다. 조직보다 사업의 관점에서From the view point of business than structure 조직을 제대로 운영하는 것이 중요하겠지요. 이때 조직 운영을 제대로 하려면 조직 구조보다 조직 문화가 훨씬 더 중요합니다. 최근에 많은 조직들은 전통적인 피라미드식의 기계적 조직Well-organized Mechanic Organization이 아니라 벽이 없는 유기적 조직Boundaryless Holon Organization을 지향하고 있습니다. 이러한 조직은 조직 구조가 아니라 조직 문화에 의하여 움직여집니다. 피라미드(△)와 정반대인 역피라미드(▽)의 생각을 가지고 움직입니다. 전자에서 최고경영자는 맨 위에 있지만, 후자에서 최고경영자는 내부 직원을 섬기는 종의 리더십servant leadership을 가지고 가장 아래에 위치합니다. 이는 조직 구조가 아니라 조직 문화의 문제입니다. 조직 문화란 조직 구성도에 있는 게 아니라 직원들의 머릿속 생각에 있습니다. 결국 그래서 좋은 조직이란 자기네 조직에 알맞은 조직문화를 가진 조직이라고 할 수 있지요.

사전적인 정의에 의하면 조직 문화란 외부 환경에 적응하고 조직 내부를 통합하는 문제를 해결하는 과정에서 특정 집단이 고안, 발견, 개발한 기본 믿음들로 이것은 오랜 기간 동안 조직 구성원들이 타당한 것으로 여겨와 그들 사이에서 아무런 의심 없이 당연한 것으로 받아들여지고 새로운 구성원들에게는 조직의 대내외적 문제를 해결하는 올바른 방법으로 학습되어진 것입니다. 문장이 좀 길지요. 그래서 어떤 사람은 조직 문화의 7Sstyle, staff, system, structure, strategy, skill, shared value를 말하기도 합니다. 그런데 이것은 말을 재미있게 조합한 것 같고, 결국 조직 문화란 겉으로 잘 보이지는 않으나 조직을 안에서 움직이는 가장 강력한 동인입니다. 조직 문화의 가장 밑바탕에는 말 안 해도 당연히 통하는 기본 믿음들basic assumption이 있습니다. 그 위에 조직이 공식적으로 내세우는 비전이나 미션 등의 가치관values이 있습니다. 그리고 그 위에 눈으로 보

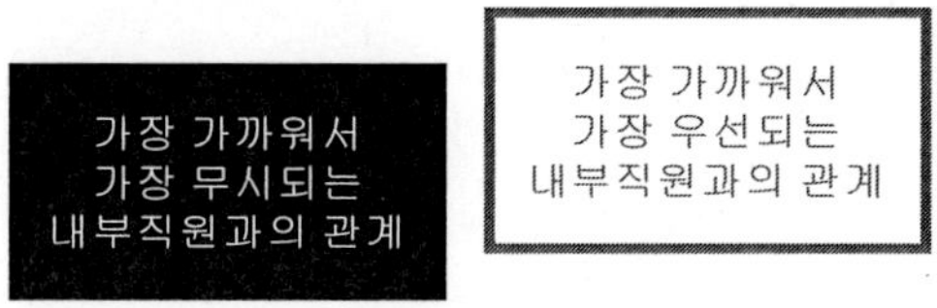

그림 2-31 가장 가까워서 생기는 두 관계

이고 귀로 들리며 손으로 만져지는 슬로건, 로고, 심벌 등의 창작물artifacts이 있겠지요. 그래서 최고경영자들이 조직을 경영하는 데에 가장 먼저 생각할 것은 "어떤 경영 전략을 만들 것인가?" 보다 "무슨 조직 문화를 만들어 갈 것인가?" 입니다. 또한 직원 관계 활동에서 가장 중요한 핵심은 노사 관리 측면에서 내부 직원을 노동자나 종업원labor, worker, employee으로 보는 것도 아니며, 또는 인적자원 관리의 측면에서 직원을 자원resource으로 보는 것도 아니라 피가 통하는 인간human으로 보는 인간 경영의 차원에서 조직 문화를 만들어 가는 일입니다. 이러한 PR을 종업원 관계employee relations라고 하지 않고 내부 인간관계inner human relations라고 하는 이유입니다.

어떤 경영자가 이런 생각을 수용한다면 아마도 다음과 같은 다짐들을 하게 되겠지요. 첫 번째, 직원 존중의 태도를 가슴 깊이 가지는 것입니다. 두 번째, 수시로 직원 체험과 이해를 정기적으로 하는 일입니다. 세 번째, 내부 직원들에게 우리 조직의 정보를 먼저 알려 주는 일입니다. 네 번째, 자연스레 접촉하는 매체를 통해 친숙하고 분명한 이야기로 소통하는 일입니다. 다섯 번째, 긍정적 뉴스는 물론 부정적 뉴스도 알리는 일입니다. 여섯 번째, 직원들과 소통할 수 있는 기회를 놓치지 않는 일입니다. 결론적인 일곱 번째, 합심하는 마음으로 일하는 조직 문화를 만들어 갈 수 있도록 직원 관계 활동을 지속적으로 하는 일입니다. 이처럼 조직 문화와 가장 깊은 관련이 있는 직원과의 관계 활동은 PR의 영역에서 가장 우선적으로 중요한 것이 아닐 수 없습니다.

03

협력 업체 관계: 가까울수록 관심을 가져야 할 PR

어떤 기업에게 내부 직원이라는 공중만큼 가깝지 않지만 가장 가까운 공중은 무엇일까요? 협력 업체라는 공중이 아닐까요? 협력 업체라고 하면 두 방향의 협력 업체가 있습니다. 첫 번째는 우리 기업에 원자재를 공급해 주는 협력 업체입니다. 즉 우리 기업의 뒤에 있는backward Cooperator 공급 업체supplier입니다. 두 번째는 우리 기업이 생산하는 제품을 유통하는 협력 업체입니다. 즉 우리 기업의 앞에 있는forward Cooperator 유통 업체distributer입니다. 이렇게 공급 업체와의 관계, 그리고 유통 업체와의 관계 모두를 포함하여 협력 업체와의 관계라고 합니다. 가령 어떤 기업이 광고나 홍보를 하려고 한다면 광고 대행사나 홍보 대행사라는 협력 업체와 같이 일을 합니다. 기업은 이들 협력 업체와 동반자적 관계를 이루어 상호 간의 이익을 추구합니다. 예전에는 이러한 협력 업체를 하청 업체라고 불렀습니다. 하청(下請)이란 우리 기업의 밑에서(下) 우리의 요청대로(請) 일한다는 뜻이지요. 그런데 이러한 표현이 관계 철학을 기반으로 하는 PR과는 전혀 어울리지 않지요. 그래서 협력 업체라고 하는 것이 훨씬 더 어울립니다.

협력 업체와는 어떠한 관계를 맺어야 할까요? 하청 업체는 하이에나처럼 우리 기업을 뜯어 먹으려 드니까 철저히 감시해야 합니다. 하지만 가장 좋은 비유는 악어와 악어새의 관계처럼 공생하는 관계가 아닐까 싶습니다. 악어는 악어새 덕분에 이빨에 끼는 찌꺼기를 없앨 수 있고, 악어새는 악어 덕분에 그 찌꺼기를 먹고 살 수 있습니다. 만일 어떤 커다란 제조 업체가 악어라면 이 악어는 부품 공급 업체로서의 협력 업체인 악어새에게 이런 이상적 지침을 가질 수 있습니다. 첫째, 원가 압박만 하지 마라! 둘째, 돈 좀 투자해 줘라! 셋째, 알면 좀 가르쳐 줘라! 넷째, 재고 관리 좀 잘해 봐라! 이렇게 했을 때 제조 업체인 악어는 다음과 같은 이익을 얻을 수 있습니다. 첫째, 날씬한 대기업이 될 수 있고 둘째, 경기 변동이 와도 빠른 대처 반응을 할 수 있고 셋째, 과중한 투자 부담으로 인한 위험을 감소할 수 있고 넷째, 중간 전환 부품에 대한 정보 수집 비용이 감소하며 다섯째, 타 경쟁 기업에 대한 진입 장벽을 강화할 수 있습니다. 마찬가지로 부품 공급 업체로서의 협력 업체인 악어새는 스스로 이러한 이상적 지침을 가질 수 있습니다. 첫째, 이빨 청소는 물론 스켈링도 배워라! 즉 시키는 대로가 아니라 안 시켜도 잘할 수 있게끔 기술 개발에 노력해야 한다는 뜻이겠지요. 둘째, 인재 확보에 신경 좀 써라! 셋째, 경영자는 폭넓은 공부를 하라! 이렇게 했을 때 악어새는 다음과 같은 이익을 얻을 수 있습니다. 첫째, 시장 개척 부담이 줍니다. 둘째, 전문 기술 축적이 가능해집니다. 셋째, 무리한 연구 개발 부담이 줍니다. 넷째, 계획적인 생산으로 안정적 경영이 이루어집니다. 기업에게 협력 업체가 중요한 이유는 그러한 협력 업체와의 관계가 기업의 생명력과 직결되기 때문입니다. 비근한 예로 음식을 만드는 식당의 생명력은 얼마나 좋은 재료를 공급받느냐에 달려 있고 가방을 만드는 기업의 생명력도 얼마나 좋은 가죽을 공급받느냐에 달려 있습니다.

그래서 협력 업체와의 관계를 잘 관리Partner Relationship Management하는 것은 기업 경영에 매우 중요한 문제가 아닐 수 없습니다. 이렇게 협력 업체와의 관계를 잘하여 크게 성공한 기업이 있습니다. 바로 도요타라는 일본의 자동차 기업입니다. 도요타가 세계적인 자동차 회사로 성장하고 발전한 근본적인 이유는 협력업체 관계 기반의 JITJust In Time라는 그들의 생산 방식에 있었습니다. JIT란 재고 물량을 가지지 않고 그때그때 필요한 물량만 외부에서 받아 생산하는 시스템입니다. 흔히 부품이나 완제품의 재고를 창고 등에 많이 쌓아 놓으면 언제든지 꺼낼 수 있는 장점이 있지요. 하지만 이 재고 물량을 확보하는 데 자금이 들어가고 사용하지 않고 남아 있는 물량은 이미 지불한 물품 대금이 있으므로 재고 이자가 발생합니다. 또한 재고를 보관해야 하므로 그 보관 장소만큼의 부담도 생깁니다. 그래서 제조 업체에게 재고라는 것은 꼭 필요하면서도 큰 부담이 됩니다. 이런 부담을 줄이기 위해 필요한 것을 필요한 때에 필요한 양만큼 만든다는 것이 JIT입니다. JIT가 잘 가동되려면 필요한 부품을 대주는 공급 업체라는 협력 업체와의 관계가 가장 중요하지 않을 수 없습니다. 자동차라는 제품이 수만 개의 부품으로 이루어지는데, 그 수만 개 부품업체가 질 좋은 부품을 적시에Just In Time 공급할 수 있도록 좋은 관계가 지속적으로 이루어진다면 도요타는 부담을 줄이며 좋은 자동차를 지속적으로 생산할 수 있게 되는 것이지요. 그런데 얼마 전 도요타가 브레이크 오작동과 가속페달 잠김으로 1000만 대가량의 자동차를 리콜하는 초유의 사태가 벌어졌습니다. 세계적인 자동차 회사로서의 위신을 구긴 근본 원인은 무엇일까요? 바로 협력 업체와의 관계가 허물어짐으로써 JIT가 잘 작동되지 못했던 것이 분명합니다. 즉 글로벌 생산 시스템으로 해외 생산 거점이 확대되면서 과도한 원가절감이 절실해졌고 이로 인해 그동안 잘 이루어져 왔던 부품 공급 업체와의 관계가 허물어지며 결국 JIT가 잘 작동하지 못했던 것이 아닐까요? 도요타가 재기하려면 이 협력 업체와의 관계를 다시 제대로 복원하는 일이 근본적 해결책이겠지요.

이렇게 중요한 협력 업체와의 관계를 근본적으로 잘할 수 있는 솔루션이 있습니다. 바로 SCM이지요. SCMSupply Chain Management이란 BPR

Business Process Reengineering, ERPEnterprise Resource Planning, CRMCustomer Relationship Management, IMCIntegrated Marketing Communications 등 정보화 사회가 본격적으로 도래한 1990년대 이후 나온 신용어 중의 하나입니다. 이 중 SCM은 원부자재 조달에서부터 생산을 거쳐 고객에게 판매되기까지 전 과정에 거쳐 기업의 조달 · 생산 · 유통 등 모든 공급망 단계를 최적화해 수요자가 원하는 제품을 원하는 시간과 장소에 제공하는 총공급망 관리를 뜻합니다. 고객 관계 관리인 CRM이 가치 사슬의 끝인 고객으로부터 시작하는 것이라면, SCM은 가치 사슬의 처음인 부품을 공급하는 협력 업체에서부터 시작하는 것이라고 할 수 있습니다. 즉 SCM은 부품 공급 업체와 생산 업체 그리고 고객에 이르기까지 거래 관계에 있는 기업들 간에 정보통신기술을 이용한 실시간 정보 공유를 통해 시장이나 수요자들의 요구에 기민하게 대응토록 지원하는 솔루션입니다. 현재 많은 제조 업체, 물류 업체, 유통 업체들은 SCM을 통해 거래선들과 긴밀하게 협력함으로써 그 이익을 훨씬 더 극대화하고 있는 상황입니다. 그런데 요즘 공급 업체 → 제조 업체 → 도매상 → 소매상 → 고객의 순서처럼 일련의 사슬로 이루어진 가치 사슬value chain을 관리한다고 하는 것은 이미 구식이 되고 있습니다. 이제는 직선적인 가치 사슬이 아니라 복합적인 가치망value web을 관리한다고 하지요. 그리고 기업의 생명력은 어떠한 가치 사슬이 아니라 가치망을 가지느냐에 달려 있습니다. 가령 우리 기업은 물론 우리와 관계 맺은 기업들의 생명력은 그물처럼 이루어진 가치망에서 서로서로 가지는 관계들에 의해 이루어지는 법이지요. 우리가 2500여 년 전의 원시 불교 철학에서 배운 그물망이 바로 이러한 가치망과 같은 것이 아닐까 합니다.

이렇게 가치망에서 이루어지는 협력 업체 관계는 이제 더욱 적극적으로 이루어지고 있습니다. 바로 아웃소싱의 개념입니다. 즉 하청 업체가 우리 기업에 종속하는 부차적인 조건subcontraction에 따라 작동한다면, 협력 업체는 우리 기업과 함께하는 협업collaboration을 위하여 이용됩니다. 더 나아가 외주업체outsourcing는 단지 인원 절감이나 원가절감만이 아니라 우리의 핵심 역량을 더욱 강화하기 위한 목적으로 채택됩니다. 즉 우리가 아웃소싱 업체의 노하우나 기술을 능가할 수 없기에 그들의 높은 기술적 방법 역량을 수용하려고 하는 것이 바로 아웃소싱입니다. 물론 나이키와 같은 초국적 기업들은 마케팅만 하고 생산은 모두 해외에서 외주로 이루어지는데, 이런 것은 외주에 의한 생산이라고 할 수 있겠지만 아웃소싱이라고 하기에는 약간 덜 어울립니다. 요즈음은 직원을 뽑는 것도 외주로 한다고 하는데, 이것도 엄연히 아웃소싱은 아웃소싱인데 아웃소싱답지는 않습니다. 아웃소싱은 한자로 외주(外注)라고 쓸 수 있으나 단지 인원이나 비용을 절감하기 위하여 외주로 쓰는 차원이 아니라 우리의 핵심 역량을 한층 더 강화하기 위하여 우리보다 더 잘하는 업체를 활용한다는 뜻에서 아웃소싱이라고 하는 것이 더 어울리기 때문입니다. 과거에 IBM에서 컴퓨터 운영체제는 마이크로소프트에게 아웃소싱을 하였고, 컴퓨터 핵심 부품인 CPU는 인텔에게 아웃소싱을 하였는데, 그것은 IBM의 역사에서 돌이킬 수 없는 실수가 되고, 결과적으로 실패하게 되는 원인이 되었지요. IBM은 마이크로소프트와 인텔보다 작은 기업이 되었으니까요. 이런 것은 아웃소싱의 대표적 실패 사례라고 할 수 있습니다. 아웃소싱은 우리의 역량을 더욱 강화하기 위하여 하는 것이니까요. 우리나라의 MP3 플레이어가 잘나가던 시절, 레인콤이라는 회사는 이노디자인이라는 제품 디자인 회사와 아웃소싱하여 그 당시로서는 혁신적인 MP3 제품을 선보인 적이 있었습니다. 한때 그 제품은 큰 유행을 하였지요. 물론 애플의 아이팟이 혁신적인 제품을 선보여 이 시장을 주도하면서 지금 아이리버는 예전의 성공 신화에서 잊혀져 가고 있기에 성공 사례라고 하기도 어렵게 되었습니다.

하청 업체가 아닌 협력 업체와의 관계든, 더 나아가 아웃소싱 외주

그림 2-32 등잔 밑이라 어두울 수 있는 관계

업체와의 관계든 그 업체들은 우리 조직과 아주 가까운 곳에 있습니다. 그래서 좋은 관계를 지속적으로 잘 맺을 수 있는 입장이지만, 그것이 까딱하면 깨지기 쉬운 것도 현실입니다. 도요타의 대량 리콜 사태는 바로 그 생생한 증거입니다. 긴밀했던 협력 업체 관계가 허물어져 결함 있는 자동차를 만들게 되었으니까요. 등잔 밑이 어둡다는 우리말 속담 그대로입니다. 원래 가까울수록 관심을 가지고 좋은 관계를 지속적으로 유지하는 일이 더욱 필요하고 중요한 법입니다.

04

투자자 관계: PR 철학 개념이 있어야 할 PR

다양한 공중을 대상으로 하는 여러 가지 공중별 PR 중에서 이니셜로 불려도 통용되는 PR이 있습니다. 전에 다루었던 내부 직원 관계Employee Relations는 ER로 불리지 않고, 협력 업체 관계Partner Relations도 PR로 불리지 않습니다. 하지만 투자자 관계Investor Relations는 IR이라는 이니셜로도 통합니다. 그만큼 투자자 관계 활동은 하나의 중요한 PR로 자리 잡았다는 뜻이지요. 이렇게 IR이라는 말이 우리나라에서 보편적으로 통용된 것은 오래전의 일도 아닙니다. 1990년대 말의 일입니다. 특히 기업 인수·합병Mergers & Acquisitions 시장의 활성화, 과도 차입 경영에 따른 도산, 주주 중시 경영 풍조의 확산, 그리고 1997년도에 IMF 원조를 받게 되면서 IR이 중요하게 떴습니다.

그렇다면 IR은 무엇일까요? 이에 대해 일반적인 생각은 다음과 같습니다. ① IR은 직접적 주식 투자자를 대상으로 한다. ② IR의 목적은 주가를 최대한 올리는 것이다. ③ IR의 방법은 주로 기업 설명회와 같은 것이다. 하지만 과연 그럴까요? ▶ 우선 첫 번째부터 살펴보지요. IR 활동의 대상은 크게 두 가지입니다. 주식 거래와 직접 관계있는 공중으로 기관 투자가, 개인 투자자, 외국인 투자자, 주식 분석가, 주식 중개인이 있습니다. 또 주식 거래와 간접 관계에 있는 공중으로 경영자 그룹, 경영 전문가, 오피니언 리더, 소비자, 정부 기관 등이 있습니다. 이렇게 볼 때 IR은 주식 거래와 직접 관계가 있는 투자자만을 대상으로 하는 것이 아님을 알 수 있습니다. 직접 공중에 속한 투자자들은 간접 공중들이 제시하는 기업 안정성과 발전 가능성을 바탕으로 투자하기 때문입니다. 그래서 IR은 직접 관계의 공중을 포괄하는 간접 관계의 공중까지 아우르는 활동임을 알 수 있습니다. 그래서 IR 대신에 재무 관련 마케팅 커뮤니케이션Financial Marketing Communications이라는 용어가 더 적합하다고 할 수 있습니다. 결국 IR은 투자자만을 대상으로 하는 전문적 활동이 아니라 투자자 사회Investor Community를 대상으로 하는 전반적 활동입니다. ▶ 이제 IR의 목적은 주가를 최대한 올리는 것이라는 두 번째를 살펴볼까요? 상장 기업 경영자의 여러 고민들 중 하나는 주가에 대한 것입니다. 특히 주가가 한참 떨어져 있는 기업의 경영자는 더욱 더 그러하겠지요. 그렇다고 주가를 최대한 올리는 것이 목적이 될까요? 산이 높으면 기상 변화도 심하며 예측 불가하며 변화무쌍한 것이 자연의 순리입니다. 산이 높으면 골도 깊은 법이지요(高山深谷). 즉 주가가 높이 오르면 그만큼 변화가 심해 낮게 떨어질 수 있다는 뜻이지요. 실제로 1990년대 중반에 인터넷 관련 기업들의 주가가 한창 오른 적이 있었습니다. 하지만 높이 오른 만큼 나락도 깊었지요. 기업에서 중요한 것은 높은 수익성보다 지속적 안정성입니다. 결국 IR은 기업 가치의 소통, 기업 가치 차별화, 매수 기반의 확충, 애널리스트의 관심 확대, 주주층 확대, 신규 자본시장 개척, 투자자 전망에 부응하면서 높지도 낮지도 않게 기업의 적정한 가치를 지속적으로 유지하는 일입니다. 결국 IR의 목적은 주가를 최대한 올리는 것도 아니며, 현재의 주가를 최대한 지키는 것도 아닙니다. 다만 기업의 가치를 적정하게 유지하는 것입니다. ▶ IR의 방법은 기업 설명회와 같은 것이라는 것에 대해 살펴볼까요? 일반적으로 IR을 대체하는 우리말은 투자 설명회입니다. IR설명회는 곧 투자 설명회를 뜻합니다. 하지만 IR을 할 수 있는 방법은 매우 다양합니다. 전반적인 활동으로 기업 평판 관리, PIPresident Identity, CSR, 위기 관리 활동, 다양한 공중별 활동의 기획 및 수행 등의 IR 활동을 할 수 있고, 개별적인 활동으로 DM, One to One 대응, 소그룹 미팅, 기업 설명회, 결산 설명회, 회사 및 공장 견학, 주주총회, 법정 공고, IR 광고, 기업 광고, 보도 자료, 기자 회견, 연례 리포트, 사업 보고서, Fact Book, 뉴스 레터, 주주 통신, 웹사이트, SNSSocial Networt Service 등을 통해 IR 활동을 할 수 있습니다. 하나의 생생한 예로 1997년 5월 11일에 인간 체스 챔피언인 러시아의 카스파로프Kasparov와 IBM 딥 블루 컴퓨터가 게임을 했는데, 이 행사도 IBM의 주가 하락을 막기 위한 IR 활동의 일환으로 했다고 합니다. 결국 IR의 방법은 주로 투자 설명회와 같은 것만이 아니라 다양한 아이디어로 시행할 수 있는 것이지요.

이처럼 IR은 범위가 넓은 것임을 알 수 있습니다. 특히 미국에서 엉터리 분식(粉飾) 회계를 일삼던 엔론Enron이라는 대기업이 2001년에 파산하자 미국의 전국IR협회National Investor Relations Institute는 IR의 정의를 바꾸었습니다. 재무와 커뮤니케이션을 결합한 기업의 마케팅 활동으로 현투자자와 잠재 투자자에게 기업 활동과 전망에 대한 정확한 정보를 제공하는 일이라는 정통적 정의에서 전략적 책임 경영 활동이라는 새로운 정의로…. 이러한 정의에서 전략적이란 표현을 쓰는 것이 맘에는 안 들지만 하여튼 그만큼 IR을 더 포괄적이며 중요한 책임으로 인식하기 시작했다는 뜻이 담겨 있지요. 이러한 IR은 우리나라 기업들에게도 완전히 자리 잡았습니다. 상장 기업들의 홈페이지에 들어가면 대개 IR에 대해 하나의 별도 섹션으로 소개됩니다. 그리고 기업 안에 IR 담당자가 따로 있습니다. 이들 IR 담당자에게 PR 업무를 하냐고 질문하면 대개 다음과 같이 생각할 것입니다. 'IR과 PR은 수준이 전혀 다르다. 나보고 PR 일을 한다고 하면 기분 나쁘다. 나는 시시하게 언론 퍼블리시티나 하는 사람이 아니라 투자 정보에 대한 중요한 정보를 제공하는 전문가다!' 즉 IR은 언론 홍보와 같은 PR보다 훨씬 더 전문적인 일이라고 생각하는 것이지요. 그런데 막상 투자자들은 IR 부서에서 제시하는 정보의 양은 많은데 정말 필요한 정보는 거의 없다고 합니다. 특히 그 정보의 내용을 신뢰하기 어렵다고 합니다. 즉 기업들의 IR 활동에 대해 형식적인 투자자 고객 서비스라고 평가하는 것이지요. 사실상 PR과 IR은 따로가 아니지요. PR 철학이 있고 IR활동을 해야 옳은데, 잘못된 인식을 가지고 있는 것이지요.

그렇다면 IR이 형식적인 활동이 아니라 실질적인 내용으로 인정받으려면 어떻게 해야 할까요? 하나의 사례를 반면교사로 삼을 수 있습니다. 여기서 반면교사(反面教師)란 어떤 부정적인 측면에서 가르침을 얻는다는 뜻이지요. 미국 증권회사의 형님격인 메릴린치는 찰스스왑 등 온라인 증권회사가 새롭게 생기자 처음에는 오프라인 증권회사로 버텼습니다. 하지만 보수적인 메릴린치도 온라인 증권거래 시장에 뛰어들지 않으면 안 될 만큼 세상이 바뀌었습니다. 그래서 메릴린치도 온라인 증권거래 시장에 뛰어든다고 공식 발표를 한 후 메릴린치의 주가는 어떻게 되었을까요? 주가가 떨어졌답니다. 메릴린치의 총 수익 규모는 찰스스왑보다 5배가 크나 사장가치(주가×발행 주식 수)에서는 역전 당하는 이변이 생겼답니다. 그러니까 메릴린치는 자기들의 실제적인 기업가치보다 훨씬 떨어지게 된 것이지요. 왜 그런 일이 생겼을까요? 그것은 메릴린치가 그냥 곧이곧대로 인터넷을 통한 온라인 거래를 하겠다고 발표했기 때문입니다. 즉 IR을 위한 소통의 부족Lack of Communications for Investor Relations이 원인이었지요. 즉 아무 생각 없이 있는 그대로 사실을 그냥 알렸기 때문입니다. 그래서 투자자 사회는 메릴린치가 앞으로 더 잘나갈 것으로 예상하기보다 메릴린치처럼 보수적인 회사가 변신에 어려움을 겪을 것이라고 예상했었기 때문입니다. 메릴린치로서는 억울한 일이지요. 만일 메릴린치가 IR에 대한 개념을 가지고 잘 기획하고 준비하여 보다 주도면밀하게 발표했다면 상황은 달라졌을 겁니다. 그러니까 똑같

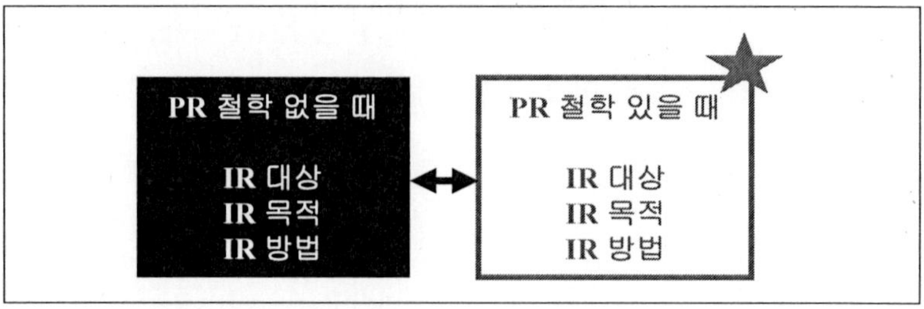

그림 2-33 PR 철학 바탕의 IR

은 일이라고 하더라도 어떻게 투자자 사회와 소통하고 관계 맺느냐에 따라 결과는 달라지지요. 가령 똑같은 골동품 시계라고 하더라도 그냥 골동품 시계와 대원군이 차던 골동품 시계는 가치가 다릅니다. 그렇다고 대원군이 차던 골동품 시계도 아닌데 대원군이 차던 것이라고 하면 사기이겠지만, 실제로 대원군이 차던 골동품 시계라면 그 가치에 맞도록 인정받는 것이 마땅합니다. 비유해서 말하자면 메릴린치는 대원군이 차던 골동품 시계를 그냥 골동품 시계라고 아무런 생생한 스토리 없이 공식 발표했던 것입니다. 그래서 투자자 사회와 IR을 위한 소통이 원활하려면 방법적 차원의 IR에만 머물지 않고 전반적 차원의 IR 프로그램을 생각하면서 특별히 큰 뉴스를 알리기보다 사소한 것에서 특별한 이야기를 찾아 생동감 있게 알리며 투자자 사회라는 공중과 소통하는 것이 필요하고 중요합니다. 한마디로 PR 철학의 기반 위에서 IR 개념이 없을 때와 있을 때의 IR 활동은 매우 다르게 됩니다.

05

고객 관계: 마케팅에서 브랜딩으로 전환하는 PR

생산자와 대비되는 소비자라는 말은 현대사회에 너무도 많이 쓰이는 보편적인 말이 되었습니다. 그렇다면 이 말의 역사적 뿌리는 무엇일까요? 영국의 산업혁명 이후 시장에서 거래되는 생산물이 많아지면서 이를 소비하는 사람을 소비자라고 한다면 영국의 산업혁명이 소비자의 시초라고 할 수 있겠지요. 그리고 19세기 말 세계 경제의 중심이 영국에서 미국으로 옮겨간 다음 상업의 중심지인 뉴욕에서 최초로 소비자연맹이 결성되었다고 합니다. 그렇게 하여 소비자 운동consumerism이라는 개념이 싹튼 것은 1964년입니다. 이 운동의 창시자는 나다르Ralph Nader라는 인물이었지요. 한때 그는 미국 대통령 선거에 출마하기도 했었지요. 그의 이름을 딴 나다리즘Naderism은 그 자체가 소비자 운동의 대명사가 되었습니다. 그가 벌인 소비자 운동은 소비자의 입장에 서서 악덕 기업을 고발하는 것이었습니다. 이러한 소비자 운동에 대응하기 위하여 기업들은 소비자상담실을 운영하기 시작했습니다. 이는 소비자들이 문제를 제기하면 즉각 그 문제를 해결하기 위한 것이었지요. 이때 소비자 관계 활동이란 소비자 상담원이나 전담 부서를 두어 불만을 접수하고 해결해주거나 제품 개발에 반영하는 활동이었습니다. 요즘도 이러한 민원 문제 해결을 위한 소비자 상담실의 업무는 이어지고 있습니다. 가령 자사 제품에 많은 소비자 불만이 접수되면 신제품 개발 후 항의 고객에게 무료로 제공하는 일들 같은 것이지요. 결국 이러한 민원 해결 차원의 소비자 관계 활동은 그때그때 대응적reactive이며, 방어적defensive인 활동이었지요.

하지만 1990년대 이후 소비자 관계 활동은 이러한 대응적이며 방어적인 것에서 크게 전환되었습니다. 이때 Crossover, Fusion, Convergent, Alternative, Integrated와 같은 말들이 많이 사용되기 시작했는데 이들은 모두 어떤 전환되어지는 모습을 뜻하고 있습니다. 이러한 전환에 대해 생생히 알 수 있는 책은 마케팅 대전환Marketing Turnaround입니다. 앞으로 마케팅이 어떻게 전환되어 전개되어질지 생생하게 설명하는 이 책은 신개념 마케팅의 고전입니다. 10개의 패러다임 전환으로 나눠진 이 책의 키워드를 하나로 요약하면 그것은 교환에서 관계로의 전환입니다. 즉 마케팅의 핵심 개념이 주고받는 쌍방향 교환에서 지속적인 관계로 전환이지요. 이러한 책의 내용을 수용해서인지 미국마케팅협회는 마케팅 개념을 2004년에 전환적으로 바꾸었습니다. 1985년에 마련된 원래의 정의는 이랬습니다.

교환 패러다임의 마케팅 정의(1985)

마케팅은 개인과 조직의 목표를 달성하는 교환을 창조하기 위하여 아이디어 · 재(財) · 서비스의 개념 설정(conception) · 가격 · 프로모션 · 유통을 계획하며 실행하는 과정이다.

이 1985년의 마케팅 정의에서 키워드는 교환입니다. 기업은 소비자의 필요와 욕구needs and wants를 만족시키기 위해 제품이나 서비스를 통해 편익benefit을 주고, 그 대가로 기업은 소비자로부터 이익profit을 얻는 것이 마케팅이라고 할 때, 편익과 이익의 주고받음이 바로 교환이며, 마케팅이란 그러한 교환이 원활하게 이루어지도록 하는 4P 활동이라는 것이지요. 하지만 미국마케팅협회는 1990년 초부터 불기 시작한 마케팅의 새로운 전환과 변화의 바람을 수용하여 2004년에 새로운 정의를 마련합니다. 이 새로운 마케팅 정의에서 편익과 이익을 주고받는다는 교환이나 4P 활동을 뜻하는 내용은 전혀 없고 다음과 같습니다.

> **관계 패러다임의 마케팅 정의(2004)**
> 마케팅은 조직 및 조직 관련 **공중**(stakeholder)들에게 모두 유익하도록 **가치**(value)를 창출 · 소통 · 전달하며, 고객과의 **관계**(relationship)를 관리하기 위한 조직적 기능이자 일체의 과정이다.

이 새로운 정의의 가장 중요한 키워드는 관계와 가치입니다. 주고받는 교환이 일시적인 거래일 수 있다면, 관계란 지속성 개념을 포함합니다. 그래서 교환을 만드는 것이라고 할 때, 관계란 지속적으로 만들며 이루어 가는 것입니다. 이러한 지속적 관계의 패러다임에서 마케팅을 본다면, 마케팅의 목적은 일시적일 수 있는 이익을 얻으려는 활동이 아닙니다. 새로운 정의에서 본다면, 이러한 이익을 대치하는 개념이 바로 가치입니다. 그래서 마케팅이란 이익을 얻으려는 활동이 아니라 가치를 만들어 가는 활동입니다. 이러한 2004년의 마케팅 정의를 수용한다면 현대 마케팅은 그 자체가 관계 마케팅이고 가치 마케팅입니다. 1991년에 생긴 통합된 IMCIntegrated Marketing Communications가 1991년에 생긴 MPR Marketing PR과 맞다면, 2004년의 마케팅의 새로운 정의에 따른 이러한 관계 마케팅과 가치 마케팅에 맞는 것이 제가 제안하는 NBiNatural Branding interactions 이며 여기에 맞는 PR이 바로 BPRBranding PR입니다. NBi에 대해서는 제가 이 책을 쓰려고 하나의 맥락으로 써왔던 논문들을 모아 2009년에 『NBi, 생태주의 브랜드 경영』이라는 책을 낸 바 있습니다.

이 BPR에 맞는 NBi를 하기 위해서는 몇 가지 실행 지침이 있습니다.

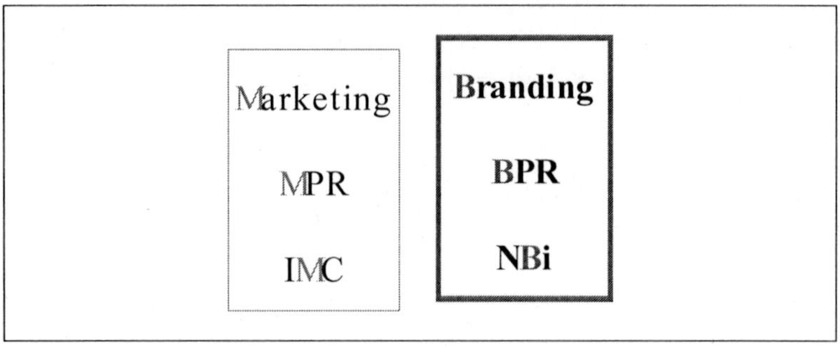

그림 2-34 IMC · MPR을 넘는 NBi · BPR

▶ 첫 번째는 억지로 알리려 하지 말고 자연스럽게 끌리도록 하는 것입니다. 이렇게 하려면 인위적인 홍보가 아니라 좋은 가치를 고객에게 주어야 하는 법이지요. ▶ 두 번째는 우선 NBi를 실행 이전에 고객을 소비자가 아닌 생활자로 보며, 소비자를 조사하고 분석하기보다 생활자를 체험하고 이해해야 하는 것입니다. ▶ 세 번째는 광고 매체에 노출하기보다 생활자인 고객의 다양한 브랜드 접촉점들에 다가가야 한다는 것입니다. 광고라는 것은 여러 가지 다양한 접촉점들 중의 하나인 것이지요. ▶ 네 번째는 IMC에서처럼 다양한 촉진 수단들을 통합하기보다 다양한 관계 수단을 조화하는 것입니다. 촉진 수단 통합과 관계 수단 조화는 전혀 패러다임이 다릅니다. ▶ 다섯 번째는 제품 특성과 관련된 광고 콘셉트가 아니라 생활자의 심리 타점을 건드릴 가치 콘셉트를 가지는 일입니다. 광고 콘셉트가 우리를 알리기 위한 콘셉트라면 가치 콘셉트는 우리가 생활자인 고객에게 주려는 콘셉트입니다. ▶ 여섯 번째는 고객 리스트를 많이 모으려 하지 말고 고객 데이터베이스를 넓고 깊게 구축하여 가는 것입니다. 고객 리스트가 단지 이름과 연락처라면 고객 데이터베이스는 고객마다의 성향과 이력이 있는 복합적인 데이터입니다. ▶ 일곱 번째는 고객에게 집중적인 임팩트를 주는 것보다 장기적 관점에서

고객과 지속적인 릴레이션십을 맺는 것입니다. ▶ 여덟 번째는 단순히 인지도를 올리려 하지 않고 개성적인 평판도를 쌓아가는 것입니다. 인지도가 단지 듣거나 보아서 이름을 아는 것이라면, 평판도는 실제로 체험해서 좋았을 때 만들어지는 것입니다. ▶ 아홉 번째는 좋은 이미지를 보여 주기보다 좋은 체감을 느끼도록 하는 것입니다. 좋은 이미지가 허상이기 쉽다면 좋은 체감은 실제로 좋은 가치가 있을 때 생깁니다. ▶ 열 번째는 BPR의 성과를 IMC에서처럼 투자수익률Return On Investment로 측정하기보다 생활자인 고객이 브랜드를 접하는 다양한 접촉점들에 대한 체감 가치를 평가하는 것입니다.

이 모든 지침들은 전략적 경쟁력보다 순리적 생명력을 가지며 소비자보다 생활자인 고객과 지속적 관계를 이루어 가려는 생각들이겠지요. 써서(費) 없애는(消) 사람이라는 뜻의 소비자(消費者)가 아니라 뒤돌아보는(顧) 손님(客)이라는 뜻의 단골 고객(顧客)이 더 좋은 말이지요. 고객 관계를 잘 맺는 일은 마케팅, 더 나아가 브랜드 경영의 기본입니다.

06
지역사회 관계: 되돌려 주어야 마땅한 PR

비영리 조직과 달리 영리 조직에서 영리의 추구는 가장 중요한 목적이 아닐 수 없습니다. 기업은 근본적으로 이(利)를 추구하는 조직이니까요. 그렇다면 이윤이나 이익은 어디서 나오는 것일까요? 우리 기업이 만드는 제품이나 서비스의 판매로부터 나오는 것이 분명합니다. 그러나 PR의 관점에서 본원적으로 따지고 들어가면 그 이윤 창출의 원천은 우리 기업과 관련된 다양한 공중들의 지지로부터 나오는 것이라고 할 수 있습니다. 그것은 바로 기업력의 원천이지요. 다양한 공중들의 물리적 거리를 따져볼 때, 아주 가까운 공중이 있습니다. 바로 지역사회입니다. 지역사회 구성원들과의 관계인 LCRLocal Community Relations은 가깝기 때문에 무시되기 쉬운 활동입니다.

지역사회라고 하면 두 종류가 있습니다. 하나는 지역 범위의 지역사회이고 하나는 기관 차원의 지역사회입니다. 가령 경성대라는 조직의 입장에서 볼 때, 지역 범위의 지역사회는 부산 남구 일대의 모든 구성원들이겠지요. 하지만 기관 차원의 지역사회라고 하면 부산 남구에 소재한 구청, 경찰서, 학교, 기업 등 각종 기관을 아우릅니다. 지역사회라는 말은 전자의 개념과 후자의 개념을 포함하는 것으로 보면 옳습니다. 즉 우리 조직이 지정학적으로 위치한 지역에서 가깝게 사는 학생들, 상인들, 주민들, 기관들, 기업들이 지역사회 공중이라는 것이지요. 그래서 지역사회 관계의 PR을 사전적으로 정의하면 조직이 지역사회 복지에 이바지함으로써 지역사회 구성원 및 지역 기관과 호의적 관계를 이루어 가며 우리 조직에 대해 호의적 여론을 만들어 가는 활동이라고 할 수 있습니다. 이러한 지역사회 관계 활동이 중요한 이유는 지역사회의 의견이 여론의 진원지이기 때문일 것입니다.

이러한 지역사회 관계 활동에 대해 하나의 사례를 말씀드리려고 합니다. 오래전 신문에서 보니까 우리나라에서 가장 살기 좋은 도시로 울산을 꼽았습니다. 울산시는 현대시로 불릴 만큼 현대 등 대기업이 많으니까 돈이 많아 살기 좋은 도시로 꼽혔을 수 있습니다. 그러나 경제적 이유만으로 가장 살기 좋은 도시로 꼽히지는 않았으리라 판단됩니다. 형사정책연구원이라는 곳에서 공식적으로 발표한 자료를 보니까 우리나라 대도시들 중에서 울산은 범죄율이 가장 낮은 곳으로 나타났더군요. 울산이 우리나라에서 가장 살기 좋은 도시로 선정된 이유를 따질 때 경제적으로 소득이 높은 도시라는 이유도 중요하지만 이처럼 범죄율이 낮은 안전한 도시라는 이유도 매우 중요할 것입니다. 제가 울산 사람들의 속마음을 자세히 들은 바는 아니지만 몇몇 울산 사람들의 이야기를 들어 보면 대체로 울산 사람들은 현대라는 대기업에 대해 좋은 여론을 가지는 것으로 여겨집니다. 아마도 울산 시민은 대개 이런 여론을 가지지 않았을까 추측합니다. “현대 없는 울산은 생각할 수 없어. 그래도 현대는 울산 사람들한테 많은 걸 주었지. 울산에 현대라는 기업이 있는 것이 든든해!” 물론 이렇게 현대에 대해 긍정적으로 생각하지 않고 부정적으로 생각하는 사람도 많은 것은 당연하겠지만 부정적이기보다 상대적으로 긍정적 여론이 더 많을 수 있습니다. 그런데 왜 이런 긍정적인 여론이 더 많이 형성될 수 있었는지 그 이유를 지역사회 PR의 관점에서 보면 이해될 수 있습니다. 현대는 나름대로 울산이라는 지역사회에서 관계 활동을 잘해 왔을 겁니다. 만일 현대가 울산이라는 지역사회에서 지역

사회 PR활동을 하지 않았다면 울산 사람들에게 현대는 자기네 이익만 챙기는 인색한 회사라는 여론이 만들어졌을 줄로 압니다. 좀 알아보면 현대가 지역사회인 울산에서 실천하는 지역사회 관계 활동은 매우 다양합니다. 어린이 축구단 등 어린이 지원 활동, 자원봉사 활동, 태화강 등에서의 환경 정화 활동, 소외 계층 지원 활동, 문화예술 지원 활동, 스포츠 지원 활동 등 여러 가지 활동이 있습니다.

이러한 일들이 현대가 돈이 많아서 할 수 있는 것일까요? 물론 돈이 많아서 그렇게 많은 활동을 지원할 수 있었을 겁니다. 그러나 돈이 많다고 다 그렇게 할 수 있는 것은 아닙니다. 롯데라는 기업은 부산에서 부산 시민들의 사랑을 듬뿍 받고 있습니다. 롯데 자이언츠라는 프로야구단에 주는 부산 시민들의 사랑은 참으로 각별합니다. 하지만 돈이 꽤 많은 기업인 롯데는 부산 시민들을 위해서 하는 활동이 전무할 정도입니다. 그래서 저는 롯데와 부산과의 관계가 짝사랑이 아닌가 싶습니다. 부산 시민이 일방적으로 롯데 자이언츠 야구팀의 구단인 롯데를 짝사랑하는 것이지요. 오래전에 저는 서울에서 롯데가 벌이는 지역사회 관계 활동, 아니 홍보 활동을 직접 목격할 기회가 있었습니다. 당시 저는 잠실에 있는 아파트에 살고 있었는데 팔자에도 없는 동장이었습니다. 그러니까 전체 아파트 단지 중에 11동이라는 한 개 동의 장이었지요. 동장인 저에게 어느 날 초청장이 날아 왔습니다. 롯데백화점이 롯데호텔의 대연회장에서 여는 지역 주민 잔치에 초청한다고 했습니다. 한 아파트에 20년 가까이 오래 살면서 롯데가 그런 지역주민 행사를 한다는 것이 참 신기했습니다. 하지만 초청하는 이유가 너무도 뻔했습니다. 앞으로 롯데가 제2의 롯데월드를 지으려고 하는데 지역 주민의 민원을 없애기 위해 그런 행사를 열려는 것이었지요. 그래도 무슨 행사를 어찌 하려는지 궁금해 그 행사에 갔습니다. 그 큰 연회장에 잠실에 사는 통장, 동장, 반장 등 많은 사람들이 모였습니다. 그 사람들을 모아 놓고 롯데백화점의 사장은 이렇게 말했습니다. "우리 롯데가 이 지역에 들어섬으로 해서 잠실의 부동산 가치가 얼마나 많이 올랐습니까? 저희 롯데는 실리적으로 지역사회에 공헌해 왔습니다!" 물론 이 말이 틀린 말은 아닙니다. 하지만 지역사회 PR의 관점에서 보면 심히 부족한 말입니다. 롯데가 제대로 PR 활동을 한다면 다음과 같은 일을 해야 마땅합니다. 송파구의 아름다운 골목길 조성, 깨끗한 화장실 지원, 학교 숲 만들기 지원, 아파트 나무 벤치 증정, 기념일 나무 심기 동산 마련, 쓰레기 줄이기 모범 보이기, 생태 자연 환경 모범 시민 표창 등…. 부디 롯데라는 기업이 PR에 대한 철학을 온전히 가지며 지역사회에 공헌하는 큰 기업이 되길 바랍니다. 특히 현재 제가 사는 부산에서 부산이라는 지역사회로부터 사랑받는 롯데로서 부산이라는 지역사회에게 되돌려 주는 롯데가 되길 바랍니다.

지역사회 PR의 기본적인 철학은 무엇일까요? 그것은 '되돌려 줌'입니다. 영리를 추구하는 기업으로서 그 영리의 기반이 되는 지역을 위해 우리가 받은 이익을 되돌려 주려고 하는 것입니다. 이때 되돌려 받을 것을 생각하고 그러는 것이 아니라 기업으로서 그래야 마땅할 것 같아 그렇게 하는 것입니다. 이제 기업은 이윤 추구에만 몰입했던 과거 관행에서 벗어나 사회 속에서 스스로의 사명과 역할을 인식하고, 내부 직원들의 삶의 질뿐만 아니라 기업 존속의 토양이 되는 지역사회 발전을 위해 노력을 기울여야 합니다. 지역사회 PR은 지역사회로부터 무엇을 당장 얻기 위해서가 아니라 무엇을 되돌려 주고자 할 때 만들어지는 진실 된 관계로 인해 맺어지는 관계 활동이지요. 그렇다고 영리를 추구하는 기업이 지역사회를 위해 마구 퍼 주라는 뜻은 아니지요. 퍼 주는 자선 활동이 아니라 되돌려 주는 진실 된 관계 활동인 셈이지요. 그래서 지역사회 PR의 요체는 이렇습니다. "전략적으로 잔머리 굴리지 말지어다! 받은 것이 있으면 되돌려 주거라. 그리하면 저절로 복 받을 수도 있으려니 하라. 굳이 복을 안 받아도 좋고…." 지역사회 PR은 기부 위주의 활동, 프로그램

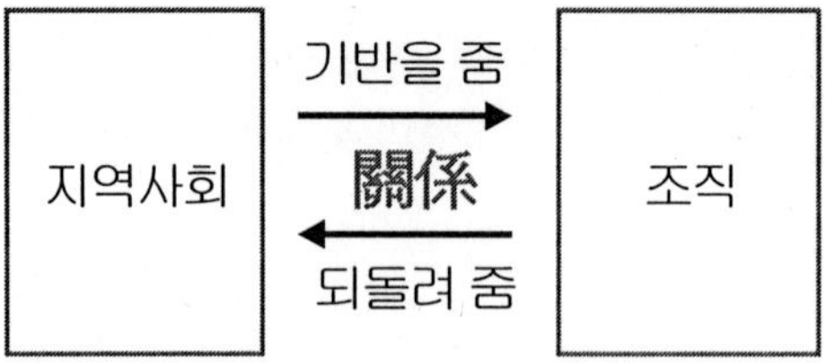

그림 2-35 지역사회와 조직의 관계

위주의 활동, 경쟁 우위를 위한 활동에서 머무는 것이 아니라 지역사회 구성원들로부터 선택된 이웃이 되는 것이 가장 중요합니다. 여기서 선택된 이웃the neighbor of choice이란 버크Edmund Burke라는 사람이 *Corporate Community Relations: The Principle of the Neighbor of Choice*라는 책에서 제안한 말로 지역사회 구성원이 우리 조직을 선택된 이웃으로 여긴다는 뜻이지요. 없으면 안 되는 선택된 이웃이지요. 이는 그렇게 되게끔 조직이 만들고 싶은 이미지의 강요가 아니라 지역사회 기대의 충족을 통해 조직과 지역사회 공중 간의 지속적 관계에 따라 생기는 결과입니다. 지역사회로부터 이익을 받았으니 마땅히 되돌려 주는 것이며 이를 통해 좋은 관계가 이루어지는 선순환이 이루어집니다.

07

정부 관계: 명분을 만들어 가야 하는 PR

'로비'라는 말이 있습니다. 로비하면 금방 떠오르는 게 옷 로비 사건입니다. 1999년에 신동아그룹 회장의 부인이 검찰 등 정부 내 유력 인사의 부인들에게 고급 옷을 주면서 남편에게 유리하도록 일을 꾸미려 했다는 사건이었지요. 이때 앙드레김도 청문회에 불려 나와 본명이 김봉남으로 알려지기도 했었지요. 저는 이 사건 당사자들의 잘잘못을 떠나 이 사건이 아주 중대한 사건으로 언론에 연일 대서특필되고 국회 청문회까지 열렸던 정치적 상황에 대해 좀 어이가 없었습니다. 세상에는 여인네들끼리 옷 몇 점 주고받는 이런 경미한 사건보다 훨씬 더 중요한 사건들이 많은데 말이지요. 아무튼 이 옷 로비 사건은 로비라는 말에 대한 인식을 한층 더 부정적이며 비밀스럽고 음침한 것으로 만들었습니다. 또한 1996년에 있었던 일로 등장한 린다 김이라는 여인도 로비라는 말을 그렇게 만드는 데 일조하였지요. 미국 무기 제조 업체의 로비스트였던 린다 김이 무기 입찰 과정에서 당시 국방부 장관과 불미스런 의혹을 일으킨 사건이었습니다. 로비 일을 하는 로비스트는 그렇게 음습한 사람으로 부정적으로 인식되었습니다.

이렇듯 로비란 둘 사이의 뭔가 정의롭지 못한 부당한 거래를 떠올립니다. 하지만 원래 로비lobby는 아주 단순한 명사입니다. 어떤 큰 건물의 1층에 있는 접견실을 뜻합니다. 대개 호텔의 로비 라운지lonbby lounge는

1층에 있습니다. 그런데 영국 하원의원이 일반 사람과 회견용으로 쓰는 접견실이 로비라는 말의 어원이 되었습니다. 접견실이었던 로비에서 우리가 아는 로비 활동이 이루어졌으니까요. 그래서 자기 조직의 이익에 유리하도록 정부 공무원의 정책 결정이나 국회의원의 입법 활동에 영향을 미치려는 각종 활동으로 로비의 새로운 뜻이 파생되었습니다.

이러한 로비 활동은 정부 관계 활동과 밀접한 관련이 있습니다. 애당초 로비 활동은 정부 관계를 통해 이루어졌으니까요. 이러한 정부 관계Government Relations 활동은 정부PRGovernment PR과 다릅니다. 어느 조직이 정부를 대상으로 하는 PR이 전자라면, 정부가 주체가 되어 하는 PR은 후자입니다. 이 글에서 다루고 있는 것은 전자인 정부 관계입니다. 여기서 정부 관계란 정부 공무원과의 관계를 뜻합니다. 꼭 행정 부서의 정부 공무원이 아니더라도 입법 기관인 국회의원들과의 관계Parliament Relations 활동도 정부 관계 안에 포함시킬 수 있습니다. 그래서 정부 관계 활동의 사전적 정의는 정부나 기타 공공 기관들에게 우리의 조직을 올바로 인식시키고 정책 제정이나 입법, 법적 규제 등 조직에 영향을 미칠 수 있는 사항에 대해 합법적 이해관계를 확보하려는 활동입니다. 그러고 보면 로비라는 말이 우리가 아는 것처럼 그리 나쁜 것은 아니지요. 정책 결정권자에게 비공개적으로under table 주는 뇌물이나 향락 제공을 하는 불법적 활동이 아니라 정책 결정권자에게 그 정책에 대한 우리 조직의 입장을 공개적으로over table 전달하는 합법적 활동이 로비이지요. 특히 미국에는 합법적으로 활동하는 로비스트들이 많다고 합니다. PR 회사의 업무 중에 정부 관계 활동인 로비 업무가 공식적으로 있을 정도입니다.

실제로 PR 회사가 정부를 대상으로 어떠한 로비 활동을 벌였는지 생생하게 알 수 있는 책이 있습니다. 두 권의 책입니다. 하나는 조안리라는 버슨마스텔러코리아 사장이 쓴 『스물셋의 사랑, 마흔아홉의 성공』이며, 또 하나는 김경해라는 커뮤니케이션코리아 사장이 쓴 『생생한 PR

현장 이야기』입니다. 조안리 사장과 김경해 사장은 둘 다 PR회사 사장으로 서로 치열한 경쟁자였습니다. 1980년대 후반 우리나라의 국방부는 국방력 강화를 위한 율곡사업의 일환으로 2조 3000억 원의 막대한 예산을 들여 차세대 전투기를 구매하려고 했는데, 이때 미국의 두 회사 제품이 경쟁하였습니다. 하나는 맥도넬 더글라스의 F-18이라는 전투기이고, 다른 하나는 제너럴 다이나믹스의 F-16이라는 전투기였습니다. 처음에 두 회사는 한국이나 미국의 퇴역 장성들을 로비스트로 삼아 그냥 단순히 로비 활동을 벌이려 했습니다. 하지만 그렇게 해서 될 문제가 아니고 보다 전반적이며 입체적인 PR 활동이 필요함을 알고 PR 회사와 계약하였습니다. 맥도넬 더글라스는 이 전투기 사업을 따내기 위해 조안리 사장과 PR 업무 계약을 맺고, 제너럴 다이나믹스는 김경해 사장과 PR 업무 계약을 맺었습니다. 두 사장이 각각 쓴 책 내용을 보면 정말로 얼마나 열심히 클라이언트를 위해 정부 관계 활동의 PR을 벌였는지 실감나게 알 수 있습니다. 조안리 사장 팀은 전투기 자체의 우수성보다 맥도넬 더글라스라는 기업 이미지를 부각시키면서 자기네를 선정하면 한국의 항공 산업 발전에 어떻게 이바지할 것인지에 대해 주력했습니다. 또 영화 〈탑건〉의 F-18 조종석을 공개하기도 하였습니다. 이 일을 하면서 조안리 사장은 2톤 트럭 몇 대가 동원되어도 실어 나를 수 없을 정도의 자료를 국방부 등 정부 관계자들에게 제작 배포했다고 했습니다. 조안리 사장 팀보다 나중에 이 일을 하게 된 김경해 사장 팀은 국방부 출입 기자를 제너럴 다이나믹스 미 본사로 초청도 하고 호텔 신라에서 F-16 전투기 모형도 전시하고 대대적인 일간지 광고도 했습니다. 이 일을 하면서 김경해 사장은 말하기를, 조안리 사장이 맥도넬 더글라스의 F-18을 위해 노력한 것처럼 자신 또한 PR 전문가로서 자신의 고객인 제너럴 다이나믹스의 F-16을 위해 고객이 OK할 때까지 최선을 다했을 뿐이라고 고백합니다. 1991년 3월에 발표된 국방부의 최종 선택 결과는 엎치락뒤치

락 하면서 제너럴 다이나믹스의 F-16으로 최종 결정되었답니다. 승리의 비결이 꼭 정부 관계의 PR 활동을 잘해서라고 단정할 수는 없습니다. 국방부의 정책적 결정뿐만이 아니라 한국과 미국 간에 뭔가 더 중요한 정치적 결정도 있을 수 있는 일이니까요. 그렇게 결정이 되기까지 블랙박스와 같은 그 안을 속속들이 까발릴 수는 없습니다. 아무튼 두 책에 있는 두 사장의 글을 읽으면 PR 회사가 어떤 일을 하는지 생생히 알 수 있습니다. 그리고 우리는 이 대형 사례를 통하여 정부 관계 활동이 무엇인지 알 수 있습니다.

그렇다면 정부 관계 활동의 가장 중요한 목적은 무엇일까요? 정부 관계 PR 활동이 목적을 위해 공무원이나 국회의원 등의 정치인에게 금전적 개인적 이익을 주는 로비 활동이라면 우리는 PR에 대해 다루는 이 글에서 정부 관계에 대해 이러고저러고 복잡하게 얘기할 필요가 없습니다. 우리가 기본적으로 생각할 것이 있는 것이지요. 정부 관계는 정부라는 조직을 대상으로 합니다. 정부라는 조직은 무엇에 따라 움직일까요? 뇌물에 따라 움직인다면 그 움직임은 일시적일 뿐입니다. 그리고 뇌물에 따른 관계도 일시적일 뿐입니다. 지속적인 움직임과 지속적인 관계는 무엇에 따라 생기나요? 바로 명분(名分)이라는 것입니다. 정부 조직은 철저한 관료 사회입니다. 웨버Max Weber가 밝혔듯이, 관료 조직bureaucratic group은 전통적 권위나 카리스마적 권위를 대신하여 합법적이고 명문화된 규칙에 기반을 둔 합리적, 법적 권위를 강조하며 이에 따른 탈인격화impersonal된 조직입니다. 이 조직에서는 구성원들이 규칙에 기반을 둔 특수한 사회관계 유형을 배치하고, 이에 따라 조직 행위에 대한 규제가 이루어짐으로써 조직의 질서가 가능해집니다. 이 질서가 바로 관료 조직의 지배 구조입니다.

이러한 관료 조직의 지배 구조는 주로 파워에 의한 정치적 결정이 아니라 명분에 의한 정책적 결정에 따라 이루어집니다. 명분Just Cause이

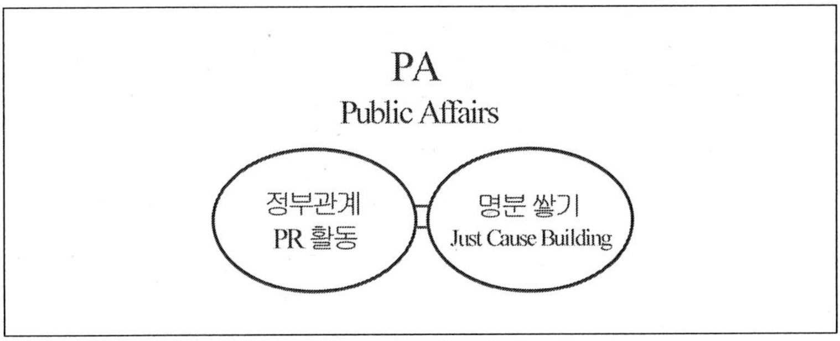

그림 2-36 공적 명분 쌓기가 중요한 정부 관계 PR

란 그렇게 되어야만 하는 합법적으로 마땅한 이유입니다. 그 명분이 확실하다면 정부 조직은 움직이게 됩니다. 명분이 없는데 움직였다면 결국 사고가 나기 쉽습니다. 그래서 아까 두 PR 회사가 두 클라이언트의 전투기 사업권을 따기 위해 간담회, 만찬, 리셉션, 기자 회견, 세미나, 전시회, 공장 방문, 신문 광고 등 다각적인 활동을 벌였던 것은 모두 정부라는 관료 조직에 있는 사람들이 클라이언트에게 유리한 명분을 주는 일이라고 할 수 있습니다. 그래서 정부 관계 PR 활동은 지속적 명분 마련Just Cause Building이 가장 중요합니다. 이러한 정부 관계 활동은 정부를 대상으로 하는 활동이지만 정부라는 조직은 외적인 명분에 따라 움직이므로 PAPublic Affairs라는 전반적인 공공 활동에 속합니다. PA란 사회의 여러 공공 문제 쟁점이 어떻게 나아가는가를 파악하여 입법부, 사법부, 행정부를 포함하는 광의의 정부 공공 정책이나 규제가 자신의 조직에 유리하도록 공중 사회 여론에 영향을 미치도록 하는 활동이지요. 여기서 영향을 미치기 위해서는 지속적으로 명분을 주는 것이 중요합니다. 그래도 또한 결정적으로 이익을 주는 것도 경우에 따라 필요할 수 있겠지요.

08
네티즌 관계: 정보 제공보다 상호작용이 중요한 PR

프랑스의 AFP라는 통신사는 지난 20세기를 정리하면서 20세기의 10대 기술을 발표한 바 있습니다. 여기에 1945년에 앨런 튜닝이라는 천재 수학자가 만든 콜로서스 컴퓨터가 있으며, 1969년에 미국 국방부가 만들기 시작한 인터넷이 있더군요. 전자는 우리 인류가 0과 1로 이루어진 비트(bit) 단위의 디지털 데이터 처리기계인 컴퓨터를 처음으로 사용하기 시작했다는 뜻이며, 후자는 그렇게 비트로 이루어진 수많은 디지털 데이터들이 하나의 그물net로 엮이면서 인터넷이 생겨나기 시작했다는 뜻이지요. 그런데 저는 20세기 10대 기술에 다른 것들은 빼더라도 이것만큼은 꼭 들어가야 하는 것이 있다고 생각합니다. 바로 웹world wide web입니다. 1991년에 유럽입자물리연구소의 연구원인 팀 버너스 리Tim Berners Lee가 개발했다는 이 기술은 이 세상을 실질적인 정보화 세상으로 바꾸어 버렸습니다. 그야말로 기술 하나가 세상을 확 바꾼 것이지요. www 기술은 기존 텍스트 환경의 인터넷을 그래픽 환경으로 전환시켰으며, 문자 · 그림 · 영상을 하나로 묶는 멀티미디어를 가능하게 하였고, 부분적인 텍스트 콘텐츠들끼리 서로 연결되게끔 하는 하이퍼텍스트를 실현시켰습니다. 가히 혁명적이었지요. 이 덕분에 우리는 지금 편리하게 인터넷을 사용할 수 있는 것이지요. 이제 아날로그로 된 정보들은 비트 단위로 해체되고blown to bits, 그렇게 해체된 비트 단위의 디지털 데이터들은 네트로 엮이는woven to nets 흐름이 가속화되고 있습니다. 가령 도서관이 디지털 도서관으로 바뀌고, 방송도 디지털 방송으로 바뀌는 것은 그런 큰 흐름의 하나입니다.

이러한 흐름에 맞추어 우리 사회는 지난 1990년대 중반부터 폭풍과도 같은 전환기를 겪었습니다. *Net Gain*이라는 책에서 주장하다시피 인터넷에서 사업을 하면 기존 경제에서처럼 수익 체감의 법칙이 아니라 수익 체증Increasing Returns의 법칙이 적용되는 신경제new economy이므로 얼마든지 수익을 늘려 창출할 수 있다는 믿음이 퍼졌습니다. 인터넷이라는 세상은 지금까지와 다른 새로운 신대륙의 세계로 여겨졌던 것이지요. 그래서 인터넷을 좇는 극성스러운 사람들Internet Wannabees이 나타나기 시작했습니다. 특히 뭐가 잘될 것 같다 싶으면 확 몰리는 한국인 특유의 성질이 그대로 발휘되었지요. 어떤 사람은 이런 한국인의 적극적 사업 근성을 들쥐론이라고 폄하하기도 하더군요. 정말로 많은 사업가들이 너도나도 들쥐떼처럼 먹이가 많을 것 같은 인터넷의 바다에 뛰어들기 시작했던 것이지요. 하지만 실질적으로 돈 되는 핵심 사업 없이 사업을 했으며, 재정적인 위기는 투자자들을 꼬여 해결하려고 했으며, 이렇게 모인 투자금을 마치 자기 돈처럼 쓰다가 대부분의 닷컴 기업들이 망하고 말았습니다. 벤처기업 중심의 주식시장인 코스닥에서 터무니없이 올랐던 주가는 풍비박산이 되었습니다. 유망 벤처기업이라 불리던 수많은 닷컴 회사들이 생겼다 사라진 것이지요.

그렇다면 인터넷에서 잘 살아가려면 무엇을 어떻게 해야 할까요? 인터넷으로는 4C(Contents, Community, Communication, Commerce)가 가능합니다. 즉 관련 콘텐츠를 제공할 수 있으며, 온라인 공동체를 꾸릴 수도 있고, 의사소통도 할 수 있고, 전자상거래도 할 수 있습니다. 이제 웬만한 포털 사이트에서는 이 모든 것들을 다 할 수 있습니다. 가령 다음daum이라는 사이트에서는 여러(多) 음(音)이라는 그들의 회사명처

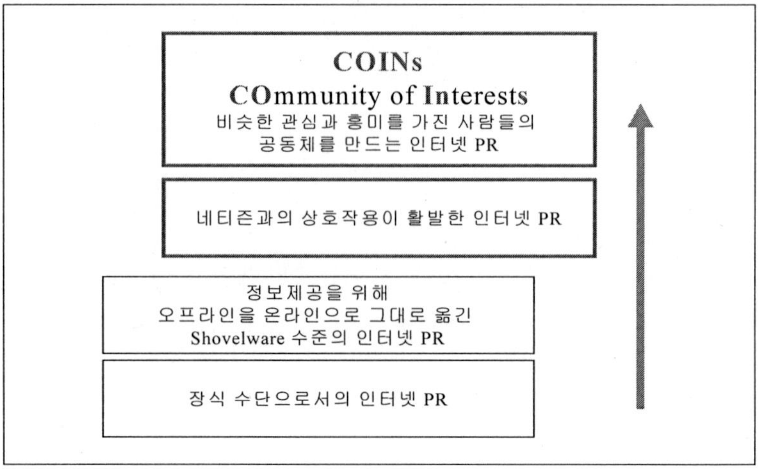

그림 2-37 상호작용에 따른 공동체 만들기

럼 뉴스라는 콘텐츠를 제공하고, 카페를 통하여 공동체를 꾸밀 수 있으며, 한메일을 주고받을 수 있고, 어떤 물건을 살 수도 있습니다. 이렇게 다양한 것은 주요 포털 사이트에서나 가능한 것이고, 일반적인 사이트에서 가장 중요한 것은 무엇일까요? 즉 어느 조직의 홈페이지에서 가장 중요한 것은 무엇일까요? 이에 대해 대개 정보 전달 위주의 커뮤니케이션이라고 하기 쉽습니다. 그래서 대개 어느 기업의 홈페이지에 들어가면 회사 정보와 제품 정보가 잘 소개되어 있습니다. 게시판이 있기는 하지만 대개 유명무실합니다. 단지 우리 회사도 홈페이지가 있다는 것을 알리는 차원의 홈페이지가 있는가 하면, 일방적으로 우리 회사와 우리 회사의 제품에 대한 정보를 제공하고 있는 수준이지요. 그러나 이러한 수준에 머무는 홈페이지를 가장 수준이 낮은 셔블웨어shovelware라고 합니다. 즉 회사 브로슈어나 제품 카탈로그에 있는 내용을 그대로 홈페이지에 삽shovel으로 떠서 옮기는 수준이라는 것이지요. 즉 오프라인에 있는 것을 온라인에 그대로 삽질하듯 옮기는 것은 인터넷에서 가장 저급한 수준의 홈페이지라는 것이지요.

가장 수준이 높은 홈페이지는 셔블웨어식으로 정보 전달에 그치는 홈페이지가 아니라 홈페이지에 들어온 참가자들이 우리 조직과 또는 그들끼리 상호작용을 할 수 있는 홈페이지입니다. 그러한 홈페이지를 코인스(COINs; COmmunity of INterests)라 부를 수 있습니다. 코인스라는 단어는 인터넷 장비업체인 시스코(CISCO)의 임원들이 쓴 책인 *Net Ready*에 살짝 나온 표현인데, 저는 이 말이 참 와 닿았습니다. 그래서 "인터넷 PR을 위한 COINs 모형 제안"이라는 학술 논문을 쓰기도 하였습니다. 코인스란 말 그대로 어떤 관련 분야에 관심interests 있는 사람들의 공동체Community를 뜻합니다. 인터넷에서 어느 조직이 온라인 PR을 하려면 셔블웨어식의 정보 제공용 홈페이지가 아니라 참여자들이 지속적으로 상호작용할 수 있는 홈페이지를 만들어야 한다는 뜻입니다. 이러한 코인즈에는 자연스럽게 좋은 홈페이지의 조건이라고 할 수 있는 3I(Interesting, Interactive, Individual)가 살아 있게 됩니다. 생생한 예로 삼성전자는 기존의 정보 제공을 위한 홈페이지(www.samsung.com/sec)에 그치지 않고 상호작용을 위한 홈페이지(www.youngsamsung.com)를 별도로 더욱 활발하게 운영하고 있습니다. 큰 회사만이 이렇게 상호작용을 통한 홈페이지를 잘할 수 있는 것은 아닙니다. 가장 모범적인 사례는 세스코라는 해충 박멸 중소기업의 경우입니다. 세스코는 홈페이지에서 고객들의 질문에 순발력 있고 재미있게 잘 답변하는 것만으로 떴습니다. 요즘 TV 광고를 하고 있는데, TV 광고를 하기 전에 이 회사는 홈페이지의 Q&A 게시판을 잘 활용하여 인터넷에서 온라인 PR을 가장 잘하는 회사로 자리 잡았습니다. 세스코는 돈이 많이 드는 어렵고 힘든 방법이 아니라 별거 아닌 것 같은 가장 쉬운 방법을 통하여 네티즌들과 좋은 관계를 맺었던 것이지요.

요즘은 홈페이지보다 미니홈피라 할 수 있는 블로그가 더 중요하게 부각되고 있습니다. 블로그는 단지 개인용으로 그치지 않고 기업들이 네티즌과 호의적 관계를 맺기 위하여 적극적으로 활용하고 있습니다. 비근한 예로 농심은 새우깡에서 쥐머리 같은 게 나온 '쥐머리깡' 사건으로 회사가 큰 위기에 처하게 되자 블로그를 통하여 네티즌의 폭발적인 불만을 해소하려고 하였습니다. 이처럼 웹web에 기록하는 일지(log)라는 뜻인 블로그는 기존의 홈페이지에서 웹 2.0의 패러다임에 맞도록 진화한 홈페이지라고 할 수 있습니다. 인터넷에서 가상공간을 뜻하는 사이버 스페이스라는 말은 이제 현실적으로 실제적인 현실 공간이 되었습니다. 블로그는 단지 하나의 블로그가 아니라 네티즌이라는 공중들과 전반적인 관계 활동을 이루어 가는 실제 공간blogsphere으로 되고 있습니다.

이러한 인터넷이 또 변화를 가져오고 있습니다. 1991년에 생긴 월드와이드웹이 2004년에는 오라일리Tim O'reilly에 의해 제안된 참여 · 공유 · 개방을 모토로 하는 '웹 2.0'의 개념으로 전환한 게 엊그제 같은데 이제, 2010년부터는 웹을 중심으로 하는 인터넷이 모바일과 합쳐져 앱Applications 중심으로 전환되는 중입니다. 대개 TGIFTwitter, Google, I-phone, Facebook와 같은 신조어에 나오는 것들을 중심으로 전환되고 있는데 참으로 그 변화 속도가 어지러울 지경입니다. 웹web에서 앱app으로의 전환입니다. 특히 아는 사람들끼리의 지인(知人) 네트워크인 트위터와 페이스북은 최근의 소셜 미디어를 대표하고 있습니다. 이제 소셜 미디어는 매스 미디어보다 더 자주 접하는 용어가 되었습니다. 광고 회사의 사보에서나, 또 광고 홍보와 관련된 논문집 어디에서나 SNSSocial Network Service를 다루는 것은 단골 메뉴가 될 정도입니다. 이러한 소셜 네트워크는 영화나 책으로 나올 정도로 보편적인 것이 되었습니다. 그리고 앞으로 또 어떤 새로운 개념들이 생길지 아무도 모릅니다. 그래서 저는 이런 생각을 한번 가져 봅니다. 앞으로 인터넷 PR이나 네티즌 관계와 같은 개념이 없어지지 않을지…. 그 이유는 앞으로 인터넷이나 네티즌이 세상에서 없어지는 것이 아니라 그냥 밥 먹듯이 일상적으로 존재하게 되는 것이라 특별히 인터넷 PR이나 네티즌 관계와 같은 용어를 쓰지 않아도 되는 날이 오는 것이 아닐까 생각해 봅니다. 그런 날이 오더라도 인터넷에서든 모바일 커뮤니케이션에서든 변하지 않는 가장 중요한 개념은 조직과 공중 간의 상호작용interactions이 아닐까 생각해 봅니다.

09

언론 관계: 홍보의 파급 효과가 가장 큰 PR

PR은 엄연히 공중 관계이지만, 관습적으로 대개 PR이라고 할 때 주로 뜻하는 것은 홍보이며, 홍보는 주로 언론 홍보를 뜻합니다. 이러한 언론 홍보는 매체 관계media relations를 통하여 이루어집니다. 매체와 언론은 사실상 비슷한 용어입니다. 매체가 언론을 싣는 수단이라면, 언론은 매체를 통해 실리는 내용이지요. 그런데 기업의 입장에서 볼 때 매체 관계를 잘 맺어 언론 홍보가 잘되면 그 홍보 효과는 매우 크게 마련입니다. 가령 신문에 100cm^2 크기의 우리 회사의 광고가 나가는 것과 우리 회사의 기사가 나가는 것 중 어느 것이 더 홍보 효과가 크겠습니까? 당연히 기사지요. 그래서 홍보 대행사에서 자기네 클라이언트의 신문 기사를 내보냈는데 그 정도 크기의 광고가 나갈 때 100만원의 광고비가 들어 간다면, 평균적으로 곱하기(×) 6을 하여 600만원의 홍보 효과가 있다고 추정합니다. 물론 곱하기 몇을 하느냐는 신문의 종류와 게재 면이나 위치에 따라 달라지지요. 독자의 입장에서 볼 때 광고보다는 기사에 더 신뢰가 가므로 홍보 효과가 크게 되는 것입니다. 그래서 매체 관계를 통한 언론 홍보는 홍보 효과 차원에서 파급 효과가 가장 크므로 중요하게 여겨지는 PR입니다. 즉 매체는 PR의 한 공중이지만 동시에 다양한 공중들에게 홍보할 수 있는 수단이므로 중요한 공중이지요. 이러한 매체라는 공중과의 관계 활동은 그루닉James Grunig의 네 가지 PR 모형 중에서 언론 대행 보도 기사화 모델Press Agentry / Publicity Model로 가장 낮은 1단계 수준이며, '언론 플레이'라고 폄하되기도 하지만 널리 알리는 홍보의 파급 효과가 크므로 언론 홍보를 잘하는 것은 현실적인 홍보를 위해 중요하지 않을 수 없습니다.

그렇다면 어떻게 해야 매체 관계를 잘 맺어 언론 홍보를 잘할 수 있을까요? 이를 위해서는 우선 매체에서 다루는 뉴스의 가치에 대해 잘 이해해야 합니다. 매체사 기자의 입장에서 볼 때 어떤 사건이 뉴스 가치가 있는지 제대로 이해하는 것은 언론 홍보를 잘하는 기본입니다. 어느 조직이 언론 홍보를 하기 위하여 매체사 기자에게 주는 것을 보도 자료Press release라고 합니다. 기자는 보도 자료를 받고 그것을 가지고 기사를 쓰면 언론에 보도 기사화가 되어 홍보가 되므로, 보도 자료를 잘 써서 기자에게 건네는 것은 매체 관계 활동에서 매우 중요한 일입니다. 결국 매체 관계를 잘 맺으려면 기자의 입장이 되어 보는 것이 중요합니다. 우리는 뉴스 가치가 있어서 보도 자료를 써서 기자에게 건네지만, 기자의 입장에서 볼 때는 별 뉴스 가치가 없어 그냥 쓰레기통으로 들어가는 경우가 많기 때문입니다.

결국 매체 관계란 기자들과의 관계라고도 할 수 있지요. 기자들과의 관계에 대해 홍보 업무를 하는 사람들한테 가장 많이 알려진 말이 있습니다. 불원불근(不遠不近)! 기자들과 너무 멀리도 너무 가깝지도 말라는 뜻이지요. 또 기자를 너무 믿어도 안 되고 안 믿어도 안 된다고 합니다. 기자는 근본적으로 문제 제기의 선수들이기 때문입니다. 그래서 기자를 너무 멀리 하면 언론 홍보가 잘 안 될 터이고, 그렇다고 너무 가까이 대하면 괜히 우리 조직의 부정적인 측면이 밝혀질 수 있다는 위험 때문입니다. 원래 언론은 긍정적인 뉴스보다는 부정적인 뉴스를 좋아합니다. 언론에서 일하는 기자들도 역시 긍정적이기보다는 일단 부정적인 시각을 가지고 비난과 책임 추궁이 체질화되어 있다고 할 수 있지요.

그러면서 늘 관심거리를 찾으며, 특종에 약하고, 마감 시간에 쫓기며, 명확하고 단순한 대답을 원하며, 원인보다 결과를 중요시하는 사람들입니다. 그래서 저는 기자를 대하는 기본자세로 불원불근보다 '역지사지(易地思之)'가 더 옳다고 생각합니다. 기자의 입장에서 생각해 보는 것이 기자 관계의 기본이며, 매체 관계의 기본이며, 언론 홍보의 기본입니다.

이렇게 기자의 입장에서 기자 관계를 좋게 하려면 우리 조직이 생각하는 뉴스 가치가 아니라 매체사 기자들이 생각하는 뉴스 가치를 생각하는 것이 가장 중요합니다. 가장 실패하는 기자 관계의 지름길은 기자들이 생각할 때 뉴스 가치가 없는 것을 보도해 달라고 요청하는 것입니다. 그것도 기자들보다 윗선의 데스크나 경영진에게 요청하는 것은 일시적으로는 통할지는 몰라도 기자 관계와 언론 관계를 망치는 길입니다. 기자들에게 가장 중요한 이익은 뉴스 가치가 있는 뉴스를 취재하는 것입니다. 그런데 기자의 관심과 이익은 무시한 채 밥을 사고 촌지를 주고 보도 자료를 준다면 별 소득이 없게 되겠지요. 기자들의 입장에서는 밥 먹자는 데는 많고 보도 자료도 수없이 날아오지만 도무지 기사거리가 되어야 밥도 같이 먹고 기사도 써 주는 것이겠지요. 그래서 홍보 대행사의 업무 중에 미디어 트레이닝이라는 것이 있는데, 이는 어떻게 하면 매체의 기본 생리를 잘 이해하여 기자들과 좋은 관계를 맺어서 매체 관계를 좋게 이루어 갈지의 문제에 대해 조직의 임직원들을 훈련시키는 것입니다. 가령 어느 매체사의 기자가 우리 회사를 방문하여 취재 요청을 할 때 어떻게 준비하고 대응해야 하는 것인지, 미디어 트레이닝을 통해 잘할 수 있는 기본 교육을 받게 됩니다.

우리도 미디어 트레이닝을 한번 해 볼까요? 기자로부터 취재 요청이 온다면 무엇을 어떻게 해야 할까요? 아까도 말씀 드렸다시피 우리의 관점Inside Out에서가 아니라 기자의 관점Outside In을 유지하는 것이 가장 중요한 일이지요. 기자의 관점에서 그들의 관심은 가치 있는 뉴스거리입니다. 가장 피해야 하는 것은 취재 중에 취재 대상자가 기자와 논쟁하는 것입니다. 기자와 논쟁하는 것은 설령 그 논쟁에서 이겼다고 하더라도 좋지 못한 결과를 가져오기 쉽습니다. 취재 기사를 쓰는 것은 바로 기자의 손에 달려 있으니까요. 논쟁에서 기자를 이기려 하지 말고 이야기를 통해 기자를 공감토록 하는 것이 가장 중요한 일입니다. 그렇다면 보도 자료를 기자에게 줄 때 어떻게 해야 기자로 하여금 공감 가는 뉴스거리를 우리가 줄 수 있을까요? 대개 우리는 기자에게 건네는 보도 자료에 우리 기업의 특별한 뉴스거리를 담으려고 합니다. 그러나 그것은 우리의 욕심일 뿐 기자는 관심 없을 수 있습니다. 기자의 이익에서 멀어지는 것이지요.

저는 그래서 PRPress Release을 할 때, NRNews Release보다 SRStory Release가 오히려 기자들에게 생생하게 공감을 줄 수 있다고 생각해서 "이야기 관점의 언론홍보 보도자료"라는 학술 논문을 쓴 적이 있습니다. 이 논문의 요지는 우리 관점의 특별한 뉴스거리가 아니라 일반인 관점의 사소한 이야깃거리를 보도 자료에 담자는 것이지요. 그랬을 때 기자가 보기에 뉴스 가치가 생긴다는 것이지요. 대개 우리에게 특별히 좋은 일이 생기면 있는 사실 그대로 매체사 기자에게 무차별적으로 보도 자료 배포하는 수가 많습니다. 또는 매체사 기자의 반응이 있도록 특별한 행사를 마련하여 그것이 기사화되도록 노력하는 수도 있습니다. 그러나 이러한 PUSH적인 활동보다 좀 더 기자를 끌어당기는 PULL적인 활동이 더욱 필요합니다. 우리에게 특별하더라도 언론 입장에서는 특별한 일이 아니므로 언론이 특별히 받아들이게 생생한 스토리텔링식 보도 자료를 전달할 수 있습니다. 이를 전달할 때 무차별적인 보도 자료 배포가 아니라 기자 데이터베이스에 따라 다양한 맞춤형 보도 자료를 전달할 수 있습니다. 여기서 스토리란 지어낸 이야기가 아니라 사실을 기반으로 하는 스토리이며 단순하고 생생한 스토리입니다. 그러한 이야기 위주의

그림 2-38 전반적 PR 안의 언론 관계 활동

보도 자료는 기자들이 보았을 때 오히려 특별하게 여길 가능성이 큽니다. 그래서 기자는 이 보도 자료에 관심을 가지게 되고 더 폭넓은 취재 요청을 할 수 있게 되며, 큼직한 보도기사화가 이루어지게 될 수 있는 것이지요.

지금까지 이야기한 바와 같이 기자의 관점에서 뉴스보다 이야기 위주의 보도 자료를 통한 매체 관계도 중요합니다. 아울러 더욱 적극적인 매체 관계 활동으로 생각할 수 있는 일은 우리 조직이 언론 매체사와의 지속적인 관계 속에서 함께 협동으로 하는 프로그램을 마련하는 일입니다. 그렇게 할 수 있다면 이보다 더 바람직한 매체 관계 활동은 없을 것입니다. 가령 제가 근무하고 있는 경성대학교가 홍보 도우미들을 통하여 '그린 클린 캠퍼스' 캠페인을 자체적으로 실천하려고 할 때, 만일 이러한 캠페인을 ≪부산일보≫ · ≪국제신문≫이나 ≪KNN≫ 등과 같이 협동으로 벌인다면 이는 언론 매체사의 자체적인 활동에 협찬을 하는 것보다 자연스럽게 경성대학교의 언론 홍보 효과를 거둘 수 있으며, 또한 언론과 대학이 함께 의미 있는 일을 하는 것으로 지역사회의 복지에 이바지하게 됩니다.

10 이문화 PR: 서로 다른 차이를 인정하는 PR

다음 명제에 대하여 맞으면 O, 틀리면 X를 하세요.
세계화와 국제화는 대개 같은 말이다. (O, X)

다음 글을 찬찬히 읽으면 이 문제에 대한 명료한 답이 보입니다.
지금은 가히 세계화 시대입니다. 글로벌이라는 말이 여기저기 이곳저곳 어디에서건 쓰이고 있지요. '글로벌스탠더드Global Standard'는 지금 이 시대 최고의 가치로 우뚝 섰습니다. 우리가 공부하는 마케팅이나 PR에서도 글로벌 마케팅, 글로벌 PR이라고 합니다. 글로벌 PR이란 하나의 지구촌이 된 전 세계를 하나의 단일 시장으로 보고 일괄적으로 전개하는 표준화된 PR 활동을 뜻합니다. 'global'이란 worldwide, whole, entire 등의 단어와 같은 맥락입니다. 숫자로 따지면 '1' 즉 하나입니다. 이 지구를 하나로 본다는 뜻이지요. 그런데 글로벌 시대에 global은 gloval로 바뀐 듯한 느낌이 듭니다. globe가 하나의 구(球)라면, glove는 커다란 장갑입니다. 자기의 손보다 더 큰 글로브를 끼고 큰 탐욕을 부리는 것이 요즘 이 시대의 글로벌이 아닐까요? 이게 아직 무슨 뜻인지 잘 이해가 안 된다면 끝까지 이 글을 읽으면 이해가 될 줄로 압니다.

우리나라에서 세계화의 붐이 불기 시작했던 것은 김영삼 대통령의 문민정부(1993~1998) 때부터입니다. 그때 세계화는 중요한 통치 철학으로 'segyewha'라는 非글로벌한 어색한 말로 표현되었지요. 세계화는 하나(1)를 기본으로 하는 것이므로 '하나로'라는 말이 유행이 되었습니다. '하나로 세계로 미래로' 등의 슬로건이 나오기 시작했으며, 하나로 담배, 하나로 통신과 같은 것이 생겼습니다. 하나로가 그렇게 좋은 것이라지만 온 세상이 하나로 통일된다면 과연 살기 좋은 세상이 될까요? 혹시 살기 좋은 세상이 아니라 문제가 생기지 않을까요? 하나로 획일화된 세상은 생각만 해도 갑갑합니다. 하나로 되면 어떤 결말이 초래되는지 성경 속 이야기를 하나 소개할까 합니다. 창세기 11장의 1절부터 9절까지의 말씀은 저 유명한 바벨탑 사건입니다. 그 당시 온 세상의 언어가 하나였을 때 인간이 바벨탑을 쌓기 시작했는데 하나님께서 보시고 안 좋게 생각하셔서 세상 언어를 여러 가지로 혼잡케 하고 인간들이 서로 흩어져서 살게 하셨다는 말씀입니다. 하나님께서 그렇게 하지 않으셨다면 우리가 이렇게 외국어 공부를 안 해도 될 텐데 우리 인간이 욕심을 부려서 그렇게 벌 받은 것이라 생각합니다. 하지만 제가 목사라면 바벨탑 사건을 하나님께서 벌을 내리신 것이 아니라 오히려 축복을 내린 것이라고 설교하고 싶습니다. 우리 인간이 흩어지지 않고 하나로 모여 살면 바벨탑을 쌓는 등 쓸데없는 교만과 욕심을 부리므로 다양한 언어를 가지고 여기저기 흩어져서 다양하게 사는 것이 좋기 때문입니다. 즉 하나가 아니라 흩어져 사는 것이 하나님의 진정한 뜻인 것이지요.

하지만 과거의 바벨탑 사건은 글로벌이라는 전 세계적 이념으로 환생하고 있습니다. 글로벌을 통해 또 다시 바벨탑을 쌓으려는 인간의 교만과 탐욕이 다시 성행하는 것이지요. 특히 신자유주의자들은 세상의 다양성을 부정한 채 온 세상을 하나로 평평하게 만들려고 합니다. 신자유주의를 기본으로 하는 경제학자들은 세계가 하나이므로 자유로운 시장경제 원리에 의해 아무런 걸림돌 없이 문화, 자본, 상품이 국가 간에 넘나들어야 한다고 주장합니다. 한때 경제학 강의실을 점령하다시피한

'맨큐의 경제학'은 신자유주의의 대표적인 경제 이념 서적입니다. 그 책에서는 이 세상을 오로지 시장가치라는 하나의 잣대로만 평가합니다. 깨끗한 물과 공기도 하나의 재화이므로 시장 법칙에 따라야 하며, 한때 미국 대륙에 살던 수천만 마리의 누우 떼가 멸종한 이유는 시장가치가 없기 때문이며, 지금의 소가 멸종되지 않는 이유는 소에 시장가치가 있기 때문이라는 식입니다. 맨큐N. Gregory Mankiw라는 하버드대학교 경제학과 교수가 아주 재미있게 설명하는 것 같지만 가만히 생각하면 무척 무식하게 설명하는 꼴이지요. 약자에 대한 배려 없이 오로지 강자의 논리에 따라 억지로 설명하고 있지요.

세계화와 관련된 책을 보면 완전히 양분되어 있습니다. 『렉서스와 올리브나무』, 『세계는 평평하다』, 『두바이 CEO의 창조 경영』 등은 세계화를 옹호하는 책이며, 『세계화와 그 불만』, 『인간의 얼굴을 한 세계화』, 『나쁜 사마리아인』, 『그들이 말하지 않는 23가지』, 『적과의 동침』 등은 세계화를 부정하는 책입니다. 우리는 책을 읽을 때 한쪽으로 편중되지 않는 비판적인 식견을 가지기 위하여 이 양쪽을 모두 읽는 것이 필요합니다. 가장 심각한 문제는 전자의 시각에서만 세상을 바라보는 것입니다. 사실 저는 양쪽 중 후자에 더 끌립니다. 바벨탑 사건에서처럼 세상을 하나로 보는 세계화가 초래할 수 있는 치명적 문제점이 뻔히 보이기 때문입니다. 세상은 평평한 하나로 되어 있지 않습니다. 높낮이의 굴곡이 많지요. 『문명의 충돌』이라는 책을 보면 세상은 차이가 심합니다. 그 책에 의하면 아무리 세계화 시대라고 하지만 세계는 더욱더 토착화, 민족화, 종교화로 다극화, 다문명화되어 가고 있다고 합니다.

세계화된 기업이 다른 문화를 가진 어떤 국가에서 경영을 하려고 할 때 현지화, 또는 표준화라는 두 가지 서로 다른 방향이 있었습니다. 하지만 최근에는 'Think global, Act local'이라는 두 방향을 조화하는 것이 바람직하다고 여겨지고 있습니다. 하지만 저는 'Think intercultural,

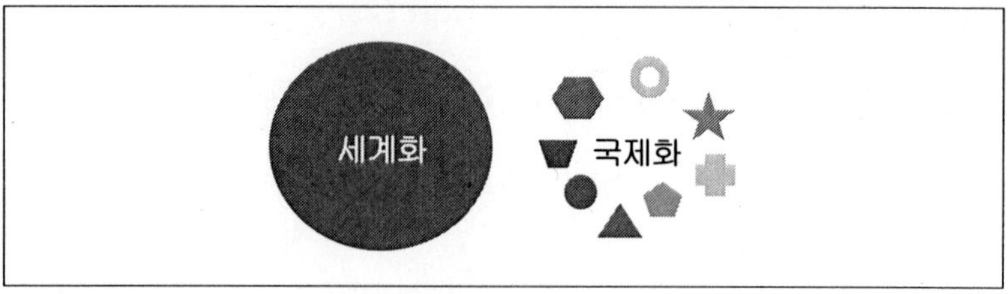

그림 2-39 획일적 세계화와 다른 다양한 국제화

Act different'라는 것을 제안합니다. 즉 서로 다른 문화의 차이를 생각하면서 다르게 행동해야 한다는 것이지요. 다르다different는 것은 틀리다wrong와 다릅니다. 틀리다는 것이 정답을 하나로 본다면 다르다는 것은 다만 차이가 있을 뿐 다양한 해답을 수용할 수 있습니다. 강자의 논리에 따른 세계화는 강자의 것은 옳고, 약자의 다름을 인정하지 않으려고 합니다. 하지만 건강한 지구 생태계의 기본은 다양성입니다. '중간교란가설' 이라는 이론에 의하면 산불 · 홍수 · 가뭄 · 태풍과 같이 생태계에 가해지는 교란이 중간 정도로 일어나면 생태계의 다양성이 촉진되어 이런 교란이 전혀 없거나 너무 자주 있는 생태계의 다양성보다 월등하다고 합니다. 세상이 다양하다는 것은 살기에 불편한 것이 아니라 온전한 것입니다. 창세기의 바벨탑 사건에서 하나님께서는 그렇게 인간 세상을 흩어 놓으시고 "보시기에 좋았더라!"고 하십니다. 그래서 다양성이란 곧 건강성을 의미입니다. 통계학에서 알 수 있듯이 세상의 만물과 현상은 정상분포곡선이라는 다양성을 가집니다. 그렇게 다양하게 분포되어야 정상이라는 뜻이겠지요.

이제 이 글의 처음에 제시하였던 문제에 대한 답을 내려야 하겠네요. 세계화와 국제화는 비슷한 말이 아니라 반대말입니다. 세계화가 세계는 하나로 이루어져 국가 간의 차이를 인정하지 않는다면, 국제화는 세계는 여러 개로 다양하게 이루어져 국가나 민족, 문화의 차이를 중요하게 여기기 때문입니다. 국제화의 관점에서 저는 글로벌 PR이란 말을 부정하게 됩니다. 아무리 세계화 시대라고 해도 글로벌 PR이란 말은 있을 수 없으며 있어서도 안 되고 있으면 나쁘다고 생각합니다. 글로벌 PR 대신에 인터내셔널 PR, 혹은 인터컬처럴 PR이 더 올바른 표현입니다. 인터내셔널 PR은 국제적 관점을 가집니다. 국제에서 '際'는 사이, 즉 영어로 'inter'를 뜻합니다. 국제 PR은 나라와 나라 사이, 민족과 민족 사이, 문화와 문화 사이의 차이를 이해하고 인정하고 존중하는 PR입니다. 글로벌 PR이 아니라 국제 PR을 하려면 우리와 다른 그 나라의 문화를 제대로 알아야 합니다. 『국제 비즈니스! 문화가 좌우한다』라는 책은 국가에 따른 문화의 차이를 알 수 있는 좋은 책입니다. 나라마다 개인 지향 사회가 있는가 하면, 집단 지향 사회가 있고, 위계 사회가 있는가 하면, 평등 사회가 있습니다. 터프 사회가 있는가 하면, 텐더 사회가 있습니다. 불확실성 회피가 높은 사회가 있는가 하면, 불확실성 회피가 낮은 사회가 있습니다. 정확한 순차 지향 시간 사회가 있는가 하면, 느슨한 동시 지향 시간 사회가 있습니다. 이런 차이를 온전히 수용할 때 우리는 감히 국제 PR을 할 수 있게 됩니다. 그래서 저는 국제 PR이라는 말 대신에 '이(異) 문화' PR이라는 말이 더 바람직하다고 생각합니다. 다문화 PR이라고 해도 좋습니다. 서로 다른(異) 문화를 수용하면서 하는 PR이라는 뜻이지요. 즉 이문화 PR이란 異 文化를 가진 공중과 호의적 관계를 만들어 가려는 PR입니다. 우리와 근본적으로 문화가 다른 공중과 호의적 관계를 형성하기 위한 PR입니다. 그러니까 이문화 PR의 대상을 굳이 외국인으로 한정할 필요는 없습니다. 경상도 문화와 전라도 문화가 다르다면 이문화 PR이 필요하겠지요. 노년층 문화와 청년층 문화가 다르다면 이문화 PR이 필요하겠지요. 이문화 PR은 커뮤니케이션 기술만으로 되는 것이 아닙니다. 가령 다른 나라에서 이문화 PR을 한다면 국가 간 언어,

법, 정치제도 등 문화적 관습의 차이를 이해하지 않고서는 어렵습니다. 그래서 이문화 PR을 위한 짧은 한마디 조언은 다음과 같습니다. 그들은 우리와 같지만 우리와 다르다!

11

쟁점 관리와 위기 관리: 쟁점 관리로 위기 관리를 하는 순리

우리나라에서 원조 라면이 무엇인지 잘 알지요? 지금은 신라면이 가장 많이 팔리는 라면이지만, 라면의 원조는 삼양라면입니다. 1963년 9월 15일이 삼양라면의 생일이라고 하네요. 전중윤 회장이 1961년에 삼양식품공업을 창업하여 "우리나라 사람이 싼 값에 제대로 된 음식을 배불리 먹게 하자!"는 미션을 가지고 처음 만들었다고 합니다. 지금은 맛있게 먹는 것이 중요하지만 그 당시에는 배불리 먹는 것이 가장 중요했던 시절이었지요. 지금은 회사명이 삼양식품이지만 처음에는 삼양식품공업이었다는데, 이 회사명에 공업이라는 단어가 들어간 것이 특이합니다. 그리고 앞으로 삼양식품이라는 회사의 앞날을 좌우하는 것이기도 합니다. 다음에 들려 드리는 이야기는 실화이면서 가상의 이야기이기도 합니다.

삼양라면은 강원도 횡계에 대관령목장이라는 600만 평의 풀밭을 가지고 있습니다. 동양 최대의 목초지라고 합니다. 그만큼 삼양라면은 자신이 넘치는 회사였습니다. 그런데 1980년대에 농심라면이 아주 적극적인 마케팅 활동을 벌입니다. 광고도 공격적으로 하였지요. 그래서 삼양라면도 이에 대처하여 광고를 더 많이 하려고 합니다. 그래서 광고를 담당하는 부서에서 우리 삼양라면이 저들 농심라면보다 원조이기에 맛있는 라면이라는 콘셉트로 광고를 하겠다고 기안을 올렸습니다. 그래서 제일기획으로부터 TV 광고안을 받고 광고비도 매월 7억 원 정도로 늘려서 하려고 했습니다. 그런데 전중윤 회장은 최종 결재자로서 그러한 광고 계획에 대해 제재를 합니다. 전 회장은 다음과 같이 지시합니다. “우리 기업은 단지 맛있는 라면을 파는 회사라기보다 좋은 식품으로 봉사하는 기업이라는 생각을 합시다. 광고비는 최소화시키되 지속적으로 합시다. 7억 원의 광고 예산 중 5억 원을 다른 데로 씁시다. 우리 대관령목장으로 사람들을 초대하여 감동을 주는 지속적 이벤트를 엽시다. 광고에서는 이런 이벤트가 지속적으로 있다는 사실을 사람들에게 알려서 우리 삼양라면에 대한 호의적인 관심을 불러일으키도록 합시다!” 삼양라면은 전 회장의 말대로 광고 활동을 최소화하고 대신 고객과 관계 맺는 활동을 최대화했습니다. 그렇게 하여 공중들로부터 호의적인 여론을 얻었습니다. “이렇게 넓고 푸른 목장이 있으니 삼양식품은 좋은 회사구나. 당연히 삼양라면도 좋은 식품이겠구나!”라는 소비자 반응을 얻었습니다. “여기 이 대관령 목장에서 지속적으로 벌어지는 이벤트를 기사화시키면 참 재미있겠구나!”라는 기자들 반응도 얻었습니다. “과연 삼양식품은 라면을 팔아먹는 회사라기보다 국민들에게 이바지하는 기업이야. 삼양식품에게는 잘해야지!”라는 정부 공무원의 반응을 얻었습니다. 그런데 어느 날 께름칙한 경쟁사 동향을 입수하였습니다. 농심라면이 면을 튀기는 데 쓰이는 우지(牛脂)를 비누 만드는 데 쓰이는 3급 공업용으로 잘못 발각되어서 우지를 못 쓰게 돼 식물성 팜유로 바꾸었다는 것이었습니다. 그러더니 농심이 대대적인 광고를 하였습니다. 광고의 내용은 우리 농심라면은 소에서 나오는 동물성 기름을 쓰지 않고 팜 열매에서 나오는 식물성 기름을 쓰니까 안심하고 드시라는 것이었습니다. 삼양라면으로서는 기분 나쁜 광고였지만 그리 신경 쓰지 않았습니다. 동물성 기름인 공업용 우지라고 하지만 3급 공업용 우지가 아니라 엄연히 식품을 만드는 데 쓰이는 안전한 식품공업용 우지를 사용하고 있었으니까요. 회사이름도 삼양식품공업이었던 적이 있었으니까요. 그러나 그냥 가만히 있지는 않았습니다. 농심라면의 광고를 보아하니 반격이 만만치 않으므로 이에 대한 대비를 해야 하겠다고 생각했습니다. 잘못하면 이상하게 덮어쓸 수 있기 때문이었지요. 그래서 대관령목장에 온 사람들에게 식물성 기름보다 동물성 기름이 더욱 안전하다는 사실을 자연스럽게 알렸습니다. 기자들에게도 미국의 식품 기업에서는 식물성 기름보다 식품공업용 동물성 기름을 더 많이 쓰고 있다는 내용으로 보도 자료를 주었습니다. 또 전중윤 회장이 식품 규제 관련 고위 공무원을 만나는 자리에서 농심의 식물성 팜유 광고는 공업용 우지를 못 쓰게 되어서 하는 것이라고 이야기하였습니다. 지금 방영되고 있는 TV 광고에도 자막으로 공업용 우지이되 식품공업용 우지라고 당당하게 밝혔습니다. 그렇게 했는데도 1989년에 검찰에서 삼양라면을 수사하겠다고 했습니다. 정말로 위기가 닥친 것이지요. 전 회장은 전 임직원에 일렀습니다. '이번 검찰 고발 건에 대해서는 직접 진두지휘하겠다, 불려 간다면 내가 갈 것이다, 전 직원들이 동요하지 않도록 특별히 안심시키라, 그리고 만일 언론에서 기사 취재 요청이 오면 있는 그대로 말하라, 단 흥분하지 말라, 신뢰감을 주며 정직하고 친절하고 침착하게 말하라….' 삼양라면은 위기 관리의 본질을 정확하게 알고 있었던 것이지요. 찾아온 위기 그 자체보다 중요한 문제는 그 위기에 대해 언론이 어떻게 다루느냐의 문제입니다. 언론사는 그 속성상 부정적인 뉴스를 좋아하고 부정적인 것을 캐려고 하는데 여기서 언론사에 넘어가면 안 되고 오히려 위기 시에 언론사를 제대로 활용할 줄 알아야 한다는 점을 간파한 것입니다. 보도 자료도 세심하게 준비하여 기자들에게 전달했습니다. 공업용 우지이되 식품 만드는 데 쓰이는 엄연한 식품 공업용 우지이며 우리 회사 이름도 원래 삼양식품공업이라 식품공업 회사로서 식품공업용 우지를 쓰는 것은 당연하며, 식품성 기름을 사용하지 않는 것은 비싸서가 아니라 동물성 기름이 더 안전하며 맛있기 때문이라는 사실과 함께 지금까지 30년 가까이 식품공업용 우지로 맛있고 안전한 라면을 정직하게 만들어 왔다는 내용의 보도 자료였습니다. 아울러 PR회사를 시켜 전 직원들에게 미디어 트레이닝을 받도록 하였습니다. 홍보 담당 이사는 주요 미디어 투어를 하기 위해 신문사와 방송국을 찾아다니며 삼양라면과 식품공업용 우지에 대해 말했습니다. 드디어 전 회장이 검찰에 불려 갔습니다. 그리고 며칠 후 아무 일도 없었다는 듯이 사건은 자연스럽게 해결되었습니다. 언론에서도 문제 삼지 않았지요. 검찰에서 문제 삼지 않기로 결정했다는 것이었습니다. 이 공업용 우지 사건으로 삼양라면은 비온 뒤에 더 굳어진다고 라면의 원조로서 더욱 탄탄한 1위 업체 포지셔닝을 지키며 라면이라면 역시 삼양라면이라는 평판을 얻었습니다.

지금까지의 이야기는 사실을 근거로 한 것입니다. 하지만 해피엔딩으로 결말나도록 지어낸 이야기입니다. 사실 삼양라면은 이 우지 사건 때문에 나락으로 떨어졌습니다. 70%가 넘던 시장점유율은 10% 대로 떨어졌으며, 농심라면이 삼양라면의 자리를 차지하였습니다. 지금도 농심 절대 우위의 시장 구도는 여전합니다. 삼양라면으로서는 너무 억울하지 않을 수가 없습니다. 거의 10년이 지난 1997년에 삼양라면은 대법원으로부터 최종 무죄 판결을 받았습니다. 검찰이 잘나가는 회사를 완전히 질식사시킨 억울한 사건이지요. 하지만 삼양라면이 아까 제가 지어낸 이야기대로 평소에 쟁점 관리를 잘해 왔더라면 얼마든지 해피엔딩으로 끝날 수 있는 사건이었습니다. 하지만 평소에 쟁점 관리를 잘 못해 왔기에 위기가 닥쳤을 때 완전히 위기에 처절하도록 넘어간 사건이었지요. 농심은 '쥐머리깡'으로 위기에 닥치자 이심전심(blog.nongshim.com)이라는 블로그를 운영하며 쟁점 관리에 대해 관심을 가지기 시작했습니다. 평

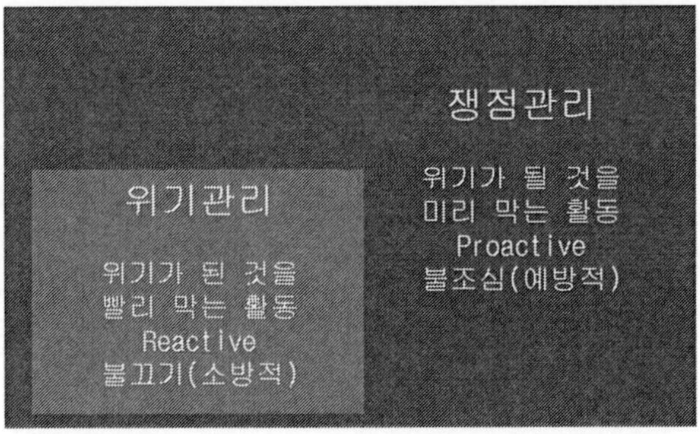

그림 2-40 평소 지속적 쟁점 관리를 통한 위기 관리

소에 쟁점 관리를 잘하는 식품 기업으로는 풀무원이 있습니다. '바른 먹거리'라는 풀무원의 슬로건은 단지 슬로건으로 그치는 것이 아니라 그렇게 실제로 하고 있다고 여겨집니다. 그 회사는 위기가 닥쳐도 위기에 넘어가지 않고 위기를 넘길 수 있는 힘이 있다고 생각합니다.

쟁점issue관리와 위기crisis관리는 서로 별개의 것이 아닙니다. 물론 둘은 개념적으로는 구분이 됩니다. 쟁점 관리는 위기가 될 것을 미리proactive 막는 활동입니다. 이를테면 예방 차원의 불조심 활동이지요. 여기에 해당하는 우리말 속담은 "호미로 막을 걸 가래로 막는다!"가 될 겁니다. 위기 관리는 이미 위기가 된 것에 대응하여Reactive 빨리 막는 활동입니다. 예방이 아니라 소방적 차원의 불끄기 활동이지요. 여기에 해당하는 우리말 격언으로는 "숨기면 더 커지는 법이다!"가 될 겁니다. 하지만 쟁점 관리와 위기 관리는 서로 연결된 하나의 활동이라고 보아야 옳습니다. 평소에 쟁점 관리를 잘해야 위기 관리가 잘되는 법이니까요. 쟁점 관리는 공공 문제 관리Public Affairs, 지역사회 관계, 정부 관계, 언론 관계 등과 서로 연결되는 활동입니다. 위기는 늘 찾아오는 법이지요. 그래서 위기가 생기지 않기를 막연히 바라는 것이 아니라 위기가 될 수 있는 쟁점들을 미리 예견해 위기가 되지 않도록 분위기를 만들어 가며 위기가 생기더라도 치명적 위기로 크는 것을 막는 일이 쟁점 관리이며, 위기 관리의 순리적인 법입니다. 위기 관리는 단지 위기가 생긴 후에 이미지 회복 프로그램을 열심히 잘 가동한다고 풀리는 일이 아니지요.

12

평판 관리: 전반적 총체적 포괄적 복합적 PR

다음 중 평판 관리와 가장 가까운 것을 고르시오?

① 명성 관리 ② 쟁점 관리 ③ 위기 관리 ④ 이미지 관리 ⑤ 입소문 관리

위와 같은 문제가 수능시험에 나왔다면 어떻게 답하시겠습니까? 다음 글은 이 문제에 포함된 지문이기도 합니다. 다음 지문을 읽고 문제를 맞혀 보세요. 알고 보면 참 쉬운 당연한 문제입니다. 지문을 천천히 읽으면 쉽게 알 수 있는 문제이므로 정답을 굳이 밝히지는 않겠습니다.

높은 명성과 좋은 평판! 둘 사이의 차이가 무엇일까요? 한자의 의미로 그 차이를 설명할 수 있습니다. 명성(名聲)이란 이름 名 소리 聲을 써서 이름의 소리, 또는 이름난 소리란 뜻입니다. 소리는 높을수록, 마찬가지로 명성은 높을수록 이름이 납니다. 평판(評判)이란 좋고 나쁨을 평할 評에 생각해서 판단할 判을 써서 좋고 나쁨을 평가하고 판단한다는 뜻입니다. 평판은 좋고 나쁨을 평가하고 판단하는 일이므로 좋다는 평판을 받을수록 좋은 평판을 가집니다. 제 주관적인 의견으로는 저는 명성보다는 평판이라는 말이 더 적합한 표현이라고 생각됩니다. 명성이 인위적으로 화려한 외양을 통해 일시적으로 만들 수 있는 것이라면, 평판은 순리적으로 충실한 내면을 지속적으로 가꾸며 쌓아 온 것들의 결과입니다. 그래서 높은 명성보다 좋은 평판이 더 바람직한 것이 아닐

까요? 가령 어떤 사람이 높은 명성보다 좋은 평판을 가지는 것이 더 좋은 일이 아닐까요? 그래서 저는 명성 관리라는 말보다 평판 관리라는 말을 쓰는 것이 바람직하다고 생각합니다. 물론 이런 의견은 제 개인적인 생각이고, 대개 명성 관리와 평판 관리는 별 구분 없이 사용되고 있는 실정입니다. 어떨 때는 명성이라고 했다가 또 어떨 때는 평판이라고 했다가 개념 없이 왔다 갔다 합니다. 하지만 가만히 따져보면 둘은 엄연히 다릅니다.

평판 관리는 지난번에 다룬 쟁점 관리나 위기 관리보다 더 큰 영역입니다. 쟁점 관리가 어떤 쟁점에 대한 예방적 관리이고, 위기 관리가 위기가 닥쳤을 때의 소방적 관리라면, 평판 관리는 그 둘을 포괄하는 전반적인 관리라고 할 수 있습니다. 사실 PR이란 다양한 공중들과 좋은 관계를 이루어 감으로써 궁극적으로 평판을 좋게 하는 일이라고 할 수 있습니다. PR의 최종적인 목적은 평판을 좋게 하는 것이기에 평판 관리는 PR의 한 영역에 속하는 부분적 관리가 아니라 PR의 전반적 · 포괄적 · 총체적 · 복합적 영역에 해당하는 것이라고 할 수 있습니다. 즉 PR은 결국 평판 관리인 셈입니다. 평판 관리는 어떤 하나의 쟁점이 아니라 전체적인 평판을 관리하는 것이고, 특별한 위기 때가 아니라 평소에 일상적으로 하는 관리입니다.

이러한 평판 관리와 대비되는 것은 이미지 관리입니다. 하지만 이미지와 평판은 차원이 전혀 다릅니다. 이미지가 실체와 관계없이 만들어질 수 있는 허상일 수 있다면, 평판은 실체를 바탕으로 생기는 실상이기 때문입니다. 가령 어떤 사람의 이미지가 좋고, 어떤 브랜드의 이미지가 좋다면, 이는 실체와 상관없는 이미지일 수 있습니다. 아무리 어떤 사람이 속이 텅텅 비고, 부실해도 겉만 번지르르하다면 그 사람은 좋은 이미지를 가질 수 있습니다. 어떤 브랜드가 속이 빈약하고 품질이 부실해도 화려한 광고를 통해 이미지 메이킹을 잘한다면 좋은 이미지를 가질 수 있습니다. 하지만 평판은 전혀 다릅니다. 사람이건 브랜드건 속이 충실해야 좋은 평판을 얻게 됩니다. 이미지는 허상적인 정보를 통해 막연히 만들어질 수 있지만, 평판은 실제적인 체험을 통해 확실하게 생깁니다. 가만히 생각해 보면 이미지란 책임 없는 허상이기 쉽습니다. "그 사람 이미지가 좋아!"라는 말 속에는 그런 책임 없는 허상이 녹아 있기 쉽습니다. 하지만 평판이란 실제의 체험을 통한 실제적 모습입니다. "그 사람 평판이 좋아!"라는 말 속에는 그 사람을 실제로 만나고 느끼며 체험한 사람들의 입을 통해 나오는 말들이 하나로 농축되어 있습니다.

사람들의 입을 통해 생기는 입소문이란 이를 목적으로 해서 억지로 내려고 해서 낼 수 있는 성질이 아닙니다. 물론 고딘Seth Godin이라는 사람이 『아이디어 바이러스』라는 책을 통하여 바이러스와 같은 성질을 가진 사람들의 입소문을 얼마든지 관리할 수 있다고 했지만 입소문이란 궁극적으로 얻어지는 결과입니다. 즉 목적이 아니라 결과라고 해야 옳지요. 입소문을 목적으로 내는 것이 아니라 입소문이 결과로서 나는 법이지요. 평판도 마찬가지입니다. 억지로 평판을 좋게 할 수 없습니다. 평판을 좋게 하려는 목적으로 행해지는 활동들은 인위적이기 쉽습니다. 평판은 결과적으로 좋게 나는 것이지요. 그래서 평판 관리는 입소문 관리라고 할 수 있습니다.

기업의 경우에 있어서 좋은 평판, 즉 좋은 입소문이 나는 것은 아주 아주, 너무너무, 매우 매우 중요한 일이 아닐 수 없습니다. 이윤을 많이 얻는 것보다도 훨씬 더 중요한 일이 아닐 수 없습니다. 이윤을 창출해야 하는 기업에게 있어서 평판은 가장 중요한 자본이라고도 할 수 있지요. 그래서 평판 자본이라는 말까지 생겼습니다. 다양한 공중 관계에서 평판은 막강한 영향을 미칩니다. 내부 직원이라는 공중의 업무 성과에, 협력 업체라는 공중의 원자재 품질에, 지역사회 주민이라는 공중의 여론 형성에, 투자자라는 공중의 투자 결정에, 소비자라는 공중의 구매 결정에, 언론사 기자라는 공중의 기사 작성에, 정부 공무원이라는 공중의 정책 결정에, 네티즌이라는 공중의 상호작용에 결정적인 영향을 미칩니다. 좋은 평판을 가진 기업은 전략적으로가 아니라 순리적으로 길이 트여 있다고 할 수 있지요.

어떤 강의용 자료집을 보니까 기업이 평판을 좋게 하기 위하여 만든 평판지수Reputation quotient를 소개하여 놓았더군요. 보니까 6개 속성으로 평판 점수인 RQ를 산정한다고 되어 있었습니다. ▶ 첫 번째 속성은 사회적 책임으로 여기에는 공익 지원, 환경에 대한 책임감, 공동체에 대한 책임감이 있습니다. ▶ 두 번째는 감성 소구로 여기에는 기업에 대해 드는 좋은 느낌, 감탄, 존경, 신뢰가 있습니다. ▶ 세 번째는 제품 · 서비스와 관련된 것으로 여기에는 고품질, 혁신, 가격 대비 가치 등이 있습니다. ▶ 네 번째는 근무 환경으로 여기에는 일하기 좋은 장소, 훌륭한 직원, 직원을 공평하게 보상하기가 있습니다. ▶ 다섯 번째는 재무 성과로 수익성, 위험률이 낮은 부분에 투자, 성장 기대치가 있습니다. ▶ 여섯 번째는 비전과 리더십으로 여기에는 시장 기회, 탁월한 리더십, 미래에 대한 명확한 비전이 있습니다. 이런 여섯 가지 속성으로 평판을 세심하게 관리한다는 것이 이 평판지수를 개발한 사람의 의도일 것입니다. 그러나 제가 만일 평판지수를 만든다고 한다면 저는 공중 관계인 PR의 관점에서 더욱 총체적이고 복합적이며 포괄적이고 전반적인 평판지수를 만들 수 있다고 생각합니다. 우리가 지금까지 다룬 여덟 개 공중별로 나누어, 또 그 나누어진 공중별로 몇 가지 핵심 주요 사항을 넣어, 아울러 쟁점 관리와 위기 관리의 몇 가지 핵심 주요 사항을 넣어 평판지수를 더욱 폭넓게 만들 수 있겠지요.

몇 가지 주요 핵심 사항들 중에서 가장 중요한 하나를 꼽으라면 무엇일까요? 그것은 가장 가까운 공중인 내부 직원에 있을 겁니다. 평판은 외부에서가 아니라 내부에서 나오는 법이지요. 가령 내부 직원들이 만

그림 2-41 입소문 나는 순리에 따른 평판 관리

족감과 자긍심을 가지고 있는지의 여부는 외부로부터 얻는 평판의 원천적 기반이 됩니다. 물론 외부의 평판이 좋아야 내부 직원들의 만족감과 자긍심이 생기겠지만 그 우선순위를 따지자면 내부 직원의 그것이 먼저이겠지요. 결국 PR이란 전반적 복합적 총체적 포괄적인 평판 관리일 터인데, 이러한 평판 관리는 내부에서 시작되는 법입니다. 그것도 겉의 이미지를 멋지게 만드는 것image making이 아니라 속의 가치를 충실히 가꾸어 가는 것value building이 PR의 기본이 됩니다. 사실 평판 관리라는 말을 관습적으로 쓰지만 평판이란 좋은 평판을 얻을 목적으로 관리해서 될 문제가 아니라 충실한 기본을 통하여 순리적으로 관리될 때 좋은 평판이 결과적으로 생기는 법이지요. 그래서 평판 관리보다 평판 순리라는 말이 어떨까 싶습니다. 이런 기본은 헛된 이상이 아니라 가장 현실적인 바탕입니다. 다만 지금 치열한 경쟁에 놓인 이 시대가 이상과 현실을 서로 헷갈려 하고 있을 뿐이지요.

13

자기 PR: 내 삶에서 실제로 적용하는 PR

지금 나 자신이 가진 자산equity은 얼마나 되나요? 이런 질문을 들으면 내 지갑이나 통장에 얼마의 돈이 있고, 얼마의 유가증권과 부동산을 가지고 있는가를 가지고 따지기 쉽습니다. 하지만 개인의 자산이란 그렇게 돈으로만 따질 성질이 아닙니다. 개인 자산의 개념에 대해 좀 더 확대해 생각할 필요가 있습니다. 남의 이야기를 잘 듣고 말하는 능력, 내가 돈독히 알고 지내는 사람들, 나를 좋아하는 사람들, 내 특기인 악기 연주 실력, 사람들이 좋아하는 내 유머감각, 복잡한 걸 쉽게 풀어 쓸 수 있는 능력 등등. 모든 것이 나의 개인 자산이 될 수도 있습니다. 이렇듯 어느 개인의 자산을 관리한다는 것은 브랜드로서의 개인 자산을 관리하는 뜻으로 해석해도 되겠지요.

이렇듯 브랜드로서의 개인 자산 관리를 '퍼스널 브랜딩'이라고 할 수 있습니다. 퍼스널 브랜딩은 유명 스타들을 대상으로 하는 것이라기보다 일상에서 우리 자신의 PR입니다. 이런 내용을 담은 책이 『퍼스널 브랜딩』입니다. 이 책에서 보니까 퍼스널 브랜딩에서는 세 가지 자산이 있다고 합니다. ▶ 첫 번째는 지적 자산입니다. 이 책에서는 주로 내가 가진 지식을 지적 자산이라고 하는 편이지만, 저는 지적 자산을 지식이 아니라 사고라고 봅니다. 얼마나 많은 지식을 가졌느냐가 아니라 어떤 사고를 가졌느냐가 그 사람의 지적 자산을 결정적으로 가름하기 때문입니다. 가령 기업 경영에 있어서 경영자의 지식보다는 사고가 기업 경영의 승패를 좌우하게 됩니다. ▶ 두 번째는 인적 자산입니다. 인적 자산이라고 하면 내가 얼마나 많은 사람을 알고 지내느냐가 중요하겠지요. 하지만 제가 판단하기에 그것보다 더 중요한 것이 있지요. 얼마나 내게 실질적으로 영양가 있는 사람을 많이 알고 지내느냐가 중요하다는 것도 아닙니다. 가장 중요한 것은 나의 좋은 점을 알며 나를 좋아하는 사람입니다. 즉 나에 대해 좋게 평판하는 사람입니다. 무조건 많은 숫자의 사람들이 중요하지도 않습니다. 나에 대해 좋은 평판을 하는 사람이 생기면 자연스럽게 그 숫자는 늘어나는 법이니까요. ▶ 세 번째는 감성 자산입니다. 감성 자산이란 지능지수(IQ)가 아닌 감성지수(EQ)를 뜻합니다. 머리가 좋으면 IQ가 높겠지만, 감성이 많으면 EQ가 높습니다. 그런데 우리는 EQ를 감성지수가 아니라 감상지수로 여기는 경향이 있지요. 감상지수는 자기 감상에 빠져들고 젖어드는 것과 연관이 있습니다. 가령 비오는 날에 왠지 모르게 블루한 감상에 빠진다면 감상지수가 높아지는 것이지요. 그렇게 감상에 빠지는 사람이 감성지수, 즉 EQ가 높은 것은 아닙니다. EQ는 감상이 아니라 감성과 연관 있습니다. EQ가 높은 사람은 단지 자기 감상에 잘 빠져드는 센티멘털한 사람이 아니라 자신의 감정을 다스릴 줄 알며, 상대방의 입장에서 그 사람을 진정으로 이해하며, 타인과 좋은 관계를 유지하는 데 센서티브한 사람입니다. 한마디로 감성지수가 높은 사람은 상대방을 공감할 줄 알며, 또 상대방에게 공감을 줄 수 있는, 즉 교감력이 있는 사람입니다.

이렇게 퍼스널 브랜딩은 지식이 아닌 사고로서의 지적 자산, 내가 아는 많은 사람이 아니라 나를 좋아하는 사람으로서의 인적 자산, 지능지수나 감상지수가 아닌 감성지수로서의 감성 자산이라는 세 가지 포트폴리오로 크게 구성되어 있습니다. 제가 학생들에게 대학 생활을 하는 동안 이루기를 권하는 200-200-200이라는 것도 사실 이 세 가지 포트폴리오와 비슷한 맥락입니다. ▶ 첫 번째 200은 내가 대학 4년 동안 읽은 200권이라는 책의 숫자입니다. 1년은 약 50주이니까 4년이면 200이 됩니다. 전공 서적이나 흥미 위주의 소설책이 아닌 인문교양 서적을 일주일에 한 권씩 4년 동안 200권 읽게 되면 내 머릿속의 지적 자산은 커지게 됩니다. ▶ 두 번째 200은 나를 좋아하며 나에 대해 좋게 평판하는 200명이라는 사람의 숫자입니다. 내가 일상적인 생활 속에서 만나는 사람들이 나의 좋은 점을 알며, 나에 대해 좋게 평판하게 된다면 자연스럽게 대학 4년 동안 나를 좋아하는 200명이 생겨서 인적 자산이 커지겠지요. ▶ 세 번째 200은 대학 4년 동안 마시는 술의 양입니다. 일주일에 한 병씩 200병이나 마시자는 뜻이 아니라 200잔만 마시자는 뜻이지요. 즉 술을 많이 마시지 말고, 적당히 조금 마시자는 뜻입니다. 술을 많이 마시면 취해서 자기 감상에 빠지기 쉽습니다. 상대방과 교감하는 정도로만 적당히 마신다면 나의 감성 자산은 커지게 됩니다.

브랜드의 개념을 자산으로 해석하면 brand = equity, 자산은 내가 상대방보다 많이 가지는 것입니다. 하지만 브랜드의 개념을 가치의 관점에서 해석하면 brand = value, 가치는 내가 상대방에게 많이 주는 것입니다. 브랜드를 자산이 아니라 가치의 관점에서 해석하면 자기 관리 PR의 새로운 비전이 보입니다. 남보다 많이 가지는 것이 아니라 남보다 많이 주는 차원에서 자기 PR의 두터운 철학이 생깁니다. 자기 PR을 제대로 하는 사람이 되는 것이지요. 그런데 자기 PR이라고 하면 별로 좋은 뜻으로 받아들여지지 않고 있습니다. 자기 PR을 잘하는 사람이라고 하면 어떤 사람이 떠오르나요? 입심이 좋고 말을 잘하는 사람, 정치적인 감각이 뛰어나 처세에 밝은 사람, 일은 안 해도 생색을 잘 내는 사람을 떠올리기 쉽지요. 아니면 개인기가 뛰어난 사람이라거나…. 하지만 자기 PR을 제대로 잘하는 사람이란 속이 찼으며 말이 잘 통하는 사람입니다. 속이 충실히 꽉 차서 그 내면의 가치가 밖으로 자연스럽게 흘러넘치듯

주는 사람이며, 말이 잘 통해서 교감할 수 있는 사람입니다. 말이 잘 통하려면 해박한 지식에 의한 논리적 설득이 아니라 공감을 이끌어 내는 스토리텔링에 유연해야 합니다. 여기서 스토리텔링이란 내가 남에게 말을 많이 하고 잘하는 것이 아닙니다. 그것은 자칫 수다일 수 있습니다. 남이 듣기에 나에 대한 생생한 이야기를 만들어 가는 것이 스토리텔링의 본뜻이지요. 어떤 사람이 단지 말주변이 좋은 게 아니라 그 사람 자체가 생생한 이야깃거리가 될 때 그것이 바로 스토리텔링이 되는 것이지요. 『스토리가 스펙을 이긴다』는 책이 있는데 아마도 비슷한 맥락이 아닐까 싶습니다. 가령 토익 점수 900점이 넘는 사람보다 대학 4년 동안 어떤 한 분야에 대해 한 권의 책을 꾸준히 쓴 사람이 스토리텔링을 잘하는 사람이 되겠지요. 그런 사람이 바로 자산으로서의 개인 브랜드가 아니라 가치로서의 개인 브랜드가 되는 사람입니다.

어느 회사를 찾아가다가 엘리베이터를 탔는데 'Brand You!'라는 표어가 있었습니다. 브랜드 시대에 이제 개인도 브랜드가 되라는 뜻이겠지요. 여기서 브랜드가 되는 사람이란 비싼 명품과 같은 사람으로 여겨지기 쉽습니다. 하나에 2만 원짜리 가방보다 200만 원짜리 가방처럼 비싸게 팔리는 사람이 브랜드로 여겨지는 세상입니다. 그러나 브랜드가 되는 사람이란 이미지가 좋은 비싼 명품이 아니라 충실한 내면의 가치를 가진 사람입니다. 그 내면의 가치는 단지 자신이 가지는 자산으로 그치는 것이 아니라 이야기 가치가 되도록 남에게 차별화된 가치를 생생히 주는 것이어야 합니다. 그렇게 확실히 차별화된 가치를 주게 되면 그 가치를 통해 만나는 사람마다 좋은 체감을 하게 되고 차후 좋은 관계로 이어지며 궁극적으로 좋은 평판이 나게 됩니다. 가치 → 체감 → 관계 → 평판으로 이어지는 것이지요. 그런 사람은 자존심이 강한 사람이 아니라 자존감이 분명한 사람입니다. 자존심이란 자기 혼자 강해서 쉽게 상처 나고 고장 나기 쉽습니다. 자존심이 너무나 강하면 그 강함 때문에

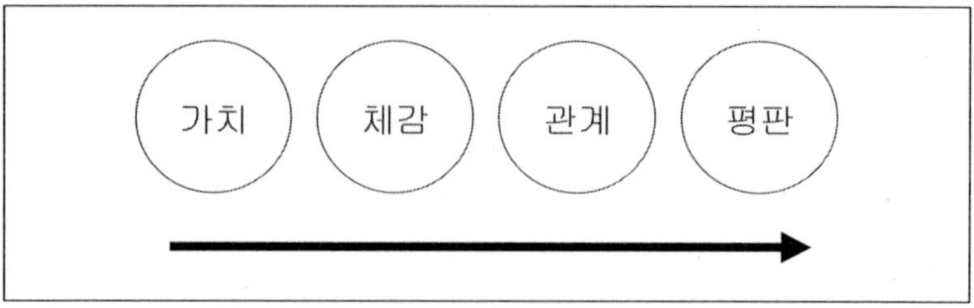

그림 2-42 좋은 가치 체감 관계를 통한 좋은 평판

부러져서 미칠 수도 있답니다. 하지만 자존감이란 남들이 보기에 그 사람의 존재 가치 · 존재 이유 · 존재 의미를 분명히 느끼는 것입니다. 자존감이 있는 사람은 남에게 미치는 영향력의 원이 넓습니다. 그 영향력의 근본은 앞에서 이끄는 것이 아니라 밑에서 섬기는 것입니다. 그렇게 밑에서 섬기면서 겉으로 보이는 번지르르한 이미지가 아니라 안에서 흘러나오는 충실한 가치가 있다면 그것이 바로 퍼스널 브랜딩의 요체이자, 자기 PR의 정수이자 핵심이 됩니다. 그 사람을 좋아하지 않을 수 없게 되는 것이지요.

저는 제 처녀작인 『세상에서 가장 쉬운 광고책』에서 자기 관리의 10계를 제안하였는데, 10여 년을 훌쩍 넘긴 지금 읽어도 재미있고 의미있어 보입니다. 광고 회사에서 어떻게 하면 인간적으로 일을 잘할 것인지에 대해 쓴 내용인데, 단지 광고 회사에서뿐만이 아니라 우리 인간 사회에서 적용되며 퍼스널 브랜딩과 자기 PR의 근본 원리나 철학을 담은 듯합니다. 아마도 이러한 PR 철학을 내 삶에 가장 쉽게 적용할 수 있는 것이 바로 자기 PR이 아닐까요? 나를 PR하려면 무엇을 어떻게 해야 할까요? 그것은 얄팍한 홍보 기법이나 그럴싸한 이미지메이킹으로 되는 게 아닙니다. 두터운 PR 철학과 밸류 빌딩으로 되어 갑니다. 기업 PR이나 브랜드 PR이나 자기 PR이나 그 근본 메커니즘과 다이내믹스는 다르지 않습니다. 모두 비슷한 원리에 따라 움직입니다. 그 근본 작동 원리는 확실히 다른 내실이 있고 그것이 밖으로 흘러넘치며 서로 통하는 것이 아닐까요? 가치 → 체감 → 관계 → 평판으로 이어지는 것이 아닐까요?

맺음말

PR이 이루어 가는 좋은 세상

이 책을 읽고 나면 이제 "너 자기 PR 한번 해 봐!"와 같은 말이 없어졌으면 합니다. 여러 사람 앞에서 자기를 유별나게 소개하거나 부각시키려고 뭔가 특출한 개인기를 보여 주는 것은 장기 자랑이지 자기 PR은 아니기 때문입니다. 또 신문에서 "PR 활동을 위해 뇌물을 제공했다"와 같은 기사도 안 나왔으면 합니다. 누가 누군가에게 환심을 사려고 향응이나 돈 등 물질적인 뭔가를 주는 것은 일시적 포섭 활동이지 장기적 PR 활동은 아니기 때문입니다. 무슨 일이 잘 안 될 때에 홍보가 부족하다는 말도 사라졌으면 합니다. 대개 일이 잘 안 되는 근본적인 이유는 홍보 활동이 부족해서가 아니라 PR 철학이 부족해서이기 때문입니다. PR 철학이 제대로 선 상태에서 일을 하면 일이 현실적으로 잘 풀리므로 억지로 인위적으로 홍보를 하지 않더라도 홍보는 순리적으로 되게 마련입니다. 이는 이상이 아니라 현실입니다. 오히려 홍보를 잘하면 일이 잘될 것이라고 생각하는 것이 참으로 요상한 이상이지요. 우리가 지금 이상과 현실이 잘못 도치된 세상에 살고 있는 것이 아닐까요? 우리가 치열한 경쟁사회에서 현실적이라고 생각하는 것들이 터무니없는 이상이고, 뜬구름 잡는 이상이라고 폄하되고 치부되는 것이 바람직한 현실이 아닐까 합니다. 상품의 속은 부실한데 광고나 홍보를 잘하여 이미지메이킹을 잘하면 잘될 것이라고 생각하는 것이 얼마나 이상한 이상입니까? 오히려 상품의 속이 충실해서 광고나 홍보를 잘하지 않더라도 잘되는 것이 참으로 현실이 아닌가요. 가만히 생각하면 그렇지요.

이 책은 PR 철학에 관한 내용을 담고 있습니다. 철학에서 철(哲)이란 밝음을 뜻합니다. 어두운 PR에서 벗어나 밝은 PR에 관해 저 나름대로의 개인적 주관과 소신대로 이야기하는 내용입니다. 그러다 보니 세 가지 차원에서 비판받을 수 있습니다. ▶ 첫째, 너무 이상적인 담론에 불과한 것이 아닌지에 대한 비판입니다. 이 점에 대해서는 바로 앞에서 이상과 현실이 잘못 도치된 상황에 대해 이미 제 생각을 밝힌 바 있습니다. ▶ 둘째, 객관적 실증이나 과학적 근거는 하나도 없이 그렇게 하다 보니 너무 자기주장이 강한 것이 아닌지 의심받을 여지도 많습니다. 사실 이 책은 제가 PR이라는 주제에 대하여 과학적인 근거를 가지고 객관적으로 실증하려는 의도는 애당초 하나도 없었습니다. 다만 제 주관적이고 개인적인 생각을 온전하게 고백하려고 쓴 것입니다. 그런 저의 생각이 독자에게 수용되고 공감되어진다면 좋겠습니다. ▶ 셋째, PR의 철학에 관한 책이므로 독자께서는 이 책을 읽고 난 후 PR 철학의 전반적인 방향은 좀 알겠는데 구체적인 PR의 방법이 무엇인지 잘 모르겠다고 실망하실 수도 있습니다. 이 점에 대해 PR 방법이 PR 철학 안에 다 녹아 있다고 억지로 해명하려고 하지는 않겠습니다. 대개 기본적인 철학은 기술적인 방법을 가지고 있기 때문입니다. 그렇다고 앞으로 구체적인 PR 방법에 대해 언급하고 싶지는 않습니다. 다만 이러한 PR 철학을 가져서 잘되는 사례들을 우리 가까운 주변에서 찾아볼까 합니다. 그리고 그런 사례들을 모아 책으로 내려고 합니다. 책 제목은 대충 『PR 철학이 살아 있는 생생한 PR 사례』 정도가 되겠지요.

사실 저는 경성대학교 입학홍보처장으로 2년간 대학본부에서 일한 적이 있습니다. 이때 대학 홍보를 하는 데에 기본적인 제 생각의 바탕은 PR 철학이었고 이 PR 철학에 따라 '홍보를 잘하기보다 홍보가 잘되려면 무엇을 어떻게 할까?'였습니다. 주어진 임기 2년 동안 저는 단지 널리 알리는 홍보가 아닌 PR에 주력하였습니다. 허황된 이미지를 보여주기보다 가치 있는 실체를 드러내고, 외부 노출성 홍보보다 내부 구성원 홍보에 우선하며, 특별한 뉴스거리를 알리기보다 생생한 이야기를 들려주며, 억지스런 독창성보다 자연스러운 진정성을 가지며, 전체 대학 홍보보다 학과 홍보를 우선으로 한다는 기본 원칙을 세우며 실천하였습니다. 이렇게 2년 동안 제가 한 일에 대한 흔적이 『어느 입학홍보처장의 고백; 대학홍보가 잘되려면?』이라는 책입니다. 아직 정식으로 출판이 안 된 이 책의 요지는 홍보는 하는 것이 아니라 되는 것이라는 주장이었지요. 홍보가 잘되면 흥하게 마련입니다. 주변에서 흥하는 망하고 경우를 듣고 보면 그 흥망을 가르는 것은 PR이기 쉽습니다. PR을 잘하는 것이란 단지 널리 알리는 홍보를 잘하는 것이 아니라 관련 공중과 좋은 관계를 맺는 것이지요. 가령 비근한 예로 내가 김밥집 사장이라고 할 때에, 장사가 잘되려면 억지로 홍보를 잘해서 될 일이 아니라 협력업체와 좋은 관계를 맺어 좋은 김밥 재료를 공급받고, 김밥을 싸는 솜씨가 좋은 아주머니와 좋은 관계를 맺어 맛있는 김밥을 만들고, 손님과 좋은 관계를 맺어 처음 찾아온 고객이 한 번 더 오게끔 해야 하는 일이 중요하지요. 이렇게 좋은 관계를 지속적으로 맺어 가는 일들이 모두 다 PR입니다. 큰 기업을 경영하는 데에서도 마찬가지겠지요. 우리 사는 이 세상에 온전한 PR 철학을 실천하는 모습들이 많아지면 현실적으로 더욱 살기 좋은 세상이 될 것입니다. 이상이 아니라 현실이 그렇지 않을까요?

박기철

경성대학교 광고홍보학과 교수이며, 입학홍보처장(2009~2010) 때 이 책에 담긴 PR 철학을 실천한 바 있다. 중앙대학교 광고홍보학과를 졸업했다. 금강기획(현 금강오길비)과 동방기획(현 BBDO Korea), 은진기획에서 근무했다. 마케팅 전공으로 연세대학교에서 경영학 석사학위를, 건국대학교에서 경영학 박사학위를 받았다. 교육은 단순한 지식전달업이 아닌 사고전환업이라는 철학을 가지고 있다. 문제의 객관적 규명을 위한 양적 연구나 질적 연구보다는 주관적 생각을 통해 전환적 패러다임을 제안하는 사고 연구(think study)를 계속하고 있다.

저서로 『논술을 넘는 감술』(2010), 『NBi, 생태주의 브랜드 경영』(2009), 『패러다임 사고학』(2007), 『박교수의 마케팅 특강』(2005), 『마케팅 PR』(공저, 개정판, 2004), 『세상에서 가장 쉬운 광고책』(개정판, 2002), 『세상에서 가장 쓴 광고책』(2002), 『광고보다 빠른 세일즈프로모션』(공저, 2001), 『통합된 마케팅 커뮤니케이션 IMC』(공저, 2000) 등이 있다.

취미: 빈둥빈둥 기웃기웃 **특기**: 평범함 속에서 특별한 이야기 찾기 **연구 분야**: PR 철학 기반의 브랜드 경영(Branding PR), 순리적 충실화 관점의 브랜드 경영(Natural Branding interactions, 엔비), PR정치학 **교육 철학**: 광고홍보를 전략적으로 잘하기보다 광고홍보가 순리적으로 잘되는 가치관계학 **인생관**: 素樂(소박한 즐거움) kaciy@ks.ac.kr

커뮤니케이션북스의 책이 당신의 커뮤니케이션 연구를 도와드립니다

저자가 되면 10가지가 달라집니다.

CRM팀 박지영 팀장(02-3700-1290, jypark@ eeel.net)은 다음과 같은 서비스를 제공합니다.

인세보고와 정산 6개월마다 정산하여 상반기, 하반기에 보고합니다. 인세보고서 확인 후 한 달 안에 인세가 송금됩니다.

홍보 홍보 부수를 별도 제작하여 일간지, 전문지, 관련 인터넷 사이트 등에 자료를 보냅니다.

판매량 보고 출간 후 3개월 동안 매달 판매량을 보고합니다.

편집, 디자인, 마케팅에 대한 불만 해결 편집, 디자인, 마케팅에 불만이 있으셨나요? 박지영 팀장에게 이야기하시면 다른 직원들과 불편하지 않게 문제를 해결할 수 있습니다.

교재 사용 보고 봄과 가을, 교재가 많이 판매되는 시기에는 선생님의 책을 교재로 사용한 학교 자료를 보내드립니다.

저술 지원 도서 증정 저희 출판사의 저자가 되는 순간, 저술에 도움이 되는 5권의 책을 무료로 드립니다.

교재 검토용 도서 요청 박지영 팀장은 저자 서비스만을 전담합니다. 필요한 교재가 있으면 연락주세요.

재판과 개정판 재판을 찍기 전에 저자에게 수정사항이 있는지 확인합니다. 수정이 있으면 출간 후 책을 보내드립니다.

저자통신 한 달에 한 번씩 신간과 출간예정 도서 소개를 포함, 흥미진진한 소식을 모아 뉴스레터를 보내드립니다.

연구용 도서 증정 출간 후 매년 연구에 필요한 책을 10만 원 상당 지원합니다.

커뮤니케이션북스에서 책을 낼 마음이 있다면?

책을 내고 싶으세요? 원고의 전문성과 독창성, 소통성을 기준으로 출간을 결정하고 있습니다. 어떤 필자도 차별하지 않으며, 저자는 어떠한 출간 비용도 부담하지 않습니다.

출간제안서를 보내주세요. 출간제안서는 원고의 주제와 목차, 저자 소개와 출간 조건에 대한 저자의 바람 등 출간 결정에 필요한 항목을 정리한 질문지입니다.(문의: jwjuhn@eeel.net).

출간 결정은 이렇게 진행됩니다. 제안서를 받고 업무일 기준 10일(2주) 안에 결과를 알려드립니다. 저자의 제안대로 출간이 결정될 수도 있고, 편집팀에서 새로운 방향을 제안할 수도 있습니다.

인세는 얼마나 되나? 모든 책에 동일한 인세율을 적용합니다. 저술은 정가의 10%, 번역은 정가의 4%입니다. 선인세나 원고료, 계약금은 지급하지 않습니다. 6개월마다 팔린 만큼 정산합니다. 초판의 경우 원하시면 초판인세를 책으로 받으실 수도 있습니다.

강의에 쓸 교재를 찾고 있다면?

강의에 적합한 도서를 찾으시나요? 도서목록을 활용해 주십시오. 주요 교과목을 위한 교재 추천 도서를 따로 모아 소개했습니다. 도서목록은 류지연(02-3700-1291)에게 연락 주시면 무료로 발송해 드립니다.

교재 검토용 도서를 받아 보려면? 커뮤니케이션북스 홈페이지(www.commbooks.com)에 접속하여 왼쪽 상단의 <교재 검토용 도서증정 신청>을 클릭하세요. 택배로 바로 발송해 드립니다. 한 강의당 2종씩, 한 학기에 최대 4종까지 보내드립니다. 류지연(02-3700-1291)에게 신청하셔도 됩니다. 교재를 검토하신 후 학교 도서관에 "희망도서"로 신청해 주시면 감사하겠습니다.

교재로 선정한 책을 학생들이 구입하려면? 커뮤니케이션북스에 연락하여 교재 채택 여부를 알려주세요. 채택하신 교재를 단체로 구매하시면 할인해 드립니다. 출판사로 직접 전화를 주시거나 과대표를 통해서 전화 주문하십시오. 02-7474-001, 02-3700-1276을 눌러 담당자를 찾으시면 됩니다.

강의에 필요한 자료를 찾으시나요? 강의에 유용한 자료(강의용 PPT 파일, 퀴즈 등)를 제공해 드립니다. 류지연(02-3700-1291)에게 문의하시면 자료를 받아 보실 수 있습니다. 저자 특강이 가능한 교재도 있습니다.

도서목록 주제별 차례

목록 이용 방법

이 목록은 연구 주제별로 정리되었습니다. 주제 안에서는 가나다순으로 정리했습니다. www.commbooks.com에서는 저자와 책의 내용 일부를 볼 수 있습니다.

일러두기

●은 문화체육관광부가 선정한 우수학술 도서입니다.
*은 대한민국학술원이 선정한 우수학술 도서입니다.
◆은 한국언론학회가 주는 희관언론상 수상 도서입니다.
그 외에도 많은 단체가 커뮤니케이션북스의 많은 책을 우수도서로 선정하였습니다.

게임

게임
게임과 문화연구
게임의 변신
게임하기
디지털 게임, 게이머, 게임 문화
비디오게임
새로운 세대의 등장, 게임 제너레이션
억압받는 사람들을 위한 비디오게임
인터넷과 온라인게임*
컴퓨터 게임의 일반 문법

광고

2008년 TV광고 호감도 분석
2009년 TV광고 호감도 분석
2011년 TV광고 호감도 분석
Advertising in Korea
CF 제작론
DAGMAR 광고이론
IMC 광고론
PPL, 간접 광고의 기원, 종류, 의미, 전략, 사례
PR의 평가*
TV-CM 제작 입문
거부할 수 없는 광고 계율
검색엔진을 위한 광고전략
경쟁환경에서 TV광고 매체기획
공익광고의 은밀한 폭력
광고 그리고 문화
광고 그리고 창의성
광고 기호학
광고 비즈니스
광고 쉽게 알 수 있는 사전
광고 크리에이티브 전략
광고 크리에이티브의 원리와 공식(개정판)
광고 프레젠테이션의 실제
광고, 결정적 비밀
광고, 소비자와 통하였는가?
광고기획의 기술(개정판)
광고는 기만인가, 진실인가?
광고라 하는 것은
광고매체 용어집
광고매체론
광고매체론(2010년 개정판)
광고심리학
광고언어론
광고에 대한 3가지 견해
광고에서 사회를 읽는다
광고연구방법론
광고와 39개의 머리
광고와 설득커뮤니케이션
광고와 언어
광고와 예술
광고의 경험
광고의 기호학
광고의 미래
광고의 이해
광고의 질적 연구방법론
광고전략 워크북
광고주의 돈, 누가 훔쳤지?
광고학 개론(2010년 개정판)
광고효과와 매체계획(2010년 개정판)
국제 광고와 PR(개정판)
글로벌 마케팅 커뮤니케이션
기호의 광고학
기호학을 아는 광고, 기호학을 모르는 광고
누군가 나를 설득하고 있다
다변량 데이터분석법의 이해
두뇌증폭기
디지털 사이니지 혁명
디지털 시대의 광고 미디어 전략
멀티미디어 광고전략과 실제
미디어 플래닝이 강해지는 GRP
방송광고 경제학
방송광고 장르론
브랜드
브랜드 처방법
브랜드는 커뮤니케이션이다
서구 민주주의와 정치광고
설득이미지*
설득커뮤니케이션의 이해와 활용
세계는 이 광고에 놀랐다
세상에서 가장 쉬운 광고책
세상에서 가장 쉬운 프레젠테이션
세상에서 가장 쓴 광고책
소비자는 어떤 광고에 반응할까?
쉽고 빠른 광고기획
신문광고 개선방안
신문광고 시장의 미래
신문광고론
신문광고와 텔레비전광고 효과 비교
신문의 기사형 광고
신화를 만드는 브랜드, 브랜드를 만드는 신화
아이디어를 내는 방법
영상 커뮤니케이션
영상학서설
옥외광고 효과와 유통 구조
익스트림 프레젠테이션
인터넷 광고 효과모델
인터넷 광고의 이해
인터넷 광고의 효과 과정
일상의 욕망과 금기, 광고로 읽다
자본주의의 시, 광고슬로건
전략적 광고조사론
정치광고의 이해와 활용
제품기호학●
카피 없는 광고
카피 카피 카피
카피라이터의 조건
카피라이팅의 원리와 공식
카피연습장 1, 2
프레젠테이션 프로페셔널
프로파간다 시대의 설득전략
한국 광고+통합+크리에이티브+전략
한국 광고회사의 형성
한국 근대 광고 걸작선 100
한국인의 미디어와 소비 트렌드
함께해서 놀라움을 Together Incredible
홍보영상제작론

국제 커뮤니케이션

국가의 품격과 저널리즘 외교
글로벌 미디어 기업의 경영 전략
글로벌 미디어의 아시아 경영
남미로 가는 교두보
뉴스통신사
독일 방송 통일
독일의 디지털 방송정책
동아시아의 미디어 콘텐츠 유통
디지털 시대의 일본 방송
러시아 미디어 정책
문화간 커뮤니케이션과 국제협상
문화와 국제광고 표현
미국 언론법
미국 텔레비전 뉴스
미국신문 연구
밤과 여름
방송프로그램 편성
북한 방송 총람
북한의 IT전략
분단국의 방송 교류
서구 민주주의와 정치광고
세계의 디지털 위성방송
세계의 지상파방송사 경영 전략
스카이하이
시청각 서비스의 해외 통상 규범 및 무역장벽 에 관한 연구
아시아 국가의 텔레비전
아시아의 인터넷, 정치, 커뮤니케이션
아시아의 텔레비전
영국 언론
외신 데스크 위의 세계
인도네시아 · 말레이시아 방송 시장 연구
일본 매스 커뮤니케이션사
일본 미디어의 정보 카르텔
일본 방송 콘텐츠 산업과 정책
일본 방송개방과 교류
재외동포 언론실태와 현황
중국 디지털 방송 연구
중국 신문의 현실
테러리즘과 글로벌 커뮤니케이션
통신위성 시대의 국제 커뮤니케이션
프랑스 언론●
프랑스 TV와 권력
한 · 미 신문의 기사 형식과 내용
현장 문화행사 국제교류
호주의 미디어
BBC와 CNN
e-브리타니아
Framing North Korea

네트워크 커뮤니케이션

네트워크론
사회관계자본과 인터넷
사회자본
조직 커뮤니케이션

마케팅 커뮤니케이션

강한 원칙 강한 마케팅
거대시장 시니어의 탄생
고객 커뮤니케이션
광고보다 빠른 세일즈 프로모션
국경을 넘는 마케팅
글로벌 마케팅 커뮤니케이션
누구도 알려주지 않은 마케팅 리서치 비법 노트
도시마케팅
마케터의 일
마케팅 PR(개정판)
마케팅을 모르고 마케팅에 강해지는 책
문화예술 마케팅
문화예술 스폰서십
문화콘텐츠 마케팅
문화콘텐츠의 해외 마케팅
뮤지엄 매니지먼트, 관람객에게 응답하는 박물관 경영 전략
미디어 소비: 경기변동과 미디어 이용
방송영상 콘텐츠 유통 마케팅
브랜드 관계 마케팅*
비즈니스 DNA의 발견, 4D 브랜딩
사회 마케팅과 공익광고 캠페인
상품세계의 인식과 설득
성공적인 기업이미지 마케팅
세일즈프로모션
소셜 컨슈머의 등장
스포츠 경영
스포츠 저널리즘과 스포츠 마케팅
스포츠 프로모션과 세일즈
예술경영학 개론
위대한 브랜드의 비밀
잘나가는 MD
제품기호학●
창조산업과 기업가 정신
컬러 마케팅
쿠폰
한국인의 미디어와 소비 트렌드
'한류'와 방송 영상 콘텐츠 마케팅
21세기, 마케팅 커뮤니케이션
IMC 워크북
MD WHO & HOW(개정판)
NBi, 생태주의 브랜드 경영
TGIF 스토리

만화 · 애니메이션

만화 콘텐츠 비즈니스
만화산업백서 2005~2007
만화애니메이션 연구
비주얼 스토리텔링
애니메이션 경제학 2004(개정판)
애니메이션 시나리오
애니메이션은 이렇게 써라
애니메이션 지원정책의 효율성 제고 방안 연구
애니메이션 타이밍
애니메이션산업백서 2004~2007
유럽 애니메이션 시장분석 및 진출전략 비즈니스 가이드
음악산업백서 2005~2007
일본 극장애니메이션 개방효과 및 대응방안
일본 애니메이션 산업의 역사
일본 애니메이션은 미국 시장에서 어떻게 성공했나?
중국 애니메이션 비즈니스
캐릭터 비즈니스
캐릭터 웹툰을 팔아라
캐릭터산업백서 2004~2007
컴퓨터그래픽과 애니메이션
하우 투 클레이 애니메이션
1999~2004 남북애니메이션 교류백서
Le Manhwa, Nouvel horizon de la BD asiatique(한국만화 가이드북-불문판)
Manhwa, Another Discovery in Asian Comics(한국만화 가이드북-영문판)

멀티미디어 · 모바일 미디어

검색어 1위 UCC 이렇게 만든다
공공정보가 디지털 경제를 움직인다
글쓰기의 공간
기업정보화 방법론
기업정보화 워크북
네트워크 사회
뉴미디어 백과사전
뉴미디어 시대의 네트워크 커뮤니케이션
데이터방송(개정판)
동영상 UCC와 저널리즘
디지털 경제 백과사전
디지털 뉴스 유통과 저작권
디지털 멀티미디어 브로드캐스팅
디지털 모자이크*
디지털 미디어 테크놀로지와 해킹의 최신 지식
디지털 미디어의 최신 지식
디지털 사이니지 혁명
디지털 컨버전스*
디지털 혁명과 인쇄매체
디지털이 경제다
멀티미디어와 디지털 세계
멀티미디어와 디지털 쌍방향 TV
모바일 2.0
모바일 미디어
모바일 미디어와 모바일 사회
모바일 미디어와 새로운 인간관계 네트워크의 출현
모바일 미디어의 문화와 시장●
미디어2.0, 새로운 공간과 시간의 가능성
방송과 인터넷의 조우
브로드캐스트에서 넷캐스트로
블로그
블로그 파워
블로그와 시민권 그리고 미디어의 미래*
블로그와 커뮤니티 경영 전략
비트의 문명 네트의 사회
사이버사회 2.0
사회관계자본과 인터넷
사회자본
세계의 전자정부와 전자민주주의
아시아의 인터넷, 정치, 커뮤니케이션
어린이와 인터넷 미디어
언론사 닷컴, 현황과 과제
온라인 미디어 비즈니스의 성공과 실패
우리 시대의 디지털 거인들
웹 미디어의 정치경제학
웹2.0은 지식정보 해방공간인가?
유령의 윤리 또는 사이버스페이스에 대한 윤리적 개입
유비쿼터스와 방송의 미래
이동통신과 사회
인터넷 미디어 읽기
인터넷 미디어의 이해와 활용
인터넷 방송
인터넷 자율규제
인터넷과 사이버사회●
인터넷과 온라인 게임*
인터넷과 커뮤니케이션 패러다임의 대전환
인터넷뉴스와 수익모델
인터넷방송 기획실무
인터넷신문의 뉴스 생산과 소비
인터넷은 자유공간인가?
재매개
전자정부와 정부혁신
전자정부와 행정개혁
정보통신과 한국의 변화
최신 인터넷 방송의 이해
컨버전스와 미디어 세계
포털 뉴스의 의제설정과 사회적 평가
하이퍼텍스트 3.0
한국의 블로그 산업
한국의 인터넷, 진화의 궤적
휴대 수신 방송
휴대전화 전자파의 위험
2006 한국의 인터넷신문
2009 한국의 인터넷신문
NewsML의 이해
UCC 나비와 유비쿼터스 태풍
When Mobile Came

문화 · 문화간 커뮤니케이션

게임
글로벌 시대 미디어 문화의 다양성●

늙어가는 미국
다중매체 시대 미디어 이용 패턴의 변화와 이용 내용상의 질적 다양성 탐구
대중매체의 현실
대중문화, 그 기호학적 해석의 즐거움
도쿄 스터디즈
디지털 패러독스
메두사의 웃음
문화 간 커뮤니케이션
문화 연구란 무엇인가◆
문화연구사전
문화연구와 담론분석
미국 텔레비전 뉴스
미디어 문화론
미디어 아트, 디지털의 유혹
미디어, 그 기호학적 해석의 즐거움
미디어는 어떻게 신화가 되었는가
미디어와 일상
비트의 문명 네트의 사회
세계 문화 이해
소리
소비문화 이데올로기 분석
억압받는 사람들을 위한 비디오게임
여자가 모르는 여자의 마음, 목소리 · 사과 · 유리구두
예술의 위기
웹 미디어의 정치경제학
이문화간 커뮤니케이션
인간 커뮤니케이션, 비서구적 관점*
전화의 재발견
정보사회의 이데올로기
젠더에 갇힌 삶
코미디, 웃음과 행복의 텍스트
테크놀로지와 낭만주의●
텔레비전과 공중
포스트 시대의 문화정치
하이브리드 컬처
한 침대에 두 사람
한국 사회의 변화와 텔레비전 드라마
한국 시사만화의 이해
한국인과 문화간 커뮤니케이션●
현대사회와 예술/교육
TV 속의 사회, 사회 속의 TV

미디어 경제 · 경영 · 정책

교차미디어 혁명
국내 지상파 방송사 인적자원관리의 현황과 전망
글로벌 미디어 기업의 경영 전략
글로벌 미디어의 아시아 경영
기술혁신과 언론노동
김정섭 기자의 한국 방송 엔터테인먼트 산업 리포트
네이버 공화국
뉴미디어 사업 현황과 경영전략
뉴미디어, 올드 뉴스 : 디지털 시대의 저널리즘과 민주주의
다자간 연합에 의한 엔터테인먼트 산업 활성화 방안
다채널 시대의 영상물 유통
대안미디어 진흥 방안
댓글 문화 연구
독일 방송 통일
독일의 디지털 방송정책
디자인이다
디지털 경제 백과사전
디지털 디바이드 해소와 방송
디지털 방송 법제론
디지털 방송 정책과 수용자
디지털 시대 방송법 해설(2010년 개정 2판)
디지털 시대 방송인력과 수급정책
디지털 시대의 독립제작사
디지털 시대의 방송 정책
디지털 양방향 서비스
디지털시대의 언론사 인사 모델
러시아 미디어 정책
매체 경제 분석◆
멀티미디어와 디지털 쌍방향 TV
모바일 콘텐츠 활성화 방안 연구
뮤지엄 매니지먼트, 관람객에게 응답하는 박물관 경영 전략
미디어 경제학
미디어 규제와 지원제도
미디어 기금
미디어 기업의 경영과 자금조달
미디어 기업의 고객관계관리(CRM)
미디어 기업의 사업다각화 성과와 전략
미디어 기업의 소유구조 연구
미디어 기업의 수익 다각화 전략
미디어 다양성
미디어 산업의 성장과 변화
미디어 산업의 지형 변화 2007
미디어 생태계
미디어 소유와 집중
미디어 정책론
미디어 집중과 민주주의
미디어기업의 협력과 통합
미디어박물관
미디어의 경쟁과 공존
미디어환경 변화와 케이블 TV
민영방송경영론
방송 미디어 경제학
방송 산업 비정규직의 실태와 개선 방향에 관한 연구
방송 영상 산업 진흥 정책의 이해
방송 프로그램의 수입과 수용
방송 · 통신 융합의 네트워크 특성
방송과 연예 매니지먼트 산업
방송산업과 정책의 이해(2009년 3차 개정판)
방송산업에서의 공정경쟁 정책
방송영상 산업 민간투자 환경 개선과 진흥 제도 연구
방송위원회의 정책 과제와 방향
방송의 내용 규제와 영향력 평가
방송의 미래와 전략, 2017
방송정책 이론과 방법론
방송통신 융합 시대 공영방송의 좌표와 개혁
분단국의 방송 교류
블로그와 커뮤니티 경영 전략
사라지는 신문독자
새로운 커뮤니케이션 정책 연구
세계 방송영상 콘텐츠 유통 비즈니스
세계 주요국의 미디어 융합형 서비스
세계의 디지털 위성방송
세계의 지상파방송사 경영전략
스마트 미디어 시대의 방송통신 정책
스카이하이
시청률과 방송정책
신문 산업과 한 · 미 FTA
신문 판매의 미래
신문의 미래: 19~35세 신문 독자, 비독자 그리고 여성
아시아 방송영상 콘텐츠 유통 마케팅
아시아의 텔레비전
언론사 경영실태 분석
언론산업 비정규 노동 연구
엔터테인먼트 산업의 경제학
영상커뮤니케이션의 자유와 윤리
예측 가능한 경영을 위한 엔터테인먼트 매니지먼트
온라인 뉴스콘텐츠 비즈니스 모델
온라인 미디어 비즈니스의 성공과 실패
유럽의 영화산업
유사 양방향 프로그램 연구
유선방송시장에서의 경쟁
인터넷 뉴스와 수익모델
일본 방송시장 개방 대응 전략 연구
잡지 경영 현황과 발전 전략
저작권과 방송 콘텐츠 유통
전자민주주의 시대의 인터넷 활용*
전자상거래와 창업
정보 컨텐트 산업의 이해
주요국의 위성 DAB 현황과 전망
지상파 텔레비전 소유 구조
지역 방송과 지원 정책
지역신문 뉴스 생산조직 합리화 방안
지역신문의 경영구조 개선 방안 연구
창조산업과 기업가 정신
채널 브랜드 전략(2011년 개정판)
커뮤니케이션 정책 연구*
커뮤니케이션 테크놀러지 기술이전과 그 주요 함의
케이블TV 수신료 인상의 논리
콘텐츠 유료화 연구
통신과 방송의 자유경쟁논리
프랑스 TV와 권력
한국 미디어산업의 변화와 과제
한국의 미디어 사회문화사
한국의 미디어 정책
한국의 지상파방송사 경영전략
한국의 TV 홈쇼핑
한국케이블TV산업론●

할리우드 영화산업론
해외 미디어 경영과 마케팅 전략
2005 언론 경영실태 분석
2006 언론 경영실태 분석
2006 한국의 인터넷 신문
2007 언론 경영실태 분석
2007 해외 미디어 경영과 마케팅 전략
2008 언론 경영성과 분석
2008 언론수용자 의식조사
2008 해외 미디어 경영
2009 언론 경영성과 분석
2009 해외 미디어 경영
BBC와 CNN
e-브리타니아
IP TV의 동향과 전략
PP의 경영 전략
PP의 경영 전략 II
WTO와 방송시장 개방

미디어 공학

디지털 멀티미디어 방송 기술 및 서비스
디지털 텔레비전 전송기술
디지털방송기술총람(2011년 개정판)
방송기술총람
이동 TV 방송 기술
입체 TV 방송 기술
VOD－주문형 영상 서비스 Video On Demand

미디어 교육

고등학교 영화읽기
교실 속의 영화감독
디지털 시대의 미디어 리터러시
미디어 교수법
미디어 교육과 교과과정
미디어 교육과 교수법
미디어 교육과 비판적 리터러시
미디어 교육학
미디어 리터러시
미디어 리터러시의 도구상자
어린이, 청소년, 미디어
어린이와 인터넷 미디어
어린이와 청소년을 위한 TV 리터러시
언론학 교육의 길을 묻다
영상문화교육 교육과정 기초연구
영화교육론
영화교육의 다양한 교수 · 학습 방법
영화읽기(교사용)
우리 아이들에게 인터넷을 어떻게 가르칠까?
한국의 미디어교육 현황
NIE 어떻게 가르칠 것인가
NIE 이해와 활용

마셜 매클루언 시리즈

구텐베르크 은하계●
매클루언의 이해
미디어는 마사지다
미디어의 이해
지구촌

미디어 기호학 · 담론

광고 기호학●
광고의 기호학
기호의 광고학
기호학을 아는 광고, 기호학을 모르는 광고
대중매체의 기호학
대중문화, 그 기호학적 해석의 즐거움
미디어 담론
미디어, 그 기호학적 해석의 즐거움
보도 비평, 그 기호학적 해석의 즐거움
신체 언어 커뮤니케이션의 기호학
언론보도와 신화적 인식
영화, 그 기호학적 해석의 즐거움 2
전쟁보도와 미디어 담론
정치담론과 인터넷
제품기호학●
커뮤니케이션과 기호
텔레비전 문화의 기호학
한국 선거보도의 기호학◆
한국 언론보도의 기호학
Media Coverage & Semiotics

미디어 미학

디지털 모자이크*
디지털 패러독스
비트의 문명 네트의 사회
언어와 타이포그래피
영상 제작의 미학적 원리와 방법
영화색채미학
재매개
코미디, 웃음과 행복의 텍스트
HDTV 프레젠스 미디어의 해석*

미디어 법 · 윤리 · 저작권

글로벌 시대의 언론윤리
네티즌을 위한 e-헌법 CyberLaw
뉴스저작물의 저작권
다매체 시대 미디어 윤리의 실천
대통령후보 TV토론의 법적 · 제도적 쟁점과 개선사항
독일의 인터넷 법제
디지털 방송 법제론
디지털 시대 방송법 해설(2010년 개정 2판)
디지털 시대의 문화와 예술과 법률의 최신 지식

빌렘 플루서 시리즈

그림의 혁명
사진의 철학을 위하여
코무니콜로기●
피상성 예찬*

디지털 시대의 미디어와 저작권*
디지털 시대의 음악 공연권 해설
미디어 기업의 윤리경영
미디어 법(2009년 개정판)●
미디어 윤리
미디어 정치시대의 미디어와 선거법
보도하는 자의 권리, 보도되는 자의 권리
세계의 언론법제 2000~2001, 2005~2009년
언론과 시민권
언론소송 10년의 판례 연구
언론은 어디까지 말할 수 있나?
언론의 자유와 민주주의
언론인의 직업 환경과 역할 정체성
언론인의 직업윤리
엔터테인먼트 산업과 스타의 권리
연예인 전속계약서 잘 쓰는 법
영화 · 드라마 · 뉴스 만들기 법률실무 100문 100답
웹2.0시대의 저작권 상식 100
유령의 윤리 또는 사이버스페이스에 대한 윤리적 개입
이러닝과 저작권법
인터넷 자율규제
인터넷미디어 읽기
인터넷은 자유공간인가?
자유롭고 책임있는 언론
저작권에서 배급계약까지
정보화 사회의 프라이버시와 표현의 자유
커뮤니케이션 테크놀러지 기술이전과 그 주요 함의
테크놀러지와 통제 혁명
퍼블릭도메인과 저작권법
표현과 보도의 자유는 어디까지인가?
한국 언론윤리 현황과 과제
현대 저작권의 쟁점과 전망(2010년 개정판)
78개의 최신 사례로 보는 미디어 윤리

미디어 사상

대안언론
대항공론(對抗公論)과 대안언론
동양의 고대 커뮤니케이션 사상●
매클루언의 이해
부르디외, 커뮤니케이션을 말하다
언론과 시민권
제국과 커뮤니케이션
체계이론과 커뮤니케이션

커뮤니케이션 사상사
커뮤니케이션과 종교
한국 공론장의 구조 변동
헌, 노장의 커뮤니케이션

미디어 수용자

노인과 미디어
뉴스 수용자의 진화
늙어가는 미국
디지털 마니아와 포비아
디지털 방송 정책과 수용자
디지털 수용자
디지털시대의 미디어 이용
매스미디어와 수용자
방송 프로그램의 수입과 수용
북한이탈주민의 남한방송 수용
수용자 분석
수용자 연구
수용자 의식조사
시청 행태 심층 분석
신세대 비독자 연구
아시아 수용자 연구
에이징 커뮤니케이션●
위성방송 연구
일본 방송 프로그램의 국내 수용에 관한 연구
주5일 근무와 TV시청
주한 외국인의 뉴스매체 이용 조사
컨버전스와 다중 미디어 이용
퍼블릭 액세스와 한국의 시민참여방송
한국 시청자의 텔레비전 이용과 효과 연구*
해외 매체의 국내 수용 현황
2005 시청행태 심층분석
2006 국민의 뉴스소비

미디어 일반

교양인을 위한 미디어 세미나
디지털이다
매스 커뮤니케이션의 이해(개정판)
매스미디어와 정보사회
매스커뮤니케이션 개론
미디어 공공성
미디어 생산
미디어 생태계
미디어 시장 획정 연구
미디어의 미래
세상에서 가장 쉬운 매스미디어 101문 101답
신종플루와 언론
언론학의 20가지 개념
정보사회 입문
현대 매스커뮤니케이션의 이해
현대 사회와 미디어의 이해
현대 사회와 미디어(2011년 개정판)
현대사회와 언론
호모미디어쿠스

미디어와 사회

개혁의 확산●
고도 정보화사회의 여러 모습
그것이 알고 싶다
근대 유럽의 인쇄 미디어 혁명*
네그로폰테이다
네트워크 사회
늙어가는 미국
대안언론
대한민국은 지금 체험지향사회
디지털 혁명과 인쇄매체
미디어 빅뱅
미디어 빅뱅, 세상을 바꾼다
미디어 집중과 민주주의
미디어 파워*
미디어와 시민참여*
사회정보학
섹스와 돈
소셜 미디어와 사회 변동
시민 속의 언론, 공공저널리즘*
시민사회와 방송개혁●
언론개혁의 15가지 쟁점과 논의
언론모니터의 이해와 활용
인간, 매체, 커뮤니케이션
인터넷과 사이버사회●
전자책의 충격
전화의 재발견
정보격차를 넘어 평등사회로
젠더에 갇힌 삶
커뮤니케이션과 종교
컨버전스와 다중 미디어 이용
퍼블릭 액세스와 한국의 시민참여방송
한국 사회의 변화와 텔레비전 드라마
현대사회의 생활양식과 텔레비전
MBC 논평, 최용입니다
Media Big Bang!
Media, Culture and Korea
PD수첩, 한국 PD저널리즘의 보고 I, II
TV 속의 사회, 사회 속의 TV

방송 · 영상

검색어 1위 UCC 이렇게 만든다
고등학교_디지털 영상 제작
국경 없는 TV, 경쟁하는 프로그램
김정섭 기자의 한국 방송 · 엔터테인먼트 산업 리포트
그때 그 시절 KBS 이야기
남북한 보도방송 언어연구*
뉴스 크리틱, 100편의 진단서
다채널 음향
다채널TV론
다큐멘터리 제작론
드라마 디자인
디지털 뉴스 핸드북
디지털 라디오 방송론
디지털 모자이크*
디지털 방송
디지털 방송의 공익성
디지털 비디오 색 보정
디지털 시대의 방송론
디지털 텔레비전 전송기술
디지털방송기술총람
라디오 다큐멘터리
라디오 제작 실무론
라디오 프로그래밍
멀티미디어와 디지털 쌍방향 TV
모던 리코딩 테크닉
미디어 음향
밤과 여름
방송 글쓰기
방송 모니터 길라잡이
방송 모니터 WHO & HOW
방송 미디어 경제학
방송 발음
방송 언어 연구
방송 프로그램 구성 실습
방송, 권력과 대중의 커뮤니케이션
방송 · 영상의 실제적 이해
방송구성작가 되기
방송구성작가입문
방송기술총람
방송기획제작의 기초(개정판)
방송론
방송산업과 정책의 이해(2009년 3차 개정판)
방송영상학개론
방송의 미래와 전략, 2017
방송인 김인규의 공영방송 특강
방송프로그램 편성
방송학 개론(2011년 개정판)
방송화법
비주얼 스토리텔링
비주얼스토리텔링
사운드 포지 8.0
세계의 24 시간 TV뉴스 채널
세계의 지상파방송사 경영전략
세상의 모든 코미디
숏의 문법
스카이 하이
스튜디오와 중계 카메라 제작 기법
스포츠 방송과 영상 산업
시청률과 텔레비전 편성
시트콤 구조 분석론
아나운싱
아비드 에디팅 바이블
아시아 국가의 텔레비전
아시아의 텔레비전
알기 쉬운 방송 영상 입문
애니메이션 제작
어린이 뉴스
연예인 전속계약서 잘 쓰는 법
영국의 방송 프로그램 시장
영상 매체학 개론
영상 제작론
영상 제작의 미학적 원리와 방법

영상매체란 무엇인가
영상문화의 이해
영상미디어론
영상편집 이야기
영상편집론
영화색채미학
영화와 비디오 제작의 세계
유비쿼터스 사회와 방송
이것만 알면 찍는다
이영돈 PD의 TV 프로그램 기획 제작론
이제는 말할 수 있다
일본 방송개방과 교류
장기오의 TV 드라마론●
종합편성 채널과 방송 정책
채널 브랜드 전략(2011년 개정판)
최신 인터넷 방송의 이해
텔레비전 뉴스 제작론
텔레비전 뉴스의 이해
텔레비전 시청률조사 연구
텔레비전 영상과 커뮤니케이션
텔레비전 오락 프로그램
텔레비전 카메라 연출
텔레비전을 만드는 사람들
토크쇼, 그 힘과 영향
특수영상 촬영기법
퍼스널TV 특성 및 서비스
프로 저널리스트를 위한 방송 뉴스, 기획에서 보도까지
프로그램 제작비 지원제도
프로덕션디자인
프로듀서는 기획으로 말한다
프로페셔널이 되기 위한 HD 촬영
한국 케이블TV 산업론●
한국어 아나운싱과 스피치
한국의 TV 홈쇼핑
핵심정리 PD되기
현장기자가 발로 쓴 영상저널리즘
홍보영상 제작론
힘 있는 뉴스 리포트
1인 라디오 방송 만들기
2002 한일 월드컵 방송
2002 TV프로그램분석 I
2002 TV프로그램분석 II
2002년 대통령후보 경선 TV토론
2002년 TV 시청행태 분석
AVID HD 개정판
ENG & 캠코더
HDTV – 프레젠스 미디어의 해석*
HDTV의 이해와 실제
KBS 김구철 기자의 방송 뉴스 이렇게 쓴다
KBS 김구철 기자의 특종을 만드는 방송 뉴스 이렇게 취재한다
KBS 이재경 촬영 감독의 현장 촬영 노하우
PD, WHO & HOW
PD감각입문
PD를 위한 텔레비전 연출 강의
TV 고발뉴스 제작의 실제
TV 시청률과 시청행태
TV, CATV, IPTV 그리고 DMB를 위한 방송 조명 연출
TV가 TV를 말한다
TV뉴스 취재에서 보도까지
TV드라마 바로보기, 바로쓰기
TV드라마의 메시지
VOD – 주문형 영상 서비스 Video On Demand
WTO와 중국 방송

설득 커뮤니케이션

광고와 설득 커뮤니케이션
누군가 나를 설득하고 있다
비즈니스 프레젠테이션
설득 메시지
설득이미지*
설득 커뮤니케이션의 이해
설득 커뮤니케이션의 이해와 활용
익스트림 프레젠테이션
프레지던트 메시지
프로파간다 시대의 설득전략

스포츠 커뮤니케이션

디지털 커뮤니케이션과 스포츠 컨텐츠
디지털방송과 스포츠중계
미디어 스포츠
미디어 스포츠 사회학
미디어 스포츠와 스포츠 커뮤니케이션
미디어, 스포츠 그리고 사회
스포츠 방송과 영상 산업
스포츠 저널리즘과 스포츠 마케팅
스포츠 프로모션과 세일즈
스포츠, 미디어를 만나다
영상 시대의 미디어 스포츠
최신 스포츠 스폰서십

스피치 · 글쓰기 · 읽기 · 토론

갈등 종결자
공포를 날려버리는 학술적 글쓰기 방법
구술강화
글쓰기의 공간
기업을 흥분시키는 자기소개서
논술 연습
논술교육, 읽기가 열쇠다
논쟁
논증의 역사
대한민국 오피니언 리더를 위한 미디어 트레이닝
두려움만 정복하면 당신도 스피치의 달인
듣기
리더의 커뮤니케이션
리더라면, 이렇게 말해주세요
모든 학문과 정치의 시작, 토론
문화간 커뮤니케이션과 국제협상
발표와 토의
비언어 커뮤니케이션
비즈니스 프레젠테이션
선거와 TV 토론
설득커뮤니케이션의 이해
설득커뮤니케이션의 이해와 활용
수사학 이론*
스피치 커뮤니케이션(2010년 개정2판)
스피치 특강
스피치의 기술
신체 언어 커뮤니케이션의 기호학
열려라, 말
익스트림 프레젠테이션
일곱 살부터 시작하는 어린이 커뮤니케이션 트레이닝
정책토론의 방법
토론
토론의 방법
효과적인 사내 커뮤니케이션
효과적인 의사소통을 위한 기술
히틀러의 수사학
TV 토론의 이해

신문 · 인쇄 · 출판

권력은 짧고 언론은 영원하다
기술혁신과 언론노동
뉴미디어, 올드 뉴스 : 디지털 시대의 저널리즘과 민주주의
대책없는 한국신문, 일본에 길을 묻다
대한민국 지역신문기자로 살아가기
디지털 혁명과 인쇄매체
사라지는 신문독자
사라진 일장기의 진실
신문 판매의 미래
신문법 연구
신문의 역사
신문의 파워
일본 편집자의 탄생
잡지 경영 현황과 발전 전략
전자책의 충격
절반의 성공, 신문개혁입법운동의 성과와 과제
지역공동체 신문
편집국 쪽으로
한국의 월간잡지
한국의 인터넷 신문
한국 현대 언론인 열전

영화

1970년대 서울의 극장산업 및 극장문화 연구
1999~2003년도 한국 영화관람객의 성향과 변화분석
2001~2006 한국 시나리오 선집
2002~2007 한국영화연감
2002년 한국영화 수익성 분석

2004년 세계 영화시장 규모 및 한국영화 해외 진출 현황 연구
2004년 한국영화 수익성 분석과 영화산업 수익성 향상 방안
2005 영화관객 성향조사
2005년 한국영화 수익성 분석과 영화산업 기업화 과정 연구
2006 영화관객 성향조사
2006년 한국 영화산업 실태조사와 한국영화 수익성 분석
2007 영화소비자조사
2007년 세계 영화산업 현황
2007년 한국 영화산업 실태조사와 한국영화 수익성 분석
2008 영화소비자조사
2008년 한국 영화산업 실태조사와 한국영화 수익성 분석
2009 영화소비자조사
2009년 한국 영화산업 실태조사와 한국영화 수익성 분석
2010 영화소비자조사
2010 한국영화연감
교실 속의 영화감독
국제 문화다양성 협정 체결에 대한 연구
극장 경영: 공연예술의 제작과 유통
극장의 영화 선택과 상영관 배분전략에 관한 연구
글로벌 영화 산업 동향 분석
기술 환경 변화에 따른 영화인력 기술역량 강화방안 연구
김 대리의 시나리오 작가 입문기
남북한 영화 교류방안 연구
노사협약 이후 영화제작현장 변화 및 개선 방향 연구
논리니어, 비선형 디지털 영상 편집
다양성 영화의 지역 상영 활성화 방안 연구
다이렉트 시네마
다큐멘터리 스토리텔링
다큐멘터리, 또 하나의 영화
디지털 시네마 도입의 경제적 파급효과
디지털 시네마를 위한 컬러와 마스터링
디지털 영화
디지털 영화 제작 3.0
디지털 환경에서의 영화 저작권 보호를 위한 법·정책 연구
마스터 숏
만추, 사라진 영화
만추, 이만희
멀티플렉스 산업 연구
메두사의 웃음
명장면으로 영화 읽기
모크 다큐멘터리
문화다양성협약과 한국영화
미디어 융합과 영화산업 패러다임의 변화
미디어 융합시대, 영화창구의 경쟁구조 및 공존전략 연구
방송과 영화의 연계방안 연구
배우 신성일
북극의 나눅
북한영화사
비주얼 스토리
사운드 디자인
세계 영화산업 규모 및 현황연구
세상에서 가장 쉬운 디지털 시네마
송길한 시나리오 선집
신 스터디
스크립터와 영상 콘티뉴이티
아방가르드 영화
아비드 에디팅 바이블
아시아 공동제작 현황과 발전 방안
아시아 영화산업
아시아 · 태평양 지역 한국영화 진출현황연구
얼터너티브 시나리오
연출부 · 제작부가 꼭 알아야 할 영화 후반 작업
영상기술의 미래와 R&D 전략
영상문화교육 제도화를 위한 기초 연구
영화 분야 한류 현황과 활성화 방안 연구
영화 연출부 매뉴얼
영화 연출부를 위한 필수 문서양식 65
영화 읽기
영화 읽기(교사용)
영화 편집
영화, 그 기호학적 해석의 즐거움 2
영화, 그 기호학적 해석의 즐거움*
영화교육론
영화교육의 다양한 교수 · 학습 방법
영화교육의 이해와 실제
영화를 여는 비밀번호, 영화음악 1579
영화산업 기업전략
영화산업 부가시장 활성화 방안 연구
영화산업 전문인력 구조분석과 정책지원 방향
영화산업 전문인력 분류체계 연구
영화산업의 경쟁력과 경제적 파급효과
영화색채미학
영화와 비디오 제작의 세계
영화와 TV 제작의 포스트 프로덕션
영화의 다양한 상영을 위한 기초연구
영화의상 디자인
영화인지기호학
영화인 공제회 설립 및 운영 방안
예술영화관 지원정책 연구
오리지널 시나리오 대장금
유럽 · 미주지역 한국영화 진출현황연구
유럽예술영화 명작 30편
유럽의 영화 산업
이것만 알면 찍는다
일본 영화시장 연구
작가의 탄생
장르 혼합현상에 나타난 산업과 관객의 상호 텍스트적 관계
좋은 시나리오, 나쁜 시나리오
최신 HD영화 제작 가이드
통일 한국인이 보아야 할 북한영화 50선
포스트 할리우드
프로덕션디자인
한국 다큐멘터리 영화의 배급과 해외 시장 개발을 위한 연구
한국 단편영화의 이해
한국 영화 제작 매뉴얼(개정판)
한국 영화관객의 관람구매 결정요인과 마케팅 방안 연구
한국 영화산업 수익성 분석과 투자 활성화 방안
한국 영화산업의 사회연결망 분석
한국영화 기술사 연구
한국영화 기술의 역사
한국영화 기획 개발 경쟁력 강화 방안 연구
한국영화 배급사 연구
한국영화는 이렇게 만든다 1, 2●
한국영화라는 낯선 경계
한국영화사
한국영화산업 규모예측과 성장요인 분석
한국영화산업 투자환경 및 자본조달구조
한국영화산업의 디지털화
할리우드 명작 30편
할리우드 영화산업론
해외 영화산업 부가시장 현황 연구
해외 영화제 출품 가이드
해외 주요 국가의 영화산업 조세지원제도 연구
호러 영화
70년대 체제 이행기의 남북한 비교 영화사
Korean Cinema from Origins to Renaissance
WTO 가입 이후 중국 영화산업의 변화와 전망

한국 시나리오 걸작선 101

1. 임자 없는 나룻배
2. 애련송
3. 유관순
4. 자유 결혼
5. 구름은 흘러도
6. 이 생명 다하도록
7. 지상의 비극
8. 마부
9. 사랑방 손님과 어머니
10. 에밀레종
11. 현해탄은 알고 있다
12. 돌아오지 않는 해병
13. 성난 능금
14. 저 하늘에도 슬픔이
15. 갯마을
16. 초우
17. 만추
18. 산불
19. 역마
20. 한
21. 막차로 온 손님들
22. 독 짓는 늙은이
23. 분례기
24. 소장수
25. 석화촌

26. 토지
27. 삼포 가는 길
28. 불꽃
29. 집념
30. 문
31. 족보
32. 전우가 남긴 한마디
33. 장마
34. 깃발 없는 기수
35. 심봤다
36. 짝코
37. 피막
38. 사람의 아들
39. 만다라
40. 난장이가 쏘아올린 작은 공
41. 안개마을
42. 꼬방동네 사람들
43. 여인 잔혹사 물레야 물레야
44. 땡볕
45. 그해 겨울은 따뜻했네
46. 길소뜸
47. 중광의 허튼소리
48. 달빛 사냥꾼
49. 씨받이
50. 행복은 성적순이 아니잖아요
51. 그들도 우리처럼
52. 낙타는 따로 울지 않는다
53. 경마장 가는 길
54. 베를린 리포트
55. 산산이 부서진 이름이여
56. 가슴에 돋는 칼로 슬픔을 자르고
57. 김의 전쟁
58. 눈꽃
59. 하얀 전쟁
60. 미스터 맘마
61. 가슴 달린 남자
62. 살어리랏다
63. 그 섬에 가고 싶다
64. 참견은 노 사랑은 오예
65. 투캅스 1
66. 만무방
67. 장미빛 인생
68. 어디서 무엇이 되어 다시 만나랴
69. 두 여자 이야기
70. 세상 밖으로
71. 헐리우드 키드의 생애
72. 서편제
73. 개 같은 날의 오후
74. 301, 302
75. 아름다운 청년 전태일
76. 주목할 만한 영화
77. 축제
78. 고스트 맘마
79. 투캅스 2
80. 그것에 대하여
81. 낮은 목소리 2
82. 죽이는 이야기
83. 블랙잭
84. 가족시네마
85. 내 마음의 풍금
86. 이재수의 난
87. 정(情)
88. 클럽 버터플라이
89. 물고기자리
90. 죽거나 혹은 나쁘거나
91. 고양이를 부탁해
92. 고추 말리기
93. 라이방
94. 번지점프를 하다
95. 소름
96. 파이란
97. 꽃섬
98. 질투는 나의 힘
99. 폰
100. 선택
101. 와일드 카드

예술 커뮤니케이션

광고와 예술
디지털 시대의 문화와 예술과 법률의 최신 지식
문화예술 마케팅
문화예술 스폰서십
뮤지엄 매니지먼트, 관람객에게 응답하는 박물관 경영 전략
예술경영학 개론
예술의 위기
유럽예술영화 명작 30편
현대사회와 예술/교육
현장 문화예술 홍보

위험 커뮤니케이션

갈등 종결자
기업과 위험 커뮤니케이션
달려드는 고객과 시민, 끌어안는 기업과 정부
위기 커뮤니케이션
위기관리 DNA
위험 보도론
위험 인지와 위험 커뮤니케이션
위험보도
위험보도와 매스커뮤니케이션
위험커뮤니케이션과 위험 수용
위험커뮤케이션
테러리즘과 글로벌 커뮤니케이션
한국 사회의 위기 사례와 커뮤니케이션 대응 방법
휴대전화 전자파의 위험

이벤트 · 공연

기업은 이런 축제에 투자한다
대한민국에서 뮤지컬 만들기
레크리에이션과 스포츠 시설
뮤지엄 매니지먼트, 관람객에게 응답하는 박물관 경영 전략
스포츠 이벤트 매니지먼트
신이벤트 마케팅 전략
이벤트 계획 실무
이벤트 성공의 노하우
이벤트 연출가, 순간을 최고로 만드는 사람
이벤트 운영 실무
이벤트의 이론과 실제
이벤트의 저력
이벤트의 천재들
일본 테마파크의 사례와 전략
지역 이벤트
창조적인 이벤트 전략
탤런트 연기수업
현장 문화행사 국제교류
21세기 지역 이벤트 전략
IMC 시대의 이벤트 기획론
한국의 근대 박람회

저널리즘

갈등이슈 보도의 새로운 접근
격동 속에 부침한 어느 뉴스 도매상 이야기
경제저널리즘의 종속성
공공저널리즘과 한국 언론
공중보건과 의학보도
과학 보도와 과학 저널리즘
교열 리포트
구경
국익과 진실보도
권력은 짧고 언론은 영원하다
글로벌 시대의 TV저널리즘
글로벌시대, 금융저널리즘의 이해
남북 화해 시대의 국민적 과제와 언론의 역할
남북 화해 시대의 방송 저널리즘
남북문제 보도의 새로운 모색
남북한 문화차이와 언론
남북한 방송문화교류의 현황과 과제
남북한 텔레비전 뉴스보도 비교연구
남북한언론의 정상회담 보도
뉴미디어, 올드 뉴스 : 디지털 시대의 저널리즘과 민주주의
뉴스 수용자의 진화
뉴스 영어의 정복자
뉴스 크리틱, 100편의 진단서
뉴스에이전시란 무엇인가
대안언론
대북정책과 언론-국가 관계
대외경제정책과 뉴스미디어
대통령 보도와 청와대 출입기자
대한민국 지역신문기자로 살아가기
동영상 UCC와 저널리즘

디지털 뉴스 핸드북
디지털 뉴스룸과 방송 저널리즘
디지털 다매체 시대의 공영방송
디지털 시대 장애인 방송 활용론
디지털 시대 저널리즘 구하기
디지털 시대 TV 드라마의 위상과 전망
디지털 시대의 뉴스전문채널
디지털 시대의 재해방송
디지털 테크놀로지와 저널리즘
무료신문 연구
미국 텔레비전 뉴스
미국신문 연구
미디어 디베이트
미디어 상호비평의 지형
미디어 선거와 그 한계
미디어 정치 시대의 TV 저널리즘
미디어 통계의 이해
미디어 환경 변화와 뉴스통신사의 새로운 역할
미디어에 나타난 이웃
방송 공익성에 관한 연구
방송 저널리즘
방송기자로 성공하는 길
별은 어둠을 피해 달아나지 않는다
부러진 펜으로 쓰다
부산일보 편집 스타일북
사이공 최후의 표정 컬러로 찍어라
사회 위기와 TV저널리즘
새로운 신문 기사 스타일
선거와 여론조사 보도
세상에서 가장 쉬운 기사작성론
세상에서 가장 쉬운 취재보도론
수양산 그늘이 팔십리를 가듯이
스트레이트를 넘어 내러티브로
스포츠 저널리즘과 스포츠 마케팅
시민 속의 언론, 공공저널리즘*
시사잡지와 잡지저널리즘
시장의 감옥
신문 정보그림의 이해와 활용
신문 헤드라인 뽑는 법
신문, 좋은 문장 나쁜 문장
신문뉴스 생산조직 합리화 방안
신문의 경기동향 보도
신문의 미디어 비평
신문의 북리뷰, 무엇이 문제인가?
신문의 의약분업보도
실전취재보도론
언론개혁과 자율규제
언론과 진실, 이상한 동거
언론인 인력 수급과 교육 수요
언론학의 20가지 개념
얼터너티브 인터넷
여자가 기자가 된다
온라인신문, 경쟁과 공존
왜 저널리즘은 항상 제자리걸음이었나?
외국신문에 비친 한국언론
외신의 한반도 취재와 보도
웹 2.0과 저널리즘 혁명

위기의 한국신문
인터넷 공간의 사적콘텐츠와 법률적 쟁점
인터넷 시대, 실전취재보도론
인터넷 시대의 새로운 정치환경과 언론
인터넷 자율규제
인터넷신문과 온라인 스토리텔링
인터넷에서는 무엇이 뉴스가 되나
인터뷰
인터뷰이를 위한 인터뷰의 이론과 실제
일본 미디어의 정보 카르텔
재외동포 언론 실태와 현황
저널리즘 글쓰기
저널리즘 평론-부동산 보도
저널리즘 평론-사회적 약자
저널리즘 평론-환경보도
저널리즘과 선진 민주주의
저널리즘은 민주주의를 어떻게 만드는가?
저신뢰 위험사회의 한국 언론
전북도민일보 편집 스타일북
전쟁 저널리즘
전쟁보도와 미디어 담론
전환기의 한국방송
정보공개와 탐사보도
정치냉소주의와 TV저널리즘
좋은 문장, 나쁜 문장
지역공동체와 공공저널리즘
지역공동체와 저널리즘
최신 사사기획제작법
클릭, 인터넷 취재
클릭을 부르는 인터넷 뉴스 헤드라인
탐사보도와 CAR 실무●
테러리즘과 미디어
테러와 전쟁보도 연구
텔레비전 리얼리티 프로그램
텔레비전선거 여론조사 보도
편집권 독립, 반세기의 고민●
포털 뉴스의 의제설정
포털 비즈니스의 성과와 미래
프랑스 언론●
한·미 신문의 기사 형식과 내용
한·미 신문의 취재원 이용 관행
한국 기획기사와 미국 피처스토리 비교 분석
한국 시사 만화
한국 신문의 1면 기사
한국방송의 정체성 연구
한국언론의 병리
한국언론의 시민운동보도
한국언론의 신뢰도
한국언론의 좌표◆
한국의 뉴스미디어 2006
한국의 뉴스미디어 2007
한국의 대안 미디어
한국의 무료신문
한국의 신문칼럼
한국의 언론인 2001
한국의 언론인 2005
한국의 언론인 2007
한국의 언론인 2009

한국의 저널리스트 시리즈

고승철_밥과 글
김연수_끊임없는 열정으로 역사를 찍는다
김지석_시대의 과제에 맞섰는가
김창혁_동굴 속 기자의 초상
김학순_진실, 세상을 바꾸는 힘
박래부_분노 없는 시대, 기자의 실존
손석춘_아주 무딘 칼날
안병찬_르포르타주 저널리스트의 탐험
이영성_외눈박이 시대의 외눈박이 기자

한국의 저널리즘
한국의 전문 기자
한국의 전문신문
한국현대 언론인 열전
헤드라이닝
2004 이슈
2005 TV 저널리즘의 이슈와 쟁점
2005년 한국 사회의 쟁점과 텔레비전 프로그램
2007 국민의 선택
2007 남북정상회담과 언론보도
CAR, 데이터베이스로 취재하기
NewsML의 이해
PD수첩, 한국 PD저널리즘의 보고 I, II
TV장르와 방송 저널리즘

지역 미디어

대한민국 지역신문기자로 살아가기
디지털 시대의 지역방송 편성
지역 방송과 지원 정책
지역 MBC 발전 방안 연구
지역공동체 신문
지역미디어
지역방송 뉴스 비교연구
지역사회와 언론
지역신문 뉴스 생산조직 합리화 방안
지역신문의 경영구조 개선방안
지역언론과 지역문화●
지역언론의 발전과 개혁
한국 민영 방송사의 재평가
한국지방일간지의 지역성

커뮤니케이션 역사

격동 속에 부침한 어느 뉴스 도매상 이야기
고쳐 쓴 언론유사●
광고라 하는 것은
극비 조선총독부의 언론 검열과 탄압●
기술혁신과 언론노동
뉴스의 역사
뉴스통신사
대구경북언론사

대한매일신보 연구*
동굴벽화에서 만화까지*
디지털 시대의 일본 방송
미국 텔레비전 뉴스
북한영화사
사라진 일장기의 진실
스카이 하이
신문의 역사
언론과 한국 현대사
언론조선총독부*
역사와 언론인
일본 매스커뮤니케이션사
제국과 커뮤니케이션
조선시대의 언론 문화
JODK, 사라진 호출 부호
JODK, 조선방송협회 회상기
Korean Cinema
케이블TV 10년사
한국 광고회사의 형성
한국 근대 광고 걸작선 100
한국 근대언론과 민족운동
한국 근대언론의 재조명
한국 민영 방송사의 재평가
한국 텔레비전의 전설
한국 PR의 역사, 1392~2010
한국방송 70년의 평가와 전망
한국사회의 미디어 출현과 수용
한국영어신문사*
한국영화 기술의 역사
한국영화사
한국의 방송인
한국현대 언론인 열전
현장기록, 방송노조 민주화운동 20년
현장기록, 신문노조 민주화운동 20년

커뮤니케이션 연구 방법

광고연구방법론
광고의 질적 연구방법론
구조방정식모형으로 논문 쓰기
누구도 알려주지 않은 마케팅 리서치 비법 노트
다변량 데이터 분석법의 이해
리서치가 있는 맛있는 PR
미디어 내용분석 방법론
사회과학 통계방법론의 핵심 이론
선거 여론조사
소비자는 어떤 광고에 반응할까?
여론조사
인터넷 연구방법◆
전략적 광고조사론
커뮤니케이션 연구, 어떻게 할 것인가
커뮤니케이션 통계방법론
커뮤니케이션의 역사 연구 방법
포커스그룹 리서치
PR의 언론 관계 효과 측정
PR의 평가*
Q 방법론◆

커뮤니케이션 이론

개혁의 확산●
게이트키핑의 이해
독일 언론학 연구
매스 커뮤니케이션이란 무엇인가?
매체의 현실 구성론*
미디어 방정식
미디어모포시스
미디어에서 리얼리티란 무엇인가
미디어와 인간
미디어의 실제
비판 커뮤니케이션(2011 개정판)
세계화와 미디어 연구*
언어와 타이포그래피
왜 미디어를 연구하는가?
재매개
첫눈에 반한 커뮤니케이션 이론
커뮤니케이션 이론
커뮤니케이션 핵심 이론
커뮤니케이션 현상의 비판적 성찰
커뮤니케이션의 이해
커뮤니케이션이란 무엇인가?
커뮤니케이션학이란 무엇인가
컴퓨터 매개 커뮤니케이션
컴퓨터는 극장이다
현, 노장의 커뮤니케이션

커뮤니케이션 정치 경제

네거티브 전쟁
대통령과 미디어
디지털 패러독스
미디어 선거와 케이블TV
미디어 선거의 이론과 실제●
미디어와 시민참여*
미디어와 유권자
사이버 선거와 인터넷
서구 민주주의와 정치광고
선거 캠페인의 CEO, 정치 컨설턴트
선거와 TV 토론
아시아의 인터넷, 정치, 커뮤니케이션
언론과 민주정치
언론 권력과 의제 동학
이미지 파워
정치 커뮤니케이션의 이해
정치광고의 이해와 활용
정치 담론과 인터넷
커뮤니케이션 기술혁명의 정치경제학
텔레마티크와 정보화 정책론
한겨레신문과 미디어 정치경제학
한국 대통령선거와 커뮤니케이션
한국 미디어의 정치사회학
한국 선거보도의 기호학◆
한국 언론민주화의 진단
한국 텔레커뮤니케이션 자유화의 정치경제학
한국선거보도연구
한국의 정치는 신문이 죽인다
현대 정치 커뮤니케이션
현대정치와 커뮤니케이션
TV 토론의 이해

콘텐츠 · 한류

동아시아의 미디어 콘텐츠 유통
디지털 미디어 스토리텔링
디지털 미디어 콘텐츠 비즈니스
디지털 시대의 케이블 콘텐츠 전략
모바일 콘텐츠 활성화 방안 연구
문화콘텐츠 경영전략●
문화콘텐츠 마케팅
문화콘텐츠 블루오션
문화콘텐츠 산업론
문화콘텐츠 제작, thinking and writing
문화콘텐츠의 해외마케팅
문화콘텐츠학개론
뮤직 비즈니스
미디어 아트, 디지털의 유혹
방송영상 콘텐츠 유통 마케팅
방송영상 콘텐츠 제작 · 투자 및 성과
블루 콘텐츠 비즈니스
새로운 매체환경과 콘텐츠
세계 방송영상 콘텐츠 유통 비즈니스
아시아 영화산업
에듀테인먼트 콘텐츠 기획
여자가 모르는 여자의 마음, 목소리 · 사과 · 유리구두
영상 콘텐츠 연구
인터랙티브 미디어와 놀이
인터랙티브 스토리텔링
일본 방송 콘텐츠 산업과 정책
정창권 교수의 문화콘텐츠학 강의: 깊이 이해하기
정창권 교수의 문화콘텐츠학 강의: 쉽게 개발하기
창조산업과 기업가 정신
콘텐츠 디자인
콘텐츠 유료화 연구
한류, 신화가 미래다
한류, 한국과 일본의 드라마 전쟁
한류와 문화 커뮤니케이션
'한류'와 방송 영상 콘텐츠 마케팅
DMB 킬러 콘텐츠
DMB와 모바일 콘텐츠

한국어

국수는 밀가루로 만들고 국시는 밀가리로 맹근다
국어의 고수 1, 2, 3
그곳에 가면 언어가 된다
글쓰기로써 말하기 또는 네티즌의 펌글, 댓

글, 베플, 악플, 아이디 그리고 이모티콘의 언어학적 분석
김치한국어
내 말에 상처 받았니?
내겐 너무 매운 한국
댓글 아닌 답글 쓰기
문제로서의 언어 1: 사회와 언어
문제로서의 언어 2: 민족과 언어
상생화용, 새로운 의사소통 탐구
선생님 말에 상처 받았니?
선생님을 위한 문법책 1: 문장 편
어르신을 위한 ABC
엄마 아빠 말에 상처 받았니?●
여보, 내 말에 상처 받았어?●
열려라, 말
왜 다시 품사론인가
외국인을 위한 한국어 문법 1: 체계 편
외국인을 위한 한국어 문법 2: 용법 편
외국인을 위한 한국어 수업 대화 분석
인터넷에서 가장 많이 틀리는 한국어
조선, 말이 통하다
지하철이 고장나서 늦었어요
한국어 교육에서 한국문학 교육의 이론과 실제
한국어 교육을 위한 한국어 연어사전
한국어 정보처리 입문
한국어 학습자의 의사소통 문제 연구
한국어 학습자의 중간언어 연구
한국어, 그렇구나 1: 로서와 로써가 헷갈리니?
한국어가 있다 1, 2, 3, 4
한자는 힌트다 1: 감정 편
한자의 미래

홍보

경찰PR론
고객 커뮤니케이션
국가 브랜드 국가 이미지
국가 이미지
국가 이미지 전쟁
국제박람회 역사와 일본의 경험
국제 PR*
글로벌 브랜드로 가는 길
기업 홍보 실무 특강
기업, 문화, 커뮤니케이션
기업홍보의 힘
달려드는 고객과 시민, 끌어안는 기업과 정부
대변인
똑똑한 홍보팀을 만드는 실전 홍보 세미나 (2011년 개정판)
문화예술 홍보론
뮤지엄 매니지먼트, 관람객에게 응답하는 박물관 경영 전략
미디어 다루기
미디어 트레이닝
브랜드 자산관리
브랜드 혁명
사례로 본 PR 경영
사이버홍보닷컴
사회복지사를 위한 홍보 ABC
설득이미지*
성공한 PR
스테이크 홀더
시민단체 다루기
실리콘 밸리 인터넷 PR전략
언론과 홍보(2011년 개정판)
언론사 홍보
여론을 만드는 사람, 에드워드 버네이즈
여론의 법정에서
온라인 PR
위기 커뮤니케이션
위기관리 커뮤니케이션
위기관리 PR 커뮤니케이션
위기에 성공한 PR
위기PR
위대한 브랜드의 비밀
이미지 상자
이미지 파워
이미지PR
이젠 정책 e 홍보다
인터넷으로 PR하기
전략적 이슈 관리 PR
전략홍보 워크북
정부 PR
정책 PR
제대로 알고 하는 검색광고
제일기획 출신 교수들이 쓴 광고 · 홍보 실무 특강
창의력, 깜짝 놀랄 PR을 만들다
퍼블릭어페어즈 핸드북 -사례편, 실행편, 이론편, 일반편
현대 PR의 이론과 실제
현장 문화예술 홍보
혼자서도 할 수 있는 비영리PR
No.1 vs No.2, 브랜드 게임의 법칙
MICE, 고부가 전시 이벤트
PR
PR 스타일 가이드
PR실전론
PR을 알면 세상이 열린다
PR의 기능과 운영
PR의 새로운 패러다임
PR의 언론 관계 효과 측정
PR의 역사와 개념
PR의 연구와 평가
PR의 원칙과 책임
PR의 테크닉과 실행
PR의 힘●
PR 이론
PR 입문
PR전문가들이 말하는 리서치가 있는 맛있는 PR
PR조직과 운영
PR캠페인 기획 · 관리의 단계별 지침서
PR캠페인 기획과 실무
PR 프로젝트 기획
Public Relations Strategy
Strategies in Public Relations

환경 커뮤니케이션

도시마케팅
도시, 인간과 공간의 커뮤니케이션
도쿄 스터디즈
인간과 환경의 커뮤니케이션●
창조지구, 문화 생산의 전위

휴먼 커뮤니케이션

인간 커뮤니케이션, 비서구적 관점*
커뮤니케이션 이론
헬스 커뮤니케이션

2011년 8월 현재까지